高职高专公共基础课"十三五"规划教材

大 学 语 文

主　编　张剑瑞　张　卉　杨　梅

副主编　邵　晶　乔彩霞　贾海玲　魏　芳

　　　　刘国庆　连　娜　张红娇

参　编　王云霞　王志华　林永祥　田　霖

　　　　杨淑杰　王　静　胡　娜

主　审　杨淑珍

西安电子科技大学出版社

内 容 简 介

　　本书是高职高专公共基础课规划教材，由十个单元组成，分别是青春飞扬、名人风采、亲情永恒、爱情哲学、地灵人杰、崇敬生命、百味人生、人生思辨、家国情结、汉语基础知识。前九个单元分别设置了讲读课文和自读课文两部分内容，体现了教学内容的基础性和选择性，既有利于课堂上师生之间良好的交流，又可以有效引导学生进行自我拓展以及职业探索与实践。本书还增加了以二维码的形式进行知识拓展和延伸的环节，将传统与创新进行融合，将混合式课程建设、"互联网＋"思维引入语文教学中。

　　本书除了锻炼学生听说读写能力和培养学生语文综合素养外，还通过品读爱国经典来培养学生的爱国主义情怀、民族精神和对祖国传统文化的热爱，实现全程育人、全方位育人和全员育人的大思政格局。本书既可以作为高职高专类院校语文课程教材，也可供文学爱好者阅读欣赏。

图书在版编目(CIP)数据

大学语文/张剑瑞，张卉，杨梅主编. —西安：西安电子科技大学出版社，2019.8(2020.8 重印)
ISBN 978－7－5606－5431－7

Ⅰ. ①大… Ⅱ. ①张… ②张… ③杨… Ⅲ. ①大学语文课—高等职业教育—教材 Ⅳ. ①H193.9

中国版本图书馆 CIP 数据核字(2019)第 177905 号

策划编辑	秦志峰
责任编辑	权列秀　秦志峰
出版发行	西安电子科技大学出版社(西安市太白南路 2 号)
电　　话	(029)88242885　88201467　　　邮　编　710071
网　　址	www.xduph.com　　　　　　电子邮箱　xdupfxb001@163.com
经　　销	新华书店
印刷单位	陕西日报社
版　　次	2019 年 8 月第 1 版　　2020 年 8 月第 2 次印刷
开　　本	787 毫米×1092 毫米　　1/16　　印张　16.5
字　　数	392 千字
印　　数	4001～8000 册
定　　价	43.00 元

ISBN 978－7－5606－5431－7/H

XDUP 5733001－2

前　言

高职"大学语文"是面对普通高职高专院校学生开设的一门公共基础课程,本课程紧紧围绕高职高专院校应用型人才的培养目标,根据人文素质教育与职业核心能力教育的多重要求,对高职高专学生的阅读欣赏、应用写作、创新思维、口才表达等能力进行系统的指导和训练,从而增强学生的文学知识、语言修养和美感品质,培养学生的职业道德、合作意识和创新思想,升华其人生的高雅志趣和人文情怀,真正提升高职高专学生作为应用型人才的职业素养。

本书作为高职院校的教材,具有以下特色:

一、课文的选篇。不以时间或者文章体裁为选篇分类的标准,而是以主题为脉络,甄选古今中外有利于提高大学生综合文学素养、健全健康人格培养的名篇佳作。选入的篇目既有古代名家经典篇目,又着眼于现代,有较多新的优秀文章的发掘。

二、编写的体例。高职语文的学习不能沿用"从语文中来,到语文中去",而是要"从工作中来,到工作中去"。除了培养综合语文素养,还要体现职业导向的特点。本书前九个单元分别设置了讲读课文和自读课文两大部分。

讲读课文部分包含精选的三篇课文,在每篇课文前设置了作者简介和背景知识板块,在每篇课文后设置了艺术赏析、文学聚焦、拓展与应用板块。其中拓展与应用板块又分别设置了探究思考、拓展链接、职业连线三个环节,旨在帮助学生加深对课文的理解,扩充知识面,提高实践能力,夯实未来职业基础。

自读课文部分设有 2~4 篇文章,起到让学生阅读鉴赏、体验职业、感受生活的作用,帮助学生提高自学能力,树立终生学习的理念。

三、"互联网＋"的运用。与以往教材相比,本书增加了以二维码的形式进行知识拓展和延伸的环节,将传统与创新进行融合,将混合式课程建设、"互联网＋"思维引入语文教学中。

四、梳理语文课程的德育元素,推动语文课程思政化,实现全程育人、全方位育人和全员育人的大思政格局。在选择本书文章时既考虑要重视锻炼学生听说读写能力,又要充分利用爱国主义作家的事迹和他们所表现出来的爱国主义情怀,传递和弘扬爱国主义精神,激励学生向先辈学习;通过品读爱国经典,将经典文章中的情感和意境传递给学生,具有很强的说服力和感染力,有助于培养当代大学生对于祖国文化的热爱和爱国情操,增强其文化责任感;通过对优秀文学作品专题的学习,使大学生形成正确的人生观和价值观;变传统语文课堂逐篇精讲为"以一带十",将单篇教学与拓展链接结合起来,让这些作品中包含的许多珍贵的民族精神和民族文化,比如仁爱、和而不同、天下为公等传承下去。

总之，本书的编排不求全面，但求实用，既为学生在校阅读和学习提供切实的帮助，又为他们建立积极的人生观、世界观、价值观奠定基础。

本书由包头轻工职业技术学院张剑瑞、杨梅和保定职业技术学院张卉担任主编，张剑瑞负责全书体例的设计、统稿和定稿，杨淑珍教授担任主审。包头轻工职业技术学院的邵晶、乔彩霞、贾海玲、魏芳、刘国庆、连娜和保定职业技术学院张红娇担任副主编。各单元编写及分工如下：第一单元和第三单元由张剑瑞编写（共计6万字），第二单元由乔彩霞编写（共计4.3万字），第四单元由贾海玲编写（共计5.4万字），第五单元由魏芳编写（共计5.2万字），第六单元和第八单元由杨梅编写（共计6.4万字），第七单元由邵晶编写（共计4.5万字），第九单元由连娜编写（共计3.1万字），第十单元由刘国庆编写（共计4.3万字），张卉、张红娇负责全书的校稿。王云霞、王志华、林永祥、田霖、杨淑杰、王静、胡娜等老师也参与了编写和校对工作。

本书在编写过程中参考了众多相关教材和网上资料，在此谨对这些文献的作者表示感谢。由于编者水平有限，书中难免有不妥之处，恳请各位专家、同仁和读者给予批评和指正。

编　者

2019 年 6 月

目　录

第一单元

青春飞扬

青春是什么？

是勇气，是爱国；是梦想，是才华；是自强，是奋斗……青春不朽，无关年龄。青春如朝日，是一个人最宝贵的年华。该如何度过，才能让青春的枝头绽放梦想之花？习近平总书记曾说："现在，青春是用来奋斗的；将来，青春是用来回忆的。"

青年人该是什么样子？

满怀壮志，积极向上；满腔热血，勇往直前；重担在肩，志存高远……青年者，国之魂也；青年者，国之未来也。生逢其时，既是追梦人，又是圆梦者。

青春是奋斗出来的，唯有奋斗才会让青春无悔。每一代青年人都是这个时代的主角和担当，每一代青年人都是未来辉煌的缔造者。习近平总书记指出，一代人有一代人的长征，一代人有一代人的担当。建成社会主义现代化强国，实现中华民族伟大复兴，是一场接力跑。青年，新时代的奋斗者，应该脚踏实地，不负韶光。

无奋斗，不青春。越努力，越幸运。

讲读课文

为学与做人

梁启超

《少年中国说》解析

作者简介

梁启超（1873—1929年），字卓如，一字任甫，号任公，又号饮冰室主人、饮冰子、哀时客、中国之新民、自由斋主人，汉族，广东新会人，清朝光绪年间举人，和其师康有为一起，倡导变法维新，并称"康梁"。是戊戌变法（百日维新）领袖之一，中国近代维新派代表人物。曾倡导文体改良的"诗界革命"和"小说界革命"，其著作合编为《饮冰室合集》。

梁启超被公认为清朝最优秀的学者，中国历史上一位百科全书式人物，而且是一位难得的在退出政治舞台后仍能在学术研究上取得巨大成就的人物。辛亥革命前，他在与革命派论战中发明了一种新文体，介于古文与白话文之间，使得士子和普通百姓都乐意接受。同时，梁启超还是中国第一个在文章中使用"中华民族"一词的人。他从日文汉字中吸收了非常多的新词，如"经济""组织""干部"等。

梁启超于学术研究涉猎广泛，在哲学、文学、史学、经学、法学、伦理学、宗教学等领域均有建树，以史学研究成绩最显著。

梁启超一生勤奋，著述宏富。《少年中国说》中"少年智则国智，少年富则国富；少年强则国强，少年独立则国独立；少年自由则国自由；少年进步则国进步；少年胜于欧洲，则国胜于欧洲；少年雄于地球，则国雄于地球"激励了一代又一代中国人。

背景知识

民国时期，国家面临着内忧外患的形势，而处于这个时代的知识分子、老师和学生都具有强烈的民族情怀和国家观念。学生们求学不仅仅是为了改变自身的命运，更多是为了拯救国家于水火之中，改变国家的命运。那时的中国处于一个社会动荡、战乱频繁的时代，但是中国教育的发展形势很好，大师依然有风范，校园照旧有弦歌。梁启超就是其中的一位大师。这篇文章是1922年梁启超先生应苏州学界之邀所做的一场演讲。此时的梁启超已经年过50，他依然重视年轻人的成长，关心国家的命运。

今天到这里，能够和全城各校诸君聚在一堂，令我感激的很，但有一件，还要请诸君原谅：因为一个月以来，我都带着些病，勉强支持，今天不能作很长的讲演，恐怕有负诸君期望哩。

问诸君"为什么进学校？"我想人人都会众口一词的答道："为的是求学问。"再问："你为什么要求学问？""你想学些什么？"恐怕各人的答案就很不相同，或者竟自答不出来了。诸君啊！我替你们回答一句罢："为的是学做人。"你在学校里头学的什么数学、几何、物理、化学、生理、心理、历史、地理、国文、英语，乃至什么哲学、文学、科学、政治、法律、经济、教育、农业、工业、商业等等，不过是做人所需的一种手段，不能说专靠这些便达到做人的目的，任凭你把这些件件学的精通，你能够成个人不成个人还是个问题。

人类心理，有知、情、意三部分。这三部分圆满发达的状态，我们先哲名为三达德——智、仁、勇。为什么叫做"达德"呢？因为这三件事是人类普通道德的标准，总要三个具备，才能成一个人。三件的完成状态怎么样呢？孔子说："智者不惑，仁者不忧，勇者不惧。"所以教育应分为知育、情育、意育三方面——现在讲的智育、德育、体育不对，德育范围太笼统了，体育范围太狭隘。——知育要教导人不惑，情育要教导人不忧，意育要教导人不惧。教育家教育学生，应该以这三件为究竟，我们自动的自己教育自己，也应该以这三件为究竟。

怎么样才能不惑呢？最要紧的是养成我们的判断力。想要养成判断力，第一步，最少须有相当的常识，进一步，对于自己要做的事须有专门知识，再进一步，还要有遇事能断的智慧。假如一个人连常识都没有，听见打雷，说是雷公发威，看见月蚀，说是蛤蟆贪嘴。那么，一定闹到什么事都没有主意，碰到一点疑难问题，就靠求神问卜看相算命去解决，真所谓"大惑不解"，成了最可怜的人了。学校里小学中学所教，就是要人有了许多基本的知识，免得凡事都暗中摸索。但仅仅有点常识还不够，我们做人，总要各有一件专门职业。这门职业，也并不是我一人破天荒去做，从前已经有许多人做过，他们积累了无数经验，发现出好些原理原则，这就是专门学识。我打算做这项职业，就应该有这项专门的学识。

例如我想做农民，怎么改良土壤，怎么改良种子，怎么防御水旱病虫，等等，都是前人经验有得成为学识的；我们有了这种学识，应用它来处置这些事，自然会不惑，反是则惑了。做工、做商等等都各有他的专门学识，也是如此。我想做财政家吗，何种租税可以生出何样结果，何种公债可以生出何样结果等等，都是前人经验有得成为学识的；我们有了这种学识，应用他来处置这些事，自然会不惑，反是则惑了。教育家、军事家等等，都各有他的专门学说，也是如此。我们在高等以上学校所求的知识，就是这一类。

但专靠这种常识和学识就够吗？还不能。宇宙和人生是活的不是呆的，我们每日碰见的事理是复杂的、变化的，不是单纯的、刻板的，倘若我们只是学过这一件，才懂这一件，那么，碰着一件没有学过的事来到跟前，便手忙脚乱了。所以还要养成总体的智慧，才能有根本的判断力。

这种总的智慧如何才能养成呢？第一件，要把我们向来粗浮的脑筋着实磨炼他，叫他变成细密而且踏实。那么，无论遇着如何繁难的事，我都可以彻头彻尾想清楚他的条理，自然不至于惑了。第二件，要把我们向来浑浊的脑筋，着实将养他，叫他变成清明。那么，一件事理到跟前，我才能很从容很莹澈的去判断他，自然不至于惑了。以上所说常识学识和总体的智慧，都是知育的要件，目的是教人做到"知者不惑"。

怎么样才能不忧呢？为什么仁者便会不忧呢？想明白这个道理，先要知道中国先哲的人生观是怎么样。"仁"之一字，儒家人生观的全体大用都包在里头。"仁"到底是什么？很难用言语说明，勉强下个解释，可以说是："普遍人格之实现。"孔子说："仁者人也。"意思是说人格完成就叫做"仁"。但我们要知道，人格不是单独一个人可以表现的，要从人和人的关系上来看。所以仁字从二人，郑康成解他做"相人偶"。总而言之，要彼此交感互发，成为一体，然后我们的人格才能实现。

所以我们若不讲人格主义，那便无话可说；讲到这个主义，当然归宿到普遍人格。换句话说，宇宙即是人生，人生即是宇宙，我们的人格，和宇宙无二区别，体验得这个道理，就叫做"仁者"。然则这种仁者为什么就会不忧呢？大凡忧之所从来，不外两端，一曰忧成败，二曰忧得失。

我们得着"仁"的人生观，就不会忧成败。为什么呢？因为我们知道宇宙和人生是永远不会圆满的，所以《易经》六十四卦，始"乾"而终"未济"。正为在这永远不会圆满的宇宙中，才永远容得我们创造进化。我们所做的事，不过在宇宙进化几万万里的长途中，往前挪一寸，两寸，那里配说成功呢？然则不做怎么样呢？不做便连这一寸都不往前挪，那可真是失败了。"仁者"看透这种道理，信得过只有不做事才算失败，肯做事便不会失败。所以《易经》说："君子以自强不息。"

换一方面来看，他们又信得过凡事不会成功的几万万里路挪了一两寸，算成功吗？所以《论语》："知其不可而为之。"你想，有这种人生观的人，还有什么成败可忧呢？再者，我们得着"仁"的人生观，便不会忧得失。为什么呢？因为认定这件东西是我的，才有得失之可言。连人格都不是单独存在，不能明确的画出这一部分是我的，那一部分是人家的，然则哪里有东西可以为我们所得？既已没有东西为我所得，当然也没有东西为我所失。

我只是为学问而学问，为劳动而劳动，并不是拿学问劳动等做手段来达某种目的——可以为我们"所得"的。所以老子说："生而不有，为而不恃。""既以为人己愈有，既以与人己愈多。"你想，有这种人生观的人，还有什么得失可忧呢？总而言之，有了这种人生观，自然会觉得"天地与我并生，而万物与我为一"，自然会"无人而不自得"。他的生活，纯然是趣味化、艺术化。这是最高的情感教育，目的教人做到"仁者不忧"。

怎么样才能不惧呢？有了不惑不忧功夫，惧当然会减少许多了。但这是属于意志方面的事。一个人若是意志力薄弱，便会有丰富的知识，临时也会用不着，便有优美的情操，临时也会变了卦。然则意志怎么会才坚强呢？头一件须要心地光明，孟子说："浩然之气，至大至刚。行有不慊于心，则馁矣。"又说："自反而不缩，虽褐宽博，吾不惴焉；自反而缩，虽千万人，吾往矣。"俗话说得好："生平不作亏心事，夜半敲门心不惊。"一个人要保持勇气，须要从一切行为可以公开做起，这是第一着。

第二件要不为劣等欲望所牵制。《论语》记：子曰："吾未见刚者。"或对曰伸枨。子曰："枨也欲，焉刚。"一被物质上无聊得嗜欲东拉西扯，那么百炼成钢也会变成绕指柔了。总之，一个人的意志，由刚强变为薄弱极易，由薄弱返到刚强极难。一个人有了意志薄弱的毛病，这个人可就完了。自己作不起自己的主，还有什么事可做？受别人压制，做别人奴隶，自己只要肯奋斗，终必能恢复自由。自己的意志做了自己情欲的奴隶，那么，真是万劫沉沦，永无恢复自由的余地，终身畏首畏尾，成了个可怜人了。

孔子说："和而不流，强哉矫；中立而不倚，强哉矫。国有道，不变塞焉，强哉矫；国无道，至死不变，强哉矫。"我老实告诉诸君说罢，做人不做到如此，决不会成一个人。但做到如此真是不容易，非时时刻刻做磨炼意志的功夫不可，意志磨炼得到家，自然是看着自己应做得事，一点不迟疑，扛起来便做，"虽千万人吾往矣"。这样才算顶天立地做一世人，绝不会有藏头躲尾左支右绌的丑态。这便是意育的目的，要教人做到"勇者不惧"。

我们拿这三件视作做人的标准，请诸君想想，我自己现时做到哪一件——哪一件稍微有一点把握。倘若连一件都不能做到，连一点把握都没有，嗳哟！那可真危险了，你将来做人恐怕做不成。讲到学校里的教育吗，第二层的情育，第三层的意育，可以说完全没有，剩下的只有第一层的知育。就算知育罢，又只有所谓常识和学识，至于我所讲的总体智慧靠来养成根本判断力的，却是一点儿也没有。这种"贩卖知识杂货店"的育，把他前途想下去，真令人不寒而栗！现在这种教育，一时又改革不来，我们可爱的青年，除了他更没有可以受教育的地方。诸君啊！你到底还要做人不要？你要知道危险呀，非你自己抖擞精神方法自救，没有人救你呀！

诸君啊！你千万别要以为得些断片的知识，就算是有学问呀。我老实不客气告诉你罢：你如果做成一个人，知识自然是越多越好；你如果做不成一个人，知识却是越多越坏。你不信吗？试想想全国人所唾骂的卖国贼某人某人，是有知识的呀，还是没有知识的呢？试想想全国人所痛恨的官僚政客——专门助军阀作恶鱼肉良民的人，是有知识的呀，还是没有知识的呢？诸君须知道啊，这些人当十几年前在学校的时代，意气横历，天真烂漫，何尝不和诸君一样？为什么就会堕落到这样的田地呀？屈原说："何昔日之芳草兮，今直为此萧艾也！岂其有他故兮，莫好修之害也。"天下最伤心的事，莫过于看着一群好好的青年，一步一步的往坏路上走。诸君猛醒啊！现在你所厌所恨的人，就是你前车之鉴了。

诸君啊！你现在怀疑吗？沉闷吗？悲哀痛苦吗？觉得外边的压迫你不能抵抗吗？我告诉你：你怀疑和沉闷，便是你因不知才会惑；你悲哀痛苦，便是你因不仁才会忧；你觉得你不能抵抗外界的压迫，便是你因不勇才有惧。这都是你的知、情、意未经过修养磨炼，所以还未成个人。我盼望你有痛彻的自觉啊！有了自觉，自然会成功。那么，学校之外，当然有许多学问，读一卷经，翻一部史，到处都可以发现诸君的良师呀！

诸君啊，醒醒罢！养足你的根本智慧，体验出你的人格人生观，保护好你的自由意志。你成人不成人，就看这几年哩！

（选自梁启超.为学与做人［M］.苏州：古吴轩出版社，2016.）

▶ 艺术赏析

《为学与做人》以"为什么进学校"发端，引出"为学与做人"的问题。引用孔子的话指出"成为一个人"应具备三个条件："智者不惑""仁者不忧""勇者不惧"。首先，文章剖析了不惑。人们要达到不惑，要完成三个层级：常识的积累，有专门的学识，最重要的是智慧的养成：一是要使思维变得细密踏实，二是要使脑子变得条理清晰。其次，针对不忧的问题，文章提出了仁者不忧的观点。仁者之所以能做到不忧，不外乎舍弃了常人所热衷的成败与得失。最后，文章剖析了属于意志力范畴的"不惧"。一是要心地光明，才能够保持勇气；二是要控制个人的欲望，"不为劣等欲望所牵制"，才会意志力强。

接着作者以"三条标准"批评现在的教育，告诫青年先要学会做人，充满了忧患意识和对学子们真挚的关爱。对如何做人进行了"知""情""意"三个方面的剖析。

最后，作者对听众发出了质询，揭示了青年的现状，令人隐忧，给人以触动，唤起青年的共鸣，进一步发出号召，号召青年养足智慧，建立好的人生观，磨炼意志。

◉ 文学聚焦

演 讲 稿

演讲稿也叫演讲词，是在较为隆重的仪式上或者某些公众场合发表的讲话文稿。演讲稿是人们在工作和社会生活中经常使用的一种文体，是进行演讲的依据，是对演讲内容和形式的规范和提示，可以用来交流思想、感情，表达主张、见解，也可以用来介绍自己的学习、工作情况和经验，把演讲者的观点、主张与思想感情传达给听众以及读者，使他们信服并在思想感情上产生共鸣。

演讲未必都使用演讲稿，不少著名的演讲都是即兴之作，是由别人经过记录流传开来的。但重要的演讲最好还是事先准备好演讲稿，尤其是学生的演讲，因为演讲稿至少有两个方面的作用：其一，通过对思路的精心梳理，对材料的精心组织，使演讲内容更加深刻和富有条理。其二，帮助演讲者熟悉演讲内容，消除临场紧张、恐惧的心理，增强演讲者的自信心。

⌘ 拓展与应用

探究思考

1. 孔子说"智者不惑，仁者不忧，勇者不惧"，梁启超在文中提到怎样才能做到"不惑、不忧、不惧"呢？

2. 结合当前自己的大学生活，谈谈你对梁启超先生关于"为学与做人"之间关系的理解。

拓展链接

1. 乔布斯《在斯坦福大学毕业典礼上的演讲稿》。

2. 视频：《大学生就业生存战》，网址是：https://tv. sohu. com/v/dXMvMjAxOTA1OTE3LzY4MjczOTA2LnNodG1s. html。

职业连线

"我们为什么要考大学？为什么要读书？"面对这个问题，不同的人有不同的回答。

有人说，我读书就是为了挣钱，挣大钱。那么马云曾经说过：想要通过读书变成企业家，那是做白日梦。也有人说，我上大学就是为了拿个学历，那么当今社会"毕业即失业"的大学生也有不少。

读书，到底为了什么？作家龙应台说："孩子，我要求你读书用功，不是因为我要你跟别人比成绩，而是因为，我希望你将来会拥有选择的权利，选择有意义、有时间的工作，而不是被迫谋生。"

思考：

你认为读书的意义是什么？你认为大学教育在我们的职业生涯中起着什么作用？

青春就是一场远行

韩　寒

👤 作者简介

韩寒(1982 年 9 月 23 日—)，著名赛车手，作家，《独唱团》杂志(现已停刊)主编，并涉足音乐创作。名字"韩寒"是其父亲韩仁均的笔名。韩寒学生时期因为获得新概念作文比赛第一名而一举成名，之后又因为退学引发社会争议，成为"韩寒现象"。此后，他出版首部长篇小说《三重门》，创畅销纪录，并成为一个优秀赛车手，是中国唯一一位拉力赛和场地赛双料年度冠军。2010 年被《时代周刊》评选为 100 名影响世界人物之一。其自编自导的处女作电影《后会无期》2014 年 2 月开机，7 月上映，获得高于《小时代》的票房。2019 年 2 月韩寒指导的又一部电影《飞驰人生》也上映了，反响不错。

📖 背景知识

"成人礼"是前人留下的一种礼仪。人的一生要接受新生礼、毕业礼、婚礼、葬礼，而作为人生中一个很重要阶段的"成人礼"却逐渐被忽视。《成人礼》是由湖南卫视和《中国青年报》等共同打造的青春盛典特别节目，旨在展示 90 后青春一代于己、于家、于人、于国的盛大情怀，体现他们怀抱理想、感恩尽责、关爱奉献、忠义担当的时代特质。《成人礼》自 2009 年开始，每年一次。2012 年湖南卫视与《中国青年报》再度携手，天娱传媒以青春的姿态全程加盟，线上线下，火力全开，并突破品牌图圈拉开 2012 湖南卫视成人季序幕。以年轻的视角，打造全国首档青少年选择盛典——"18 岁的选择"。这一年韩寒被邀请参加节目。

韩寒的亮相成为现场最大的惊喜。当晚，韩寒畅谈 18 岁的选择，在现场鼓励所有的 18 岁青年，忠于自己所热爱的，坚持自己所选择的，不要害怕嘲笑。他告诉全场的 18 岁青年朋友，不要惧怕自己对于某一件事或某一个人的热爱，因为那是自己心底最想要的选择，大胆去尝试去做，在行动的过程中肯定会遭到旁人的嘲笑，但是没有关系，只要你去做了，你就成功了。

你的青春就是一场远行，一场离自己的童年，离自己的少年，越来越远的远行。

在我和你们一样大的时候，18 岁，我正在一列从上海到北京的火车上，我的远行就这样开始了。

刚上火车的时候，我特别激动，因为我终于可以离开我的父母了，我的家乡，然后我熟悉的环境，我终于可以离开他们，要去北京。至于去北京干嘛，我也不知道。因为据说搞文化的人都要去北京。但是，我现在告诉大家，其实不是这样的，以后千万不要被这句话给迷惑住了。搞文化，哪里都能搞，只要你有一颗自己想做事情的心，在哪里都一样。

然后，在火车上，我就开始回忆。

上海到北京的火车，都是在傍晚发车的，没过多久，天就黑了。然后，我看到了窗外，很多昏暗的灯光，然后，有很多的自行车，我就想起了我小的时候。

我小的时候，特别特别喜欢骑自行车，在我们镇上，我是出了名的亭林镇最速男。我骑车很快，很多人只是因为在人群中多看了我一眼，他们就吓得会躲得很远。

但是，我有一件事情很自卑，这个事情也要告诉大家，这说明了，的确经济的独立是特别重要的：因为我一直骑着一辆女式自行车。

然后，我跟我的父亲说了很久，我的爸爸终于答应，给我买了一辆山地自行车。有了这辆山地车以后，我就开始骑得更远更多，把几乎整个镇上，所有的犄角旮旯都骑了一遍。和所有的山地自行车一样，不出一年，这个车就被偷掉了。

然后，让我们说回到火车上吧。这一路我几乎没怎么睡觉，因为以前无论如何，我都是在家的旁边，那十几公里骑车，等到了晚上，我都会回到我的家里。无论我那个时候多么的叛逆，对父母多么的厌烦，但，我终会回到我的家里。

但我在火车上，到了北京以后，我的家就真真切切地离开了我1200多公里。我不知道我去北京究竟要干嘛，而那个时候，也是我人生最低谷的时候，我所有写作的那些在学校里的经历，已经用完了，但我又不想再写那些校园小说，我希望写一些和社会有关的。可是，我刚刚踏上社会，这个社会在我面前刚刚打开，我对它一无所知。但是在后来我找到了我所热爱的东西，那就是赛车。

我把所有的版税，都用于去参加赛车。去买了一辆赛车改装它，然后呢，就去参加全国的锦标赛。但是因为版税什么的很有限，所以我的车很破，那个时候看着那些大车队的车手，从我眼前开过的时候，脚一踩油门，就是嘭嘭啪啪的那种排气管的声音特别的响。而我一踩油门，跟他们一样，也是嘭嘭啪啪的声音，但那是排气管掉在地上的声音。

虽然头两年的成绩很差，但我却一直很开心，因为我找到了一个目标。我虽然那个时候，几乎所有的钱都用光了，快要租到北京的山里去了，但是，我还是很快乐。

是的，我想要说的，其实跟远行，跟我们的这个选择，跟旅行没有任何的关系。

我要说的是自己的兴趣和自己的伴侣，你去哪里一点都不重要。旅途上任何一样景物，你要去的任何目的地，其实真的不重要，但是你的伴侣很重要，因为如果你和一头猪同行的话，你去哪里你都会觉得像在猪圈里。然后你如果在路上，被一头疯狗咬了的话，你一样要去医院。所以我觉得，旅行不重要，你所热爱的是最重要的，因为你的青春就是一场远行。一场离自己的童年，离自己的少年，越来越远的远行，你会发现这个世界跟你想象的一点都不一样，你甚至会觉得很孤独，你会受到很多的排挤。度假和旅行，其实都解决不了这些问题。

那我解决这些问题的办法，就是不停寻找自己所热爱的一切。那我就喜欢骑车，喜欢远行，喜欢写作，后来喜欢赛车。在我小的时候喜欢阅读，喜欢钓龙虾，喜欢踢足球。这就是我的兴趣，让我的人生有了目标，也让我有了一技之长，不给这个社会造成负担。

所以，同学们，远行不重要，去哪里不重要。找到自己所热爱的，千万不要放弃，千万不要放弃。千万不要怕被他人嘲笑，因为无论你做什么，总会有一些人在后面笑你，你做得好，做得坏，都会有人在笑你，不要怕被人嘲笑。就算你喜欢研究蚯蚓，或者你喜欢做各种各样的事情，哪怕你立志于，要做第一个华人的美国总统，不要紧，Just do it!

谢谢大家，谢谢！

（选自韩寒.我所理解的生活[M].杭州：浙江文艺出版社，2013.）

▶ 艺术赏析

《青春就是一场远行》是一篇叙事散文，最早出现在演讲现场，用比较随意的方式口述了青春时期较为完整的历程。叙述历程时在整体上是按时间顺序叙述的，在驶向北京的火车上插叙了一部分回忆，接着讲自己在北京的种种经历，最后得出大家都想知道的答案。从语言角度来讲，《青春就是一场远行》偏向于口语化，平静地娓娓道来，具有感召力，强调互动性。从当时现场观众的反应看，它是相当成功的，直白朴实，不追求华丽辞藻，只求公众共鸣。

本文强调远行并不重要，去哪儿也不重要，重要的是兴趣和伙伴，青春就是要在不断寻找一切你感兴趣的事物的过程中解除你的困惑与不解，强调了从自我发现、自我调适到自我解决。

◉ 文学聚焦

关于《飞驰人生》影评，飞驰的不只是赛车！

1. 电影讲了一个过气车王重新爬起来的故事，剧情非常简单，结局出乎意料，也让人意犹未尽。

2. 电影的故事改编自韩寒作为赛车手的真实经历，能感受到回顾往昔的柔软心境。和前两部电影不同，这一次的私货段子、人生感悟更本真，更让人信服。

3. 我个人觉得励志、热血才是这部电影的重点，搞笑只属于附庸品。即便当代类似"你有什么梦想"的话已经把励志玩坏了，但超燃的后30分钟还是会感动一批"在路上"的年轻人。

4. 飞驰的不只是赛车，更是人生。中年危机的人，放手一搏，张弛冲出悬崖的那一刻，其实才是圆满了，因为他说过"不是一定要赢，我只是不想输"。

5. 这部电影其实有很多残酷、悲剧的东西，比如张弛上节目求钱，叶经理说要去旅游却去给人摁电梯……

6. 生活中，你我皆是张弛。人生的道路上总会遇到这样或那样的坎坷，但我们心中的那份执着和守护不会随着时间而褪色。每一个渺小的梦想，都值得被尊重；通往成功的漫漫长路，总伴随着冷眼和嘲讽；任现实如何残酷，不忘初衷，不改热忱，不畏将来，不妄自菲薄，更不轻易言败。

7. 《飞驰人生》是韩寒给自己的一份交代，顺便告诉世界，我实现了我的梦想，我正与热爱的一切在一起。

8. 韩寒自编自导的《飞驰人生》，不仅献给他自己所热爱的一切，更是对所有追梦人的崇高致敬。阴差阳错嬉笑荒唐，皆是人生必经的修行，看似诙谐风趣一笑而过，曲终落幕总有知音人潸然泪下。

喜欢韩寒，很大的原因就是他一直站在普通人的立场上鼓励大家。这么多年来，他一直是那个勇敢的韩寒。

我们或许没有韩寒的能耐，但是我们可以有他的勇气。

拓展与应用

探究思考

1. "你的青春就是一场远行，一场离自己的童年，离自己的少年，越来越远的远行"，这句话如何理解？

2. 结合自身经历谈谈你从本文获得什么启发？对青春、对未来、对职业，你有什么想法与规划？

拓展链接

1. 路遥《平凡的世界》。

2. 韩寒《飞驰人生》。

3. J·D·塞林格（美）《麦田的守望者》。

4. 视频：从大宝剑男孩到老司机，韩寒三段演讲折射不同的人生。网址是：http://www.sohu.com/a/162076518_655299。

路遥《平凡的世界》

职业连线

和志同道合的人一起成长有多重要？

有道是：志不同，道不合，不相为谋。人生得一知己足矣，知己难觅。若能遇到志同道合的人，我们是多么幸运，一起相互扶持，相濡以沫，一起因为一个目标奔赴远方，不惧艰险披荆斩棘。

找个志同道合的人一起创业，可能会遇到资本荒，可能会遇到创业瓶颈，可能会遇到众多的困难，但是，一起啃一块面包，也不愿将最好的想法扼杀在摇篮里。只因相信，一定会有云雾散尽见月明的时刻。我们可以一起期待那天的到来，而后共同庆贺，这条路上还好有你。

一群志同道合的人在一起，把一切不可能变成可能。愿你我同行的路上不孤单！

思考：

职场上可以有知己吗？如何寻找知己？结合实际谈谈自己的看法。

金缕曲·赠梁汾①

纳兰性德（清）

作者简介

纳兰性德（1655—1685），叶赫那拉氏，原名成德，字容若，号楞伽山人。满族正黄旗人。大学士明珠长子，其母为英亲王阿济格第五女爱新觉罗氏。纳兰性德自幼饱读诗书，文武兼修，十七岁入国子监，被祭酒徐元文赏识。十八岁考中举人，十九岁成为贡士。康熙十五年（1676年）殿试中二甲第七名，赐进士出身，官至一等侍卫。康熙到关内关外江南江北各地巡幸时，纳兰几乎每次参与扈从之役，深得康熙赏爱，康熙有意将大用之。

1685年暮春，纳兰抱病与好友一聚，一醉一咏三叹，而后一病不起，溘然而逝，年仅30岁。纳兰无意功名，酷爱读书，多结交名士。他很有文学天赋，诗文俱佳，而尤以词作著称。他的词作以"真"取胜，写景逼真传神，词风"清丽婉约，哀感顽艳，格高韵远，独具特色"。与陈维崧、朱彝尊并称"清初三大家"。著有《通志堂集》《纳兰词》。

生于温柔富贵，却满篇哀感顽艳；身处花柳繁华，心却游离于喧嚣之外；真正的八旗子弟，却喜结交落魄文人；行走于仕途，一生却为情所累；风华正茂之时，却匆匆离世；一位几乎拥有世间一切的惆怅男子，一段三百年来倾倒无数后人的传奇。

背景知识

据顾贞观记云："岁丙辰，容若年二十有二，乃一见即恨识余之晚，阅数日，填此曲为余题照。"可知这首词作于康熙十五年（1676年）。这首词是顾贞观应聘为纳兰揆叙家庭教师，与纳兰性德一见如故，结为挚友时纳兰性德填写的词。

德也狂生耳。偶然间，缁尘②京国，乌衣门第③。有酒惟浇④赵州土⑤，谁会⑥成生此意。不信道、遂成知己。青眼⑦高歌俱未老，向尊前、拭尽英雄泪。君不见，月如水。

共君此夜须沉醉。且由他，娥眉⑧谣诼⑨，古今同忌。身世悠悠⑩何足问，冷笑置之而已。寻思起、从头翻悔。一日心期⑪千劫在，后身缘⑫、恐结他生里。然诺重，君须记。

（选自纳兰性德.纳兰词-中华经典藏书［M］.张浴兮，译注.长春：吉林美术出版社，2015.）

【注释】

① 金缕曲：词牌名。又名《贺新郎》《乳燕飞》，亦作曲牌名。一百十六字，前后片各六仄韵。梁汾，纳兰性德好友顾贞观。顾贞观（1637—1714），字华峰，号梁汾，无锡人，以高标格、重义气著称。

② 缁（zī）尘：黑尘，喻污垢。

③ 乌衣门第：东晋王、谢大族多居金陵乌衣巷，后世遂以该巷名指称世家大族。

④ 浇：浇酒祭祀。

⑤ 赵州土：平原君墓土。

⑥ 会：理解。

⑦ 青眼：指青春年少。

⑧ 娥眉：亦作"蛾眉"，喻才能。

⑨ 谣诼(yáo zhuó)：造谣毁谤。

⑩ 悠悠：遥远而不定的样子。

⑪ 心期：以心相许，情投意合。

⑫ 后身缘：来生的情缘。

艺术赏析

这首词写于二人相交之初，表现出作者纳兰性德乍逢知己的狂喜、豪情与感慨。该词情感直露、奔放，使一个"狂生"的形象跃然纸上。但直露却不浅薄，究其原因有三：一是眼界高，气势足，大有睥睨一世之慨。二是善用"顿挫"。如上片由开篇的"狂生"转入"谁会"的落寞，再转为"青眼高歌"的昂扬，继而跌入"英雄泪"的感慨，最后以"月如水"宕开一笔，一气贯穿而又跌宕有致。三是用典恰当。读者阅毕自然联想到屈原、阮籍、李贺和平原君，从而使词作表达的人生态度具有历史的厚重感。

该词上片言风尘京洛，乍逢知己，狂喜不已，青眼相加，门第并不能成为障碍；下片说两人以心相许，郑重约为知己，哪怕横遭风波，情谊亦不会动摇。全词慷慨淋漓，跌宕生姿，与他的其他词作之凄婉缠绵颇为不同，将重交谊、笃友情之执着展露无遗。

作者鄙视名利而喜结交饱学超俗之士，与顾贞观交情甚深。顾贞观仕途失意，只任过秘书院典籍的微职，但是作者却视他为知己，不仅平等相待，而且在他及他的朋友遇到麻烦时都是尽力帮助。

◉ 文学聚焦

辛弃疾《贺新郎》

词

词，文体名，是一种密切配合音乐用以歌唱的抒情诗体。由五言诗、七言诗或民间歌谣发展而来。始于南朝，中晚唐定型，兴盛于宋，所以我们常说"宋词"。最初称为"曲词"或"曲子词"，别称有近体乐府、长短句、乐章诗余、琴趣等。宋亡入元之后，词多模仿前贤而缺乏创新，趋于衰落。

词的特点：句式参差不齐，基本上是长短句。词都有一个词牌名，它是词在文字上的格律规定。一般词调的字数和句子的长短都是固定的，有一定的格式。词一般分为两段(叫作上下片或上下阕)，不分段或分段较多的词是极少的。词中声韵的规定特别严格，用字要分平仄，每个词调的平仄都有所规定，各不相同。

词按字数的多少可分为小令(58字以内)、中调(59～90字)、长调(91字以上)；按风格差异可分为婉约派和豪放派。

拓展与应用

探究思考

1. 阅读纳兰性德的其他作品，谈谈你对纳兰性德其人的认识。

2. 试将本词与顾贞观的唱和之作《金缕曲·酬容若见赠次原韵》比较，感受纳兰性德与顾贞观的深厚友谊。

金缕曲·酬容若见赠次原韵

且住为佳耳。任相猜、驰笺紫阁，曳裾朱第。不是世人皆欲杀，争显怜才真意。容易得、一人知己。惭愧王孙图报薄，只千金、当洒平生泪。曾不直，一杯水。

歌残击筑心欲醉。忆当年、侯生垂老，始逢无忌。亲在许身犹未得，侠烈今生矣已。但结记、来生休悔。俄顷重投胶在漆，似旧曾、相识屠沽里。名预籍，石函记。

拓展链接

1. 柳永《鹤冲天·黄金榜上》。

2. 毛泽东《沁园春·雪》《沁园春·长沙》。

3. 纳兰性德《木兰花令·拟古决绝词》。

职业连线

语文实践活动：快闪——年轻，就是要奇迹！

从小有个梦想，诗和远方。一个人去旅行，背包耳机，纵横天涯，写写诗，叙叙事，我的喜怒哀乐尽在其中；现实是，我坐在办公室天天面对电脑、天天有数不完的数据要输入。

从小有个梦想，穿上军装，背起钢枪，守卫祖国，我是钢铁铸就的男子汉；现实是我站在产品前努力向顾客推销。

⋯⋯⋯⋯⋯

思考：

理想很丰满，现实很骨感。当梦想与现实碰撞，是坚持梦想，还是屈服现实？当我们坚持自己的梦想并为之不断努力奋斗，会出现奇迹吗？

活动布置：

确定活动时间，确定组织者及参与者，准备小礼物、空白明信片。

活动实施：

1. 传奇 SHOW——"花式篮球"快闪。

在校园篮球场组织十几人的花式篮球，飞快地进入状态，用花式篮球吸引同学围观拍照。

2. 奇迹时刻——派发小礼物。

工作者身着统一服装，给围观同学派发小礼物。出其不意的小礼物，告诉同学：人生中出现的一切，我们尽情享受，无论苦难还是喜悦。

点亮奇迹，你，敢不敢？

3. 致未来——派发明信片。

当明天成为这天，这天成为昨天，最后成为记忆中不再重要的某一天……

在明信片上写下今天的奇迹，并注明未来某一天你要翻看此明信片。写好的明信片交给天使。天使会在指定的那天交给你，你会重温今日的奇迹。

4. 选择操场、餐厅等人群聚集地作为活动地点，教师全程参与指导。

活动评价：

从活动前期准备工作的充分性，是否能够体现学生们良好的策划能力，活动开展过程中团队配合情况以及执行力，对青春奋斗真谛的理解等方面做出全面评价。

1. 学生自评　＿＿＿＿＿＿＿＿＿＿＿＿＿＿＿＿＿＿＿＿＿＿
2. 同学互评　＿＿＿＿＿＿＿＿＿＿＿＿＿＿＿＿＿＿＿＿＿＿
3. 教师点评　＿＿＿＿＿＿＿＿＿＿＿＿＿＿＿＿＿＿＿＿＿＿

自读课文

白马篇①

曹植（三国·魏）

曹植

白马饰金羁②，连翩西北驰③。
借问谁家子？幽并游侠儿④。
少小去乡邑⑤，扬声沙漠垂⑥。
宿昔秉良弓⑦，楛矢何参差⑧！
控弦破左的⑨，右发摧月支⑩。
仰手接飞猱⑪，俯身散马蹄⑫。
狡捷过猴猿⑬，勇剽若豹螭⑭。
边城多警急，虏骑数迁移⑮。
羽檄从北来⑯，厉马登高堤⑰。
长驱蹈匈奴⑱，左顾凌鲜卑⑲。
弃身锋刃端⑳，性命安可怀㉑？
父母且不顾，何言子与妻！
名编壮士籍㉒，不得中顾私㉓。
捐躯赴国难㉔，视死忽如归。

（选自刘周堂.中国古代文学作品选注[M].北京：中国人民大学出版社，2011.）

【注释】

① 白马篇：又名"游侠篇"，是曹植创作的乐府新题，属《杂曲歌·齐瑟行》，以开头二字名篇。

② 金羁（jī）：金饰的马笼头。

③ 连翩（piān）：连续不断，原指鸟飞的样子，这里用来形容白马奔驰的俊逸形象。

④ 幽并：幽州和并州。在今河北、山西、陕西一带。

⑤ 去乡邑：离开家乡。

⑥ 扬声：扬名。垂：同"陲"，边境。

⑦ 宿昔：早晚。秉：执、持。

⑧ 楛(hù)矢：用楛木做成的箭。何：多么。参差(cēncī)：长短不齐的样子。

⑨ 控弦：开弓。的：箭靶。

⑩ 摧：毁坏。月支：箭靶的名称。左、右是互文见义。

⑪ 接：接射。飞猱(náo)：飞奔的猿猴。猱，猿的一种，行动轻捷，攀援树木，上下如飞。

⑫ 散：射碎。马蹄：箭靶的名称。

⑬ 狡捷：灵活敏捷。

⑭ 勇剽(piāo)：勇敢剽悍。螭(chī)：传说中形状如龙的黄色猛兽。

⑮ 虏骑(jì)：指匈奴、鲜卑的骑兵。数(shuò)迁移：指经常进兵入侵。数，经常。

⑯ 羽檄(xí)：军事文书，插鸟羽以示紧急，必须迅速传递。

⑰ 厉马：扬鞭策马。

⑱ 长驱：向前奔驰不止。蹈：践踏。

⑲ 顾：看。凌：压制。鲜卑：中国东北方的少数民族，东汉末成为北方强族。

⑳ 弃身：舍身。

㉑ 怀：爱惜。

㉒ 籍：名册。

㉓ 中顾私：心里想着个人的私事。中，内心。

㉔ 捐躯：献身。赴：奔赴。

有了梦想就去做

横　刀

中专毕业后，他去了深圳打工。不到半年，凭着个人的勤奋和超强能力，他坐到了管理层位置，每月能挣到 5000 元。那时他才 17 岁，可他并不满足，为了大学梦，他放弃了优越的工作条件，回到家乡准备补习，参加当年的高考。可是没有一所中学愿意收他，因为他没读过高中，所有人都认为他考不上大学，会影响学校的升学率。最后，好不容易有个学校收了他，第一次月考，他就考了全班倒数第二，但他毫不气馁，依然刻苦努力。第二次月考，他升到全班第一，第三次已经是全市第一。一个学期后，他成为当地 15 年来的第一个清华大学生！

大学毕业后，他进了一家报社做财经记者。凭着勤奋好学，仅仅过了 4 个月，他就成为报社最出色的记者之一。那天，他看到一个同事正在埋头苦干，30 多岁了，每天和自己做同样的事，有时工作业绩还不如自己。他忽然想，再过 10 年，我不就成了这样吗？这与他的梦想相差太远，那颗年轻的心又躁动起来。他决心创业，经过几个月的准备，他写出了第一份商业计划书。可是光有创意没有资金，等于纸上谈兵，他又开始主动出击，寻找风险投资商。

那天，听说雅虎创始人杨致远要来，他兴奋得一夜没睡好，心想天赐良机，明天就去堵杨致远，管它成功与否，先堵住了再说。他是记者，很容易就进了会场，却始终找不到机会与杨致远单独交谈。直到散会，看到杨致远进了电梯，他一个箭步冲了进去，不管三七二十一，先按了电梯的关门按钮。杨致远猝不及防，急得大叫："我的同事还没进来呢！"可是门已经关上了。这时，他拿出了商业计划书，杨致远这才恍然大悟，接过计划书看了看，然后给了他一张名片，说："我回头看看再答复你。"他满怀憧憬地回去等待答复，可是左等右等，几个月过去了，始终没有回音。

梦想的大门未能打开，记者还得继续做下去。不久，他参加了一次科博会，记者们都争着向那些海归名流提问，唯独一个人在台上坐冷板凳。那是个民营企业家，当时名气不是很大，没人向他提问，只好一言不发地干坐着，样子颇为尴尬。他觉得应该帮帮人家，于是接连向那个企业家提了几个问题，替他解了围。散会后，企业家心怀感激，主动找他聊天。

他向企业家谈起了自己的创业梦想，企业家看了看他的计划书说："创意不错，就冲你这个人，我给你投 1000 万！"他兴奋不已。可那毕竟不是个小数目，还得经过董事会讨论。几天后的董事会上，企业家请来了大批专家论证。会议结束后，企业家告诉他："我们都认为你这个人不错，但是很遗憾，董事会经过慎重考虑，认为你这个项目风险太大。""我做了充分准备，对这个项目很有信心……"他不甘心看着机会从眼前溜走，试图做最后的努力，可是董事会的决定无法改变。

回去的路上，他的手机忽然响了，是企业家打来的："我决定给你 100 万——你这个项目风险确实太大，但是你这个人没有风险！"第二天，他收到了第一笔风险投资，从此他的梦想被插上了翅膀。那个企业家就是远东集团董事长蒋锡培，他的眼光很准，这个年轻人的确没有风险。他叫高燃，两年前创立了 My See 直播网，今年 25 岁，身价已经过亿！

在常人眼里，高燃的成功就像一个传奇，但他说："如果我能最终成功，肯定是因为我有一个大胆的梦想，哪怕明知'不可为'，我也会用全部的精力去追求，至少不能给人生留下遗憾。"

是的，有了梦想你就去做，可以犯错，但不要让自己后悔。

（选自中央电视台《开学第一课》编写组. 爱的诠释（青春版）[M]. 长春：时代文艺出版社，2012.）

雪花的快乐

徐志摩

假如我是一朵雪花，
翩翩的在半空里潇洒，
我一定认清我的方向
——飞扬，飞扬，飞扬，
这地面上有我的方向。

不去那冷寞的幽谷，
不去那凄清的山麓，
也不上荒街去惆怅

　　——飞扬，飞扬，飞扬，
　　——你看，我有我的方向！

　　在半空里娟娟的飞舞，
　　认明了那清幽的住处，
　　等着她来花园里探望
　　——飞扬，飞扬，飞扬，
　　——啊，她身上有朱砂梅的清香！

　　那时我凭藉我的身轻，
　　盈盈的，沾住了她的衣襟，
　　贴近她柔波似的心胸
　　——消溶，消溶，消溶
　　——溶入了她柔波似的心胸。

（选自徐志摩.再别康桥：徐志摩诗歌全集［M］.北京：线装书局，2003.）

拓展阅读

名人风采

　　"大江东去，浪淘尽，千古风流人物"。滚滚历史长河中，总有这样一群人：他们有着精深的智慧，远大的抱负，无比坚强的毅力。他们为社会发展作出杰出贡献，为后人作出表率，对后世有着深远影响。从"见贤思齐焉"的孔子到"大勇若怯，大智如愚"的苏轼，从"我自横刀向天笑"的谭嗣同到"为中华崛起而读书"的周恩来，从"甘做'小小螺丝钉'"的雷锋到"鞠躬尽瘁、死而后已"的焦裕禄，他们都在人类历史上留下浓墨重彩的一笔。正是因为他们的贡献，人类历史才会不断进步。他们是我们一生的挚友。

　　翻开书本，走进历史殿堂，感受名人风采，领悟名人精神，汲取力量与勇气。"榜样的力量是无穷的"，名人带领我们长大，带领我们去追寻生命的意义，带领我们去寻找人生的幸福。

讲读课文

和子由渑池怀旧①

苏 轼（宋）

三曹、三苏、三杨

作者简介

苏轼（1037—1101），北宋文学家、书画家、美食家。字子瞻，号东坡居士。眉州眉山（今属四川）人。出生于一个有良好文化教养的中小地主家庭，他与父亲苏洵、弟弟苏辙极负盛名，后人合称三父子为"三苏"。苏轼少年时就读书刻苦，涉猎广泛，20 岁进士及第。由于受儒学影响很大，表现为浓厚的忠君观念和德治仁政。后来，他的仕途坎坷不平，几次遭贬，被下监狱，是封建社会的失意文人。苏轼是宋代文学的代表，是中国文学史上少有的诗、词、文兼长的大家。其文汪洋恣肆，明白畅达，与欧阳修并称"欧苏"，为"唐宋八大家"之一；诗清新豪健，善用夸张、比喻，艺术表现独具风格，与黄庭坚并称"苏黄"；词开豪放一派，对后世有巨大影响，与辛弃疾并称"苏辛"；书法擅长行书、楷书，能自创新意，用笔丰腴跌宕，有天真烂漫之趣，与黄庭坚、米芾、蔡襄并称"宋四家"；画学文同，论画主张神似，提倡"士人画"。著有《苏东坡全集》和《东坡乐府》等。

背景知识

此诗作于苏轼经渑池（今属河南）时，忆及苏辙曾有《怀渑池寄子瞻兄》一诗，从而和之。嘉祐元年（1056），苏轼、苏辙兄弟二人，在父亲苏洵带领下，第一次离蜀进京赴考。路过渑池（今河南渑池县西）时，曾在县中寺庙内借宿，并在主持奉闲和尚室内的壁上题诗。

仁宗嘉祐二年（1057 年），年仅 20 岁的苏轼考中进士，在三百八十八人之中几近榜首。苏轼的宦途正要开始，突然母亲病故，遂引发人生无常、生死之思。

宋仁宗嘉祐六年（1061 年）冬，苏轼赴陕西凤翔做官，又要经过渑池，兄弟二人平生第一次分离。苏辙送苏轼至郑州，分手回京，作《怀渑池寄子瞻兄》。诗云："相携话别郑原上，共道长途怕雪泥。归骑还寻大梁陌，行人已度古崤西。曾为县吏民知否？旧宿僧房壁共题。遥想独游佳味少，无言骓马但鸣嘶。"苏轼因作此诗相和。

> 人生到处知何似，应似飞鸿踏雪泥②。
> 泥上偶然留指爪，鸿飞那复计东西。
> 老僧③已死成新塔，坏壁④无由见旧题。
> 往日崎岖还记否，路长人困蹇驴⑤嘶。

（选自陈迩冬.苏轼诗词选（中国古典文学读本丛书典藏）[M].北京：人民文学出版社，2018.）

【注释】

① 子由：苏轼弟苏辙，字子由。

② "人生"二句：此是合作，苏轼依苏辙原作中提到的雪泥引发出人生之感。

③ 老僧：即指奉闲。据苏辙原诗自注："昔与子瞻应举，过宿县中寺舍，题老僧奉闲之壁"。

④ 坏壁：指奉闲僧舍。嘉祐元年(1056)，苏轼与苏辙赴京应举途中曾寄宿奉闲僧舍并题诗僧壁。

⑤ 蹇(jiǎn)驴：蹇，跛脚。苏轼自注："往岁，马死于二陵(即崤山，在渑池西)，骑驴至渑池。"

艺术赏析

此诗前四句一气贯串，自由舒卷，超逸绝伦，散中有整，行文自然。首联两句，以雪泥、鸿爪比喻人生。一开始就发出感慨，有发人深省、引人入胜的作用，并挑起下联的议论。颔联两句又以"泥""鸿"领起，用顶针格就"飞鸿踏雪泥"发挥。鸿爪留印属偶然，鸿飞东西乃自然。偶然故无常，人生如此，世事亦如此。他用巧妙的比喻，把人生看作漫长的征途，所到之处，诸如曾在渑池住宿、题壁之类，就像万里飞鸿偶然在雪泥上留下爪痕，接着就又飞走了；前程远大，这里并非终点。人生的遭遇既为偶然，则当以顺其自然的态度去对待人生。

后四句照应"怀旧"诗题，以叙事之笔，深化雪泥鸿爪的感触。颈联言僧死壁坏，故人不可见，旧题无处觅，写出人事无常，是"雪泥""指爪"感慨的具体化。尾联是针对苏辙原诗"遥想独游佳味少，无言骓马但鸣嘶"而引发的往事追溯。回忆当年旅途艰辛，有珍惜现在、勉励未来之意，因为人生的无常，更显人生的可贵。艰难的往昔，化为温情的回忆，而如今兄弟俩都中了进士，前途光明，更要珍惜当下。这首早期作品中，诗人已经展示出了内心强大、达观的人生底蕴。全诗悲凉中有达观，低沉中有昂扬，读完并不觉得人生空幻，反有一种眷恋之情荡漾心中，犹如海上灯塔，于怀旧中展望未来，意境阔远。诗中既有对人生来去无定的怅惘，又有对前尘往事的深情眷念。

此诗的重心在前四句，而前四句的感受则具体地表现在后四句之中，从中可以看出诗人积极的人生态度，以及后来处在颠沛之中的乐观精神的底蕴。全篇圆转流畅，一气呵成，涌动着散文的气脉，是苏轼的名作之一。

文学聚焦

唐宋八大家

唐宋八大家，是唐宋时期八大散文代表作家的合称，即唐代的韩愈、柳宗元和宋代的欧阳修、苏洵、苏轼、苏辙、王安石、曾巩。其中韩愈、柳宗元是唐代古文运动的领袖，欧阳修、三苏等四人是宋代古文运动的核心人物，王安石、曾巩是临川文学的代表人物。韩愈是"古文运动"的倡导者，他们先后掀起的古文革新浪潮，使诗文发展的陈旧面貌焕然一新。

"唐宋八大家"的称谓究竟始于何时？据查，明初朱右将以上八位散文家的文章编成《八先生文集》，八大家之名始于此。明中叶唐顺之所纂的《文编》，仅取唐宋这八位散文家的文章，其他作家的文章一律不收，这为唐宋八大家名称的定型和流传起了一定的作用。以后不久，推崇唐顺之的茅坤根据朱、唐的编法选了这八位的文章，辑为《唐宋八大家文钞》，唐宋八大家之称遂固定下来。

拓展与应用

探究思考

1. "归去，也无风雨也无晴"是苏东坡；"老夫聊发少年狂，左牵黄，右擎苍。锦帽貂裘，千骑卷平冈"也是苏东坡；"小轩窗，正梳妆。相顾无言，惟有泪千行"还是苏东坡，方方在《喜欢苏东坡》中说："假如将苏东坡连根须带枝蔓地拔起，我相信，整部中国文化史将因之而失重。"谈谈你眼中的苏东坡。

2. 中国历史上具有远大政治抱负的人比比皆是，但是，若再加上旷达胸襟的这个条件恐怕寥寥无几人。谈谈在挫折、灾难或困境中，人应该怀有怎样的态度？

拓展链接

1. 苏轼《吴中田妇叹》《饮湖上初晴后雨》《题王维吴道子画》《江城子十年生死两茫茫》。

2. 视频：[中国诗词大会]老夫聊发少年狂苏轼到底有多狂？网址是：https://haokan.baidu.com/v？vid＝11541988830615324967&pd＝bjh&fr＝bjhauthor&type＝video。

职业连线

青年苏轼对人生发出了这样的疑问和感喟。但是，人生有着不可知性，并不意味着人生是盲目的；过去的东西虽已消逝，但并不意味着它不曾存在。就拿崤山道上，苏轼骑着蹇驴，在艰难崎岖的山路上颠簸的经历来说，岂不就是一种历练，一种经验，一种人生的财富？所以，人生虽然无常，但不应该放弃努力；事物虽多具偶然性，但不应该放弃对必然性的寻求。事实上，若不经过一番艰难困苦，又怎能考取进士，实现抱负呢？这就是苏轼：既深究人生底蕴，又充满乐观精神，他的整个人生观在此得到了细微的展示。

思考：

当我们走出校园，踏入社会，进入职场后，既会有顺风顺水之时，也会有逆流而上之时，请结合苏轼的人生观，谈谈你的感悟。

怀大爱心，做小事情

何光沪

作者简介

何光沪，1950 年生，1989 年获中国社会科学院哲学博士学位，1997—1998 年在哈佛大学做访问学者，现为中国人民大学宗教学系教授。主要从事宗教学、宗教哲学、基督教神学等领域的研究。著有《百川归海——走向全球宗教哲学》《天人之际》等。

背景知识

　　《怀大爱心，做小事情》是何光沪为特蕾莎修女写的《活着就是爱》一书的中文译本所做的序言。《活着就是爱》作者是特雷莎修女，本书收集了特蕾莎修女的谈话、祷文、默想和书信，充分反映了她对人那份深切的爱。她的一言一语极具震撼力，既能振奋人心，也能安慰心灵。

　　她创建的组织有四亿多的资产，世界上最有钱的公司都乐意捐款给她；她的手下有七千多名正式成员，还有数不清的追随者和义务工作者分布在一百多个国家；她认识众多的总统、国王、传媒巨头和企业巨子，并受到他们的仰慕和爱戴……

　　可是，她住的地方，唯一的电器是一部电话；她穿的衣服，一共只有三套，而且自己洗换；她只穿凉鞋没有袜子……

　　她把一切都献给了穷人、病人、孤儿、孤独者、无家可归者和垂死临终者；她从 12 岁起，直到 87 岁去世，从来不为自己、而只为受苦受难的人活着……

　　在这个世界上，古往今来有不少富豪，对穷苦人慷慨解囊，有不少慈善家，开办了不少孤儿院养老院……然而，她不是富豪，因为她没有留给自己一分钱，甚至她不去挣钱，不去募款；她也不是一般的慈善家，因为她的目的，不是仅仅为穷人和鳏寡孤独者提供衣食住处，不是仅仅为病人和遭灾遭难者提供医疗服务，而是要在这一切之中，这一切之外，给这些人带去爱心，让他们感到自己有尊严、感到自己被人爱！为此，她愿意向这些人下跪；她立志要服侍穷人，所以先变成了穷人；她放弃了安适的修女和教师生活，穿上穷人的衣服，一头扎进贫民窟、难民营和各种各样的传染病人之中，五十年如一日；她的追随者们为了让服侍的对象觉得有尊严，也仿效她的榜样，过着穷人的生活，以便成为穷人的朋友。这种远远超过一般慈善事业的宗旨，体现在她的这句话中："除了贫穷和饥饿，世界上最大的问题是孤独和冷漠……孤独也是一种饥饿，是期待温暖爱心的饥饿。"所以，她的一生，用她自己的话来说，是"怀大爱心，做小事情"。

　　她，就是被称为"贫民窟的圣人"的特蕾莎（亦译德肋撒或特雷莎修女）。她也被世人亲切地称为"特蕾莎嬷嬷"。1979 年，诺贝尔委员会从包括促成埃以和谈的美国总统卡特在内的 56 位候选人中，选出了她，把诺贝尔和平奖这项殊荣授予了这位除了爱一无所有的修女。授奖公报说："她的事业有一个重要的特点：尊重人的个性、尊重人的天赋价值。那些最孤独的人、处境最悲惨的人，得到了她真诚的关怀和照料。这种情操发自她对人的尊重，完全没有居高施舍的姿态。"公报还说："她个人成功地弥合了富国与穷国之间的鸿沟，她以尊重人类尊严的观念在两者之间建设了一座桥梁。"

　　她的答辞是："这项荣誉，我个人不配领受，今天，我来接受这项奖金，是代表世界上的穷人、病人和孤独的人。"所以，把这笔巨额奖金全部用来为穷人和受苦受难的人们办事，这对她来说是最最自然不过的事情。一向克己的她还向诺贝尔委员会请求取消照例要举行的授奖宴会。诺贝尔委员会当然答应了这一请求，并且把省下来的 7100 美元赠予了她领导的仁爱修女会。与此同时，瑞典全国掀起了向仁爱修女会捐款的热潮。自此以后，她的事业得到了全世界越来越多的支持。

　　从"印度伟大女儿奖"到美国总统自由勋章，从卡内基奖到史怀泽奖，全世界至少有八十多个国家的元首、首脑、政府和各大领域的机构以及各个方面的国际组织，都向她颁发过崇高的荣誉和奖项。她的态度从以下两例可见一斑：

1964年，罗马教皇赠给她一辆白色林肯牌轿车，她将车作为抽彩义卖奖品，用所得款项建了一座麻风病医院；1992年，美国哥伦布骑士团将"喜乐与希望"奖牌授予她，获奖后她立即打听在哪里可以出售奖牌，以便将出售所得和奖金一起交给修女会，用于救助穷人的事业。

特蕾莎1910年生于南斯拉夫境内的一个阿尔巴尼亚族农家，本名阿格尼丝。她的家乡位于现在脱离南联盟独立的马其顿首都斯科普里，那一带至今还为贫穷、混乱和民族矛盾所困扰。她小小年纪就开始思索人生，12岁时感悟到自己的天职是帮助穷人，这决定了她被称为"活圣人"的一生。17岁时，她发了初愿，到爱尔兰的劳莱德修女院学习，随后到印度大吉岭受训，27岁时发终身愿成为修女。结业后在加尔各答修会办的圣马利亚女校教授地理和历史。加尔各答的贫民窟又多又脏，在世界大城市中是出了名的，以至被印度总理尼赫鲁称为"恶梦之城"，特蕾莎所住的修院就位于其中最贫穷最肮脏的地区。在这位在女子学校和修院高墙内过着优雅的欧式生活的欧洲女子看来，周围那个凄惨破败、可怕肮脏的环境，那些瘦骨嶙峋、皮肤黝黑、衣不蔽体、臭气薰人的乞丐、孤儿、老弱、病人和穷汉，不但是不应逃避的，而且是不能漠视的；不但是不能漠视的，而且是必须帮助的；不但是必须帮助的，而且是值得去爱的！于是，出于对受苦受难者的爱，出于帮助他们的愿望，她退出了劳莱德修会，成立了一个专门无偿地服侍受苦人的修会，即"仁爱传教会"。她身无分文，只有两名志同道合的修女做帮手，先是到一个美国医护修女会学习医疗护理，然后向加尔各答市政府申请到一间旧神庙中的两个房间，收治被遗弃的危重病人，给予细心的护理，让孤苦的濒死者在修女们的爱抚中得到临终的关怀，最后还按死者自己的宗教信仰和风俗习惯办理后事。这是仁爱传教会创办的第一个机构，被称为"纯洁之心"。随后，她又设立了一所露天学校，收容失学儿童和流浪孤儿，一面给予教育，一面为他们寻找愿意收养的人家。不久之后，她又开始关注麻风病人的境况，这种已可治愈的疾病被人们视为瘟疫，致使病人被周围的人遗弃，心灵的痛远胜于身体的病痛。

特蕾莎为此开办了许多麻风病人收容诊疗中心，多年后竟使孟加拉大城市吉大港的麻风病治愈率达到了百分之百。当艾滋病开始被人们视为新瘟疫，一般人对病人避之唯恐不及的时候，特蕾莎又奔走于欧美各国，设立了多家艾滋病患者收容所，在医生治疗的同时，她和她的修女们则给予护理。

在所有这些事情中，特蕾莎不仅仅表现了罕见的组织才能，更重要的是表现了本真的爱心。她细心地从腐烂的伤口捡出蛆虫、亲切地抚摸麻风病人的残肢……所有这些深深地感动了全世界的人们。靠着这种爱心，也仅仅靠着这种爱心，她赢得了成千上万的追随者，在世界上一百多个国家建立了近千个类似的机构，把食物、衣服、住房、药品、医护、教育……送到了千百万穷人、孤儿、灾民、病人和被遗弃者的身边，使他们感到有人在爱着他们。在这些事情中，特蕾莎和她的追随者的爱心已达到自我牺牲的程度，否则我们就不会看到，越是人们的自私自爱之心阻挡人们前往的地方，他们越是要去：大城市里的贫民窟，荒凉贫瘠的高寒山区，饥荒和瘟疫流行的穷国，随时有生命危险的震区和战区……为了这些，有时她甚至得冒险犯难去克服一些政治上的障碍。例如，为了帮助海湾战后的伊拉克人民，她曾同一位神父两位修女前往巴格达；为了到切尔诺贝利核污染地区帮助受害者，她曾到当时禁止宗教团体办慈善事业的苏联去提出建立工作站的愿望，并终于在两年后得到批准……

特蕾莎也曾经上法庭打官司。1984 年，她同一个名叫"赞助特蕾莎修女基金会"的组织对簿公堂，目的是要向全世界宣告：她反对任何人以她的名义募捐筹款；她希望人们不要关注她而只关注她要去帮助的那些人。确实，她散布在世界各地的慈善事业及其资产，都来自她个人的奉献和人们自愿捐献。她要求手下的人只为受苦的人们服务，绝不要操心金钱的问题，因为，要让人感到被爱，需要的只是充满爱心的行动，其余的事听凭上主的安排。她经常对手下的人说："你们不必注重成果数字。凡是有益于穷人和被弃者们的爱的行动，不管怎样微小，在耶稣看来都是重要的。"1969 年，被这种精神感动的人们成立了"特蕾莎嬷嬷合作者国际协会"(International Association of Co-workers of Mother Teresa)，现有会员数十万人。这个组织不要求会员缴会费，也不筹集资金，只是通过"祈祷、克己和为穷苦人服务"来支持仁爱传教会的工作，被称为"世界上最无组织的组织"。

特蕾莎从少年立志到弥留之际，几十年如一日奔波操劳，身患重病时依然毫不停歇，只是为了世界上最底层、最悲惨的穷苦人们。所以，在另一位以慈爱之心感动千百万人的妇女、英国王妃戴安娜的葬礼正吸引世人目光的时候，特蕾莎去世的噩耗传来，引起了全世界更大的震动：在印度，成千上万的普通人冒着倾盆大雨走上街头，悼念他们敬爱的"特蕾莎嬷嬷"，政府宣布为她举行国葬，全国哀悼两天，总统为此宣布取消官方活动，总理亲往加尔各答敬献花圈、发表吊唁演说；从新加坡到英国，从新西兰到美国，各国元首和政府首脑纷纷发表讲话，为这位"仁慈天使"的逝世感到悲痛；联合国教科文组织专门发表声明向她致敬；罗马教廷专门举行弥撒为她追思；菲律宾红衣主教梅辛称她为"代表和平、代表牺牲、代表欢乐"的象征，甚至印度最大的清真寺的伊斯兰教长布哈里也说，她是一位"永生的伟大的圣人"！

为这本书写序，实际上我是不配的，因为我觉得自己的名字不配与特蕾莎的名字放在一起。

我之所以还是写了，不仅是因为无法推却编辑朋友的嘱托，而且更因为这嘱托包含着非常重要的理由，不仅是因为这本书关于特蕾莎的事迹说得太少（因为她从不多说自己），而且更因为我愿意多了解一下她的事迹，并且向读者朋友介绍。

我自信有时能写漂亮的文章，特蕾莎从不自信（她说："我微不足道，主才是一切"），却终生做着天底下最美丽的事情。我相信，这篇文章一点儿也不漂亮，恰恰是因为她做的事情太美丽。

漂亮的文章不能给街头的弃儿带来什么东西，但是特蕾莎的仁爱修女会给千千万万的穷苦人带来的，不仅有饮食和被盖，而且有内心的温暖，有做人的尊严，有来自天上的爱！

她在这本书中提醒我们：世界上有那么多的人死于苦难之中，只是因为我们没有伸出援手，将我们可以给出的食物、衣服和爱心带给他们！她更提醒我们：饥饿者需要的不单是食物，受冻者需要的不单是衣服，无家者需要的不单是住房，他们同你我一样，所需要的，还有人与人之间亲切的关系，还有人对人的情谊和关心，还有很少人愿意给予陌生人的爱心！

读到这些，我们能不羞愧吗？

我们每天从报纸上、杂志上、广播里、电视里看到和听到这么多的人在受难，我们每天在城市里、乡村里、邻里中、家庭中感受到那么多的人在受苦,但是,我们往往无动于衷!

看到特蕾莎的事迹,我们能不羞愧吗?

在一个玩世不恭盛行、贪婪压制人性的时代,特蕾莎,这个来自偏僻乡村的瘦小妇女,能够挺身出来,走进苦海,释放出如此惊人的能量,感召了如此众多的民众,靠的只是她那份几乎是无限的、但却是坚韧的爱……

这份爱,来自何处?为何会有如此巨大的力量?

答案,就在这本书里,就在她那些简洁的话中……

(选自特雷莎修女(阿尔巴尼亚).活着就是爱[M].王丽萍,译.成都:四川人民出版社,2000.)

▶ 艺术赏析

特蕾莎修女是一个完全彻底的圣女。她不仅仅把一生奉献给了穷人、孤儿、病人、孤独者、无家可归者和垂死的临终者,而且执着地让自己做了一辈子一文不名的穷人;然而她所创立的仁爱组织却有四亿多资产。她不仅从物质上帮助别人,更重要的是从精神上让人们感到人格的尊重和被爱的温暖。为此,她忘怀自我,情愿下跪。圣洁,在她那里呈现出完美无瑕;大爱,在她那里发挥到极致。

全文展示了特蕾莎修女感动世人的人生事迹,从而诠释出特蕾莎修女"大爱"的真正内涵。文章主要从三个层面展开阐述。① 特蕾莎修女的精神:特蕾莎修女的大爱是饱含真诚尊重的大爱;② 特蕾莎修女的一生历程:她的一生是为穷苦人奉献爱心的一生;③ 特蕾莎修女精神的影响:她的真爱无私值得世人感动、深思。该文引用特蕾莎修女的话语和作者的某些对比性、哲理性语言,也是相当出彩的。

◉ 文学聚焦

序　言

序,亦称"叙",或称"引",又名"序言""前言""引言",是放在著作正文之前的文章,是介绍评述一部著作或一篇文章的文字。古代多列于书末,称"跋",也叫做"后序"。二者体例略同,因此合称序跋文。现代作品的序言可分为作者序言、非作者序言和译者序言三种。

作者序言顾名思义是由作者个人撰写的序言,一般用以说明编写该书的意图,意义,主要内容,全书重点及特点,读者对象,有关编写过程及情况,编排及体例,适用范围,对读者阅读的建议,再版书的修订情况说明,介绍协助编写的人员及致谢等。

非作者序言是由作者邀请知名专家或组织编写本书的单位所写的序言,内容一般为推荐作品,对作品进行实事求是的评价,介绍作者或书中内容涉及的人物和事情。

译者序言一般着重说明翻译意图,有的也包括翻译过程中的某些事务性说明,一般以"译者序"为标题,内容比较简单的也可以"译者前言"或"译者的话"为标题,一般排在目录之前。

⬡ 拓展与应用

探究思考

1. 特蕾莎修女的去世让全世界为之震动，你认为她一生中最感人之处在哪里？作者认为面对特蕾莎修女的动人事迹，我们不能不感到羞愧，这又是什么道理？

2. 特蕾莎修女的事业不同于一般意义上的慈善事业，你认为其最主要的特点是什么？诺贝尔和平奖的授奖公报说"她个人成功地弥合了富国与穷国之间的鸿沟"，"在两者之间建设了一座桥梁"。这该怎样解读？

3. 本文既是为特蕾莎修女《活着就是爱》一书的中文译本所作的序言，介绍特蕾莎修女一生的事迹，自然是题中应有之义；但作为一篇书序，难免又有许多议论、感言要发表。作者是如何巧妙地把两者有机融合为一体的？

拓展链接

1. 特蕾莎修女《活着就是爱》。

2. 欧阳修《伶官传序》。

3. 罗曼·罗兰(法)《〈名人传〉序》。

罗曼·罗兰

4. 视频：传奇历史再现《特蕾莎修女与仁爱传教修女会》。网址是：https：//v-wb.youku.com/ v_show/id_XMTg3ODc3NjI0OA＝＝.html。

职业连线

孔子周游列国，一路冒着生命危险。一次他与弟子在郑国国都走散，自己形单影只呆在城东门，"累累若丧家之狗"(《史记·孔子世家》)。他的弟子子贡好不容易找到他，他一手抚琴一手捋须说："君子行'道'，谓之成功通达；穷于'道'，才是穷途末路。今天我孔丘心怀仁义之道，口说仁义之言，身行仁义之事，虽遭到现实排斥，但这是道有所得。"

苏格拉底被控告后，审判他的人要求他以后不再到大街上宣传他的思想，这样就可以免除他的死刑。他的朋友和学生也乞求赦免并动员他出游避难，但苏格拉底拒绝了。在他饮下毒酒前，弟子柏拉图问他："老师，如果您不在了，我们今后如何寻求指引？遇到问题怎么办？"苏格拉底平静地说："按照你所知道的最善的方式去做，去生活。"

日本经营之圣、人生之师稻盛和夫是孔子"仁爱"思想的践行者，也是苏格拉底"善"哲学的实践者，在谈到中国企业导入阿米巴经营时，他意味深长地说："仅仅模仿阿米巴经营的做法，并不能取得很好的成效。其原因在于，阿米巴经营是以经营哲学作为基础，是与公司运作的各项制度息息相关的整体经营管理系统。经营不但是一种管理活动，更是一种哲学思考，经营是和哲学密切相关的。在京瓷、KDDI的经营中，在日航的重建中，我都反复倡导被称为'philosophy'(哲学，源出希腊语 φιλοσοφα，philosophia，意即'热爱智慧')的思维方式、经营哲学。'阿米巴经营'是一种管理模式，它似乎是'术'。但它有效实施的前提在于'道'。这个'道'就是追求'作为人，何谓正确'的企业哲学，也就是京瓷公司的经营理念：'在追求全体员工物质和精神两方面幸福的同时，为人类社会的进步发展做出贡献。'我努力学习孔子、孟子、阳明哲学等中国古代典籍，同时钻研佛陀教诲的宗教精华，努力把这些圣贤们的哲学根植于自己心中。"

（选自黄海平.经营哲学&阿米巴经营实学二十二条经规——构建幸福型企业[M].北京：清华大学出版社，2014.)

思考：

为什么企业经营过程中要追求"仁爱""善"？结合成功企业的成功之道，谈谈你的理解。

跨越百年的美丽

梁 衡

作者简介

梁衡，1946 年出生，山西霍州人，1968 年毕业于中国人民大学。著名散文家、学者、新闻理论家、政论家和科普作家。曾任《内蒙古日报》《光明日报》记者、国家新闻出版署副署长、《人民日报》副总编辑，现任中国人民大学新闻学院博士生导师、中国作家协会全委会委员、中国记者协会全委会常务理事、人教版中小学教材总顾问。主要作品有科学章回体小说《数理化通俗演义》，新闻三部曲《没有新闻的角落》《新闻绿叶的脉络》《新闻院里的思考》，散文集《大无大有周恩来》《夏感与秋思》《人杰鬼雄》等。先后有《晋祠》《觅渡，觅渡，渡何处》《跨越百年的美丽》《壶口瀑布》《夏感》《青山不老》《把栏杆拍遍》等 60 多篇次的文章入选大、中、小学教材。曾荣获全国青年文学奖、赵树理文学奖、全国优秀科普作品奖和中宣部"五个一"工程奖等多种荣誉。2018 年 12 月，荣获第六届范敬宜新闻教育奖。

背景知识

1998 年是居里夫人和她的丈夫发现放射性元素镭一百周年。本文是梁衡所写的赞美居里夫人的文章。文章以"美丽"为主线，表明了居里夫人的美丽不在于容貌，而在于心灵和人格。她为人类作出了伟大的贡献，实现了自己的人生价值，得以美丽跨百年。玛丽·居里（1867—1934)，出生于华沙，世称"居里夫人"，原名玛丽亚·斯克沃多夫斯卡，法国著名波兰裔科学家、物理学家、化学家。1891 年进入法国巴黎大学深造，获巴黎大学理学博士学位。1895 年，与皮埃尔·居里结婚。1903 年，居里夫妇和贝克勒尔由于对放射性的研究而共同获得诺贝尔物理学奖，1911 年，因发现元素钋和镭再次获得诺贝尔化学奖，因而成为世界上第一个两获诺贝尔奖的人。居里夫人是巴黎大学第一位女教授，是法国科学院第一位女院士，同时她还被多国聘为科学院院士。居里夫人一生共获得 10 项奖金、16 种奖章、107 个荣誉头衔。居里夫人的成就包括开创了放射性理论、发明分离放射性同位素技术、发现两种新元素钋和镭。在她的指导下，人们第一次将放射性同位素用于治疗癌症。由于长期接触放射性物质，居里夫人于 1934 年 7 月 4 日因恶性白血病逝世。

1995 年，她与丈夫皮埃尔·居里被一起移葬先贤祠。作为杰出的科学家，尤其是成功女性的先驱，她激励了很多人。

一九九八年是居里夫人发现放射性元素镭一百周年。

一百年前的一八九八年十二月二十六日，法国科学院人声鼎沸，一位年轻漂亮、神色庄重又略显疲倦的妇人走上讲台，全场立即肃然无声。她叫玛丽·居里，她今天要和她的丈夫比埃尔·居里一起在这里宣布一项惊人发现，他们发现了天然放射性元素镭。本来这场报告，她想让丈夫来作，但比埃尔·居里坚持让她来讲，因为在此之前还没有一个女子登上过法国科学院的讲台。玛丽·居里穿着一袭黑色长裙，白净端庄的脸庞显出坚定又略带淡泊的神情，而那双微微内陷的大眼睛，则让你觉得能看透一切，看透未来。她的报告使全场震惊，物理学进入了一个新时代，而她那美丽庄重的形象也就从此定格在历史上，定格在每个人的心里。

关于放射性的发现，居里夫人并不是第一人，但她是关键的一人。在她之前，一八九六年一月，德国科学家伦琴发现了 X 光，这是人工放射性；一八九六年五月，法国科学家贝克勒尔发现铀盐可以使胶片感光，这是天然放射性。这都还是偶然的发现，居里夫人却立即提出了一个新问题，其他物质有没有放射性？物质世界里是不是还有另一块全新的领域？别人在海滩上捡到一块贝壳，她却要研究一下这贝壳是怎样生、怎样长、怎样冲到海滩上来的，别人摸瓜她寻藤，别人摘叶她问根。是她提出了放射性这个词。两年后，她发现了钋，接着发现了镭，冰山露出了一角。为了提炼纯净的镭，居里夫妇搞到一吨可能含镭的工业废渣。他们在院子里支起了一口锅，一锅一锅地进行冶炼，然后再送到化验室溶解、沉淀、分析。而所谓的化验室是一个废弃的、曾停放解剖用尸体的破棚子。玛丽终日在烟熏火燎中搅拌着锅里的矿渣，她衣裙上、双手上，留下了酸碱的点点烧痕。一天，疲劳至极，玛丽揉着酸痛的后腰，隔着满桌的试管、量杯问比埃尔："你说这镭会是什么样子？"比埃尔说："我只是希望它有美丽的颜色。"经过三年又九个月，他们终于从成吨的矿渣中提炼出了零点一克镭。它真的有极美丽的颜色，在幽暗的破木棚里发出略带蓝色的荧光。它还会自动放热，一小时放出的热能溶化等重的冰块。

旧木棚里这点美丽的淡蓝色荧光，是用一个美丽女子的生命和信念换来的。这项开辟科学新纪元的伟大发现好像不该落在一个女子头上。千百年来，漂亮就是一个女人的最高荣誉，最大资本，只要有幸得到这一点，其余便不必再求了。莫泊桑在他的名著《项链》中说："女人并无社会等级，也无种族差异；她们的姿色、风度和妩媚就是她们身世和门庭的标志。"居里夫人是属于那一类很漂亮的女子，她的肖像如今挂遍世界各国的科研教学机构，我们仍可看到她昔日的风采。但是她偏偏没有利用这一点资本，她的战胜自我也恰恰就是从这一点开始的。当她还是个小学生时就显示出上帝给她的优宠，漂亮的外貌已足以使她讨得周围所有人的喜欢。但她的性格里天生还有一种更可贵的东西，这就是人们经常加于男子汉身上的骨气。她坚定、刚毅，有远大、执着的追求。为了不受漂亮的干扰，她故意把一头金发剪得很短，她对哥哥说："毫无疑问，我们家里的人有天赋，必须使这种天赋由我们中的一个表现出来！"她中学毕业后在城里和乡下当了七年家庭教师，积攒了一点学费便到巴黎来读书。当时大学里女学生很少，这个高额头、蓝眼睛、身材修长的漂亮的异国女子，很快成了人们议论的中心。男学生们为了能更多地看她一眼，或有幸凑上去说几句话，常常挤在教室外的走廊里，她的女友甚至不得不用伞柄赶走这些追慕者。但她对这种热闹不屑一顾，她每天到得最早，坐在前排，给那些追寻的目光一个无情的后脑勺。她身上永远裹着一层冰霜的盔甲，凛然使那些"追星族"不敢靠近。她本来住在姐姐家中，为了求得安静，便一人租了间小阁楼，一天只吃一顿饭，日夜苦读。晚上冷得睡不着，就拉把椅子压在身上，以取得一点感觉上的温暖。这种心无旁骛、悬梁刺股、卧薪尝胆的进取精神，就是一般男子也是很难做到的啊。宋玉说有美女在墙头看他三年而不动心；范仲淹考进士前在一间破庙里读书，晨起煮粥一碗，冷后划作四块，是为一天的口粮。而在地球那一边的法国，一个波兰女子也这样心静，这样执著，这样地耐得苦寒。她以二十五岁的妙龄，面对追者如潮而不心动。她只要稍微松一下手，回一下头，就会跌回温软的怀抱和赞美的泡沫中，但是她有大志，有大求，她知道只有发现、创造之花才有永开不败的美丽。所以她甘愿让酸碱啃蚀她柔美的双手，让呛人的烟气吹皱她秀美的额头。

本来玛丽·居里完全可以换另外一种活法。她可以趁着年轻貌美如现代女孩吃青春饭那样，在钦羡和礼赞中活个轻松，活个痛快。但是她没有，她知道自己更深一层的价值和更远一些的目标。成语"浅尝辄止"是指人对外部世界的认识，殊不知有多少人对自己也常是浅尝辄止，见宠即喜。数年前一位母亲对我说她刚上初中的女儿成绩下降，为什么？答曰："知道爱美了，上课总用铅笔杆做她的卷卷头。"美对人来说是一种附加，就像格律对诗词也是一种附加。律诗难作，美人难为，做得好惊天动地，做不好就黄花萎地。玛丽·居里让全世界的女子都知道，她们除了"身世"和"门庭"之外，还有更重要的东西。

一八五二年斯托夫人写了一本《汤姆叔叔的小屋》，导致了美国南北战争的爆发，林肯说是一个小妇人引发了一场解放黑奴的大革命。比斯托夫人约晚五十年，居里夫人发现了镭，也是一个小妇人引发了一场革命，科学革命。它直接导致了后来卢瑟夫对原子结构的探秘，导致了原子弹的爆炸，导致了原子时代的到来。更重要的是这项发现的哲学意义。哲学家说事物无时无刻不在变；西方哲人说，人不能两次踏进同一条河流；公元一○八二年东方哲人苏东坡在赤壁望月长叹道："盖将自其变者而观之，则天地曾不能以一瞬；自其不变者而观之，则物与我皆无尽也。"现在，居里夫人证明镭便是这样"不能以一瞬"而存在的物质，它会自己不停地发光、放热、放出射线，能灼伤人的皮肤，能穿透黑纸使胶片感光，能使空气导电，它刹那间是自己又不是自己。哲理就渗透在每个原子的毛孔里。玛丽·居里几乎在完成这项伟大自然发现的同时也完成了对人生意义的发现。她也在不停地变化着，当工作卓有成效的同时，镭射线也在无声地侵蚀着她的肌体。她美丽健康的容貌在悄悄地隐退，她逐渐变得眼花耳鸣，苍白乏力。而比埃尔不幸早逝，社会对女性的歧视更加重了她生活和思想上的沉重负担。但她什么也不管，只是默默地工作。她从一个漂亮的小姑娘，一个端庄坚毅的女学者，变成科学教科书里的新名词"放射线"，变成物理学的一个新计量单位"居里"，变成一条条科学定理，她变成了科学史上一块永远的里程碑。"自其不变者而观之"，她得到了永恒。"长恨春归无觅处，不知转入此中来"，就像化学的置换反应一样，她的青春美丽换位到了科学教科书里，换位到了人类文化的史册里。

居里夫人的美名从她发现镭那一刻起就流传于世，迄今已经百年，这是她用全部的青春、信念和生命换来的荣誉。她一生共得了十项奖金、十六种奖章、一百零七个名誉头衔，特别是两次诺贝尔奖。她本来可以躺在任何一项大奖或任何一个荣誉上尽情地享受，但是她视名利如粪土，她将奖金赠给科研事业和战争中的法国，而将那些奖章送给六岁的小女儿去当玩具。上帝给的美形她都不为所累，尘世给的美誉她又怎肯背负在身呢？凭谁论短长，漫将浮名换了精修细研，她一如既往，埋头工作到六十七岁离开人世，离开了她心爱的实验室。直到她死后四十年，她用过的笔记本里，还有射线在不停地释放。爱因斯坦说："在所有的世界著名人物当中,玛丽·居里是唯一没有被盛名宠坏的人。"她实事求是,超形脱俗,知道自己的目标,更知道自己的价值。在一般人要做到这两个自知,排除干扰并终生如一,是很难很难的,但居里夫人做到了。她让我们明白,人有多重价值,是需要多层开发的。有的人止于形,以售其貌;有的人止于勇,而呈其力;有的人止于心,而有其技;有的人达于理,而用其智。诸葛亮戎马一生,气吞曹吴,却不披一甲,不佩一刃;毛泽东指挥军民万众,在战火中打出一个新中国,却从不受军衔,不背一枪。大音希声,大道无形,大智之人,不耽于形,不逐于力,不持于技。他们淡淡地生活,静静地思考,执著地进取,直进到智慧高地,自由地驾驭规律,而永葆一种理性的美丽。

居里夫人就是这样一位挺立在智慧高地的伟人。

一九九八年十月

(选自梁衡.追寻遥远的美丽[M].深圳:海天出版社,2002.)

艺术赏析

此文是一篇赞美居里夫人的文章。居里夫人的故事世人皆知,然而在作者妙笔生花下却成另一番景致:她蜕去了身上的光环,一改严肃的面孔,玛丽·居里这个沉静的波兰女子,优雅生动地站在了人们的面前。文章讲述了居里夫人不顾镭射线以及化学药品的侵蚀,坚持进行科学研究的故事,充分体现了其坚定执着、淡泊名利、刚毅顽强、为科学献身的精神。文中选择"美丽"作为主线,指出居里夫人最不简单的一点就是能超越天生美丽的容貌,而为人类作出伟大的贡献,实现自己最高层次的人生价值。

作者采用倒叙的手法,一开始描写居里夫人在法国科学院作学术报告的场面,将居里夫人美丽、优雅的形象和伟大的成就凸显在读者面前,达到了引人入胜的艺术效果;接着具体描写了居里夫人为了探索"其他物质有没有放射性"而进行的艰苦的研究,直到发现了镭;然后写居里夫人在名利面前的态度和做法;最后引用爱因斯坦的话肯定居里夫人的人格。

作者通过居里夫人向世人阐释美丽的真正内涵。作者以"美丽"为切入点,从居里夫人的外貌美,到勇攀科学高峰的理性之美,成功刻画了居里夫人的美丽形象。这让世人理解到,居里夫人的美丽绝不在她的外表,而在于她的人格魅力。

全文笔调清朗,语言流畅、凝练、深邃、柔和,熔叙事、抒情、议论于一炉。细细读之,如清风扑面、朗月当头,又如良朋在座、灯火照人,情深理重、阔达深远。文中使用了大量的平实描写和议论,既突出了居里夫人研究科学的艰辛历程,又深刻挖掘了居里夫人坚定、执着、高尚的人格精神,使文章内容具有了发人深省的哲理意味。

文学聚焦

梁 衡 的 散 文

梁衡作为当代著名散文家,其散文独树一帜。他的散文,不管是山水散文,还是人物散文、哲理散文,都是大手笔、大境界,处处呈现智慧的哲思与感悟,充满大气磅礴的深刻思想，充盈的激情蕴藏在深沉的思考中，独有的那份厚重与沉实避免了简单的抒情与表白。梁衡的人物散文情调高昂，豪放激越，理趣并重，具有超凡的艺术境界。他的人物散文写的大多是名垂后世、家喻户晓的伟人，还有文惊当世、传至百世的文人。他的人物散文抒发对笔下人物的景仰之情，感怀人物在社会历史发展大背景下命运跌宕的悲情壮阔，展示其作为社会精英、知识分子以天下为己任的入世情怀。他解读人物时而扼腕叹息，时而仰天长啸，时而高歌赞美，都是有所思有所感时情不自禁地流露。梁衡在他的散文中神飞八荒，思接千载，思之所至，将情之所钟，将哲理和现实生活血肉一体地融合起来。

拓展与应用

探究思考

1. 居里夫人的"美丽"体现在哪些方面？为什么说美丽能跨越百年？怎么理解"百年"？
2. "淡蓝色的荧光"是什么？它怎么会融入了一个女子美丽的生命和不屈的信念？
3. 文中说"人有多重价值"，"多重价值"包括哪些？居里夫人追求的是哪种价值？
4. 有人说，居里夫人以自己的美貌和青春乃至生命为代价追求她的事业，固然令人敬佩，但她却不懂得享受人生、品味生活，这样做很不值；也有人说，居里夫人放弃申请镭的专利，把那么多奖金捐赠出去，这种做法不明智。因为如果她拥有这些本该属于她的资产，既能改善生活还能添置实验设备等，说不定能为科学做更大的贡献。你怎么看待这些说法？

拓展链接

1. 爱因斯坦《悼念玛丽·居里》。
2. 居里夫人《我的信念》。
3. 梁衡《乱世中的美神》《觅渡，觅渡，渡何处？》。

梁衡《乱世中的美神》

职业连线

语文实践活动："什么才是真正的美丽"征文比赛

诸葛亮在《诫子书》中说："非淡泊无以明志，非宁静无以致远。"名利是身外之物，面对名利，我们要做到处之泰然，不惊不喜；失之淡然，不悲不怒。为了名利而累心累身，确实是本末倒置的傻事。大千世界，滚滚红尘，为名而生，为利而奔的人不在少数，而真正能淡泊名利、宁静致远的人，在当今社会屈指可数。曾获多项国内外大奖的袁隆平说："要淡泊名利，踏实做人，才能取得一定的成就。现在少数人搞学术腐败，就是功利心、享乐心太重，急功近利，弄虚作假，到头来害人害己。只有踏踏实实地做人、做事，才能使心灵获得真正的满足。"在金钱面前，他始终只满足于基本的生活需求，对此，他解释道："精神上丰富一点，物质上和生活上看淡一点，因为一个人的时间与精力是有限的，如果内心总想着名利，哪有心思搞科研？在吃方面以清淡和卫生为贵，在穿方面只要朴素大方就行了。如此这样才能保持身心健康，心情也才能够愉快，事业也才能取得更大的成就。"

居里夫人在《我的信念》一文中写道："我深信在科学方面，我们有对事而不是对人的兴趣。当皮埃尔·居里和我考虑应否在我们的发现上取得经济利益时，我们都认为这违反我们的纯粹研究观念。因而我们没有申请镭的专利，也就抛弃了一笔财富。我坚信我们是对的。诚然，人类需要寻求现实的人——他们在工作中，获得很多的报酬。但是，人类也需要梦想家——他们受事业的强烈的吸引，既没有闲暇也没有热情去谋求物质上的利益。"

思考：

居里夫人、袁隆平他们取得的巨大成功与其对待名利的态度形成鲜明的对比，让我们深刻感受到淡泊名利也是一种美丽。几年之后，同学们将踏入社会，进入职场，我们也会直面名利的诱惑，对此我们如何应对？请结合居里夫人及袁隆平的事迹，谈谈自己的感悟。

活动布置：

学生每人写作一篇不少于1000字的文章，主题：什么才是真正的美丽，题目自拟，严禁抄袭。

活动实施：

1. 小组内评比，选出优胜者。
2. 小组优胜者再进行评比，分出一二三等奖。
3. 优秀作文做成展板，校园展出。

活动评价：

学生作文是否自己创作的，作文是否立意深刻新颖，展板是否吸引同学驻足。

1. 学生自评 _____
2. 同学互评 _____
3. 教师点评 _____

自读课文

容忍与自由

胡 适

十七八年前，我最后一次会见我的母校康耐儿大学的史学大师布尔先生(George Lincoln Burr)。我们谈到英国文学大师阿克顿(Lord Acton)一生准备要著作一部《自由之史》，没有写成他就死了。布尔先生那天谈话很多，有一句话我至今没有忘记。他说，"我年纪越大，越感觉到容忍(tolerance)比自由更重要。"

布尔先生死了十多年了，他这句话我越想越觉得是一句不可磨灭的格言。我自己也有"年纪越大，越觉得容忍比自由还更重要"的感想。有时我竟觉得容忍是一切自由的根本：没有容忍，就没有自由。

我十七岁的时候(1908)曾在《竞业旬报》上发表几条《无鬼丛话》，其中有一条是痛骂小说《西游记》和《封神榜》的，我说：

《王制》有之①："假于鬼神时日卜筮以疑众②，杀。"吾独怪夫数千年来之排治权者，之以济世明道自期者③，乃懵然④不之注意，惑世诬民之学说得以大行，遂举我神州民族投诸极黑暗之世界！

这是一个小孩子很不容忍的"卫道"态度。我在那时候已是一个无鬼论者、无神论者，所以发出那种摧除迷信的狂论，要实行《王制》的"假于鬼神时日卜筮以疑众，杀"的一条经典！

我在那时候当然没有梦想到说这话的小孩子在十五年后（一九二三）会很热心的给《西游记》作两万字的考证！我在那时候当然更没有想到那个小孩子在二、三十年后还时时留心搜求可以考证《封神榜》的作者的材料！我在那时候也完全没有想想《王制》那句话的历史意义。那一段《王制》的全文是这样的：

析言破律，乱名改作，执左道以乱政⑤，杀。作淫声异服奇技奇器以疑众⑥，杀。行伪而坚，言伪而辩，学非而博，顺非而泽以疑众⑦，杀。

假于鬼神时日卜筮以疑众，杀。此四诛者，不以听⑧。

我在五十年前，完全没有懂得这一段话的"诛"正是中国专制政体之下禁止新思想、新学术、新信仰、新艺术的经典的根据。我在那时候抱着"破除迷信"的热心，所以拥护那"四诛"之中的第四诛："假于鬼神时日卜筮以疑众，杀。"我当时完全没有梦到第四诛的"假于鬼神……以疑众"和第一诛的"执左道以乱政"的两条罪名都可以用来摧残宗教信仰的自由。我当时也完全没有注意到郑玄注里用了公输般作"奇技奇器"的例子⑨；更没有注意到孔颖达《正义》里举了"孔子为鲁司寇七日而诛少正卯"的例子⑩来解释"行伪而坚，言伪而辩，学非而博，顺非而泽以疑众，杀"。故第二诛可以用来禁绝艺术创作的自由，也可以用来"杀"许多发明"奇技奇器"的科学家。故第三诛可以用来摧残思想的自由，言论的自由，著作出版的自由。

我在五十年前引用《王制》第四诛，要"杀"《西游记》《封神榜》的作者。那时候我当然没有想到十年之后我在北京大学教书时就有一些同样"卫道"的正人君子也想引用《王制》的第三诛，要"杀"我和我的朋友们。当年我要"杀"人，后来人要"杀"我，动机是一样的：都只因为动了一点正义的火气，就都失掉容忍的度量了。

我自己叙述五十年前主张"假于鬼神时日卜筮以疑众，杀"的故事，为的是要说明我年纪越大，越觉得"容忍"比"自由"还更重要。

我到今天还是一个无神论者，我不信有一个有意志的神，我也不信灵魂不朽的说法。但我的无神论与共产党的无神论有一点根本的不同。我能够容忍一切信仰有神的宗教，也能够容忍一切诚心信仰宗教的人。共产党自己主张无神论，就要消灭一切有神的信仰，要禁绝一切信仰有神的宗教，——这就是我五十年前幼稚而又狂妄的不容忍的态度了。

我自己总觉得，这个国家，这个社会，这个世界，绝大多数人是信神的，居然能有这雅量，能容忍我的无神论，能容忍我这个不信神也不信灵魂不灭的人，能容忍我在国内和国外自由发表我的无神论的思想，从没有人因此用石头掷我，把我关在监狱里，或把我捆在柴堆上用火烧死。我在这个世界里居然享受了四十多年的容忍与自由。我觉得这个国家，这个社会，这个世界对我的容忍度量是可爱的，是可以感激的。所以我自己总觉得我应该用容忍的态度来报答社会对我的容忍。所以我自己不信神，但我能诚心的谅解一切信神的人，也能诚心的容忍并且敬重一切信仰有神的宗教。

我要用容忍的态度来报答社会对我的容忍，因为我年纪越大，我越觉得容忍的重要意义。若社会没有这点容忍的气度，我决不能享受四十多年大胆怀疑的自由，公开主张无神论的自由。

　　在宗教自由史上，在思想自由史上，在政治自由史上，我们都可以看见容忍的态度是最难得，最稀有的态度。人类的习惯总是喜同而恶异的，总不喜欢和自己不同的信仰、思想、行为。这就是不容忍的根源。不容忍只是不能容忍和我自己不同的新思想和新信仰。一个宗教团体总相信自己的宗教信仰是对的，是不会错的，所以它总相信那些和自己不同的宗教信仰必定是错的，必定是异端，邪教。一个政治团体总相信自己的政治主张是对的，是不会错的，所以它总相信那些和自己不同的政治见解必定是错的，必定是敌人。

　　一切对异端的迫害，一切对"异己"的摧残，一切宗教自由的禁止，一切思想言论的被压迫，都由于这一点深信自己是不会错的心理。因为深信自己是不会错的，所以不能容忍任何和自己不同的思想信仰了。

　　试看欧洲的宗教革新运动的历史。马丁路德（Martin Luther）和约翰高尔文（John Calvin）等人起来革新宗教，本来是因为他们不满意于罗马旧教的种种不容忍，种种不自由。但是新教在中欧北欧胜利之后，新教的领袖们又都渐渐走上了不容忍的路上去，也不容许别人起来批评他们的新教条了。高尔文在日内瓦掌握了宗教大权，居然会把一个敢独立思想，敢批评高尔文的教条的学者塞维图斯（Servetus）定了"异端邪说"的罪名，把他用铁链锁在木桩上，堆起柴来，慢慢的活烧死。这是 1553 年 10 月 7 日的事。

　　这个殉道者塞维图斯的惨史，最值得人们的追念和反省。宗教革新运动原来的目标是要争取"基督教的人的自由"和"良心的自由"。何以高尔文和他的信徒们居然会把一位独立思想的新教徒用慢慢的火烧死呢？何以高尔文的门徒（后来继任高尔文为日内瓦的宗教独裁者）柏时（de Beze）竟会宣言"良心的自由是魔鬼的教条"呢？

　　基本的原因还是那一点深信我自己是"不会错的"的心理。像高尔文那样虔诚的宗教改革家，他自己深信他的良心确是代表上帝的命令，他的口和他的笔确是代表上帝的意志，那末他的意见还会错吗？他还有错误的可能吗？在塞维图斯被烧死之后，高尔文曾受到不少人的批评。1554 年，高尔文发表一篇文字为他自己辩护，他毫不迟疑的说："严厉惩治邪说者的权威是无可疑的，因为这就是上帝自己说话。……这工作是为上帝的光荣战斗。"

　　上帝自己说话，还会错吗？为上帝的光荣作战，还会错吗？这一点"我不会错"的心理，就是一切不容忍的根苗。深信我自己的信念没有错误的可能（infallible），我的意见就是"正义"，反对我的人当然都是"邪说"了。我的意见代表上帝的意旨，反对我的人的意见当然都是"魔鬼的教条"了。

　　这是宗教自由史给我们的教训：容忍是一切自由的根本；没有容忍"异己"的雅量，就不会承认"异己"的宗教信仰可以享受自由。但因为不容忍的态度是基于"我的信念不会错"的心理习惯，所以容忍"异己"是最难得，最不容易养成的雅量。

　　在政治思想上，在社会问题的讨论上，我们同样的感觉到不容忍是常见的，而容忍总是很稀有的。我试举一个死了的老朋友的故事作例子。四十多年前，我们在《新青年》杂志上开始提倡白话文学的运动，我曾从美国寄信给陈独秀，我说：

　　此事之是非，非一朝一夕所能定，亦非一二人所能定。甚愿国中人士能平心静气与吾辈同力研究此问题。讨论既熟，是非自明。吾辈已张革命之旗，虽不容退缩，然亦决不敢以吾辈所主张为必是而不容他人之匡正也。

　　独秀在《新青年》上答我道：

　　鄙意容纳异议，自由讨论，固为学术发达之原则，独于改良中国文学当以白话为正宗之说，其是非甚明，必不容反对者有讨论之余地；必以吾辈所主张者为绝对之是，而不容他人之匡正也。

我当时看了就觉得这是很武断的态度。现在在四十多年之后，我还忘不了独秀这一句话，我还觉得这种"必以吾辈所主张者为绝对之是"的态度是很不容忍的态度，是最容易引起别人的恶感，是最容易引起反对的。

我曾说过，我应该用容忍的态度来报答社会对我的容忍。我现在常常想我们还得戒律⑪自己：我们总想别人容忍谅解我们的见解，我们必须先养成能够容忍谅解别人的见解的度量。至少我们应该戒约自己决不可"以吾辈所主张者为绝对之是"。我们受过实验主义的训练的人，本来就不承认有"绝对之是"，更不可以"以吾辈所主张者为绝对之是"。

（选自胡适.容忍与自由[M].北京：人民文学出版社，2018.）

【注释】

① 《王制》：儒家经典《礼记》中的一篇。《礼记》是秦汉以前各种礼仪论著的选集，共有《礼运》《学记》《乐记》《大学》《中庸》《王制》等49篇。相传为西汉戴胜所编纂。《王制》比较系统地记述了有关封侯、爵禄、朝觐、丧祭、巡狩、刑政、学校等典章制度，内容与实际的商周礼制不尽相符。

② 假于鬼神时日卜筮（shì）以疑众：假借鬼神的名义，经常用蓍草占卜的迷信举动来蛊惑民众。

③ 以济世明道自期者：期望自己能够成为补救时艰、阐明事理的人。

④ 懵（měng）然：糊里糊涂、不明事理的样子。

⑤ 析言破律：曲解圣贤之言，破坏既定法制。乱名改作：扰乱名物概念，改变行为规范。左道：旁门邪道。

⑥ 淫声异服奇技奇器：放荡音乐、奇装异服、怪诞技法、奇异器物。

⑦ 行伪而坚：行为虚伪却固执己见。言伪而辩：议论虚伪却巧言善辩。学非而博：学理错误却驳杂恣肆。顺非而泽：依从错误却文过饰非。

⑧ 不以听：不必再审问和听取意见。

⑨ 郑玄注：汉代郑玄对《礼记》的注释。公输般：春秋时鲁国人，公孙氏，名般，亦作班、盘，通称鲁班。古代建筑大匠，被后代奉为木工的祖师。曾创造攻城的云梯、磨粉的磑（wèi）等多种奇巧的木质工具。

⑩ 孔颖达《正义》：唐代孔颖达的《礼记正义》一书。少正卯：孔子同时代人。据《荀子·宥坐》所说，孔子在鲁国摄政第七日就杀了少正卯，理由是少正卯犯有《王制》里所说的"四诛"等罪恶。清代学者考证，对孔子诛少正卯一事多持怀疑态度。

⑪ 戒律：警戒，约束。

讲故事的人
——在诺贝尔文学奖颁奖典礼上的讲话

莫 言

莫言

尊敬的瑞典学院各位院士，女士们、先生们：

通过电视或者网络，我想在座的各位，对遥远的高密东北乡，已经有了或多或少的了解。你们也许看到了我的九十岁的老父亲，看到了我的哥哥姐姐、我的妻子、女儿和我的一岁零四个月的外孙女。但是有一个此刻我最想想念的人，我的母亲，你们永远无法看到了。我获奖后，很多人分享了我的光荣，但我的母亲却无法分享了。

我母亲生于 1922 年，卒于 1994 年。她的骨灰，埋葬在村庄东边的桃园里。2011 年，一条铁路要从那儿穿过，我们不得不将她的坟墓迁移到距离村子更远的地方。掘开坟墓后，我们看到，棺木已经腐朽，母亲的骨殖，已经与泥土混为一体。我们只好象征性地挖起一些泥土，移到新的墓穴里。也就是从那一时刻开始，我感到，我的母亲是大地的一部分，我站在大地上的诉说，就是对母亲的诉说。

我是我母亲最小的孩子。我记忆中最早的一件事，是提着家里唯一的一把热水瓶去公共食堂打开水。因为饥饿无力，失手将热水瓶打碎，我吓得要命，钻进草垛，一天没敢出来。傍晚的时候，我听到母亲呼唤我的乳名。我从草垛里钻出来，以为会受到打骂，但母亲没有打我，也没有骂我，只是抚摸着我的头，口中发出长长的叹息。

我记忆中最痛苦的一件事，就是跟着母亲去集体的地里拣麦穗。看守麦田的人来了，拣麦穗的人纷纷逃跑，我母亲是小脚，跑不快，被捉住。那个身材高大的看守人扇了她一个耳光，她摇晃着身体跌倒在地。看守人没收了我们拣到的麦穗，吹着口哨扬长而去。我母亲嘴角流血，坐在地上，脸上那种绝望的神情让我终生难忘。多年之后，当那个看守麦田的人成为一个白发苍苍的老人，在集市上与我相逢，我冲上去想找他报仇，母亲拉住了我，平静地对我说："儿子，那个打我的人，与这个老人，并不是一个人。"

我记得最深刻的一件事是一个中秋节的中午，我们家难得的包了一顿饺子，每人只有一碗。正当我们吃饺子时，一个乞讨的老人来到了我们家门口，我端起半碗红薯干打发他，他却愤愤不平地说："我是一个老人，你们吃饺子，却让我吃红薯干，你们的心是怎么长的？"我气急败坏地说："我们一年也吃不了几次饺子，一人一小碗，连半饱都吃不了！给你红薯干就不错了，你要就要，不要就滚！"母亲训斥了我，然后端起她那半碗饺子，倒进了老人碗里。

我最后悔的一件事，就是跟着母亲去卖白菜，有意无意地多算了一位买白菜的老人一毛钱。算完钱我就去了学校。当我放学回家时，看到很少流泪的母亲泪流满面。母亲并没有骂我，只是轻轻地说："儿子，你让娘丢了脸。"

我十几岁时，母亲患了严重的肺病，饥饿，病痛，劳累，使我们这个家庭陷入了困境，看不到光明和希望。我产生了一种强烈的不祥之兆，以为母亲随时都会自己寻短见。每当我劳动归来，一进大门就高喊母亲，听到她的回应，心中才感到一块石头落了地。如果一时听不到她的回应，我就心惊胆战，跑到厨房和磨坊里寻找。有一次找遍了所有的房间也没有见到母亲的身影，我便坐在了院子里大哭。这时母亲背着一捆柴草从外面走进来。她对我的哭很不满，但我又不能对她说出我的担忧。母亲看到我的心思，她说："孩子，你放心，尽管我活着没有一点乐趣，但只要阎王爷不叫我，我是不会去的。"我生来相貌丑陋，村子里很多人当面嘲笑我，学校里有几个性格霸蛮的同学甚至为此打我。我回家痛哭，母亲对我说："儿子，你不丑。你不缺鼻子不缺眼，四肢健全，丑在哪里？而且只要你心存善良，多做好事，即便是丑，也能变美。"后来我进入城市，有一些很有文化的人依然在背后甚至当面嘲弄我的相貌，我想起了母亲的话，便心平气和地向他们道歉。

我母亲不识字，但对识字的人十分敬重。我们家生活困难，经常吃了上顿没下顿。但只要我对她提出买书、买文具的要求，她总是会满足我。她是个勤劳的人，讨厌懒惰的孩子，但只要是我因为看书耽误了干活，她从来没批评过我。有一段时间，集市上来了一个说书人。我偷偷地跑去听书，忘记了她分配给我的活儿。为此，母亲批评了我。晚上，当她就着一盏小油灯为家人赶制棉衣时，我忍不住把白天从说书人听来的故事复述给她听。起初她有些不耐烦，因为在她心目中，说书人都是油嘴滑舌、不务正业的人，从他们嘴里，冒不出什么好话来。但我复述的故事，渐渐地吸引了她。以后每逢集日她便不再给我排活儿，默许我去集上听书。为了报答母亲的恩情，也为了向她炫耀我的记忆力，我会把白天听到的故事，绘声绘色地讲给她听。

很快的，我就不满足复述说书人讲的故事了，我在复述的过程中，不断地添油加醋，我会投我母亲所好，编造一些情节，有时候甚至改变故事的结局。我的听众，也不仅仅是我的母亲，连我的姐姐、我的婶婶、我的奶奶都成为我的听众。我母亲在听完我的故事后，有时会忧心忡忡地，像是对我说，又像是自言自语："儿啊，你长大后会成为一个什么人呢？难道要靠耍贫嘴吃饭吗？"我理解母亲的担忧，因为在村子里，一个贫嘴的孩子，是招人厌烦的，有时候还会给自己和家庭带来麻烦。我在小说《牛》里所写的那个因为话多被村子里厌恶的孩子，就有我童年时的影子。我母亲经常提醒我少说话，她希望我能做一个沉默寡言、安稳大方的孩子。但在我身上，却显露出极强的说话能力和极大的说话欲望，这无疑是极大的危险，但我说故事的能力，又带给了她愉悦，这使她陷入深深的矛盾之中。

俗话说"江山易改、本性难移"，尽管我有父母亲的谆谆教导，但我并没有改掉我喜欢说话的天性，这使得我的名字"莫言"很像对自己的讽刺。我小学未毕业即辍学，因为年幼体弱，干不了重活，只好到荒草滩上去放牧牛羊。当我牵着牛羊从学校门前路过，看到昔日的同学在校园里打打闹闹，我心中充满悲凉，深深地体会到一个人——哪怕是一个孩子——离开群体后的痛苦。到了荒滩上，我把牛羊放开，让它们自己吃草。蓝天如海，草地一望无际，周围看不到一个人影，没有人的声音，只有鸟儿在天上鸣叫。我感到很孤独，很寂寞，心里空空荡荡。有时候，我躺在草地上，望着天上懒洋洋地飘动着的白云，脑海里便浮现出许多莫名其妙的幻象。我们那地方流传着许多狐狸变成美女的故事，我幻想着能有一个狐狸变成美女与我来作伴放牛，但她始终没有出现。但有一次，一只火红色的狐狸从我面前的草丛中跳出来时，我被吓得一屁股蹲在地上。狐狸跑没了踪影，我还在那里颤抖。有时候我会蹲在牛的身旁，看着湛蓝的牛眼和牛眼中的我的倒影。有时候我会模仿着鸟儿的叫声试图与天上的鸟儿对话，有时候我会对一棵树诉说心声。但鸟儿不理我，树也不理我——许多年后，当我成为一个小说家，当年的许多幻想，都被我写进了小说。很多人夸我想象力丰富，有一些文学爱好者，希望我能告诉他们培养想象力的秘诀，对此，我只能报以苦笑。就像中国的先贤老子所说的那样："祸兮福之所倚，福兮祸之所伏。"我童年辍学，饱受饥饿、孤独、无书可读之苦，但我因此也像我们的前辈作家沈从文那样，及早地开始阅读社会人生这本大书。前面所提到的到集市上去听说书人说书，仅仅是这本大书中的一页。

辍学之后，我混迹于成人之中，开始了"用耳朵阅读"的漫长生涯。二百多年前，我的故乡曾出了一个讲故事的伟大天才——蒲松龄，我们村里的许多人，包括我，都是他的传人。我在集体劳动的田间地头，在生产队的牛棚马厩，在我爷爷奶奶的热炕头上，甚至在摇摇晃晃地进行着的牛车上，聆听了许许多多神鬼故事、历史传奇、逸闻趣事，这些故事都与当地的自然环境、家庭历史紧密联系在一起，使我产生了强烈的现实感。

我做梦也想不到有朝一日这些东西会成为我的写作素材，我当时只是一个迷恋故事的孩子，醉心地聆听着人们的讲述。那时我是一个绝对的有神论者，我相信万物都有灵性，我见到一棵大树会肃然起敬，我看到一只鸟会感到它随时会变化成人，我遇到一个陌生人，也会怀疑他是一个动物变化而成。每当夜晚我从生产队的记工房回家时，无边的恐惧便包围了我。为了壮胆，我一边奔跑一边大声歌唱。那时我正处在变声期，嗓音嘶哑，声调难听，我的歌唱，是对我的乡亲们的一种折磨。

我在故乡生活了二十一年，其间离家最远的是乘火车去了一次青岛，还差点迷失在木材厂的巨大木材之间，以至于我母亲问我去青岛看到了什么风景时，我沮丧地告诉她："什么都没看到，只看到了一堆堆的木头。"但也就是这次青岛之行，使我产生了想离开故乡到外边去看世界的强烈愿望。

一九七六年二月，我应征入伍，背着我母亲卖掉结婚时的首饰帮我购买的四本《中国通史简编》，走出了高密东北乡这个既让我爱又让我恨的地方，开始了我人生的重要时期。我必须承认，如果没有多年来中国社会的巨大发展与进步，如果没有改革开放，也不会有我这样一个作家。

在军营的枯燥生活中，我迎来了二十世纪八十年代的思想解放和文学热潮，我从一个用耳朵聆听故事，用嘴巴讲述故事的孩子，开始成为尝试用笔来讲述故事的人。起初的道路并不平坦，我那时并没有意识到我二十多年的农村生活经验是文学的富矿，那时我以为文学就是写好人好事，就是写英雄模范，所以，尽管也发表了几篇作品，但文学价值很低。

一九八四年秋，我考入解放军艺术学院文学系。在我的恩师、著名作家徐怀中的启发指导下，我写出了《秋水》、《枯河》、《透明的红萝卜》、《红高粱》等一批中短篇小说。在《秋水》这篇小说里，第一次出现了"高密东北乡"这个字眼儿，从此就如同一个四处游荡的农民有了一片土地，我这样一个文学的流浪汉，终于有了一个可以安身立命的场所。我必须承认，在创建我的文学领地"高密东北乡"的过程中，美国的威廉·福克纳①和哥伦比亚的加西亚·马尔克斯②给了我重要启发。我对他们的阅读并不认真，但他们开天辟地的豪迈精神激励了我，使我明白了一个作家必须要有一块属于自己的地方。一个人在日常生活中应该谦卑退让，但在文学创作中，必须颐指气使，独断专行。

我追随在这两位大师身后两年，即意识到，必须尽快地逃离他们。我在一篇文章中写道：他们是两座灼热的火炉，而我是冰块，如果离他们太近，会被他们蒸发掉。根据我的体会，一个作家之所以会受到某一位作家的影响，其根本是因为影响者和被影响者灵魂深处的相似之处，正所谓"心有灵犀一点通"。所以，尽管我没有很好地去读他们的书，但只读过几页，我就明白了他们干了什么，也明白了他们是怎样干的，随即我也就明白了我该干什么和我该怎样干。我该干的事情其实很简单，那就是用自己的方式，讲自己的故事。我的方式，就是我所熟知的集市说书人的方式，就是我的爷爷奶奶、村里的老人们讲故事的方式。坦率地说，讲述的时候，我没有想到谁会是我的听众，也许我的听众就是那些如我母亲一样的人，也许我的听众就是我自己。我自己的故事，起初就是我的亲身经历，譬如《枯河》中那个遭受痛打的孩子，譬如《透明的红萝卜》中那个自始至终一言不发的孩子。

我的确曾因为干过一件错事而受到过父亲的痛打，我也的确曾在桥梁工地上为铁匠师傅拉过风箱。当然，个人的经历无论多么奇特也不可能原封不动地写进小说，小说必须虚构，必须想象。很多朋友说《透明的红萝卜》是我最好的小说，对此我不反驳，也不认同，但我认为《透明的红萝卜》是我的作品中最有象征性、最意味深长的一部。那个浑身漆黑、具有超人的忍受痛苦的能力和超人的感受能力的孩子，是我全部小说的灵魂。尽管在后来的小说里，我写了很多的人物，但没有一个人物，比他更贴近我的灵魂。或者可以说，一个作家所塑造的若干人物中，总有一个领头的，这个沉默的孩子就是一个领头的，他一言不发，但却有力地领导着形形色色的人物，在高密东北乡这个舞台上，尽情地表演。自己的故事总是有限的，讲完了自己的故事，就必须讲他人的故事。于是，我的亲人们的故事，我的村人们的故事，以及我从老人们口中听到过的祖先们的故事，就像听到集合令的士兵一样，从我的记忆深处涌出来。他们用期盼的目光看着我，等待着我去写他们。我的爷爷、奶奶、父亲、母亲、哥哥、姐姐、姑姑、叔叔、妻子、女儿，都在我的作品里出现过，还有很多的我们高密东北乡的乡亲，也都在我的小说里露过面。当然，我对他们，都进行了文学化的处理，使他们超越了他们自身，成为文学中的人物。

我最新的小说《蛙》中，就出现了我姑姑的形象。因为我获得诺贝尔奖，许多记者到她家采访，起初她还很耐心地回答提问，但很快便不胜其烦，跑到县城里她儿子家躲起来了。姑姑确实是我写《蛙》时的模特，但小说中的姑姑，与现实生活中的姑姑有着天壤之别。小说中的姑姑专横跋扈，有时简直像个女匪，现实中的姑姑和善开朗，是一个标准的贤妻良母。现实中的姑姑晚年生活幸福美满，小说中的姑姑到了晚年却因为心灵的巨大痛苦患上了失眠症，身披黑袍，像个幽灵一样在暗夜中游荡。我感谢姑姑的宽容，她没有因为我在小说中把她写成那样而生气；我也十分敬佩我姑姑的明智，她正确地理解了小说中人物与现实中人物的复杂关系。母亲去世后，我悲痛万分，决定写一部书献给她。这就是那本《丰乳肥臀》。因为胸有成竹，因为情感充盈，仅用了八十三天，我便写出了这部长达50万字的小说的初稿。

在《丰乳肥臀》这本书里，我肆无忌惮地使用了与我母亲的亲身经历有关的素材，但书中的母亲情感方面的经历，则是虚构或取材于高密东北乡诸多母亲的经历。在这本书的卷前语上，我写下了"献给母亲在天之灵"的话，但这本书，实际上是献给天下母亲的，这是我狂妄的野心，就像我希望把小小的"高密东北乡"写成中国乃至世界的缩影一样。

作家的创作过程各有特色，我每本书的构思与灵感触发也都不尽相同。有的小说起源于梦境，譬如《透明的红萝卜》，有的小说则发端于现实生活中发生的事件——譬如《天堂蒜薹之歌》。但无论是起源于梦境还是发端于现实，最后都必须和个人的经验相结合，才有可能变成一部具有鲜明个性的、用无数生动细节塑造出了典型人物的、语言丰富多彩、结构匠心独运的文学作品。有必要特别提及的是，在《天堂蒜薹之歌》中，我让一个真正的说书人登场，并在书中扮演了十分重要的角色。我十分抱歉地使用了这个说书人真实姓名，当然，他在书中的所有行为都是虚构。在我的写作中，出现过多次这样的现象，写作之初，我使用他们的真实姓名，希望能借此获得一种亲近感，但作品完成之后，我想为他们改换姓名时却感到已经不可能了，因此也发生过与我小说中人物同名者找到我父亲发泄不满的事情，我父亲替我向他们道歉，但同时又开导他们不要当真。我父亲说："他在《红高粱》中，第一句就说'我父亲这个土匪种'，我都不在意，你们还在意什么？"

我在写作《天堂蒜薹之歌》这类逼近社会现实的小说时，面对着的最大问题，其实不是我敢不敢对社会上的黑暗现象进行批评，而是这燃烧的激情和愤怒会让政治压倒文学，使这部小说变成一个社会事件的纪实报告。小说家是社会中人，他自然有自己的立场和观点，但小说家在写作时，必须站在人的立场上，把所有的人都当做人来写。

只有这样，文学才能发端事件但超越事件，关心政治但大于政治。可能是因为我经历过长期的艰难生活，使我对人性有较为深刻的了解。我知道真正的勇敢是什么，也明白真正的悲悯是什么。我知道，每个人心中都有一片难用是非善恶准确定性的朦胧地带，而这片地带，正是文学家施展才华的广阔天地。只要是准确地、生动地描写了这个充满矛盾的朦胧地带的作品，也就必然地超越了政治并具备了优秀文学的品质。

喋喋不休地讲述自己的作品是令人厌烦的，但我的人生是与我的作品紧密相连的，不讲作品，我感到无从下嘴，所以还得请各位原谅。在我的早期作品中，我作为一个现代的说书人，是隐藏在文本背后的，但从《檀香刑》这部小说开始，我终于从后台跳到了前台。如果说我早期的作品是自言自语，目无读者，从这本书开始，我感觉到自己是站在一个广场上，面对着许多听众，绘声绘色地讲述。这是世界小说的传统，更是中国小说的传统。我也曾积极地向西方的现代派小说学习，也曾经玩弄过形形色色的叙事花样，但我最终回归了传统。

当然，这种回归，不是一成不变的回归，《檀香刑》和之后的小说，是继承了中国古典小说传统又借鉴了西方小说技术的混合文本。小说领域的所谓创新，基本上都是这种混合的产物。不仅仅是本国文学传统与外国小说技巧的混合，也是小说与其他的艺术门类的混合，就像《檀香刑》是与民间戏曲的混合，就像我早期的一些小说从美术、音乐、甚至杂技中汲取了营养一样。

最后，请允许我再讲一下我的《生死疲劳》。这个书名来自佛教经典，据我所知，为翻译这个书名，各国的翻译家都很头痛。我对佛教经典并没有深入研究，对佛教的理解自然十分肤浅，之所以以此为题，是因为我觉得佛教的许多基本思想，是真正的宇宙意识，人世中许多纷争，在佛家的眼里，是毫无意义的。这样一种至高眼界下的人世，显得十分可悲。当然，我没有把这本书写成布道词，我写的还是人的命运与人的情感，人的局限与人的宽容，以及人为追求幸福、坚持自己的信念所做出的努力与牺牲。小说中那位以一己之身与时代潮流对抗的蓝脸，在我心目中是一位真正的英雄。这个人物的原型，是我们邻村的一位农民，我童年时，经常看到他推着一辆吱吱作响的木轮车，从我家门前的道路上通过。给他拉车的，是一头瘸腿的毛驴，为他牵驴的，是他小脚的妻子。这个奇怪的劳动组合，在当时的集体化社会里，显得那么古怪和不合时宜，在我们这些孩子的眼里，也把他们看成是逆历史潮流而动的小丑，以至于当他们从街上经过时，我们会充满义愤地朝他们投掷石块。事过多年，当我拿起笔来写作时，这个人物，这个画面，便浮现在我的脑海中。我知道，我总有一天会为他写一本书，我迟早要把他的故事讲给天下人听，但一直到了2005年，当我在一座庙宇里看到"六道轮回"的壁画时，才明白了讲述这个故事的正确方法。

我获得诺贝尔文学奖后，引发了一些争议。起初，我还以为大家争议的对象是我，渐渐的，我感到这个被争议的对象，是一个与我毫不相关的人。我如同一个看戏人，看着众人的表演。我看到那个得奖人身上落满了花朵，也被掷上了石块、泼上了污水。我生怕他被打垮，但他微笑着从花朵和石块中钻出来，擦干净身上的脏水，坦然地站在一边，对着众人说：对一个作家来说，最好的说话方式是写作。我该说的话都写进了我的作品里。用嘴说出的话随风而散，用笔写出的话永不磨灭。我希望你们能耐心地读一下我的书，当然，我没有资格强迫你们读我的书。即便你们读了我的书，我也不期望你们能改变对我的看法，世界上还没有一个作家，能让所有的读者都喜欢他。在当今这样的时代里，更是如此。

尽管我什么都不想说，但在今天这样的场合我必须说话，那我就简单地再说几句。

我是一个讲故事的人，我还是要给你们讲故事。上世纪六十年代，我上小学三年级的时候，学校里组织我们去参观一个苦难展览，我们在老师的引领下放声大哭。为了能让老师看到我的表现，我舍不得擦去脸上的泪水。我看到有几位同学悄悄地将唾沫抹到脸上冒充泪水。我还看到在一片真哭假哭的同学之间，有一位同学，脸上没有一滴泪，嘴巴里没有一点声音，也没有用手掩面。他睁着大眼看着我们，眼睛里流露出惊讶或者是困惑的神情。事后，我向老师报告了这位同学的行为。为此，学校给了这位同学一个警告处分。多年之后，当我因自己的告密向老师忏悔时，老师说，那天来找他说这件事的，有十几个同学。这位同学十几年前就已去世，每当想起他，我就深感歉疚。这件事让我悟到一个道理，那就是：当众人都哭时，应该允许有的人不哭。当哭成为一种表演时，更应该允许有的人不哭。

我再讲一个故事：三十多年前，我还在部队工作。有一天晚上，我在办公室看书，有一位老长官推门进来，看了一眼我对面的位置，自言自语道："噢，没有人？"我随即站起来，高声说："难道我不是人吗？"那位老长官被我顶得面红耳赤，尴尬而退。为此事，我洋洋得意了许久，以为自己是个英勇的斗士，但事过多年后，我却为此深感内疚。

请允许我讲最后一个故事，这是许多年前我爷爷讲给我听过的：有八个外出打工的泥瓦匠，为避一场暴风雨，躲进了一座破庙。外边的雷声一阵紧似一阵，一个个的火球，在庙门外滚来滚去，空中似乎还有吱吱的龙叫声。众人都胆战心惊，面如土色。有一个人说："我们八个人中，必定一个人干过伤天害理的坏事，谁干过坏事，就自己走出庙接受惩罚吧，免得让好人受到牵连。"自然没有人愿意出去。又有人提议道："既然大家都不想出去，那我们就将自己的草帽往外抛吧，谁的草帽被刮出庙门，就说明谁干了坏事，那就请他出去接受惩罚。"于是大家就将自己的草帽往庙门外抛，七个人的草帽被刮回了庙内，只有一个人的草帽被卷了出去。大家就催这个人出去受罚，他自然不愿出去，众人便将他抬起来扔出了庙门。故事的结局我估计大家都猜到了，那个人刚被扔出庙门，那座破庙轰然坍塌。

我是一个讲故事的人。因为讲故事我获得了诺贝尔文学奖。我获奖后发生了很多精彩的故事，这些故事，让我坚信真理和正义是存在的。

今后的岁月里，我将继续讲我的故事。

谢谢大家！

（选自《当代作家评论》2013 年第 1 期）

【注释】

① 威廉·福克纳（1897—1962）：小说家，美国南方文学流派的创始人。有十几部长篇和几十部短篇都描述一个虚构小县城的故事，被文学史家称为约克那帕塔法（县）世系。

② 加西亚·马尔克斯（1928—2014），哥伦比亚小说家，拉美魔幻现实主义的代表作家。代表作长篇小说《百年孤独》，通过描绘一家五代人的经历，展现了海滨小城镇马孔多的百年历史。

承担、独立、自由

钱理群①

民国时期的这一代人，做人做事，都是有承担的。这样的承担是有三个层面的：对国家、民族、人类，对历史、时代、社会、人民的承担；对自我生命的承担；对学术的承担。

"铁肩担道义"：对社会、历史、民族的承担

民国名记者邵飘萍因拒收张作霖三十万元"封口费"而惨遭杀害。他有一句座右铭：铁肩担道义，辣手著文章。我想："铁肩担道义"是可以概括这一代人共同的"不可夺"之"志"的，也是他们对国家、民族、人类，对历史、时代、社会、人民的承担意识的集中体现。用今天的话来说，他们都自命为"公共知识分子"。他们代表的不是某个利益集团的利益，更不是一己的私利，而是社会公共利益，是时代的正义和良知的代表，即所谓"铁肩担道义"。

知识分子、学者，对社会、国家、民族、人类的承担，我觉得在两个时刻显得特别重要。一个是民族危难的时刻。曾任辅仁大学校长、北京师范大学校长和故宫博物院图书馆馆长的史学大师陈垣老先生，在北平沦陷时期就这样对启功先生说："一个民族的消亡，从民族文化开始。我们要做的是，在这个关键时刻，保住我们的民族文化，把这个继承下去。"另一位复旦大学的老校长马相伯在抗战时期逝世，弟子于右任的挽联中赞誉他"生死护中华"，说的就是他在民族危亡中对民族文化的承担。

在社会道德失范的时候，在某种意义上，也是一种民族危难的时刻。所以我们的国歌中"中华民族到了最危险的时候"，是时刻有着警醒的意义和作用的。危难中显本色，越是社会道德失范，知识分子就越应该承担"精神坚守"的历史责任。大学，就越应该发挥"转移社会一时之风气"的"精神堡垒、圣地"的作用。但现实却恰恰相反，许多令人痛心的丑闻都发生在大学校园里。因此，那些有节操，甚至有洁癖的老一代学者就特别令人怀想。在林庚先生九五华诞时，我写过一篇文章，题目就叫《那里有一方心灵的净土》。我这样写道："无论如何，老人们仍然和我们生活在这个世界上，这个事实确实能够给人以温暖"，"因为这个越来越险恶，越来越令人难以把握的世界，太缺少他这样的人了。这样好的人，这样可爱的人，这样的有信仰的、真诚的、单纯的人了"，因为"经不起各种磨难，我们心中的'上帝'已经死了，我们不再有信仰，不再真诚和单纯，我们的心早就被油腻和灰尘蒙蔽了"。这就是北大校园里的林庚和他那一代人的意义。

"心思用在自己怎么看待自己"：对自我生命的承担

民国时期的课，不拘一格、随心所欲，显示的是教师的真性情，一种自由不拘的生命存在方式、生命形态。因此，他给予学生的就不只是知识，更是生命的浸染、熏陶。在这样的课堂里，充满了活的生命气息。老师与学生之间、学生与学生之间，生命相互交流、沟通、撞击，最后达到了彼此生命的融合和升华。这样的生命化的教育的背后，是一种生命承担意识。

而将这样意识提升到理论高度的，是我亲自聆听的林庚先生的"最后一课"。林先生花了一个多月的时间做认真的准备，反复琢磨，讲课的题目都换了好几次。最后那天上课了，先生穿着整洁大方，一站在那里，就把大家镇住了。然后，他缓缓的朗声说道："什么是诗？诗的本质就是发现；诗人要永远像婴儿一样，睁大了好奇的眼睛，去看周围的世界，去发现世界的新的美。"顿时，全场肃然，大家都陷入了沉思。先生又旁征博引，任意发挥，足足讲了两个小时，还意犹未尽，学生们也听得如痴如醉，全然忘记了时间。先生回到家里，就病倒了。先生是拼着生命的全力上完这最后一课的，这真是"天鹅的绝唱"。

我们现在再来仔细体会林先生的这段话：这是他一生做人、治学、写诗经验的凝结，是道出了文学艺术，学术研究，科学，教育，学习，以至人生的秘密与真谛的。这里的关键词是"好奇"和"发现"：首先要保持婴儿那样第一次看世界的好奇心，用初次的眼光和心态，去观察，倾听，阅读，思考，去上你已经上了无数次的课，去写已经成为你的职业任务的文章，你就会不断产生发现的渴望与冲动，而且你果真会不断有新的发现，新的创造。你们看，我们前面说到的老人，无论是曾昭抡，还是刘文典，蒙文通，以及所有的"民国的那些人"，哪一个不是终生都完整地保持着生命的"赤子"状态？大学者"大"在哪里？就"大"在他们始终葆有赤子般的纯真，无邪，对世界、社会、学术永远都有好奇心与新鲜感，因而具有无穷无尽的创造力。这就是沈从文说的"星斗其文，赤子其人"！

这是能够给我们以启示的：那一代人，无论做学问，讲课，做事情，都是把自己的生命投入进去的，学问、工作，都不是外在于他的，而是和自我生命融为一体。这样，他们所做的每一件事情，都会使他自身的生命不断获得新生和升华，从中体会、体验到自我生命的意义、价值和欢乐。

当然，这绝不是要否定谋生的意义，如鲁迅所说，"一要生存，二要温饱，三要发展"，人对物质利益、金钱的追求都是人应有的权利，所谓"安贫乐道"，如鲁迅所说，那是一种统治术，鼓吹者自己是不准备实行的。对这样的说教者，年轻人应该保持必要的警惕。但在生存、温饱基本解决，即达到衣食无忧之后，人在精神与物资上应有什么追求，就是一个大问题。我们所讨论的这些学者、教授，他们显然更注重精神对人的生命的意义，他们追求的是"简单的物质生活与富裕的精神生活"。他们不追求外在于自我生命的东西，因此，就能如孔夫子所说，"不义而富且贵，于我如浮云"：那都是身外之物，是应该而且可以淡然看之的。

"舍我其谁"：对学术的承担

一日，日本飞机空袭昆明，教授与学生都四处躲避。刘文典在搀扶陈寅恪跑的途中，看见他平素最瞧不起的新文学作家沈从文也在人流中，便转身怒斥："你跑什么跑？我刘某人是在替庄子跑，我要死了，就没人讲庄子了！你替谁跑？"

这大概有演义的成分，但刘文典的"狂"却是真的；所谓"狂"无非是把自己的这门学科看成"天下第一"，自己在学科中的地位看得很重：我不在，这门学科就没了！这种"舍我其谁"的狂傲，气概，其实是显示了学术的使命感，责任感，自觉的学术承担意识的。

在他们眼里，学术就是自己的生命，学术之外无其他。哲学家金岳霖如是说："世界上似乎有很多的哲学动物，我自己也是一个。就是把他们放在监牢里做苦工，他们脑子里仍然是满脑子的哲学问题。"

这时时刻刻"倾注整个身心"，其实就是一种对学术、对自己的工作的痴迷。痴迷到了极点，就有了一股呆劲，傻气。人们通常把这样的学者称为"书呆子"，在我看来，在善意的调侃中，是怀有一种敬意的：没有这样的"书呆子"气，是不可能进入学术，升堂入室的。

我要讲的是，这样的有承担的学者，教授，知识分子，就自有一种精神。在我看来，主要是独立精神、自由精神与创造精神。

独立精神：匹夫不可夺志

什么是精神？孔夫子说的"三军可夺帅也，匹夫不可夺志也"的独立人格，气节和风骨也。

1939 年前后，国民政府教育部三度训令西南联大必须遵守教育部核定的应设课程，全国统一教材，举行统一考试等等。这样的在当今中国教育中已被视为"理所当然"的行政干预，却遭到了联大教务会议的拒绝，并公推冯友兰教授起草《抗辩书》。其文写得不卑不亢：对教育部的训令，"同人所未喻"，不明白者有四："夫大学为最高学府，包罗万象，要当同归而殊途，一致而百虑，岂可刻板文章，勒令从同"，此"未喻者一也"。"大学为最高教育学术机构""如何研究教学，则宜予大学以回旋之自由"，岂可由"教育行政机关"随意指令，此"未喻者二也"；"教育部为政府机关，当局时有进退；大学百年树人，政策设施宜常不宜变。若大学内部甚至一课程之兴废须听命教部，则必将受部中当局进退之影响，朝令夕改，其何以策研究之进行，肃学生之视听，而坚其心志"；此"未喻者三也"；"今教授所说之课程，必经教部之指定，其课程之内容亦须经教部之核准，使教授在学生心目中为教育部之一科员不若"，此"未喻者四也"。最后归结为一点："盖本校承北大、清华、南开三校之旧"，自有其传统，"似不必轻易更张"。

我们已经有了陈寅恪纪念王国维的雄文，为学人立出"独立之精神，自由之思想"的境界，让我们永远怀想；而现在，面对冯友兰这篇抗辩雄文，所立起的"力争学术自由，反抗思想统治"的标杆，不禁发出感叹：魂兮胡不归，大学之独立精神！

"还是文人最自由"

这是叶公超教授的一句警悟之言。他先当教授，后又去从政；但终因"放不下他那知识分子的身段，丢不掉那股知识分子的傲气"而弃官，回来当教授，于是，就有了"还是文人最自由"的感叹。然而"毕竟文人最天真"，不久，有关方面便来干预，向校方施压。叶教授的课匆匆上了一个学期，便被迫收场。

但说"还是文人最自由"，仍有部分的道理。我们在包括叶公超先生在内的这一代学人身上，还是可以看到一种自由精神：所谓身子被捆着，心灵是自由的。

这样的自由精神，在我看来，不仅表现在这一代人大都具有的传统"名士"的真性情，真风流，更是一种"大生命"的"大自由"。

我们谈到了这一代的"大承担"；其实，"大承担"的背后，是一个"大生命"的观念。如鲁迅所说："无穷的远方，无数的人们，都和我有关。"所谓"心事浩茫连广宇"，在他们的心目中，整个民族，整个人类，整个宇宙的生命都和自己的生命息息相关。只要有一个生命是不自由的，他们自己也是不自由的。有人说，真正的诗人是能感受到天堂的欢乐和地狱的痛苦的；看到别人被杀，是比自己被杀更苦恼的。因此，他们追求的个体精神自由是包含着博爱精神，佛教所说的大慈大悲的情怀的。这是一种"天马行空"的境界，独立不依他的，不受拘束的，同时又可以自由出入于人我之间、物我之间的，大境界中的大自由状态：这是令人神往的，也是这一代人的魅力所在。相形之下，我们一些人所求的一己之"自由"，就太猥琐了。

（选自臧东.民国教授[M].北京：中国妇女出版社，2008.）

【注释】

　　① 钱理群，1939 年出生于重庆。20 世纪 80 年代以来中国最具影响力的人文学者之一。北京大学中文系资深教授，博士生导师，并任清华大学中文系兼职教授，中国现代文学研究会副会长，中国鲁迅学会理事，《中国现代文学研究丛刊》第三任主编（与吴福辉共同担当）。主要从事中国现代文学研究，鲁迅、周作人研究与现代知识分子精神史研究。代表作有《心灵的探寻》《与鲁迅相遇》《周作人传》《大小舞台之间——曹禺戏剧新论》《丰富的痛苦——堂吉诃德和哈姆雷特的东移》《1948：天地玄黄》等。

拓展阅读

亲情永恒

母爱似水，点点滴滴；父爱如山，浑厚深沉。

亲情似歌，美好一生；真情如金，弥足珍贵。

有一种爱，如山似水；有一种爱，血浓于水；有一种爱，刻骨铭心；有一种爱，净化灵魂……这就是源于血脉亲情、世间最伟大最无私的父爱与母爱。父母之爱，是我们人生路上的避风港，时时接纳我们，包容我们，温暖我们；父母之爱是我们生命中的加油站，让我们奋力前行，敢于迎接风雨和挑战。就是这样一种爱，绵延千年，亘古不变；就是这样一种爱，需要儿女一生珍爱。

岁月在不经意间从身边划过，在每个匆忙的身影背后，父亲关爱的目光越来越远，母亲熟悉的话语渐渐淡忘。每个匆忙的身影旁边，爱人的支持始终相随，友人的话语不断响起。

父母艰辛的养育、亲友默默的关怀、爱人无私的付出，不仅丰富了我们的人生，为我们的人生赋予深刻的含义，更为我们战胜挫折、走向成功提供强大的精神动力。只有理解父母、感悟亲情、懂得真情，我们才能更好地理解他人，融入社会，珍惜自己所拥有的一切，获得人生的幸福。让我们在一篇篇文字的述说中感受爱的流淌，在向爱致敬的同时，更加珍惜自己的生命，感恩父母、亲友、爱人陪伴在我们生命中的每一天。

讲读课文

项 脊 轩 志

归有光（明）

作者简介

归有光（1507 年—1571 年），字熙甫，又字开甫，别号震川，又号项脊生，世称"震川先生"。苏州府昆山县（今江苏昆山）宣化里人。明朝中期散文家、官员。归有光的科举之路不顺，嘉靖十九年（1540 年），归有光中举人，之后参加会试，八次落第，遂徙居嘉定安亭江上，读书谈道，学徒众多。嘉靖三十三年（1554 年），倭寇作乱，归有光入城筹守御，作《御倭议》。嘉靖四十四年（1565 年），归有光六十岁时方成进士，历任长兴知县、顺德通判、南京太仆寺丞，故称"归太仆"，留掌内阁制敕房，参与编修《世宗实录》。隆庆五年（1571 年）病逝，年六十六岁。归有光崇尚唐宋古文，其散文风格朴实，感情真挚，是明代"唐宋派"代表作家。他是"唐宋八大家"与清代"桐城派"之间的桥梁，被称为"今之欧阳修"，后人称赞其散文为"明文第一"，与唐顺之、王慎中并称为"嘉靖三大家"，又与胡友信齐名，世称"归胡"。著有《震川先生集》《三吴水利录》等。

背景知识

项脊轩，书斋名，是作者家中的一个只有一丈见方的斗室。因作者远祖归道隆曾在江苏太仓县的项脊泾住过，作者就自号"项脊生"，把自己的书斋取名为"项脊轩"，同时用这样的名字怀宗追远。

《项脊轩志》分两次写成。前四段写于明世宗嘉靖三年（1524 年），当时归有光 18 岁，他通过所居项脊轩的变化和几件小事的描述，表达了对家人的怀念之情。在经历了结婚、妻死、久试不第等人生变故后，作者于明世宗嘉靖十八年（1539 年），又为这篇散文增添了补记。

项脊轩①，旧②南阁子也。室仅方丈③，可容一人居。百年老屋，尘泥渗漉④，雨泽下注⑤；每移案⑥，顾视⑦，无可置者。又北向，不能得日⑧，日过午已昏⑨。余稍为修葺⑩，使不上漏。前辟⑪四窗，垣墙⑫周庭，以当⑬南日，日影反照，室始洞然⑭。又杂植兰桂竹木于庭，旧时栏楯⑮，亦遂增胜⑯。借书满架，偃仰⑰啸歌⑱，冥然兀坐⑲，万籁有声⑳。而庭阶寂寂，小鸟时来啄食，人至不去。三五之夜㉑，明月半墙，桂影斑驳，风移影动，珊珊㉒可爱。

然余居于此，多可喜，亦多可悲。先是庭中通南北为一。迨诸父异爨㉓，内外多置小门，墙往往㉔而是。东犬西吠㉕，客逾庖而宴㉖，鸡栖于厅。庭中始为篱，已㉗为墙，凡㉘再变矣㉙。家有老妪，尝居于此。妪，先大母婢也，乳二世，先妣抚之甚厚。室西连于中闺，先妣尝一至。妪每谓余曰："某所，而母立于兹。"妪又曰："汝姊在吾怀，呱呱而泣；娘以指叩门扉曰：'儿寒乎？欲食乎？'吾从板外相为应答⑧。"语未毕，余泣，妪亦泣。余自束发⑨，读书轩中，一日，大母过余曰："吾儿，久不见若影，何竟日⑩默默在此，大类女郎也？"比去，以手阖⑪门，自语曰："吾家读书久不效，儿之成，则可待乎！"顷之，持一象笏至，曰："此吾祖太常公宣德间执此以朝，他日汝当用之！"瞻顾遗迹⑫，如在昨日，令人长号不自禁。

轩东，故尝为厨，人往，从轩前过。余扃牖⑬而居，久之，能以足音辨人。轩凡四遭火，得不焚，殆⑭有神护者。

项脊生曰："蜀清守丹穴，利甲天下，其后秦皇帝筑女怀清台；刘玄德与曹操争天下，诸葛孔明起陇中。方二人之昧昧于一隅也，世何足以知之，余区区处败屋中，方扬眉、瞬目，谓有奇景。人知之者，其谓与坎井之蛙何异？"

余既为此志，后五年，吾妻来归⑰，时至轩中，从余问古事，或凭几学书⑱。吾妻归宁⑲，述诸小妹语曰："闻姊家有阁子，且何谓阁子也？"其后六年，吾妻死，室坏不修。其后二年，余久卧病无聊，乃使人复葺南阁子，其制⑳稍异于前。然自后余多在外，不常居。

庭有枇杷树，吾妻死之年所手植㉑也，今已亭亭如盖矣㉒。

（选自归有光.震川先生集（全二册）（精）（中国古典文学丛书）[M].上海：上海古籍出版社，2007.）

【注释】

① 项脊轩(xuān)：归有光家的书斋名。轩：小的房室。
② 旧：旧日的，原来的。
③ 方丈：一丈见方。
④ 尘泥渗(shèn)漉(lù)：（屋顶墙头上的）泥土漏下。渗：透过。漉：漏下。
⑤ 雨泽下注：雨水往下倾泻。下：往下。雨泽：雨水。
⑥ 案：几案，桌子。
⑦ 顾视：环看四周。顾：环视。
⑧ 得日：照到阳光。
⑨ 昏：光线不明。
⑩ 修葺(qì)：修缮、修理，修补。
⑪ 辟：开。
⑫ 垣(yuán)墙周庭：庭院四周砌上围墙。垣：名词作动词，指砌矮墙。垣墙：砌上围墙。周庭：(于)庭子周围。
⑬ 当：挡住。
⑭ 洞然：明亮的样子。
⑮ 栏楯(shǔn)：栏杆。纵的叫栏，横的叫楯。
⑯ 增胜：增添了光彩。胜：美景。
⑰ 偃(yǎn)仰：安居。偃：伏下。仰：仰起。
⑱ 啸(xiào)歌：长啸或吟唱。文章指吟咏诗文，显示豪放自若。啸：口里发出长而清越的声音。
⑲ 冥(míng)然兀(wù)坐：静静地独自端坐着。兀坐：端坐。
⑳ 万籁(lài)有声：自然界的一切声音都能听到。籁：孔穴里发出的声音，也指一般的声响。
㉑ 三五之夜：农历每月十五的夜晚。

㉒ 珊珊：衣裙玉佩的声音。珊：通"姗"，引申为美好的样子。

㉓ 迨(dài)诸父异爨(cuàn)：等到伯、叔们分了家。迨：及，等到。诸父：伯父、叔父的统称。异爨：分灶做饭，意思是分了家。

㉔ 往往：指到处，处处。

㉕ 东犬西吠(fèi)：东边的狗对着西边叫。意思是分家后，狗把原住同一庭院的人当作陌生人。

㉖ 逾(yú)庖(páo)而宴：越过厨房而去吃饭。庖：厨房。

㉗ 已：已而，随后不久。

㉘ 凡：总共。

㉙ 再：两次。

㉚ 相为应答：一一回答。相：偏义复词，指她(先母)。

㉛ 束发：古代男孩成年时束发为髻，15岁前指儿童时代。

㉜ 竟日：一天到晚。竟：从头到尾。

㉝ 阖(hé)：通"合"，合上。

㉞ 瞻(zhān)顾遗迹：回忆旧日事物。瞻：向前看。顾：向后看。瞻顾：泛指看，有瞻仰、回忆的意思。

㉟ 扃(jiōng)牖(yǒu)：关着窗户。扃：(从内)关闭。牖：窗户。

㊱ 殆(dài)：恐怕、大概，表示揣测的语气。

㊲ 来归：嫁到我家来。归，古代女子出嫁。

㊳ 凭几学书：伏在几案上学写字。几，小或矮的桌子。书：写字。

㊴ 归宁：出嫁的女儿回娘家省亲。

㊵ 制：指建造的格式和样子。

㊶ 手植：亲手种植。手：亲手。

㊷ 亭亭如盖：高高挺立，树冠像伞盖一样。亭亭，直立的样子。盖，古称伞。

▶ 艺术赏析

《项脊轩志》原文可分为两大部分，自"余既为此志"以前为《项脊轩志》。若干年后，又加了一段后记，就是"余既为此志"起的段落。所以全篇可分为四段。

第一段着意描写轩室环境，描绘项脊轩修葺前后的情况。修葺前，项脊轩一是很小，"室仅方丈，可容一人居"；二是很旧，"百年老屋，尘泥渗漉"；三是漏雨，"雨泽下注"；四是昏暗："又北向不能得日，日过午已昏"。总之，项脊轩是一间不折不扣的陋室。修葺后，不漏不暗；又由于花木之置，小小轩室，居然成为胜境，成为幽雅的书斋。"借书满架，偃仰啸歌，冥然兀坐，万籁有声；而庭阶寂寂，小鸟时来啄食，人至不去。三五之夜，明月半墙，桂影斑驳，风移影动，珊珊可爱"，这一小段的描写于景可爱，于情则可喜。

第二段从写环境转入写人事的变迁，由可喜转入可悲，又分数层。第一层写庭院的几经变故，即诸叔伯分居前后，庭院由通到隔的经过，"东犬西吠""鸡栖于厅"等句写分居后的凌乱。客观地叙说家庭琐事中，寓有人世沧桑之慨。此可悲一也。第二层通过家有老妪说亡母旧事，写家庭人事变故。作者生母去世时，他年龄尚小，所以母亲的形象在他是记不分明的。而那位老妪既是祖母的婢女，又做过两代人的奶妈，通过老妪来追忆旧事，是自然入妙之笔。她所说的，不过是先前母亲曾在何处站过，曾有过一些什么对话。然而就是这些平淡处，最为关情。"儿寒乎？欲食乎？"短短的两句，惟妙惟肖地刻画出一个闻儿啼而动了怜爱的年轻母亲的形象。这种追忆，无疑会引起过早地失去母爱的作者的伤心。此可悲二也。

第三层是作者自己对祖母的追忆。那段往事似乎也很平常，却同样洋溢着淳厚的人情味。"吾儿，久不见若影，何竟日默默在此，大类女郎也"的垂问，和"吾家读书久不效，儿之成，则可待乎"的自语，以及持象牙朝笏的一段勉励，生动地表现了老祖母对孙子的疼爱与厚望。以上回忆，看来不过是家庭生活中一些鸡毛蒜皮的小事，然而"一枝一叶总关情"，所以作者"瞻顾遗迹，如在昨日，令人长号不自禁"。以下又带过一笔叙轩中幽静与轩屡遭火灾而幸存，均关题意。其中轩中关门读书，闻足音而辨人一节，不但善写日常细微感觉，而且还写出了一个耐得寂寞的读书人形象，为下段议论伏笔。

第三段是作者的一番议论。作者以守丹穴的巴寡妇清和高卧隆中的诸葛亮，与处败屋寒窗之下的自身相比附，既自慨局促，又有自矜抱负之意。故语末以"坎井之蛙"自嘲，含有对凡夫俗子的反讽与孤芳自赏的意味。

第四、五段是若干年后的补记。续写项脊轩在妻死前后的变化，寓有新近的悼亡之情。文中记妻生前琐事，亦平淡中见隽永，与前文格调毫无二致。"不常居"三字似可收束全文，然文末又摇曳生姿。写到亡妻手植的一树枇杷"亭亭如盖"，寓睹物怀人、悼亡念存之思。较之"墓木已拱"之类成语，尤觉余味无穷，饶有新意。

作者善于从日常生活中选取那些感受最深的细节和场面，表现人物的风貌，寄托内心的感情。文章语言质朴，不加藻饰，叠词的使用增加形象美和语言美。

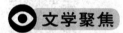 文学聚焦

明 代 散 文

明代散文流派较多，虽然散文创作没有出现类似唐宋八大家那样杰出的作家，但是对继承唐宋散文还是有一定贡献的。明代中期以归有光的成就最大，他擅长抒情、记事类散文，通过平凡琐事抒发浓厚深情。他与王慎中、唐顺之、茅坤等人在肯定先秦两汉散文传统的同时，强调学习唐宋八大家散文法度，世称唐宋派。唐宋派作家的散文能直抒胸臆，做到文从字顺，朴素自然。尤其是归有光，善于即事抒情，描绘家庭琐事，真挚动人，"不事雕饰而自有风味"。像《先妣事略》《寒花葬志》《项脊轩志》都是具有这样特色的作品。正是归有光、马中锡、王守仁等唐宋派诸散文作家的努力，使明代散文创作出现了一个高潮。

拓展与应用

探究思考

1. 文中展现两种情感，是哪两种？作者又是如何展现的？

2.《项脊轩志》可以说是归家三代妇女的一篇家传，文章是通过哪些细节来表现三位女性的音容笑貌的？

3. 形散而神不散，是散文的一大特点，也是本篇的一大长处，试做分析。

拓展链接

1. 华莱士(英)《伟大的母亲》。
2. 塞缪尔·斯迈尔斯(英)《品格的力量》。
3. 归有光(明)《先妣事略》《寒花葬志》。

品格的力量　　寒花葬志

职业连线

电视剧《大宅门》中二奶奶是整部剧的灵魂、女主角,是白家的当家人。白萌堂在家族遭难之后发现二奶奶的城府非常深,在经过几次试探之后终于放心地将白家的钥匙交到了二奶奶手中。二奶奶带着家破人亡的白家一路披荆斩棘地重回巅峰,白家上下以及商政两界都对二奶奶推崇有加,二奶奶当之无愧是最成功的商业女强人。这是影视剧中塑造的女强人形象之一。还有电视剧《那年花开月正圆》中周莹——吴家东院的大当家,丈夫吴聘早逝,她凭一己之力撑起了整个吴家,并将其发扬光大。她不仅八面玲珑、洞察世事,还敏锐果敢,在商场上叱咤风云。在国家有难时,她义不容辞地出钱出力。

思考:

观看电视剧,并结合社会现实以及自身家庭,分析女性在家庭、社会中的重要性,理解在自己成长道路上母亲的地位及影响。

我与地坛(节选)

史铁生

我与地坛

👤 作者简介

史铁生(1951—2010),中国当代著名作家。21岁时双腿瘫痪,后又患肾病并发展到尿毒症,需要透析维持生命。1979年开始发表作品,笑称自己"职业是生病,业余是写作"。散文《我与地坛》鼓励了无数人。代表作:《我的遥远的清平湾》《老屋笔记》《病隙碎笔》等。2002年获华语文学传媒大奖年度杰出成就奖。曾任中国作家协会全国委员会委员,北京作家协会副主席,中国残疾人联合会副主席。史铁生是当代中国最令人敬佩的作家之一。

史铁生是一个生命的奇迹,在漫长的轮椅生涯里至强至尊,一座文学的高峰,其想象力和思辨力一再刷新当代精神的高度,一种千万人心痛的温暖,让人们在瞬息中触摸永恒,在微粒中进入广远,在艰难和痛苦中却打心眼里宽厚地微笑。——韩少功评

📖 背景知识

史铁生于1969年作为知青,到陕西省延安地区"插队",1972年因病致瘫而回京。在双腿残疾的沉重打击下,他是在找不到工作、找不到去路、忽然间几乎什么都找不到了的时候"走"进地坛的,从此以后与地坛结下了不解之缘,直到写这篇散文时的十五年间,"就再没有长久地离开过它"。当人们为《我与地坛》的通透圆融和超越之美而感动的时候,很少有人意识到,这个生命再次出发艰难跋涉的起点,距离他写出并且发表《我与地坛》,已经是

将近二十年的时间。没有人能够想象和体会他的艰难困苦——身体的障碍与精神的绝望曾经试图以自然的名义击垮他。但是史铁生走过了这个艰辛的"二十年"，然后他以一种令人感动的平静说到了"四百年"：仿佛这古园就是为了等我，而历尽沧桑在那儿等待了四百多年。

一

我在好几篇小说中都提到过一座废弃的古园，实际上就是地坛。许多年前旅游业还没有开展，园子荒芜冷落得如同一片野地，很少被人记起。

地坛离我家很近。或者说我家离地坛很近。总之，只好认为这是缘分。地坛在我出生前四百多年就坐落在那儿了，而自从我的祖母年轻时带着我父亲来到北京，就一直住在离它不远的地方——五十多年间搬过几次家，可搬来搬去总是在它周围，而且是越搬离它越近了。我常觉得这中间有着宿命的味道：仿佛这古园就是为了等我，而历尽沧桑在那儿等待了四百多年。

它等待我出生，然后又等待我活到最狂妄的年龄上忽地残废了双腿。四百多年里，它剥蚀了古殿檐头浮夸的琉璃，淡褪了门壁上炫耀的朱红，坍圮了一段段高墙又散落了玉砌雕栏，祭坛四周的老柏树愈见苍幽，到处的野草荒藤也都茂盛得自在坦荡。这时候想必我是该来了。十五年前的一个下午，我摇着轮椅进入园中，它为一个失魂落魄的人把一切都准备好了。那时，太阳循着亘古不变的路途正越来越大，也越红。在满园弥漫的沉静光芒中，一个人更容易看到时间，并看见自己的身影。

自从那个下午我无意中进了这园子，就再没长久地离开过它。我一下子就理解了它的意图。正如我在一篇小说中所说的："在人口密聚的城市里，有这样一个宁静的去处，像是上帝的苦心安排。"

两条腿残废后的最初几年，我找不到工作，找不到去路，忽然间几乎什么都找不到了，我就摇了轮椅总是到它那儿去，仅为着那儿是可以逃避一个世界的另一个世界。我在那篇小说中写道："没处可去我便一天到晚耗在这园子里。跟上班下班一样，别人去上班我就摇了轮椅到这儿来。园子无人看管，上下班时间有些抄近路的人们从园中穿过，园子里活跃一阵，过后便沉寂下来。""园墙在金晃晃的空气中斜切下一溜荫凉，我把轮椅开进去，把椅背放倒，坐着或是躺着，看书或者想事，撅一权树枝左右拍打，驱赶那些和我一样不明白为什么要来这世上的小昆虫。""蜂儿如一朵小雾稳稳地停在半空；蚂蚁摇头晃脑捋着触须，猛然间想透了什么，转身疾行而去；瓢虫爬得不耐烦了，累了祈祷一回便支开翅膀，忽悠一下升空了；树干上留着一只蝉蜕，寂寞如一间空屋；露水在草叶上滚动，聚集，压弯了草叶轰然坠地摔开万道金光。""满园子都是草木竞相生长弄出的响动，窸窸窣窣片刻不息。"这都是真实的记录，园子荒芜但并不衰败。

除去几座殿堂我无法进去，除去那座祭坛我不能上去而只能从各个角度张望它，地坛的每一棵树下我都去过，差不多它的每一米草地上都有过我的车轮印。无论是什么季节，什么天气，什么时间，我都在这园子里呆过。有时候呆一会儿就回家，有时候就呆到满地上都亮起月光。记不清都是在它的哪些角落里了，我一连几小时专心致志地想关于死的事，也以同样的耐心和方式想过我为什么要出生。这样想了好几年，最后事情终于弄明白了：一个人，出生了，这就不再是一个可以辩论的问题，而只是上帝交给他的一个事实；上帝在交给我们这件事实的时候，已经顺便保证了它的结果，所以死是一件不必急于求成的事，死是一个必然会降临的节日。这样想过之后我安心多了，眼前的一切不再那么可怕。比如你起早熬夜准备考试的时候，忽然想起有一个长长的假期在前面等待你，你会不会觉得轻松一点？并且庆幸并且感激这样的安排？

剩下的就是怎样活的问题了，这却不是在某一个瞬间就能完全想透的、不是一次性能够解决的事，怕是活多久就要想它多久了，就像是伴你终生的魔鬼或恋人。所以，十五年了，我还是总得到那古园里去，去它的老树下或荒草边或颓墙旁，去默坐，去呆想，去推开耳边的嘈杂理一理纷乱的思绪，去窥看自己的心魂。十五年中，这古园的形体被不能理解它的人肆意雕琢，幸好有些东西是任谁也不能改变它的。譬如祭坛石门中的落日，寂静的光辉平铺的一刻，地上的每一个坎坷都被映照得灿烂；譬如在园中最为落寞的时间，一群雨燕便出来高歌，把天地都叫喊得苍凉；譬如冬天雪地上孩子的脚印，总让人猜想他们是谁，曾在哪儿做过些什么、然后又都到哪儿去了；譬如那些苍黑的古柏，你忧郁的时候它们镇静地站在那儿，你欣喜的时候它们依然镇静地站在那儿，它们没日没夜地站在那儿，从你没有出生一直站到这个世界上又没了你的时候；譬如暴雨骤临园中，激起一阵阵灼烈而清纯的草木和泥土的气味，让人想起无数个夏天的事件；譬如秋风忽至，再有一场早霜，落叶或飘摇歌舞或坦然安卧，满园中播散着熨帖而微苦的味道。味道是最说不清楚的，味道不能写只能闻，要你身临其境去闻才能明了。味道甚至是难于记忆的，只有你又闻到它你才能记起它的全部情感和意蕴。所以我常常要到那园子里去。

二

我才想到，当年我总是独自跑到地坛去，曾经给母亲出了一个怎样的难题。

她不是那种光会疼爱儿子而不懂得理解儿子的母亲。她知道我心里的苦闷，知道不该阻止我出去走走，知道我要是老呆在家里结果会更糟，但她又担心我一个人在那荒僻的园子里整天都想些什么。我那时脾气坏到极点，经常是发了疯一样地离开家，从那园子里回来又中了魔似的什么话都不说。母亲知道有些事不宜问，便犹犹豫豫地想问而终于不敢问，因为她自己心里也没有答案。她料想我不会愿意她跟我一同去，所以她从未这样要求过，她知道得给我一点独处的时间，得有这样一段过程。她只是不知道这过程得要多久，和这过程的尽头究竟是什么。每次我要动身时，她便无言地帮我准备，帮助我上了轮椅车，看着我摇车拐出小院；这以后她会怎样，当年我不曾想过。

有一回我摇车出了小院，想起一件什么事又返身回来，看见母亲仍站在原地，还是送我走时的姿势，望着我拐出小院去的那处墙角，对我的回来竟一时没有反应。待她再次送我出门的时候，她说："出去活动活动，去地坛看看书，我说这挺好。"许多年以后我才渐渐听出，母亲这话实际上是自我安慰，是暗自的祷告，是给我的提示，是恳求与嘱咐。只是在她猝然去世之后，我才有余暇设想，当我不在家里的那些漫长的时间，她是怎样心神不定坐卧难宁，兼着痛苦与惊恐与一个母亲最低限度的祈求。我可以断定，以她的聪慧和坚忍，在那些空落的白天后的黑夜，在那不眠的黑夜后的白天，她思来想去最后准是对自己说："反正我不能不让他出去，未来的日子是他自己的，如果他真的要在那园子里出了什么事，这苦难也只好我来承担。"在那段日子里——那是好几年长的一段日子，我想我一定使母亲作过了最坏的准备了，但她从来没有对我说过："你为我想想。"事实上我也真的没为她想过。那时她的儿子还太年轻，还来不及为母亲想，他被命运击昏了头，一心以为自己是世上最不幸的一个，不知道儿子的不幸在母亲那儿总是要加倍的。她有一个长到二十岁上忽然截瘫了的儿子，这是她唯一的儿子；她情愿截瘫的是自己而不是儿子，可这事无法代替；她想，只要儿子能活下去哪怕自己去死呢也行，可她又确信一个人不能仅仅是活着，儿子得有一条路走向自己的幸福；而这条路呢，没有谁能保证她的儿子终于能找到。——这样一个母亲，注定是活得最苦的母亲。

有一次与一个作家朋友聊天，我问他学写作的最初动机是什么？他想了一会说："为我母亲。为了让她骄傲。"我心里一惊，良久无言。回想自己最初写小说的动机，虽不似这位朋友的那般单纯，但如他一样的愿望我也有，且一经细想，发现这愿望也在全部动机中占了很大比重。这位朋友说："我的动机太低俗了吧？"我光是摇头，心想低俗并不见得低俗，只怕是这愿望过于天真了。他又说："我那时真就是想出名，出了名让别人羡慕我母亲。"我想，他比我坦率。我想，他又比我幸福，因为他的母亲还活着。而且我想，他的母亲也比我的母亲运气好，他的母亲没有一个双腿残废的儿子，否则事情就不这么简单。

在我的头一篇小说发表的时候，在我的小说第一次获奖的那些日子里，我真是多么希望我的母亲还活着。我便又不能在家里呆了，又整天整天独自跑到地坛去，心里是没头没尾的沉郁和哀怨，走遍整个园子却怎么也想不通：母亲为什么就不能再多活两年？为什么在她儿子就快要碰撞开一条路的时候，她却忽然熬不住了？莫非她来此世上只是为了替儿子担忧，却不该分享我的一点点快乐？她匆匆离我去时才只有四十九岁啊！有那么一会，我甚至对世界对上帝充满了仇恨和厌恶。后来我在一篇题为"合欢树"的文章中写道："我坐在小公园安静的树林里，闭上眼睛，想，上帝为什么早早地召母亲回去呢？很久很久，迷迷糊糊的我听见了回答：'她心里太苦了，上帝看她受不住了，就召她回去。'我似乎得了一点安慰，睁开眼睛，看见风正从树林里穿过。"小公园，指的也是地坛。

只是到了这时候，纷纭的往事才在我眼前幻现得清晰，母亲的苦难与伟大才在我心中渗透得深彻。上帝的考虑，也许是对的。

摇着轮椅在园中慢慢走，又是雾罩的清晨，又是骄阳高悬的白昼，我只想着一件事：母亲已经不在了。在老柏树旁停下，在草地上在颓墙边停下，又是处处虫鸣的午后，又是鸟儿归巢的傍晚，我心里只默念着一句话：可是母亲已经不在了。把椅背放倒，躺下，似睡非睡挨到日没，坐起来，心神恍惚，呆呆地直坐到古祭坛上落满黑暗然后再渐渐浮起月光，心里才有点明白，母亲不能再来这园中找我了。

曾有过好多回，我在这园子里呆得太久了，母亲就来找我。她来找我又不想让我发觉，只要见我还好好地在这园子里，她就悄悄转身回去。我看见过几次她的背影。我也看见过几回她四处张望的情景，她视力不好，端着眼镜像在寻找海上的一条船，她没看见我时我已经看见她了，待我看见她也看见我了我就不去看她，过一会我再抬头看她就又看见她缓缓离去的背影。我单是无法知道有多少回她没有找到我。有一回我坐在矮树丛中，树丛很密，我看见她没有找到我；她一个人在园子里走，走过我的身旁，走过我经常呆的一些地方，步履茫然又急迫。我不知道她已经找了多久还要找多久，我不知道为什么我决意不喊她——但这绝不是小时候的捉迷藏，这也许是出于长大了的男孩子的倔强或羞涩？但这倔强只留给我痛悔，丝毫也没有骄傲。我真想告诫所有长大了的男孩子，千万不要跟母亲来这套倔强，羞涩就更不必，我已经懂了可我已经来不及了。

儿子想使母亲骄傲，这心情毕竟是太真实了，以致使"想出名"这一声名狼藉的念头也多少改变了一点形象。这是个复杂的问题，且不去管它了罢。随着小说获奖的激动逐日暗淡，我开始相信，至少有一点我是想错了：我用纸笔在报刊上碰撞开的一条路，并不就是母亲盼望我找到的那条路。年年月月我都到这园子里来，年年月月我都要想，母亲盼望我找到的那条路到底是什么。母亲生前没给我留下过什么隽永的哲言，或要我恪守的教诲，只是在她去世之后，她艰难的命运，坚忍的意志和毫不张扬的爱，随光阴流转，在我的印象中愈加鲜明深刻。

有一年，十月的风又翻动起安详的落叶，我在园中读书，听见两个散步的老人说："没想到这园子有这么大。"我放下书，想，这么大一座园子，要在其中找到她的儿子，母亲走过了多少焦灼的路。多年来我头一次意识到，这园中不单是处处都有过我的车辙，有过我的车辙的地方也都有过母亲的脚印。

（选自史铁生. 我与地坛 纪念版[M]. 北京：人民文学出版社，2011.）

▶ 艺术赏析

《我与地坛》是一篇情谊深挚的长篇抒情散文，共七部分，文章以相对独立的两部分结构，深刻地展示了作者走出残疾阴影的心路历程。

本文节选了前两部分。第一部分写"我"与地坛，以描写景物为主，表达作者对生命的感悟："上帝在交给我们这件事实的时候，已经顺便保证了它的结果，所以死是一件不必急于求成的事，死是一个必然会降临的节日"；第二部分写"我"与母亲，采用回想追忆的方式，诉说着"我"那"活得最苦的母亲"对残疾儿子不但疼爱而且理解、毫不张扬却意志坚韧的母爱，寄寓着作者对母亲的无限思念之情，描绘着"我"的"子欲养而亲不待"的无限懊悔之情。

◉ 文学聚焦

残 疾 人 文 学

中国残疾人文学发展源远流长。历史上有左丘明失明后写《国语》，孙膑膝盖丧失后著《孙子兵法》，司马迁受官刑后发奋作《史记》。中国当代残疾人文学在发展中涌现出张海迪、史铁生、王占君等一批有影响力的残疾人作家，出版了《轮椅上的梦》《我的遥远的清平湾》《万历风雨》等多部优秀文学作品。残疾人作家以独特的视角描绘他们眼中的世界，成为中国当代文学不可或缺的一部分。

⬡ 拓展与应用

探究思考

1. "父母之爱子，则为之计深远"。史铁生笔下的母亲如何体现这句古语，我们自己的父母又是如何体现这句古语的？

2. 文章结尾："多年来我头一次意识到，这园中不单是处处都有过我的车辙，有过我的车辙的地方也都有过母亲的脚印。"文中"我""地坛""母亲"三者之间有什么样的联系？作者表达了怎样的生命体验？

拓展链接

1. 海伦·凯勒(美)《假如给我三天光明》。
2. 张海迪《轮椅上的梦》。
3. 杨嘉利《重生门》。

海伦·凯勒

职业连线

"子欲养而亲不待"——人生最大之遗憾

央视公益广告：一位母亲忙忙碌碌准备了一大桌子饭菜，可是电话一个接一个打来，晚辈们都有事儿，不能回家陪老人家吃饭。老人家只能一个人没滋没味坐在电视机前，"忙，忙，都忙！"。我们还会经常看到类似的新闻：儿女不在身边，父母养宠物为伴，把宠物当子女对待。为什么会出现这些现象呢？在我们许多年轻人看来，我们学习工作忙，我们钱赚得还太少，父母身体都很健康，等我们将来有时间、有能力了，等父母老了身体不好了，我们一定会回来尽孝的。但是，父母可能等不到那一天就离开了。《合欢树》中，史铁生表达母亲已逝想尽孝却已是奢望，"子欲养而亲不待"。

思考：

未来的我们，远离父母在外打拼。"儿行千里母担忧"，我们是父母心中永远的牵挂。我们该如何平衡尽孝与打拼？

傅雷家书（节选）

傅　雷

作者简介

傅雷(1908年4月7日—1966年9月3日)，字怒安，号怒庵，著名翻译家、文学评论家，中国民主促进会(民进)的重要缔造者之一。早年留学法国巴黎大学，学习艺术理论。1931年，傅雷回国任教于上海美术专科学校(现南京艺术学院)，任校办公室主任，兼教美术史及法文，致力于法国文学的翻译与介绍工作，被法国巴尔扎克研究会吸收为会员。傅雷学识精深，在美术及音乐理论与欣赏等方面有很高的造诣。

作为一名翻译家，可以说没有他，国人就不会认识巴尔扎克。他翻译的罗曼·罗兰的《约翰·克利斯朵夫》深深影响几代中国人；作为音乐鉴赏家，他写有对贝多芬、莫扎特、肖邦作品的赏析；作为文学评论家，他对张爱玲小说精湛的点评为学界做出了文本批评深入浅出的典范；他与夫人朱梅馥写给儿子的书信被汇编为《傅雷家书》，自20世纪80年代出版至今，感染了数百万读者。

背景知识

《傅雷家书》是由文艺评论家以及美术评论家傅雷及其夫人朱梅馥写给儿子的书信编纂

而成的一本家信集，摘编了傅雷先生 1954 年至 1966 年 5 月写给孩子傅聪、傅敏的 186 封书信，最长的一封信长达七千多字。《傅雷家书》字里行间充满了父亲对儿子的挚爱、期望，拳拳爱子之心，溢于言表，同时也表达了对国家和世界的高尚情感。这本书问世以来，对人们的道德、思想、情操、文化修养的启迪作用既深且远。《傅雷家书》获过全国首届优秀青年读物一等奖，还被列入大型丛书《百年百种优秀中国文学图书》。及至目前，它在 20 多年间的发行量累计已达 110 万册，这足以证明其影响之大。《傅雷家书》是一本"充满着父爱的苦心孤诣、呕心沥血的教子篇"；也是"最好的艺术学徒修养读物"；更是既平凡又典型的近代中国知识分子的深刻写照。

　　傅雷说，他给儿子写的信有多种作用：一是讨论艺术；二是激发青年人的感想；三是训练傅聪和傅敏的文笔和思想；四是做一面忠实的"镜子"。信中的内容，除了生活琐事之外，更多的是谈论艺术与人生，灌输一个艺术家应有的高尚情操，让儿子知道"国家的荣辱、艺术的尊严"，做一个"德艺俱备，人格卓越的艺术家"。

一九五四年十月二日

　　聪，亲爱的孩子。收到九月二十二日晚发的第六信，很高兴。我们并没为你前信感到什么烦恼或是不安。我在第八封信中还对你预告，这种精神消沉的情形，以后还是会有的。我是过来人，决不至于大惊小怪。你也不必为此担心，更不必硬压在肚里不告诉我们。心中的苦闷不在家信中发泄，又哪里去发泄？孩子不向父母诉苦向谁诉呢？我们不来安慰你，又该谁来安慰你呢？人一辈子都在高潮——低潮中浮沉，惟有庸碌的人，生活才如死水一般；或者要有极高的修养，方能廓然无累，真正的解脱。只要高潮不过分使你紧张，低潮不过分使你颓废，就好了。太阳太强烈，会把五谷晒焦；雨水太猛，也会淹死庄稼。我们只求心理相当平衡，不至于受伤而已。你也不是栽了筋斗爬不起来的人。我预料国外这几年，对你整个的人也有很大的帮助。这次来信所说的痛苦，我都理会得；我很同情，我愿意尽量安慰你、鼓励你。克利斯朵夫不是经过多少回这种情形吗？他不是一切艺术家的缩影与结晶吗？慢慢的你会养成另外一种心情对付过去的事：就是能够想到而不再惊心动魄，能够从客观的立场分析前因后果，做将来的借鉴，以免重蹈覆辙。一个人惟有敢于正视现实，正视错误，用理智分析，彻底感悟，才不至于被回忆侵蚀。我相信你逐渐会学会这一套，越来越坚强的。我以前在信中和你提过感情的 ruin〔创伤，覆灭〕，就是要你把这些事当做心灵的灰烬看，看的时候当然不免感触万端，但不要刻骨铭心地伤害自己，而要像对着古战场一般的存着凭吊的心怀。倘若你认为这些话是对的，对你有些启发作用，那么将来在遇到因回忆而痛苦的时候（那一定免不了会再来的），拿出这封信来重读几遍。

　　说到音乐的内容，非大家指导见不到高天厚地的话，我也有另外的感触，就是学生本人先要具备条件。心中没有的人，再经历名师指点也是枉然的。

　　为了你，我前几天已经在《大英百科词典》上找 Krakow 那一节看了一遍，知道那是七世纪就有的城市，从十世纪起，城市的历史即很清楚。城中有三十余所教堂。希望你买一些明信片，并成一包，当印刷品（不必航空）寄来，让大家看看喜欢一下。

一九五五年一月二十六日

　　早预算新年中必可接到你的信，我们都当作等待什么礼物一般的等着。果然昨天早上收到你来信，而且是多少可喜的消息。孩子！要是我们在会场上，一定会禁不住涕泗横流的。世界上最高的最纯洁的欢乐，莫过于欣赏艺术，更莫过于欣赏自己的孩子的手和心传达出来的艺术！其次，我们也因为你替祖国增光而快乐！更因为你能借音乐而使多少人欢笑而快乐！想到你将来一定有更大的成就，没有止境的进步，为更多的人更广大的群众服务，鼓舞他们的心情，抚慰他们的创痛，我们真是心都要跳出来了！能够把不朽的大师的不朽的作品发扬光大，传布到地球上每一个角落去，真是多神圣，多光荣的使命！孩子，你太幸福了，天待你太厚了。我更高兴的更安慰的是：多少过分的谀词与夸奖，都没有使你丧失自知之明，众人的掌声、拥抱，名流的赞美，都没有减少你对艺术的谦卑！总算我的教育没有白费，你二十年的折磨没有白受！你能坚强（不为胜利冲昏了头脑是坚强的最好的证据），只要你能坚强，我就一辈子放了心！成就的大小、高低，是不在我们掌握之内的，一半靠人力，一半靠天赋，但只要坚强，就不怕失败，不怕挫折，不怕打击——不管是人事上的，生活上的，技术上的，学习上的——打击；从此以后你可以孤军奋斗了。何况事实上有多少良师益友在周围帮助你，扶掖你。还加上古今的名著，时时刻刻给你精神上的养料！孩子，从今以后，你永远不会孤独的了，即使孤独也不怕的了！

赤子之心这句话，我也一直记住的。赤子便是不知道孤独的。赤子孤独了，会创造一个世界，创造许多心灵的朋友！永远保持赤子之心，到老也不会落伍，永远能够与普天下的赤子之心相接相契相抱！你那位朋友说得不错，艺术表现的动人，一定是从心灵的纯洁来的！不是纯洁到像明镜一般，怎能体会到前人的心灵？怎能打动听众的心灵？

音乐院长说你的演奏像流水、像河，更令我想到克利斯朵夫的象征。天舅舅说你小时候常以克利斯朵夫自命，而你的个性居然和罗曼·罗兰的理想有些相像了。河，莱茵，江声浩荡……钟声复起，天已黎明……中国正到了"复旦"的黎明时期，但愿你做中国的——新中国的——钟声，响遍世界，响遍每个人的心！滔滔不竭的流水，流到每个人的心坎里去，把大家都带着，跟你一块到无边无岸的音响的海洋中去吧！名闻世界的扬子江与黄河，比莱茵的气势还要大呢！……黄河之水天上来，奔流到海不复回！……无边落木萧萧下，不尽长江滚滚来！……有这种诗人灵魂的传统的民族，应该有气吞牛斗的表现才对。

你说常在矛盾与快乐之中，但我相信艺术家没有矛盾不会进步，不会演变，不会深入。有矛盾正是生机蓬勃的明证。眼前你感到的还不过是技巧与理想的矛盾，将来你还有反复不已更大的矛盾呢：形式与内容的枘凿，自己内心的许许多多不可预料的矛盾，都在前途等着你。别担心，解决一个矛盾，便是前进一步！矛盾是解决不完的，所以艺术没有止境，没有 perfect[完美，十全十美]的一天，人生也没有 perfect 的一天！唯其如此，才需要我们日以继夜，终生的追求、苦练；要不然大家做了羲皇上人，垂手而天下治，做人也太腻了！

（选自傅敏.傅雷家书增补本[M].北京：生活·读书·新知三联书店，1984.）

▶ 艺术赏析

本文是傅雷写给儿子傅聪的两封家书。第一封家书写作的时间是当儿子精神消沉的时候，劝慰他如何面对感情的创伤，学会泰然处之；第二封家书写作的时间是当儿子取得巨大成功之时，在他被鲜花与掌声簇拥的时候，激励他保持谦卑、不惧孤独，勇于攀登艺术的至境。这两封家书从两个方面表达了父亲对儿子的那一份动人的舐犊之情。傅雷和傅聪两父子不仅是生活中的朋友，而且是艺术上的知音。傅雷以自己深厚的学养、真挚的父爱倾听着万里之外儿子的每一次心跳，预想着儿子前进道路上可能出现的各种困难，传送着自己的惦念和祖国的声音。

◉ 文学聚焦

书 信 体 小 说

书信体小说，即以书信形式为基本表达途径和结构格局的小说，故事情节的展开、环境心理的描绘和人物形象的塑造都是通过一封封书信的形式来实现的。以第一人称"我"为主人公，讲解故事、塑造形象、写人叙事都以"我"的亲身经历、亲眼见闻展开，使人感到亲切，增加真实感。著名的书信体小说有德国歌德的《少年维特之烦恼》、卢梭的《新爱洛绮丝》。

⌘ 拓展与应用

探究思考

1. 第一封信中，傅雷运用太阳、雨水、五谷、庄稼的比喻和克里斯朵夫的故事要表达什么？

2. 第一封信中，在儿子面对挫折和心灵的苦闷时，作为父亲的傅雷在信中是如何劝解的？

3. 这两封信中，傅雷都提到了"坚强"，傅雷对"坚强"的理解是什么？

拓展链接

1. 杨绛《记傅雷》。
2. 歌德（德）《少年维特之烦恼》。
3. 刘墉《刘墉家书：少爷小姐要争气》。

少年维特之烦恼

职业连线

梁启超是中国近代著名政治家、启蒙思想家和学者。他也是一名非常成功的父亲。他有九个子女，个个了得。长子梁思成、次子梁思永、五子梁启礼三人均为中国院士；三子梁思忠是毕业于西点军校的国民党军官；四子梁思达是毕业于南开大学的经济研究者；长女梁思顺为诗词研究专家；次女梁思庄为著名图书馆学家；三女梁思懿为社会活动家；四女梁思宁是新四军早期革命者。梁启超把子女看作是平等亲爱的朋友。因行踪无常，他常和孩子们写信交流，所谈话题甚广，文学、历史、家常、人生无所不谈，总是亲切自然，不装不端。这位"纵笔所至不检束"的文字豪杰在给孩子们写信时，却是罕见的温柔、啰嗦，称呼也全是"大宝贝思顺""小宝贝庄庄""老 baby""达达""忠忠"等，发自内心的亲昵。他给子女很多建议，却并不要求他们一定照办。如思庄选专业，他一开始希望她选学生物，写信劝勉，后来了解到她没兴趣，便又写信说"凡学问最好是因自己性之所近，往往事半功倍……我所推荐的学科未必合你的意，你应该自己体察做主，不必拟定爹爹的话"。梁启超对子女总采取乐观鼓励的态度。思庄未能进大学，他说"求学问不是求文凭，总要把墙基越筑得厚越好"。他鼓励孩子们"一个人什么病都可医，惟有'悲观病'最不可医，悲观是腐蚀人心的最大毒菌"。梁启超常给子女细致体贴的帮助。他教导思庄做学问别要孩子气，做人却要带几分孩子气；为思永联系考古专家；为思忠约请西点军校推荐人；牵挂最多的似乎还是思成，指导他《中国宫室史》《中国美术史》的写作，为他谋清华的教职，尤为操心他和林徽因的婚事，推荐婚礼地点、约请嘉宾、准备聘礼、筹划新房，还细心嘱咐结婚后第二天要到领事馆向两家祖宗及父母双双遥拜。

思考：

结合自己的理解和经历，谈一谈父母影响、家庭教育在一个人的职业发展中有什么作用。

语文实践活动：爱要大声说出来微视频录制

中国人在情感表达方面更多时候是含蓄的，尤其不善于向家人表达"爱"。可是，如果心灵、爱不用语言和行动去表达，怎么能打通呢？录制微视频，把自己想说的话说给父母听。

活动过程：

1. 完成《弟子规》《孝经》的自读，从中感悟古人对"孝"的定义，并与今天的社会现实相比较，谈谈自己对"孝"的理解。

2. 在深层次理解孝的基础上，用手机录制微视频，并发给父母。

3. 同学相互交流父母的反应。

活动评价：

通过此次活动学生是否加深对"孝"的理解；父母与子女的关系是否更亲近。

1. 学生自评　＿＿＿＿＿＿＿＿＿＿＿＿＿＿＿＿＿＿＿＿＿

2. 同学互评　＿＿＿＿＿＿＿＿＿＿＿＿＿＿＿＿＿＿＿＿＿

3. 教师点评　＿＿＿＿＿＿＿＿＿＿＿＿＿＿＿＿＿＿＿＿＿

自读课文

陈 情 表

李密（魏晋）

臣密言：臣以险衅①，夙遭闵（mǐn）凶②。生孩六月，慈父见背③。行（xíng）年四岁，舅夺母志④。祖母刘，愍臣孤弱，躬亲抚养。臣少多疾病，九岁不行；零丁孤苦，至于成立⑤。既无伯叔，终鲜兄弟，门衰祚⑥薄，晚有儿息。外无期功强近之亲，内无应门五尺之僮，茕茕（qióng）孑（jié）立，形影相吊。而刘夙婴⑦疾病，常在床蓐⑧，臣侍汤药，未尝废离。

逮奉圣朝，沐浴清化。前太守臣逵，察臣孝廉⑨；后刺史臣荣，举臣秀才⑩。臣以供养无主，辞不赴命。诏书特下，拜臣郎中⑪；寻蒙国恩，除臣洗马⑫。猥以微贱，当侍东宫，非臣

61

陨首所能上报。臣具以表闻,辞不就职。诏书切峻,责臣逋慢[13];郡县逼迫,催臣上道;州司临门,急于星火。臣欲奉诏奔驰,则刘病日笃;欲苟顺私情,则告诉不许。臣之进退,实为狼狈。

伏惟[14]圣朝以孝治天下,凡在故老,犹蒙矜育。况臣孤苦,特为尤甚。且臣少事伪朝,历职郎署,本图宦达,不矜名节。今臣亡国贱俘,至微至陋,过蒙拔擢,宠命优渥[15],岂敢盘桓,有所希冀?但以刘日薄西山,气息奄奄,人命危浅,朝不虑夕。臣无祖母,无以至今日;祖母无臣,无以终余年。母孙二人,更相为命,是以区区[16]不能废远。臣密今年四十有四,祖母刘今年九十有六,是臣尽节于陛下之日长,报养刘之日短也。乌鸟私情[17],愿乞终养。

臣之辛苦,非独蜀之人士及二州牧伯所见明知[18],皇天后土,实所共鉴。愿陛下矜愍愚诚,听臣微志。庶刘侥幸,保卒余年。臣生当陨首,死当结草[19]。臣不胜犬马[20]怖惧之情,谨拜表以闻。

（选自吴楚材.古文观止：全 4 册 [M].吴调侯编选,惠海涛译注.北京：线装书局，2016.）

【注释】

① 险衅：灾难祸患,指命运坎坷。

② 夙：早,这里指幼年时。闵：通"悯",指可忧患的事(多指疾病死丧)。凶：不幸。

③ 见背：弃我而死去。

④ 舅夺母志：指舅父强行改变了李密母亲守节的志向。

⑤ 成立：长大成人。

⑥ 祚(zuó)：福分。

⑦ 婴：纠缠。

⑧ 蓐：通"褥"

⑨ 孝廉：汉代以来举荐人才的一种科目,举孝顺父母、品行方正的人。汉武帝开始令郡国每年推举孝廉各一名,晋时仍保留此制,但方法和名额不尽相同。孝：孝顺父母。廉：品行廉洁。

⑩ 秀才：当时地方推举优秀人才的一种科目,这里是优秀人才的意思,与后代科举的"秀才"含义不同。

⑪ 拜：授官。郎中：官名。晋时各部都有郎中。

⑫ 除：任命官职。洗(xiǎn)马：官名,太子的属官,在公众服役,掌管图书。

⑬ 逋慢：回避怠慢。

⑭ 伏惟：旧时奏疏、书信中下级对上级常用的敬语。

⑮ 宠命：恩命,指拜郎中、洗马等官职;优渥(wò)：优厚。

⑯ 区区：拳拳,形容自己的私情。

⑰ 乌鸟私情：相传乌鸦能反哺,所以常用来比喻子女对父母的孝养之情。

⑱ 二州：指益州和梁州。益州治所在今四川省成都,梁州治所在今陕西省勉县东,二州区域大致相当于蜀汉所统辖的范围。牧伯：刺史。上古一州的长官称牧,又称方伯,所以后代以牧伯称刺史。

⑲ 结草：据《左转宣公十五年》记载,晋国大夫魏武子临死的时候嘱咐他的儿子魏颗,把他的遗妾杀死以后殉葬。魏颗没有照父亲说的话做。后来魏颗跟秦国的杜回作战,一个老人把草打了结把杜回绊倒,杜回因此被擒。到了晚上,魏颗梦见结草的老人,他自称是没有被杀死的魏武子遗妾的父亲。后来人们就把结草用来表示报答恩人的心愿。

⑳ 犬马：作者自比,表示谦卑。

期待父亲的笑

林清玄[①]

林清玄

　　父亲躺在医院的加护病房里，还殷殷地叮嘱母亲不要通知远地的我，因为他怕我在台北工作担心他的病情。还是母亲偷偷叫弟弟来通知我，我才知道父亲住院的消息。

　　这是典型的父亲的个性，他是不论什么事总是先为我们着想，至于他自己，倒是很少注意。我记得在很小的时候，有一次父亲到凤山去开会，开完会他到市场去吃了一碗肉羹，觉得是很少吃到的美味，他马上想到我们，先到市场去买了一个新锅，买了一大锅肉羹回家。当时的交通不发达，车子颠簸得厉害，回到家时肉羹已冷，且溢出了许多，我们吃的时候已经没有父亲形容的那种美味。可是我吃肉羹时心血沸腾，特别感到那肉羹是人生难得，因为那里面有父亲的爱。

　　在外人的眼中，我的父亲是粗犷豪放的汉子，只有我们做子女的知道他心里极为细腻的一面。提肉羹回家只是一端，他不管到什么地方，有好的东西一定带回给我们。所以我童年时代，父亲每次出差回来，总是我们最高兴的时候。

　　他对母亲也非常的体贴，在记忆里，父亲总是每天清早就到市场去买菜，在家用方面也从不让母亲操心。这三十年来我们家都是由父亲上菜场，一个受过日式教育的男人，能够这样内外兼顾是很少见的。

　　父亲是影响我最深的人。父亲的青壮年时代虽然受过不少打击和挫折，但我从来没有看过父亲忧愁的样子。他是一个永远向前的乐观主义者，再坏的环境也不皱一下眉头，这一点深深地影响了我，我的乐观与韧性大部分得自父亲的身教。父亲也是个理想主义者，这种理想主义表现在他对生活与生命的尽力，他常说："事情总有成功和失败两面，但我们总是要往成功的那个方向走。"

　　由于他的乐观和理想主义，使他成为一个温暖如火的人，只要有他在就没有不能解决的事，就使我们对未来充满了希望。他也是个风趣的人，再坏的情况下，他也喜欢说笑，他从来不把痛苦给人，只为别人带来笑声。

　　小时候，父亲常带我和哥哥到田里工作，透过这些工作，启发了我们的智慧。例如我们家种竹笋，在我没有上学之前，父亲就曾仔细地教我怎么去挖竹笋，怎么看地上的裂痕，才能挖到没有出青的竹笋。二十年后，我到行山去采访笋农，曾在竹笋田里表演了一手，使得竹农大为佩服。其实我已二十年没有挖过笋，却还记得父亲教给我的方法，可见父亲的教育对我影响多么大。

　　也由于是农夫，父亲从小教我们农夫的本事，并且认为什么事都应从农夫的观点出发。像我后来从事写作，刚开始的时候，父亲就常说："写作也像耕田一样，只要您天天下田，就没有不收成的。"他也常叫我不要写政治文章，他说："不是政治性格的人去写政治文章，就像种稻子的人去种槟榔一样，不但种不好，而且常会从槟榔树上摔下来。"他常教我多写些于人有益的文章，少批评骂人，他说："对人有益的文章是灌溉施肥，批评的文章是放火烧山；灌溉施肥是人可以控制的，放火烧山则常常失去控制，伤害生灵而不自知。"他叫我做创作者，不要做理论家，他说："创作者是农夫，理论家是农会的人。农夫只管耕耘，农会的人则为了理论常会牺牲农夫的利益。"

父亲的话中含有至理，但他生平并没有写过一篇文章。他是用农夫的观点来看文章，每次都是一语中的，意味深长。

有一回我面临了创作上的瓶颈，回乡去休息，并且把我的苦恼说给父亲听。他笑着说："你的苦恼也是我的苦恼，今年香蕉收成很差，我正在想明年还要不要种香蕉，你看，我是种好呢？还是不种好？"我说："你种了四十多年的香蕉，当然还要继续种呀！"他说："你写了这么多年，为什么不继续呢？年景不会永远坏的。""假如每个人写文章写不出来就不写了，那么，天下还有大作家吗？"

我自以为比别的作家用功一些，主要是因为我生长在世代务农的家庭。我常想：世上没有不辛劳的农人，我是在农家长大的，为什么不能像农人那么辛劳？最好当然是像父亲一样，能终日辛劳，还能利他无我，这是我写了十几年文章时常反躬自省的。

母亲常说父亲是劳碌命，平日总闲不下来，一直到这几年身体差了还常往外跑，不肯待在家里好好地休息。父亲最热心于乡里的事，每回拜拜他总是拿头旗、做炉主，现在还是家乡清云寺的主任委员。他是那一种有福不肯独享、有难愿意同当的人。

他年轻时身强体壮，力大无穷，每天挑两百斤的香蕉来回几十趟还轻松自在。我最记得他的脚大得像船一样，两手摊开时像两个扇面。一直到我上初中的时候，他一手把我提起还像提一只小鸡。可是也是这样棒的身体害了他，他饮酒总不知节制，每次喝酒一定把桌底都摆满酒瓶才肯下桌，喝一打啤酒对他来说是小事一桩，就这样把他的身体喝垮了。

在六十岁以前，父亲从未进过医院，这三年来却数度住院，虽然个性还是一样乐观，身体却不像从前硬朗了。这几年来如果说我有什么事放心不下，那就是操心父亲的健康，看到父亲一天天消瘦下去，真是令人心痛难言。

父亲有五个孩子，这里面我和父亲相处的时间最少，原因是我离家最早，工作最远。我十五岁就离开家乡到台南求学，后来到了台北，工作也在台北，每年回家的次数非常有限。近几年结婚生子，工作更加忙碌，一年更难得回家两趟，有时颇为自己不能孝养父亲感到无限愧疚。父亲很知道我的想法，有一次他说："你在外面只要向上，做个有益社会的人，就算是有孝了。"

母亲和父亲一样，从来不要求我们什么，她是典型的农村妇女，一切荣耀归给丈夫，一切奉献都给子女，比起他们的伟大，我常觉得自己的渺小。

我后来从事报道文学，在各地的乡下人物里，常找到父亲和母亲的影子，他们是那样平凡、那样坚强，又那样的伟大。我后来的写作里时常引用村野百姓的话，很少引用博士学者的宏论，因为他们是用生命和生活来体验智慧，从他们身上，我看到了最伟大的情操，以及文章里最动人的素质。

我常说我是最幸福的人，这种幸福是因为我童年时代有好的双亲和家庭，我青少年时代有感情很好的兄弟姊妹；进入中年，有了好的妻子和好的朋友。我对自己的成长总抱着感恩之心，当然这里面最重要的基础是来自于我的父亲和母亲，他们给了我一个乐观、关怀、善良、进取的人生观。

我能给他们的实在太少了，这也是我常深自忏悔的。有一次我读到《佛说父母恩重难报经》，佛陀这样说：

假使有人，为于爹娘，手持利刀，割其眼睛，献于如来，经百千劫，犹不能报父母深恩。

　　假使有人，为于爹娘，亦以利刀，割其心肝，血流遍地，不辞痛苦，经百千劫，犹不能报父母深恩。

　　假使有人，为于爹娘，百千刀戟，一时刺身，于自身中，左右出入，经百千劫，犹不能报父母深恩。……

　　读到这里，不禁心如刀割，涕泣如雨。这一次回去看父亲的病，想到这本经书，在病床边强忍着要落下的泪，这些年来我是多么不孝，陪伴父亲的时间竟是这样的少。

　　母亲也是。有一位也在看护父亲的郑先生告诉我："要知道你父亲的病情，不必看你父亲就知道了，只要看你妈妈笑，就知道病情好转，看你妈妈流泪，就知道病情转坏，他们的感情真是好。"为了看顾父亲，母亲在医院的走廊打地铺，几天几夜都没能睡个好觉。父亲生病以后，她甚至还没有走出医院大门一步，人瘦了一圈，一看到她的样子，我就心疼不已。

　　我每天每夜向菩萨祈求，保佑父亲的病早日康健，母亲能恢复以往的笑颜。

　　这个世界如果真有什么罪业，如果我的父亲有什么罪业，如果我的母亲有什么罪业，十方诸佛、各大菩萨，请把他们的罪业让我来承担吧，让我来背父母亲的业吧！

　　但愿，但愿，但愿父亲的病早日康复。以前我在田里工作的时候，看我不会农事，他会跑过来拍我的肩说："做农夫，要做第一流的农夫；想写文章，要写第一流的文章；要做人，要做第一等的人。"然后觉得自己太严肃了，就说："如果要做流氓，也要做大尾的流氓呀！"然后父子两人相顾大笑，笑出了眼泪。

　　我多么怀念父亲那时的笑。

　　也期待再看父亲的笑。

　　（选自林清玄.常想一二，不思八九［M］.北京：北京联合出版有限公司，2017.）

【注释】

　　① 林清玄(1953年—2019年)，台湾高雄人，当代著名作家、散文家、诗人、学者。笔名有秦情、林漓、林大悲、林晚啼、侠安、晴轩、远亭等。他的作品曾多次被中国台湾、中国大陆、中国香港及新加坡选入中小学华语教本，也多次被选入大学国文选，是国际华文世界被广泛阅读的作家，被誉为"当代散文八大作家"之一。

哭 小 弟

宗 璞①

　　我面前摆着一张名片，是小弟前年出国考察时用的。名片依旧，小弟却再也不能用它了。

　　小弟去了。小弟去的地方是千古哲人揣摩不透的地方，是各种宗教企图描绘的地方，也是每个人都会去，而且不能回来的地方。但是现在怎么轮得到小弟！他刚五十岁，正是精力充沛，积累了丰富的学识经验、大有作为的时候。有多少事等他去做呵！医院发现他的肿瘤已经相当大，需要立即做手术，他还想去参加一个技术讨论会，问能不能开完会再来。他在手术后休养期间，仍在看研究所里的科研论文，还做些小翻译。直到卧床不起，他手边还留着几份国际航空材料，总是"想再看看"。他也并不全想的是工作。已是滴水不进时，他忽然说想吃虾，要对虾。他想活，他想活下去呵！

可是他去了，过早地去了。这一年多，从他生病到逝世，真象是个梦，是个永远不能令人相信的梦。我总觉得他还会回来，从我们那冬夏一律显得十分荒凉的后院走到我窗下，叫一声"小姊——"。

可是他去了，过早地永远地去了。

我长小弟三岁。从我有比较完整的记忆起，生活里便有我的弟弟，一个胖胖的、可爱的小弟弟，跟在我身后。他虽然小，可是在玩耍时，他常常当老师，照顾着小朋友，让大家坐好，他站着上课，那神色真是庄严。他虽然小，在昆明的冬天里，孩子们都生冻疮，都怕用冷水洗脸，他却一点不怕。他站在山泉边，端着一个大盆的样子，至今还十分清晰地在我眼前。

"小姊，你看，我先洗"他高兴地叫道。

在泉水缓缓的流淌中，我们从小学，中学而大学，大部分时间都在一个学校。毕业后就各奔前程了。不知不觉间，听到人家称小弟为强度专家；不知不觉间，他担任了总工程师的职务。在那动荡不安的年月里，很难想象一个人的将来。这几年，父亲②和我倒是常谈到，只要环境许可，小弟是会为国家做出点实际的事的。却不料，本是最年幼的他，竟先我们而离去了。

去年夏天，得知他患病后，因为无法得到更好的治疗，我于 8 月 20 日到西安。记得有一辆坐满了人的车来接我。我当时奇怪何以如此兴师动众，原来他们都是去看小弟的。到医院后，有人进病房握手，有人只在房门口默默地站一站，他们怕打扰病人，但他们一定得来看一眼。

手术时，有航空科学研究院 623 所、631 所的代表，弟妹、侄女和我在手术室外，还有一辆轿车在医院门口。车里有许多人等着，他们一定要等着，准备随时献血。小弟如果需要把全身的血都换过，他的同志们也会给他。但是一切都没有用。肿瘤取出来了，有一个半成人的拳头大，一面已经坏死。我忽然觉得一阵胸闷，几乎透不过气来——这是在穷乡僻壤为祖国贡献着才华、血汗和生命的人呵，怎么能让这致命的东西在他身体里长到这样大！

我知道在这黄土高原上生活的艰苦，也知道住在这黄土高原上的人工作之劳累，还可以想象每一点工作的进展都要经过十分恼人的迂回曲折。但我没有想到，小弟不但生活在这里，战斗在这里，而且把性命交付在这里了。他手术后回京在家休养，不到半年，就复发了。

那一段焦急的悲痛的日子，我不忍写，也不能写。每一念及，便泪下如绠③，纸上一片模糊。记得每次看病，候诊室里都像公共汽车上一样拥挤，等呵等呵，盼呵盼呵，我们知道病情不可逆转，只希望能延长时间，也许会有新的办法。航空界从莫文祥同志④起，还有空军领导同志都极关心他，各个方面包括医务界的朋友们也曾热情相助，我还往海外求医。然而错过了治疗时机，药石再难奏效。曾有个别的医生不耐烦地当面对小弟说，治不好了，要他"回陕西去"。小弟说起这话时仍然面带笑容，毫不介意。他始终没有失去信心，他始终没有丧失生的愿望，他还没有累够。

小弟生于北京，1952 年从清华大学航空系毕业。他填志愿到西南，后来分配在东北，以后又调到成都、调到陕西。虽然他的血没有流在祖国的土地上，但他的汗水洒遍全国，他的精力的一点一滴都献给祖国的航空事业了。个人的功绩总是有限的，也许燃尽了自己，也不能给人一点光亮，可总是为以后的绚烂的光辉做了一点积累吧。我不大明白各种工业的复杂性，但我明白，任何事业也不是只坐在北京就能够建树的。

我曾经非常希望小弟调回北京，分我侍奉老父的重担。他是儿子，三十年在外奔波，他不该尽些家庭的责任么？多年来，家里有什么事，大家都会这样说："等小弟回来"，"问小弟"。有时只要想到有他可问，也就安心了。现在还怎能得到这样的心安？风烛残年的父亲想儿子，尤其这几年母亲去世后，他的思念是深的，苦的，我知道，虽然他不说。现在他永远失去他的最宝贝的小儿子了。我还曾希望在我自己走到人生的尽头，跨过那一道痛苦的门槛时，身旁的亲人中能有我的弟弟，他素来的可倚可靠会给我安慰。哪里知道，却是他先迈过了那道门槛呵！

一九八二年十月二十八日上午七时，他去了。

这一天本在意料之中，可是我怎能相信这是事实呢！他躺在那里，但他已经不是他了，已经不是我那正当盛年的弟弟，他再不会回答我们的呼唤，再不会劝阻我们的哭泣。你到哪里去了，小弟！

自一九七四年沅君姑母⑤逝世起，我家屡遭丧事，而这一次小弟的远去最是违反常规，令人难以接受！我还不得不把这消息告诉当时也在住院的老父，因为我无法回答他每天的第一句问话："今天小弟怎么样？"我必须告诉他，这是我的责任。再没有弟弟可以依靠了，再不能指望他来分担我的责任了。

父亲为他写了挽联："是好党员，是好干部，壮志未酬，洒泪岂只为家痛；能娴⑥科技，能娴艺文，全才罕遇，招魂也难再归来！"我那唯一的弟弟，永远地离去了。

他是积劳成疾，也是积郁成疾。他一天三段紧张地工作，参加各式各样的会议。每有大型试验，他事先检查到每一个螺丝钉，每一块胶布。他是三机部科技委员会委员，他曾有远见地提出多种型号研究。有一项他任主任工程师的课题研制获国防工办和三机部科技一等奖。同时他也是623所党委委员，需要在会议桌上坦率而又让人能接受地说出自己对各种事情的意见。我常想，能够"双肩挑"，是我们五十年代到六十年代初期出来的知识分子的特点。我们是在"又红又专"的要求下长大的。当然，有的人永远也没有能达到要求，像我。大多数人则挑起过重的担子，在崎岖的、荆棘丛生的，有时是此路不通的山路上行走。那几年的批判斗争是有远期效果的。他们不只是生活艰苦，过于劳累，还要担惊受怕，心里塞满想不通的事，谁又能经得起呢！

小弟入医院前，正负责组织航空工业部系统的一个课题组，他任主任工程师。他的一个同志写信给我说，1981年夏天，西安一带出奇的热，几乎所有的人晚上都到室外乘凉，只有"我们的老冯"坚持伏案看资料。"有一天晚上，我去他家汇报工作，得知他经常胃痛，有时从睡眠中痛醒，工作中有时会痛得大汗淋漓，挺一会儿，又接着做了。天啊！谁又知道这是癌症！我只淡淡地说该上医院看看；回想起来，我心里很内疚，我对不起老冯，也对不起您！"

这位不相识的好同志的话使我痛哭失声！我也恨自己，恨自己没有早想到癌症对我们家族的威胁，即使没有任何症状，也该定期检查。云山阻隔，我一直以为小弟是健康的。其实他早感不适，已去过他该去的医疗单位。区一级的说他胃下垂，县一级的说是肾游走。以小弟之为人，当然不会大惊小怪，惊动大家，后来在弟妹的催促下，乘工作之便到西安检查，才做手术。如果早一年有正确的诊断和治疗，小弟还可以再为祖国工作二十年！

往者已矣，小弟一生，从没有"埋怨"过谁，也没有"埋怨"过自己，这是他的美德之一。他在病中写的诗中有两句："回首悠悠无恨事，丹心一片向将来。"他没有恨事。他虽无可以彪炳史册⑦的丰功伟绩，却有一个普通人的认真的、勤奋的一生。历史正是由这些人写成的。

小弟白面长身，美丰仪，喜文艺，娴诗词，且工书法篆刻。父亲在挽联中说他是"全才罕遇"，实非夸张。如果他有三次生命，他的多方面的才能和精力也是用不完的，可就这一辈子，也没有得以充分地发挥和施展。他病危弥留的时间很长，他那颗丹心，那颗让祖国飞起来的丹心，顽强地跳动，不肯停息。他不甘心！

这样壮志未酬的人，不只是他一个呵！

我哭小弟，哭他在剧痛中还拿着那本航空资料"想再看看"，哭他的"胃下垂"、"肾游走"，我也哭蒋筑英抱病奔波，客殇成都⑧，我也哭罗健夫⑨不肯一个人坐一辆汽车！我还哭那些没有见诸报章的过早离去的我的同辈人，他们几经雪欺霜冻，好不容易奋斗着张开几片花瓣，尚未盛开，就骤然凋谢。我哭我们这迟开而早谢的一代人！

已经是迟开了，让这些迟开的花朵尽可能延长他们的光彩吧。

这些天，读到许多关于这方面的文章，也读到了《痛惜之余的愿望》，稍得安慰。我盼"愿望"能成为事实。我想需要"痛惜"的事应该是越来越少了。

小弟，我不哭！

1982 年 11 月

（选自张玮.中国当代作家选集丛书：宗璞[M].北京：人民文学出版社，1991.）

【注释】

① 宗璞（1928—），原名冯钟璞，生于北京，当代著名女作家。著有小说《红豆》《三生石》，散文集《丁香结》等。

② 父亲：即现当代著名哲学家冯友兰（1895—1990）。

③ 泪下如绠[gěng]：形容眼泪之多。绠：汲水桶上的绳索。

④ 莫文祥：曾任航空工业部部长。

⑤ 沅君：指冯沅君（1900—1974），现代女作家，中国古代文学研究专家。曾任中山大学教授，山东大学副校长。

⑥ 娴：熟练。

⑦ 彪炳史册：形容伟大的业绩永垂史册。彪炳：照耀。

⑧ 客殇（shāng）成都：死在成都。光学专家蒋筑英（1938—1982）是在成都出差时突发疾病而去世的。殇：原指未成年而死，这里是英年早逝之意。

⑨ 罗健夫（1935—1982）：电子专家，全国劳动模范。

拓展阅读

爱情哲学

爱情是文学作品中一个永恒的话题。古往今来多少文人墨客都极尽才情歌颂爱情的美好，表达自己的爱情观。从《诗经》"执子之手，与子偕老"中我们看到了坚贞执着的爱情；从白居易《长恨歌》的"在天愿作比翼鸟，在地愿为连理枝"中我们感受到了相依相存的爱情；从英国剧作家威廉·莎士比亚的戏剧《罗密欧与朱丽叶》的故事中我们读到了浪漫凄美的爱情；从裴多菲《我愿意是急流》中我们品味到了甘于奉献的爱情……

有人说爱情是纯洁的天使，有人说爱情是高尚的信仰，有人说爱情是大白兔奶糖，也有人说爱情是黄连，是三生石畔、奈河桥上饮的一碗孟婆汤。没有经历过爱情的甜蜜，也就无法体会爱情的苦涩。在几千年的文学长河中，有无数动人的爱情故事触动着我们的心，今天让我们继续一起来品味爱情这杯酒。

讲读课文

诗 经 二 首

👤 作者简介

《诗经》的作者佚名，绝大部分已经无法考证，传为尹吉甫采集、孔子编订。相传周代设有采诗之官，每年春天，摇着木铎深入民间收集民间歌谣，把能够反映人民欢乐疾苦的作品，整理后交给太师（负责音乐之官）谱曲，演唱给周天子听，作为施政的参考。这些没有记录姓名的民间作者的作品，占据诗经的多数部分，如十五国风。周代贵族文人的作品构成了诗经的另一部分。

氓①

《诗经·国风·卫风》

📖 背景知识

《卫风·氓》是春秋时期的一首民歌，那个时候生产力还相当落后，妇女在家庭中经济上不独立，人格上形成对男子的附属关系，男子一旦变心，就可以无所顾忌地将她抛弃。当时封建生产关系和等级制度的观念形态也逐步形成，妇女的恋爱和婚姻常常受到礼教的束缚、父母的干涉和习俗的责难，进一步形成了对妇女的精神桎梏。《卫风·氓》这首诗正是反映了一个痴情女子负心汉的故事。

氓之蚩蚩①，抱布贸丝②。匪来贸丝，来即我谋③。送子涉淇④，至于顿丘⑤。匪我愆期⑥，子无良媒。将子无怒⑦，秋以为期。

乘彼垝垣⑧，以望复关⑨。不见复关，泣涕涟涟⑩。既见复关，载笑载言⑪。尔卜尔筮⑫，体无咎言⑬。以尔车来，以我贿迁⑭。

桑之未落，其叶沃若⑮。于嗟鸠兮⑯，无食桑葚！于嗟女兮，无与士耽⑰！士之耽兮，犹可说也⑱。女之耽兮，不可说也。

桑之落矣，其黄而陨⑲。自我徂尔⑳，三岁食贫㉑。淇水汤汤㉒，渐车帷裳㉓。女也不爽㉔，士贰其行㉕。士也罔极㉖，二三其德㉗。

三岁为妇，靡室劳矣㉘；夙兴夜寐，靡有朝矣㉙。言既遂矣㉚，至于暴矣。兄弟不知，咥其笑矣㉛。静言思之，躬自悼矣㉜。

及尔偕老，老使我怨㉝。淇则有岸，隰则有泮㉞。总角之宴㉟，言笑晏晏㊱。信誓旦旦㊲，不思其反㊳。反是不思㊴，亦已焉哉㊵！

（选自朱熹．诗经集传［M］．上海：上海古籍出版社，1987．）

【注释】

① 氓：《说文》"氓，民也。"本义为外来的百姓，这里指自彼来此之民，男子之代称。蚩(chī)蚩：通"嗤嗤"，笑嘻嘻的样子。一说憨厚、老实的样子。

② 贸：交易。抱布贸丝是以物易物。

③ "匪来"二句：是说那人并非真来买丝，是找我商量事情来了。所商量的事情就是结婚。匪：通"非"，读为"fěi"。即：走近，靠近。谋：商量。

④ 淇：卫国河名。今河南淇河。

⑤ 顿丘：地名。今河南清丰。丘：古读如"欺"。

⑥ 愆(qiān)：过失，过错，这里指延误。这句是说并非我要拖延约定的婚期而不肯嫁，是因为你没有找好媒人。

⑦ 将(qiāng)：愿，请。无：通"毋"，不要。

⑧ 乘：登上。垝(guǐ)垣(yuán)：倒塌的墙壁。垝，倒塌。垣，墙壁。

⑨ 复关：复，返。关：在往来要道所设的关卡。女望男到期来会。他来时一定要经过关门。一说"复"是关名。复关：卫国地名，指"氓"所居之地。

⑩ 涕：眼泪；涟涟：涕泪下流貌。她初时不见彼氓回到关门来，以为他负约不来了，因而伤心泪下。

⑪ 载(zài)：动词词头，无义。

⑫ 尔卜尔筮(shì)：烧灼龟甲的裂纹以判吉凶，叫做"卜"。用蓍(shī)草占卦叫做"筮"。

⑬ 体：指龟兆和卦兆，即卜筮的结果。咎(jiù)：不吉利，灾祸。无咎言：就是无凶卦。

⑭ 贿：财物，指嫁妆，妆奁(lián)。以上四句是说你从卜筮看一看吉凶吧，只要卜筮的结果好，你就打发车子来迎娶，并将嫁妆搬去。

⑮ 沃若：犹"沃然"，像水浸润过一样有光泽。以上二句以桑的茂盛时期比自己恋爱满足，生活美好的时期。

⑯ 于嗟鸠兮：于：通"吁"(xū)本义为表示惊怪、不然、感慨等，此处与嗟皆表感慨。鸠：斑鸠。传说斑鸠吃桑葚过多会醉。

⑰ 耽(dān)：迷恋，沉溺，贪乐太甚。

⑱ 说：通"脱"，解脱。

⑲ 陨(yǔn)：坠落，掉下。这里用黄叶落下比喻女子年老色衰。黄：变黄。其黄而陨：犹《裳裳者华》篇的"芸其黄矣"，芸也是黄色。

⑳ 徂(cú)：往；徂尔：嫁到你家。

㉑ 食贫：过贫穷的生活。

㉒ 汤(shāng)汤：水势浩大的样子。

㉓ 渐(jiān)：浸湿。帷(wéi)裳(cháng)：车旁的布幔。以上两句是说被弃逐后渡淇水而归。

㉔ 不爽：没差错。

㉕ 贰："贷(tè)"的误字。"贷"就是"忒"，和"爽"同义。差失，过错。这里指爱情不专一。"女也不爽，士贰其行"的意思是"女方没有什么差错过失，男方行为不对，对爱情不专一"。

㉖ 罔：无，没有；极：标准，准则。

㉗ 二三其德：在品德上三心二意，言行为前后不一致。

㉘ 靡室劳矣：言所有的家庭劳作一身担负无余。室劳：家务劳动。靡：无。

㉙ "夙兴"二句：就是说起早睡迟，朝朝如此，不能计算了。夙：早。兴：起来。

㉚ 言既遂矣："言"字为语助词，无义。既遂：就是《谷风》篇"既生既育"的意思，言愿望既然已经实现。

㉛ 咥(xì)：笑的样子。以上两句是说兄弟还不晓得我的遭遇，见面时都讥笑我啊。

㉜ 静言思之：静下心来好好地想一想。言：音节助词，无实义。

㉝ 躬自悼矣：自身独自伤心。躬，自身；悼，伤心。

㉞ "及尔"二句：当初曾相约和你一同过到老，偕老之说徒然使我怨恨罢了。

㉟ 隰(xí)：低湿的地方；当作"湿"，水名，就是漯河，黄河的支流，流经卫国境内。泮(pàn)：通"畔"水边，边岸。以上二句承上文，以水流必有畔岸，喻凡事都有边际，而自己愁思无尽。言外之意，如果和这样的男人偕老，那就苦海无边了。

㊱ 总角：古代男女未成年时把头发扎成丫髻，称总角。这里指代少年时代。宴：快乐。

㊲ 晏晏(yàn)：欢乐，和悦的样子。

㊳ 旦旦：诚恳的样子。

㊴ 反：即"返"字。不思其反：不曾想过会违背誓言。

㊵ 反是不思：违反这些。是，指示代词，指代誓言。是重复上句的意思，变换句法为的是和下句押韵。

㊶ 已：了结，终止。焉哉(古读 zī)：语气词连用，加强语气，表示感叹。末句等于说撇开算了罢！

▶ 艺术赏析

《卫风·氓》是一首上古民间歌谣，以一个女子之口，率真地述说了其情变经历和深切体验，是一帧情爱画卷的鲜活写照，也为后人留下了当时风俗民情的宝贵资料。

这是一首短短的夹杂抒情的叙事诗，将一个情爱故事表现得真切自然。诗中女子情深意笃，爱得坦荡，爱得热烈。在婚前，她怀着对氓炽热的深情，勇敢地冲破了礼法的束缚，毅然和氓相爱，这在当时来说，是一件难能可贵的事。按理说，婚后的生活应该是和睦美好的。但事与愿违，她却被氓当牛马般使用，甚至被打被弃。原因就是当时妇女在社会上和家庭中都没有地位，而只是丈夫的附庸。这种政治、经济的不平等决定了男女在婚姻关系上的不平等，使氓得以随心所欲地玩弄、虐待妇女而不受制裁，有抛弃妻子解除婚约的权利。"士之耽兮，犹可说也；女之耽兮，不可说也！"诗人满腔愤懑地控诉了这社会的不平等，使这首诗的思想意义更加深化。诗中女主人公的惨痛经历，可以说是阶级社会中千千万万受压迫受损害的妇女命运的缩影，故能博得后世读者的共鸣。诗中融抒情叙事为一体，时而夹以慨叹式的议论。就这些方面来说，这首诗已初步具备中国式的叙事诗的某些特征。这些特征或多或少地影响到其后二千余年的叙事诗，在《孔雀东南飞》《长恨歌》，直到近代姚燮的《双鸩篇》中似乎都可以看到它的影子。

野有蔓草

《诗经·国风·郑风》

📖 背景知识

《野有蔓草》是一首恋歌。《毛诗序》认为这首诗是美好心愿的诗意想象，序中说："《野有蔓草》，思遇时也。君之泽不下流，民穷于兵革，男女实时，思不期而会焉。"《郑笺》说："蔓草而有露，谓仲春之月，草始生，霜为露也。"《周礼》："仲春之月，令会男女。于是时也，奔者不禁。若无故而不用令者，罚之。司男女之无夫家者而会之。"春秋时候，战争频繁，人口稀少。统治者为了繁育人口，规定超龄的男女还未结婚的，允许在仲春时候自由相会，自由同居。《风》中许多首诗都反映了这一情况。

野有蔓草①，零露溥兮②。

有美一人，清扬婉兮③。

邂逅相遇④，适我愿兮⑤。

野有蔓草，零露瀼瀼⑥。

有美一人，婉如清扬。

邂逅相遇，与子偕臧⑦。

（选自朱熹.诗经集传[M].上海：上海古籍出版社，1987.）

【注释】

① 野：郊外田野。蔓：茂盛。

② 零露：1.降落的露水。2.比喻容易消失的事物。溥：音团(tuán)，形容露水多。

③ 清扬：形容眼睛清澄明亮。婉：美丽。

④ 邂逅：没有事先相约，碰巧相遇。

⑤ 适：指女子出嫁。

⑥ 瀼：音瓤(ráng)，形容露水多，瀼瀼：露水多的样子。

⑦ 偕：同；臧：音脏(zāng)，善，好。偕臧，相爱。

▶ 艺术赏析

《野有蔓草》是《诗经·郑风》第20篇。全诗二章，每章六句。为先秦时代郑地汉族民歌。这是一首浪漫的情歌，良辰美景，邂逅丽人；一见钟情，两情相悦，表达爱情的甜蜜和幸福。诗以田野郊外，草蔓露浓为背景，自然情景交融，人不期而遇，情也就不期而至了。诗风清新质朴，意境优美，具有恒久的艺术魅力。

◉ 文学聚焦

诗　　经

《诗经》是中国古代诗歌的开端，是我国第一部诗歌总集，收集了西周初年至春秋中叶（前11世纪至前6世纪）的诗歌，现存305篇。《诗经》在先秦时期称为《诗》，或取其整数称《诗三百》。西汉时被尊为儒家经典，始称《诗经》，并沿用至今。《诗经》在中国文学发展史上占有崇高地位，对中国两千年来的文学发展具有深远的影响。

《诗经》在内容上分为《风》《雅》《颂》三个部分。《风》是周代各地的歌谣；《雅》是周人的正声雅乐，又分《小雅》和《大雅》；《颂》是周王庭和贵族宗庙祭祀的乐歌，又分为《周颂》《鲁颂》和《商颂》。

《诗经》的艺术技法被总结成"赋，比，兴"，与"风，雅，颂"合称"六义"。一般认为风、雅、颂是诗的分类和内容题材；赋、比、兴是诗的表现手法。赋、比、兴的运用，既是《诗经》艺术特征的重要标志，也开启了中国古代诗歌创作的基本手法。关于赋、比、兴的意义，历来说法众多。简言之，赋就是铺陈直叙，即诗人把思想感情及其有关的事物平铺直叙地表达出来。比就是比方，以彼物比此物，诗人有故事或情感，借一个事物来作类比。兴则是触物兴词，客观事物触发了诗人的情感，引起诗人歌唱，所以大多在诗歌的发端。

孔子曾概括《诗经》宗旨为"无邪"，并教育弟子读《诗经》以作为立言、立行的标准。至汉武帝时，《诗经》被儒家奉为经典。《诗经》内容丰富，反映了劳动与爱情、战争与徭役、压迫与反抗、风俗与婚姻、祭祖与宴会，甚至天象、地貌、动物、植物等方方面面，是周代社会生活的一面镜子。

 拓展与应用

探究思考

1. 结合作品谈谈你对赋、比、兴手法的理解。
2. 爱情是文学永恒的主题，你认为有永恒的爱情么？

拓展链接

1. 冯梦龙《警世通言·杜十娘怒沉百宝箱》。
2. 斯蒂芬·茨威格(奥地利)《一个陌生女人的来信》。
3. 加西亚·马尔克斯(哥伦比亚)《霍乱时期的爱情》。

职业连线

杜十娘怒沉百宝箱

一个陌生女人的来信

霍乱时期的爱情

一颗开花的树

席慕容

如何让你遇见我
在我最美丽的时刻
为这我已在佛前求了五百年
求佛让我们结下一段尘缘
佛于是把我化做一棵树
长在你必经的路旁
阳光下慎重地开满了花
朵朵都是我前世的盼望
当你走近
请你细听
那颤抖的叶是我等待的热情
而当你终于无视地走过
在你身后落了一地的

朋友啊
那不是花瓣
那是我凋零的心

思考：

席慕蓉在谈创作这首诗歌时曾谈到，在她看来，生命是不断地经过、经过、经过，她写的都是生命现场里所得到的触动，尽管有些触动要等到一二十年后才恍然大悟。

今天我们读《氓》《野有蔓草》也是在读一种生命中的触动，你能谈谈你生命中的这种触动么？

伤　逝
——涓生的手记

鲁　迅

👤 作者简介

鲁迅(1881 年 9 月 25 日—1936 年 10 月 19 日)，原名周樟寿，后改名周树人，字豫山，后改豫才，"鲁迅"是他 1918 年发表《狂人日记》时所用的笔名，也是他影响最为广泛的笔名，浙江绍兴人。著名文学家、思想家、革命家，五四新文化运动的重要参与者，中国现代文学的奠基人，新文化运动的领导人。代表作品有《呐喊》《彷徨》《朝花夕拾》《野草》《华盖集》《中国小说史略》等。

鲁迅一生在文学创作、文学批评、思想研究、文学史研究、翻译、美术理论引进、基础科学介绍和古籍校勘与研究等多个领域具有重大贡献。他对于五四运动以后的中国社会思想文化发展具有重大影响，蜚声世界文坛。

📖 背景知识

"五四"时期，诉说婚姻不自由的痛苦，是许多青年的公意，争取恋爱婚姻自由已成为当时个性解放的重要内容。因此，20 世纪 20 年代的小说创作，描写男女恋爱的占了全数的百分之九十八，其中最多的是写婚姻不自由。鲁迅对个性解放的反封建意义，是予以充分肯定的，但同时也敏锐地发现隐藏在恋爱婚姻自由背后的危机。早在 1923 年底，鲁迅就在《娜拉走后怎样》的演讲中指出，妇女要解放应该用"剧烈的战斗"去争取经济权。到了 1925 年，鲁迅的世界观已处在根本转变的前夕，这时他则主张用"火与剑"的方式去彻底变革社会制度了。1925 年 10 月写的《伤逝》，不同于当时流行的歌颂恋爱至上的作品，也不同于传统名著中以死殉情的悲剧。鲁迅用小说的形式，把妇女婚姻和青年知识分子的问题跟整个社会制度和经济制度的变革联系起来，以启示广大青年摆脱个性解放和个人奋斗的束缚，探索新的道路。

如果我能够，我要写下我的悔恨和悲哀，为子君，为自己。

会馆里的被遗忘在偏僻里的破屋是这样地寂静和空虚。时光过得真快，我爱子君，仗着她逃出这寂静和空虚，已经满一年了。事情又这么不凑巧，我重来时，偏偏空着的又只有这一间屋。依然是这样的破窗，这样的窗外的半枯的槐树和老紫藤，这样的窗前的方桌，这样的败壁，这样的靠壁的板床。深夜中独自躺在床上，就如我未曾和子君同居以前一般，过去一年中的时光全被消灭，全未有过，我并没有曾经从这破屋子搬出，在吉兆胡同创立了满怀希望的小小的家庭。

不但如此。在一年之前，这寂静和空虚是并不这样的，常常含着期待；期待子君的到来。在久待的焦躁中，一听到皮鞋的高底尖触着砖路的清响，是怎样地使我骤然生动起来呵！于是就看见带着笑涡的苍白的圆脸，苍白的瘦的臂膊，布的有条纹的衫子，玄色的裙。她又带了窗外的半枯的槐树的新叶来，使我看见，还有挂在铁似的老干上的一房一房的紫白的藤花。

然而现在呢，只有寂静和空虚依旧，子君却决不再来了，而且永远，永远地！……

子君不在我这破屋里时，我什么也看不见。在百无聊赖中，随手抓过一本书来，科学也好，文学也好，横竖什么都一样；看下去，看下去，忽而自己觉得，已经翻了十多页了，但是毫不记得书上所说的事。只是耳朵却分外地灵，仿佛听到大门外一切往来的履声，从中便有子君的，而且橐橐地逐渐临近，——但是，往往又逐渐渺茫，终于消失在别的步声的杂沓中了。我憎恶那不像子君鞋声的穿布底鞋的长班①的儿子，我憎恶那太像子君鞋声的常常穿着新皮鞋的邻院的搽雪花膏的小东西！

莫非她翻了车么？莫非她被电车撞伤了么？……

我便要取了帽子去看她，然而她的胞叔就曾经当面骂过我。

蓦然，她的鞋声近来了，一步响于一步，迎出去时，却已经走过紫藤棚下，脸上带着微笑的酒窝。她在她叔子的家里大约并未受气；我的心宁帖了，默默地相视片时之后，破屋里便渐渐充满了我的语声，谈家庭专制，谈打破旧习惯，谈男女平等，谈伊孛生②，谈泰戈尔，谈雪莱……。她总是微笑点头，两眼里弥漫着稚气的好奇的光泽。壁上就钉着一张铜板的雪莱半身像，是从杂志上裁下来的，是他的最美的一张像。当我指给她看时，她却只草草一看，便低了头，似乎不好意思了。这些地方，子君就大概还未脱尽旧思想的束缚，——我后来也想，倒不如换一张雪莱淹死在海里的记念像或是伊孛生的罢；但也终于没有换，现在是连这一张也不知那里去了。

"我是我自己的，他们谁也没有干涉我的权利！"

这是我们交际了半年，又谈起她在这里的胞叔和在家的父亲时，她默想了一会之后，分明地，坚决地，沉静地说了出来的话。其时是我已经说尽了我的意见，我的身世，我的缺点，很少隐瞒；她也完全了解的了。这几句话很震动了我的灵魂，此后许多天还在耳中发响，而且说不出的狂喜，知道中国女性，并不如厌世家所说那样的无法可施，在不远的将来，便要看见辉煌的曙色的。

送她出门，照例是相离十多步远；照例是那鲇鱼须的老东西的脸又紧帖在脏的窗玻璃上了，连鼻尖都挤成一个小平面；到外院，照例又是明晃晃的玻璃窗里的那小东西的脸，加厚的雪花膏。她目不邪视地骄傲地走了，没有看见；我骄傲地回来。

"我是我自己的，他们谁也没有干涉我的权利！"这彻底的思想就在她的脑里，比我还透澈，坚强得多。半瓶雪花膏和鼻尖的小平面，于她能算什么东西呢？

　　我已经记不清那时怎样地将我的纯真热烈的爱表示给她。岂但现在，那时的事后便已模胡，夜间回想，早只剩了一些断片了；同居以后一两月，便连这些断片也化作无可追踪的梦影。我只记得那时以前的十几天，曾经很仔细地研究过表示的态度，排列过措辞的先后，以及倘或遭了拒绝以后的情形。可是临时似乎都无用，在慌张中，身不由己地竟用了在电影上见过的方法了。后来一想到，就使我很愧恧，但在记忆上却偏只有这一点永远留遗，至今还如暗室的孤灯一般，照见我含泪握着她的手，一条腿跪了下去……。

　　不但我自己的，便是子君的言语举动，我那时就没有看得分明；仅知道她已经允许我了。但也还仿佛记得她脸色变成青白，后来又渐渐转作绯红，——没有见过，也没有再见的绯红；孩子似的眼里射出悲喜，但是夹着惊疑的光，虽然力避我的视线，张皇地似乎要破窗飞去。然而我知道她已经允许我了，没有知道她怎样说或是没有说。

　　她却是什么都记得：我的言辞，竟至于读熟了的一般，能够滔滔背诵；我的举动，就如有一张我所看不见的影片挂在眼下，叙述得如生，很细微，自然连那使我不愿再想的浅薄的电影的一闪。夜阑人静，是相对温习的时候了，我常是被质问，被考验，并且被命复述当时的言语，然而常须由她补足，由她纠正，像一个丁等的学生。

　　这温习后来也渐渐稀疏起来。但我只要看见她两眼注视空中，出神似的凝想着，于是神色越加柔和，笑窝也深下去，便知道她又在自修旧课了，只是我很怕她看到我那可笑的电影的一闪。但我又知道，她一定要看见，而且也非看不可的。

　　然而她并不觉得可笑。即使我自己以为可笑，甚而至于可鄙的，她也毫不以为可笑。这事我知道得很清楚，因为她爱我，是这样地热烈，这样地纯真。

　　去年的暮春是最为幸福，也是最为忙碌的时光。我的心平静下去了，但又有别一部分和身体一同忙碌起来。我们这时才在路上同行，也到过几回公园，最多的是寻住所。我觉得在路上时时遇到探索，讥笑，猥亵和轻蔑的眼光，一不小心，便使我的全身有些瑟缩，只得即刻提起我的骄傲和反抗来支持。她却是大无畏的，对于这些全不关心，只是镇静地缓缓前行，坦然如入无人之境。

　　寻住所实在不是容易事，大半是被托辞拒绝，小半是我们以为不相宜。起先我们选择得很苛酷，——也非苛酷，因为看去大抵不像是我们的安身之所；后来，便只要他们能相容了。看了二十多处，这才得到可以暂且敷衍的处所，是吉兆胡同一所小屋里的两间南屋；主人是一个小官，然而倒是明白人，自住着正屋和厢房。他只有夫人和一个不到周岁的女孩子，雇一个乡下的女工，只要孩子不啼哭，是极其安闲幽静的。

　　我们的家具很简单，但已经用去了我的筹来的款子的大半；子君还卖掉了她唯一的金戒指和耳环。我拦阻她，还是定要卖，我也就不再坚持下去了；我知道不给她加入一点股份去，她是住不舒服的。

　　和她的叔子，她早经闹开，至于使他气愤到不再认她做侄女；我也陆续和几个自以为忠告，其实是替我胆怯，或者竟是嫉妒的朋友绝了交。然而这倒很清静。每日办公散后，虽然已近黄昏，车夫又一定走得这样慢，但究竟还有二人相对的时候。我们先是沉默的相视，接着是放怀而亲密的交谈，后来又是沉默。大家低头沉思着，却并未想着什么事。我也渐渐清醒地读遍了她的身体，她的灵魂，不过三星期，我似乎于她已经更加了解，揭去许多先前以为了解而现在看来却是隔膜，即所谓真的隔膜了。

　　子君也逐日活泼起来。但她并不爱花，我在庙会时买来的两盆小草花，四天不浇，枯死在壁角了，我又没有照顾一切的闲暇。然而她爱动物，也许是从官太太那里传染的罢，不一月，我们的眷属便骤然加得很多，四只小油鸡，在小院子里和房主人的十多只在一同走。但她们却认识鸡的相貌，各知道那一只是自家的。还有一只花白的叭儿狗，从庙会买来，记得似乎原有名字，子君却给它另起了一个，叫作阿随。我就叫它阿随，但我不喜欢这名字。

　　这是真的，爱情必须时时更新，生长，创造。我和子君说起这，她也领会地点点头。

　　唉唉，那是怎样的宁静而幸福的夜呵！

　　安宁和幸福是要凝固的，永久是这样的安宁和幸福。我们在会馆里时，还偶有议论的和意思的误会，自从到吉兆胡同以来，连这一点也没有了；我们只在灯下对坐的怀旧谭中，回味那时以后的和解的重生一般的乐趣。

　　子君竟胖了起来，脸色也红活了；可惜的是忙。管了家务便连谈天的工夫也没有，何况读书和散步。我们常说，我们总还得雇一个女工。

　　这就使我也一样地不快活，傍晚回来，常见她包藏着不快活的颜色，尤其使我不乐的是她要装作勉强的笑容。幸而探听出来了，也还是和那小官太太的暗斗，导火线便是两家的小油鸡。但又何必硬不告诉我呢？人总该有一个独立的家庭。这样的处所，是不能居住的。

　　我的路也铸定了，每星期中的六天，是由家到局，又由局到家。在局里便坐在办公桌前钞，钞，钞些公文和信件；在家里是和她相对或帮她生白炉子，煮饭，蒸馒头。我的学会了煮饭，就在这时候。

　　但我的食品却比在会馆里时好得多了。做菜虽不是子君的特长，然而她于此却倾注着全力；对于她的日夜的操心，使我也不能不一同操心，来算作分甘共苦。况且她又这样地终日汗流满面，短发都粘在脑额上；两只手又只是这样地粗糙起来。

　　况且还要饲阿随，饲油鸡，……都是非她不可的工作。我曾经忠告她：我不吃，倒也罢了；却万不可这样地操劳。她只看了我一眼，不开口，神色却似乎有点凄然；我也只好不开口。然而她还是这样地操劳。

　　我所豫期的打击果然到来。双十节的前一晚，我呆坐着，她在洗碗。听到打门声，我去开门时，是局里的信差，交给我一张油印的纸条。我就有些料到了，到灯下去一看，果然，印着的就是：

奉

局长谕史涓生着毋庸到局办事

秘书处启 十月九号

　　这在会馆里时，我就早已料到了；那雪花膏便是局长的儿子的赌友，一定要去添些谣言，设法报告的。到现在才发生效验，已经要算是很晚的了。其实这在我不能算是一个打击，因为我早就决定，可以给别人去钞写，或者教读，或者虽然费力，也还可以译点书，况且《自由之友》的总编辑便是见过几次的熟人，两月前还通过信。但我的心却跳跃着。那么一个无畏的子君也变了色，尤其使我痛心；她近来似乎也较为怯弱了。

　　"那算什么。哼，我们干新的。我们……。"她说。

　　她的话没有说完；不知怎地，那声音在我听去却只是浮浮的；灯光也觉得格外黯淡。人们真是可笑的动物，一点极微末的小事情，便会受着很深的影响。我们先是默默地相视，逐渐商量起来，终于决定将现有的钱竭力节省，一面登"小广告"去寻求钞写和教读，一面写信给《自由之友》的总编辑，说明我目下的遭遇，请他收用我的译本，给我帮一点艰辛时候的忙。

"说做，就做罢！来开一条新的路！"

我立刻转身向了书案，推开盛香油的瓶子和醋碟，子君便送过那黯淡的灯来。我先拟广告；其次是选定可译的书，迁移以来未曾翻阅过，每本的头上都满漫着灰尘了；最后才写信。

我很费踌蹰，不知道怎样措辞好，当停笔凝思的时候，转眼去一瞥她的脸，在昏暗的灯光下，又很见得凄然。我真不料这样微细的小事情，竟会给坚决的，无畏的子君以这么显著的变化。她近来实在变得很怯弱了，但也并不是今夜才开始的。我的心因此更缭乱，忽然有安宁的生活的影像——会馆里的破屋的寂静，在眼前一闪，刚刚想定睛凝视，却又看见了昏暗的灯光。

许久之后，信也写成了，是一封颇长的信；很觉得疲劳，仿佛近来自己也较为怯弱了。于是我们决定，广告和发信，就在明日一同实行。大家不约而同地伸直了腰肢，在无言中，似乎又都感到彼此的坚忍崛强的精神，还看见从新萌芽起来的将来的希望。

外来的打击其实倒是振作了我们的新精神。局里的生活，原如鸟贩子手里的禽鸟一般，仅有一点小米维系残生，决不会肥胖；日子一久，只落得麻痹了翅子，即使放出笼外，早已不能奋飞。现在总算脱出这牢笼了，我从此要在新的开阔的天空中翱翔，趁我还未忘却了我的翅子的扇动。

小广告是一时自然不会发生效力的；但译书也不是容易事，先前看过，以为已经懂得的，一动手，却疑难百出了，进行得很慢。然而我决计努力地做，一本半新的字典，不到半月，边上便有了一大片乌黑的指痕，这就证明着我的工作的切实。《自由之友》的总编辑曾经说过，他的刊物是决不会埋没好稿子的。

可惜的是我没有一间静室，子君又没有先前那么幽静，善于体帖了，屋子里总是散乱着碗碟，弥漫着煤烟，使人不能安心做事，但是这自然还只能怨我自己无力置一间书斋。然而又加以阿随，加以油鸡们。加以油鸡们又大起来了，更容易成为两家争吵的引线。

加以每日的"川流不息"的吃饭；子君的功业，仿佛就完全建立在这吃饭中。吃了筹钱，筹来吃饭，还要喂阿随，饲油鸡；她似乎将先前所知道的全都忘掉了，也不想到我的构思就常常为了这催促吃饭而打断。即使在坐中给看一点怒色，她总是不改变，仍然毫无感触似的大嚼起来。

使她明白了我的作工不能受规定的吃饭的束缚，就费去五星期。她明白之后，大约很不高兴罢，可是没有说。我的工作果然从此较为迅速地进行，不久就共译了五万言，只要润色一回，便可以和做好的两篇小品，一同寄给《自由之友》去。只是吃饭却依然给我苦恼。菜冷，是无妨的，然而竟不够；有时连饭也不够，虽然我因为终日坐在家里用脑，饭量已经比先前要减少得多。这是先去喂了阿随了，有时还并那近来连自己也轻易不吃的羊肉。她说，阿随实在瘦得太可怜，房东太太还因此嗤笑我们了，她受不住这样的奚落。

于是吃我残饭的便只有油鸡们。这是我积久才看出来的，但同时也如赫胥黎的论定"人类在宇宙间的位置"一般，自觉了我在这里的位置：不过是叭儿狗和油鸡之间。

后来，经多次的抗争和催逼，油鸡们也逐渐成为肴馔，我们和阿随都享用了十多日的鲜肥；可是其实都很瘦，因为它们早已每日只能得到几粒高粱了。从此便清静得多。只有子君很颓唐，似乎常觉得凄苦和无聊，至于不大愿意开口。我想，人是多么容易改变呵！

但是阿随也将留不住了。我们已经不能再希望从什么地方会有来信，子君也早没有一点食物可以引它打拱或直立起来。冬季又逼近得这么快，火炉就要成为很大的问题；它的食量，在我们其实早是一个极易觉得的很重的负担。于是连它也留不住了。

倘使插了草标①到庙市去出卖，也许能得几文钱罢，然而我们都不能，也不愿这样做。终于是用包袱蒙着头，由我带到西郊去放掉了，还要追上来，便推在一个并不很深的土坑里。

我一回寓，觉得又清静得多多了；但子君的凄惨的神色，却使我很吃惊。那是没有见过的神色，自然是为阿随。但又何至于此呢？我还没有说起推在土坑里的事。

到夜间，在她的凄惨的神色中，加上冰冷的分子了。

"奇怪。——子君，你怎么今天这样儿了？"我忍不住问。

"什么？"她连看也不看我。

"你的脸色……。"

"没有什么，——什么也没有。"

我终于从她言动上看出，她大概已经认定我是一个忍心的人。其实，我一个人，是容易生活的，虽然因为骄傲，向来不与世交来往，迁居以后，也疏远了所有旧识的人，然而只要能远走高飞，生路还宽广得很。现在忍受着这生活压迫的苦痛，大半倒是为她，便是放掉阿随，也何尝不如此。但子君的识见却似乎只是浅薄起来，竟至于连这一点也想不到了。

我拣了一个机会，将这些道理暗示她；她领会似的点头。然而看她后来的情形，她是没有懂，或者是并不相信的。

天气的冷和神情的冷，逼迫我不能在家庭中安身。但是，往那里去呢？大道上，公园里，虽然没有冰冷的神情，冷风究竟也刺得人皮肤欲裂。我终于在通俗图书馆里觅得了我的天堂。

那里无须买票；阅书室里又装着两个铁火炉。纵使不过是烧着不死不活的煤的火炉，但单是看见装着它，精神上也就总觉得有些温暖。书却无可看：旧的陈腐，新的是几乎没有的。

好在我到那里去也并非为看书。另外时常还有几个人，多则十余人，都是单薄衣裳，正如我，各人看各人的书，作为取暖的口实。这于我尤为合式。道路上容易遇见熟人，得到轻蔑的一瞥，但此地却决无那样的横祸，因为他们是永远围在别的铁炉旁，或者靠在自家的白炉边的。

那里虽然没有书给我看，却还有安闲容得我想。待到孤身枯坐，回忆从前，这才觉得大半年来，只为了爱，——盲目的爱，——而将别的人生的要义全盘疏忽了。第一，便是生活。人必生活着，爱才有所附丽。世界上并非没有为了奋斗者而开的活路；我也还未忘却翅子的扇动，虽然比先前已经颓唐得多……。

屋子和读者渐渐消失了，我看见怒涛中的渔夫，战壕中的兵士，摩托车②中的贵人，洋场上的投机家，深山密林中的豪杰，讲台上的教授，昏夜的运动者和深夜的偷儿……。子君，——不在近旁。她的勇气都失掉了，只为着阿随悲愤，为着做饭出神；然而奇怪的是倒也并不怎样瘦损……。

冷了起来，火炉里的不死不活的几片硬煤，也终于烧尽了，已是闭馆的时候。又须回到吉兆胡同，领略冰冷的颜色去了。近来也间或遇到温暖的神情，但这却反而增加我的苦痛。记得有一夜，子君的眼里忽而又发出久已不见的稚气的光来，笑着和我谈到还在会馆时候的情形，时时又很带些恐怖的神色。我知道我近来的超过她的冷漠，已经引起她的忧疑来，只得也勉力谈笑，想给她一点慰藉。然而我的笑貌一上脸，我的话一出口，却即刻变为空虚，这空虚又即刻发生反响，回向我的耳目里，给我一个难堪的恶毒的冷嘲。子君似乎也觉得的，从此便失掉了她往常的麻木似的镇静，虽然竭力掩饰，总还是时时露出忧疑的神色来，但对我却温和得多了。

我要明告她，但我还没有敢，当决心要说的时候，看见她孩子一般的眼色，就使我只得暂且改作勉强的欢容。但是这又即刻来冷嘲我，并使我失却那冷漠的镇静。

她从此又开始了往事的温习和新的考验，逼我做出许多虚伪的温存的答案来，将温存示给她，虚伪的草稿便写在自己的心上。我的心渐被这些草稿填满了，常觉得难于呼吸。我在苦恼中常常想，说真实自然须有极大的勇气的；假如没有这勇气，而苟安于虚伪，那也便是不能开辟新的生路的人。不独不是这个，连这人也未尝有！

子君有怨色，在早晨，极冷的早晨，这是从未见过的，但也许是从我看来的怨色。我那时冷冷地气愤和暗笑了；她所磨练的思想和豁达无畏的言论，到底也还是一个空虚，而对于这空虚却并未自觉。她早已什么书也不看，已不知道人的生活的第一着是求生，向着这求生的道路，是必须携手同行，或奋身孤往的了，倘使只知道捶着一个人的衣角，那便是虽战士也难于战斗，只得一同灭亡。

我觉得新的希望就只在我们的分离；她应该决然舍去，——我也突然想到她的死，然而立刻自责，忏悔了。幸而是早晨，时间正多，我可以说我的真实。我们的新的道路的开辟，便在这一遭。

我和她闲谈，故意地引起我们的往事，提到文艺，于是涉及外国的文人，文人的作品：《诺拉》，《海的女人》⑥。称扬诺拉的果决……。也还是去年在会馆的破屋里讲过的那些话，但现在已经变成空虚，从我的嘴传入自己的耳中，时时疑心有一个隐形的坏孩子，在背后恶意地刻毒地学舌。

她还是点头答应着倾听，后来沉默了。我也就断续地说完了我的话，连余音都消失在虚空中了。

"是的。"她又沉默了一会，说，"但是，……涓生，我觉得你近来很两样了。可是的？你，——你老实告诉我。"

我觉得这似乎给了我当头一击，但也立即定了神，说出我的意见和主张来：新的路的开辟，新的生活的再造，为的是免得一同灭亡。

临末，我用了十分的决心，加上这几句话：

"……况且你已经可以无须顾虑，勇往直前了。你要我老实说；是的，人是不该虚伪的。我老实说罢：因为，因为我已经不爱你了！但这于你倒好得多，因为你更可以毫无挂念地做事……。"

我同时豫期着大的变故的到来，然而只有沉默。她脸色陡然变成灰黄，死了似的；瞬间便又苏生，眼里也发了稚气的闪闪的光泽。这眼光射向四处，正如孩子在饥渴中寻求着慈爱的母亲，但只在空中寻求，恐怖地回避着我的眼。

我不能看下去了，幸而是早晨，我冒着寒风径奔通俗图书馆。

在那里看见《自由之友》，我的小品文都登出了。这使我一惊，仿佛得了一点生气。我想，生活的路还很多，——但是，现在这样也还是不行的。

我开始去访问久已不相闻问的熟人，但这也不过一两次；他们的屋子自然是暖和的，我在骨髓中却觉得寒冽。夜间，便蜷伏在比冰还冷的冷屋中。

冰的针刺着我的灵魂，使我永远苦于麻木的疼痛。生活的路还很多，我也还没有忘却翅子的扇动，我想。——我突然想到她的死，然而立刻自责，忏悔了。

在通俗图书馆里往往瞥见一闪的光明，新的生路横在前面。她勇猛地觉悟了，毅然走出这冰冷的家，而且，——毫无怨恨的神色。我便轻如行云，漂浮空际，上有蔚蓝的天，下是深山大海，广厦高楼，战场，摩托车，洋场，公馆，晴明的闹市，黑暗的夜……。

而且，真的，我豫感得这新生面便要来到了。

我们总算度过了极难忍受的冬天，这北京的冬天；就如蜻蜓落在恶作剧的坏孩子的手里一般，被系着细线，尽情玩弄，虐待，虽然幸而没有送掉性命，结果也还是躺在地上，只争着一个迟早之间。

写给《自由之友》的总编辑已经有三封信，这才得到回信，信封里只有两张书券①：两角的和三角的。我却单是催，就用了九分的邮票，一天的饥饿，又都白挨给于己一无所得的空虚了。

然而觉得要来的事，却终于来到了。

这是冬春之交的事，风已没有这么冷，我也更久地在外面徘徊；待到回家，大概已经昏黑。就在这样一个昏黑的晚上，我照常没精打采地回来，一看见寓所的门，也照常更加丧气，使脚步放得更缓。但终于走进自己的屋子里了，没有灯火；摸火柴点起来时，是异样的寂寞和空虚！

正在错愕中，官太太便到窗外来叫我出去。

"今天子君的父亲来到这里，将她接回去了。"她很简单地说。

这似乎又不是意料中的事，我便如脑后受了一击，无言地站着。

"她去了么？"过了些时，我只问出这样一句话。

"她去了。"

"她，——她可说什么？"

"没说什么。单是托我见你回来时告诉你，说她去了。"

我不信；但是屋子里是异样的寂寞和空虚。我遍看各处，寻觅子君；只见几件破旧而黯淡的家具，都显得极其清疏，在证明着它们毫无隐匿一人一物的能力。我转念寻信或她留下的字迹，也没有；只是盐和干辣椒，面粉，半株白菜，却聚集在一处了，旁边还有几十枚铜元。这是我们两人生活材料的全副，现在她就郑重地将这留给我一个人，在不言中，教我借此去维持较久的生活。

我似乎被周围所排挤，奔到院子中间，有昏黑在我的周围；正屋的纸窗上映出明亮的灯光，他们正在逗着孩子推笑。我的心也沉静下来，觉得在沉重的迫压中，渐渐隐约地现出脱走的路径：深山大泽，洋场，电灯下的盛筵；壕沟，最黑最黑的深夜，利刃的一击，毫无声响的脚步……。

心地有些轻松，舒展了，想到旅费，并且嘘一口气。

躺着，在合着的眼前经过的豫想的前途，不到半夜已经现尽；暗中忽然仿佛看见一堆食物，这之后，便浮出一个子君的灰黄的脸来，睁了孩子气的眼睛，恳托似的看着我。我一定神，什么也没有了。

但我的心却又觉得沉重。我为什么偏不忍耐几天，要这样急急地告诉她真话的呢？现在她知道，她以后所有的只是她父亲——儿女的债主——的烈日一般的严威和旁人的赛过冰霜的冷眼。此外便是虚空。负着虚空的重担，在严威和冷眼中走着所谓人生的路，这是怎么可怕的事呵！而况这路的尽头，又不过是——连墓碑也没有的坟墓。

我不应该将真实说给子君，我们相爱过，我应该永久奉献她我的说谎。如果真实可以宝贵，这在子君就不该是一个沉重的空虚。谎语当然也是一个空虚，然而临末，至多也不过这样地沉重。

我以为将真实说给子君，她便可以毫无顾虑，坚决地毅然前行，一如我们将要同居时那样。但这恐怕是我错误了。她当时的勇敢和无畏是因为爱。

我没有负着虚伪的重担的勇气，却将真实的重担卸给她了。她爱我之后，就要负了这重担，在严威和冷眼中走着所谓人生的路。

我想到她的死……。我看见我是一个卑怯者，应该被摈于强有力的人们，无论是真实者，虚伪者。然而她却自始至终，还希望我维持较久的生活……。

我要离开吉兆胡同，在这里是异样的空虚和寂寞。我想，只要离开这里，子君便如还在我的身边；至少，也如还在城中，有一天，将要出乎意表地访我，像住在会馆时候似的。

然而一切请托和书信，都是一无反响；我不得已，只好访问一个久不问候的世交去了。他是我伯父的幼年的同窗，以正经出名的拔贡⑧，寓京很久，交游也广阔的。

大概因为衣服的破旧罢，一登门便很遭门房的白眼。好容易才相见，也还相识，但是很冷落。我们的往事，他全都知道了。

"自然，你也不能在这里了，"他听了我托他在别处觅事之后，冷冷地说，"但那里去呢？很难。——你那，什么呢，你的朋友罢，子君，你可知道，她死了。"

我惊得没有话。

"真的？"我终于不自觉地问。

"哈哈。自然真的。我家的王升的家，就和她家同村。"

"但是，——不知道是怎么死的？"

"谁知道呢。总之是死了就是了。"

我已经忘却了怎样辞别他，回到自己的寓所。我知道他是不说谎话的；子君总不会再来的了，像去年那样。她虽是想在严威和冷眼中负着虚空的重担来走所谓人生的路，也已经不能。她的命运，已经决定她在我所给与的真实——无爱的人间死灭了！

自然，我不能在这里了；但是，"那里去呢？"

四围是广大的空虚，还有死的寂静。死于无爱的人们的眼前的黑暗，我仿佛一一看见，还听得一切苦闷和绝望的挣扎的声音。

我还期待着新的东西到来，无名的，意外的。但一天一天，无非是死的寂静。

我比先前已经不大出门，只坐卧在广大的空虚里，一任这死的寂静侵蚀着我的灵魂。

死的寂静有时也自己战栗，自己退藏，于是在这绝续之交，便闪出无名的，意外的，新的期待。

一天是阴沉的上午，太阳还不能从云里面挣扎出来；连空气都疲乏着。耳中听到细碎的步声和咻咻的鼻息，使我睁开眼。大致一看，屋子里还是空虚；但偶然看到地面，却盘旋着一匹小小的动物，瘦弱的，半死的，满身灰土的……。

我一细看，我的心就一停，接着便直跳起来。

那是阿随。它回来了。

我的离开吉兆胡同，也不单是为了房主人们和他家女工的冷眼，大半就为着这阿随。但是，"那里去呢?"新的生路自然还很多，我约略知道，也间或依稀看见，觉得就在我面前，然而我还没有知道跨进那里去的第一步的方法。

经过许多回的思量和比较，也还只有会馆是还能相容的地方。依然是这样的破屋，这样的板床，这样的半枯的槐树和紫藤，但那时使我希望，欢欣，爱，生活的，却全都逝去了，只有一个虚空，我用真实去换来的虚空存在。

新的生路还很多，我必须跨进去，因为我还活着。但我还不知道怎样跨出那第一步。有时，仿佛看见那生路就像一条灰白的长蛇，自己蜿蜒地向我奔来，我等着，等着，看看临近，但忽然便消失在黑暗里了。

初春的夜，还是那么长。长久的枯坐中记起上午在街头所见的葬式，前面是纸人纸马，后面是唱歌一般的哭声。我现在已经知道他们的聪明了，这是多么轻松简截的事。

然而子君的葬式却又在我的眼前，是独自负着虚空的重担，在灰白的长路上前行，而又即刻消失在周围的严威和冷眼里了。

我愿意真有所谓鬼魂，真有所谓地狱，那么，即使在孽风怒吼之中，我也将寻觅子君，当面说出我的悔恨和悲哀，祈求她的饶恕；否则，地狱的毒焰将围绕我，猛烈地烧尽我的悔恨和悲哀。

我将在孽风和毒焰中拥抱子君，乞她宽容，或者使她快意……。

但是，这却更虚空于新的生路；现在所有的只是初春的夜，竟还是那么长。我活着，我总得向着新的生路跨出去，那第一步，——却不过是写下我的悔恨和悲哀，为子君，为自己。

我仍然只有唱歌一般的哭声，给子君送葬，葬在遗忘中。

我要遗忘；我为自己，并且要不再想到这用了遗忘给子君送葬。

我要向着新的生路跨进第一步去，我要将真实深深地藏在心的创伤中，默默地前行，用遗忘和说谎做我的前导……。

一九二五年十月二十一日毕

（选自鲁迅.鲁迅全集：第二卷[M].北京：人民文学出版社，1981.）

【注释】

① 长班：旧时官员的随身仆人，有时也指一般的听差。

② 伊孛生：多译为易卜生，挪威作家，被认为是现代现实主义戏剧的创始人。代表作：《玩偶之家》《人民公敌》等。

③ 赫胥黎：英国生物学家，达尔文进化论最杰出的代表。代表作品有《人类在自然界的位置》《脊椎动

物解剖学手册》《进化论和伦理学》等。

④ 草标：旧时在被卖的人或物品上插上草束，作为出售的标志。

⑤ 摩托车：当时对小汽车的称呼。

⑥《诺拉》：多译为《玩偶之家》。《海的女人》：多译为《海的夫人》，它们都是易卜生的著名剧作。

⑦ 书券：购书用的代替钱币的纸券，可以按照券面金额到指定书店选书。旧时有的报刊用它代替现金支付写稿酬劳。

⑧ 拔贡：拔贡是科举制度中由地方贡入国子监的生员之一种。清朝制度，初定六年一次，乾隆中改为逢酉一选，也就是十二年考一次，优选者以小京官用，次选以教谕用。每府学二名，州、县学各一名，由各省学政从生员中考选，保送入京，作为拔贡。

▶ 艺术赏析

《伤逝》是鲁迅于 1925 年创作的一部以爱情为题材反映"五四"时期知识分子命运的短篇小说。小说以主人公涓生哀婉悲愤的内心独白的方式，讲述了他和子君冲破封建势力的重重阻碍，追求婚姻自主建立起了一个温馨的家庭，但不久爱情归于失败，最终以一"伤"一"逝"结局。

小说通过涓生、子君始以争取个性解放婚姻自主，终却落到悲剧结局的描写，反映了：离开整个社会的解放，个性的解放和婚姻自主是无法实现的。小说语言优美凝练，富有诗的情韵。开头结尾部分有些语句的刻意重复，不仅在结构上起着贯通前后的作用，而且有物是人非之感，加强了抒情气氛，有助于主题的表达。有些句子写得委婉含蓄，寓意深刻，发人深思，深化了主题。

◉ 文学聚焦

日记体小说

日记体小说是小说体裁的一种独特形式，它是以日记形式作为基本结构的小说类型。这类小说在叙述方式上多采用第一人称，以记叙主人公所见、所闻、所感的方式叙述事件、展开情节、刻画人物。如鲁迅的《狂人日记》、茅盾的《腐蚀》等。这种类型的小说非常适合表现丰富复杂的内心活动。作者不侧重于事件过程的叙述，而是把笔力集中于人物的心灵历程和感情波澜的抒写，展示主人公悲欢离合的感情世界，具有浓烈的抒情色彩。

⤵ 拓展与应用

探究思考

1. 造成涓生和子君爱情悲剧的原因是什么？他们如果不分手，能不能找到其他的出路和解决办法呢？

2. 如何理解涓生所说的"人必生活着，爱才有所附丽"？"爱情"和"面包"的关系你如何看待？

3．鲁迅对人性的把握细腻、精准，你从文中的哪些地方可以感受得到？找出来，谈一谈。

拓展链接

1．易卜生（挪威）《玩偶之家》。
2．鲁迅《娜拉走后怎样》。
3．电影：《安娜·卡列尼娜》。

玩偶之家　　娜拉走后怎样

职业连线

致 橡 树

舒　婷

我如果爱你——

绝不像攀援的凌霄花，

借你的高枝炫耀自己；

我如果爱你——

绝不学痴情的鸟儿，

为绿荫重复单调的歌曲；

也不止像泉源，

常年送来清凉的慰藉；

也不止像险峰，

增加你的高度，

衬托你的威仪。

甚至日光，

甚至春雨。

不，这些都还不够！

我必须是你近旁的一株木棉，

作为树的形象和你站在一起。

根，紧握在地下；

叶，相触在云里。

每一阵风过，

我们都互相致意，

但没有人，

听懂我们的言语。

你有你的铜枝铁干，

像刀，像剑，也像戟；

我有我红硕的花朵，

像沉重的叹息，

又像英勇的火炬。

我们分担寒潮、风雷、霹雳；

我们共享雾霭、流岚、虹霓。

仿佛永远分离，

却又终身相依。

这才是伟大的爱情，

坚贞就在这里：

爱——

不仅爱你伟岸的身躯，

也爱你坚持的位置，

足下的土地。

思考：

20 世纪 70 年代，舒婷写下了《致橡树》，提出新的爱情观："不仅爱你伟岸的身躯，也爱你坚持的位置，足下的土地。"你认为幸福的爱情婚姻需要如何经营呢？如果有一天事业和爱情发生冲突，你会选择哪一个呢？

梧桐雨①（节选）

白朴（元）

梧桐雨

作者简介

白朴（1226—约 1306），原名恒，字仁甫，后改名朴，字太素，号兰谷。汉族，祖籍陕州（今山西河曲），汴梁（今河南开封）人，晚岁寓居金陵（今江苏南京），终身未仕。他是元代著名的杂剧作家，与关汉卿、马致远、郑光祖并称为"元曲四大作家"。代表作主要有《唐明皇秋夜梧桐雨》、《裴少俊墙头马上》、《董秀英花月东墙记》、《天净沙·秋》等。

背景知识

唐明皇与杨贵妃之事，新、旧《唐书》均有记载。唐代及唐以后的诗词、野史、笔记、小说以及曲作亦多所述，如唐代白居易的《长恨歌》、陈鸿的《长恨歌传》、李德裕的《明皇十七事》、郑处诲的《明皇杂录》等；五代时王仁裕的《开元天宝遗事》；宋金时乐史的笔记小说《杨太真外传》，皇都风月主人编的《绿窗新话·杨贵妃私安禄山》《明皇爱花奴羯鼓》《杨贵妃舞霓裳曲》等"说话"，戏文《马践杨妃》，金院本《洗儿会》《击梧桐》等。所有这些，都为白朴创作《梧桐雨》杂剧提供了丰厚的历史文化基础。《唐明皇秋夜梧桐雨》剧名来自于白居易《长恨歌》"秋雨梧桐叶落时"的诗句。

第 四 折

（高力士上、云）自家高力士是也。自幼供奉内宫，蒙主上抬举，加为六宫提督太监②，往年主上悦杨氏容貌，命某取入宫中，宠爱无比，封为贵妃，赐号太真。后来逆胡称兵，伪诈杨国忠为名，逼的主上幸蜀。行至中途，六军不进。右龙武将军陈玄礼奏过，杀了国忠，祸连贵妃。主上无可奈何，只得从之，缢死马嵬驿中。今日贼平无事，主上还国，太子做了皇帝，主上养老，退居西宫，昼夜只是想贵妃娘娘。今日教某挂起真容③，朝夕哭奠，不免收拾停当，在此伺候咱。（正末④上，云）寡人自幸蜀还京，太子破了逆贼，即了帝位。寡人退居西宫养老，每日只是思量妃子。教画工画了一轴真容供养着，每日相对，越增烦恼也呵！（做哭科）（唱）

【正宫·端正好】自从幸西川，还京兆⑤，甚的是月夜花朝。这半年来白发添多少，怎打叠⑥愁容貌！

【幺篇】瘦岩岩⑦不避群臣笑，玉仪儿将画轴高挑，荔枝花果香檀桌，目觑⑧了伤怀抱。

（做看真容科）（唱）

【滚绣球】险些把我气冲倒，身谩⑨靠，把太真妃放声高叫：叫不应雨泪嚎咷。这待诏⑩手段高，画的来没半星儿差错。虽然是快染⑪能描，画不出沉香亭畔回鸾舞⑫，花萼楼前上马娇⑬，一段儿妖娆。

【倘秀才】妃子呵，常记得千秋节华清宫宴乐⑭，七夕会长生殿乞巧。誓愿学连理枝比翼鸟⑮，谁想你乘彩凤，返丹霄⑯，命夭。

（带云）寡人越看，越添伤感，怎生是好！（唱）

【呆骨朵】寡人有心待盖一座杨妃庙，争奈无权柄谢位辞朝。则俺这孤辰限难熬，更打着离恨天最高⑰。在生时同衾枕，不能够死后也同棺椁。谁承望马嵬坡尘土中，可惜把一朵海棠花零落了！

（带云）一会儿身子困乏。且下这亭子去，闲行一会咱。（唱）

【白鹤子】挪身离殿宇，信步下亭皋⑱；见杨柳袅翠蓝丝，芙蓉拆胭脂萼⑲。

【幺】见芙蓉怀媚脸，遇杨柳忆纤腰。依旧的两般儿点缀上阳宫⑳，他管一灵儿潇洒长安道㉑。

【幺】常记得碧梧桐阴下立，红牙筯㉒手中敲。他笑整缕金衣，舞按霓裳乐㉓。

【幺】到如今翠盘㉔中荒草满，芳树下暗香消。空对井梧阴，不见倾城貌。

（做叹科，云）寡人也怕闲行，不如回去来。（唱）

【倘秀才】本待闲散心追欢取乐，倒惹的感旧恨天荒地老。快快归来凤帏悄，甚法儿捱今宵？懊恼！

（带云）回到这寝殿中，一弄儿㉕助人愁也，（唱）

【芙蓉花】淡氤氲篆烟袅㉖，昏惨剌㉗银灯照；玉漏㉘迢迢，才是初更报。暗觑清霄，盼梦里他来到。却不道口是心苗㉙，不住地频频叫。

（带云）不觉一阵昏迷上来，寡人是睡些儿。（唱）

【伴读书】一会家心焦躁，四壁厢秋虫闹。忽见掀帘西风恶，遥观满地阴云罩。俺这里披衣闷把帏屏靠，业眼难交㉚。

【笑和尚】原来是滴溜溜㉛绕闲阶败叶飘，疏剌剌㉜落叶被西风扫，忽鲁鲁风闪得银灯爆。厮琅琅鸣殿铎㊳，扑簌簌动朱箔㊴，吉丁当玉马儿向檐间闹㊱。

(做睡科，唱)

【倘秀才】闷打颏㊲和衣卧倒，软兀剌㊳方才睡着。(旦上，云)妾身贵妃是也。今日殿中设宴。宫娥，请主上赴席咱。(正末唱)忽见青衣㊴走来报，道太真妃将寡人邀，宴乐。

(正末见旦科，云)妃子，你在那里来？(旦云)今日长生殿排宴，请主上赴席。(正末云)吩咐梨园子弟齐备着㊵。(旦下)(正末做惊醒科，云)呀，原来是一梦！分明梦见妃子，却又不见了。(唱)

【双鸳鸯】斜觯翠鸾翘㊶，浑一似出浴的旧风标㊷，映着云屏一半儿娇。好梦将成还惊觉，半襟情泪湿鲛绡㊸。

【蛮姑儿】懊恼，嗜约㊹。惊我来的又不是楼头过雁、砌下寒蛩、檐前玉马、架上金鸡，是兀那[45]窗儿外梧桐上雨潇潇。一声声洒残叶，一点点滴寒梢，会把愁人定虐㊻。

【滚绣球】这雨呵，又不是救旱苗，润枯草，洒开花萼；谁望道秋雨如膏。向青翠条，碧玉梢，碎声儿毕剥㊼，增百十倍歇和㊽芭蕉。子管里㊾珠连玉散飘千颗，平白地瀽瓮翻盆下一宵，惹的人心焦！

【叨叨令】一会价紧呵，似玉盘中万颗珍珠落；一会价响呵，似玳筵前几簇笙歌闹；一会价清呵，似翠岩头一派寒泉瀑；一会价猛呵，似绣旗下数面征鼙操。兀的不恼杀人也么哥㊿！则被他诸般儿雨声相聒噪。

【倘秀才】这雨一阵阵打梧桐叶凋，一点点滴人心碎了。枉着金井银床[51]紧围绕，只好把泼枝叶做柴烧，锯倒。

(带云)当初妃子舞翠盘[52]时，在此树下；寡人与妃子盟誓时，亦对此树。今日梦境相寻，又被他惊觉了。(唱)

【滚绣球】长生殿那一宵，转回廊，说誓约，不合对梧桐并肩斜靠，尽言词絮絮叨叨。沉香亭那一朝，按霓裳舞六幺[53]，红牙筋击成腔调，乱宫商闹闹吵吵。是兀那当时欢会栽排下，今日凄凉厮辏着，暗地量度。

(高力士云)主上，这诸样草木皆有雨声，岂独梧桐？(正末云)你那里知道！我说与你听者。(唱)

【三煞】润濛濛杨柳雨，凄凄院宇侵帘幕。细丝丝梅子雨，装点江干满楼阁。杏花雨红湿阑干，梨花雨玉容寂寞；荷花雨翠盖翩翩，豆花雨绿叶萧条。都不似你惊魂破梦，助恨添愁，彻夜连宵。莫不是水仙弄娇，蘸杨柳洒风飘？

【二煞】哝哝似喷泉瑞兽临双沼[54]，刷刷似食叶春蚕散满箔；乱洒琼阶，水传宫漏；飞上雕檐，酒滴新槽。直下的更残漏断，枕冷衾寒，烛灭香消。可知道夏天不觉，把高凤麦来漂[55]。

【黄钟煞】顺西风低把纱窗哨，送寒气频将绣户敲。莫不是天故将人愁闷搅？前度铃声响栈道[56]，似花奴羯鼓调[57]，如伯牙水仙操[58]。洗黄花润篱落，清苍苔倒墙角；渲湖山漱石窍，浸枯荷溢池沼；沾残蝶粉渐消，洒流萤焰不着；绿窗前促织叫，声相近雁影高；催邻砧处处捣，助新凉分外早。斟量来这一宵，雨和人紧厮熬。伴铜壶点点敲，雨更多泪不少。雨湿寒梢，泪染龙袍，不肯相饶，共隔着一树梧桐直滴到晓。

(选自王季思.全元戏曲[M].北京：人民文学出版社，1990.)

【注释】

① 梧桐雨：全名为《唐明皇秋夜梧桐雨》，描写的是唐代"安史之乱"前后唐玄宗和杨贵妃的故事。

② 六官提督太监：总管皇帝后官的太监。唐代无此官名。

③ 真容：杨贵妃的画像。

④ 正末：男主角，这里指唐玄宗。

⑤ 京兆：地名，在长安附近，是汉代首都长安的辅佐地区。这里实指京城长安。

⑥ 打叠：收拾。

⑦ 瘦岩岩：瘦得很厉害的样子。

⑧ 觑：见到。

⑨ 谩：聊且。

⑩ 待诏：唐代设立翰林院，内有擅长文词、经术、医卜、艺术的人士，随时听候皇帝召唤，称为待诏。当时有"医待诏""画待诏"等名目。这里指画待诏。

⑪ 快染：快，灵巧。染：画的着色。

⑫ 沉香亭畔回鸾舞：沉香亭在长安兴庆宫内，唐玄宗与杨贵妃常在亭上赏花。回鸾：古舞曲。

⑬ 花萼楼：花萼相辉楼，是唐玄宗和诸王兄弟游宴的地方。上马娇：宋元时画的杨贵妃图像的一种，画的是杨贵妃上马的情况。

⑭ 千秋节：唐玄宗诞辰是八月五日，开元十七年，百官上表奏请这一天为千秋节。华清宫：唐代宫殿名，在今陕西骊山上。唐玄宗与杨贵妃常在此过冬。

⑮ "七夕"二句：语出白居易《长恨歌》。"七月七日长生殿，夜半无人私语时。在天愿作比翼鸟，在地愿为连理枝。

⑯ 乘彩凤、返丹霄：成仙，是死的委婉说法。

⑰ 打：遭。离恨天最高：古人常有"三十三天，离恨天最高；四百四病，相思病最苦"的说法。

⑱ 亭皋：平边平地。

⑲ 芙蓉拆胭脂萼：指木芙蓉花开。萼：花托。

⑳ 上阳宫：唐宫殿名，在洛阳。

㉑ 管：包管。一灵儿：灵魂。

㉒ 红牙筋：红色象牙箸，敲乐器用。

㉓ 按霓裳乐：按《霓裳羽衣曲》的节奏。

㉔ 翠盘：园中的假山。

㉕ 一弄儿：一味地。

㉖ 篆烟袅：指香的烟气盘旋上升。

㉗ 昏惨刺：昏暗的样子。

㉘ 漏：古代滴水计时的工具。

㉙ 口是心苗：心中有想法，言语会表现出来。

㉚ 业眼难交：意思是难以入睡。

㉛ 滴溜溜：形容树叶飘落的象声词。

㉜ 疏剌剌：形容风吹落叶的声音。

㉝ 忽鲁鲁：形容风吹灯的声音。

㉞ 厮琅琅：形容铃声。殿铎：殿铃。

㉟ 扑簌簌：形容窗帘吹动的声音。朱箔：朱帘。

㊱ 吉丁当：象声词。玉马儿：铁马，古代屋檐上常挂的铁片。有的也用玉做成，称为玉马。

㊲ 闷打颏：昏沉沉的样子。

㊳ 软兀剌：软瘫瘫地。

㊴ 青衣：宫女。

㊵ 梨园子弟：唐玄宗曾选乐工和宫女在梨园集中训练，这些人称为梨园子弟。

㊶ 斜軃翠鸾翘：谓翠鸾翘斜插着。翠鸾翘，用玉做成的凤形首饰。

㊷ 浑一：完全。出浴的旧风标：太真出浴是古代许多艺术家喜欢描写的题材。风标：风韵。

㊸ 鲛绡：古代传说中的人鱼叫鲛人，他织的绡称为鲛绡。因手帕多以绡做成，故多以指手帕。

㊹ 喑约：思量、忖度。也作"黯约"。

㊺ 兀那：那。兀：语气词，无义。

㊻ 定虐：扰乱。

㊼ 毕剥：象声词。

㊽ 歇和：协和。

㊾ 子管里：只管。

㊿ 兀的：这。也么哥：语气词。

(51) 银床：对井架的美称。

(52) 翠盘：一种跳舞用的道具。

(53) 六幺：或作绿腰、录要，唐大曲名。

(54) 味味：象声词，形容雨声。瑞兽：古代在喷水的地方装上石兽，让水从兽口中流出。

(55) 把高凤麦来漂：东汉人高凤读书极为专心，一次下大雨，将他所晒的麦子全冲走了，他浑然不觉。

(56) "前度铃声"句：据载，唐玄宗避难蜀中时，在栈道的雨声中听到铃声后，更加伤感，因而作《雨霖铃》一曲。

(57) 花奴：汝阳王李琎，小名花奴，擅长羯鼓。羯鼓：一种可以从两头敲的鼓。

(58) 伯牙：春秋时人，善鼓琴。水仙操：传说是伯牙所作的琴曲名。

(59) 斟量：思量。

艺术赏析

本文选自《梧桐雨》第四折，是全剧最精彩的部分。这一折23支曲子主要是抒写唐明皇思念杨贵妃的凄楚情怀。【端正好】至【呆骨朵】五曲写唐明皇面对杨贵妃真容引起的怀念与感伤。这里既有还京后"无权柄"的苦恼，又有"孤辰限"的凄惶，真可谓百感交集，声泪俱下。唐明皇内心的这种苦闷和忧愁如何排解呢？他选择去沉香亭闲行遣闷。地点也由殿宇内转换为亭皋边。沉香亭是个有着特殊意义的地方，因为这里曾是唐明皇与杨贵妃御园小宴、啖荔枝、舞霓裳追欢取乐的地方。这里留下的全部是美好的回忆，可如今怎能不见物思人，触景伤情？

【白鹤子】至【倘秀才】五曲即写在沉香亭畔，唐明皇睹物思人，如今物在人亡，不由发出哀叹。"见芙蓉怀媚脸，遇杨柳忆纤腰"两句曲词是从《长恨歌》"芙蓉如面柳如眉"演化而来。作者运用生动的比喻和丰富的联想，写出了唐明皇对往昔荣华富贵的回忆和对杨贵妃的深深思念。可是眼下却是"翠盘中荒草满，芳树下暗香消。空对井梧阴，不见倾城貌"。作品通过今昔对比，抒写了唐明皇对往日繁华一去不复返的无奈和惆怅之情。

唐明皇回到寝殿，时间已由白昼转入夜晚。此时的景物显得和人的心情一样衰败、昏暗，衬托出更加忧伤的感情色彩。【芙蓉花】至【黄钟煞】十三首曲抒写唐明皇的寝殿惊梦，作者以具体形象为喻，写极唐明皇内心的哀伤。

前三曲写唐明皇入梦前的孤寂和焦躁。作品通过暗淡的串烟，昏惨的银河，喧闹的秋虫，满地的阴云，狂恶的西风，飘落的败叶，琅琅的殿铃，簌簌的朱帘等，渲染一种独特的氛围，烘托主人公的痛苦心境。【倘秀才】【双鸳鸯】二曲直接写梦会。唐明皇刚刚入睡，就梦见杨贵妃请他长生殿赴宴，杨贵妃生前的娇态和往日的荣华富贵又浮现在眼前。可是转瞬间睡梦又被惊醒，一切皆成虚幻，惊梦之后，内心更加感伤。追寻惊梦的原因，白朴把视野集中在一个焦点上，即梧桐雨。白朴运用多种艺术手法和修辞方式，从多个角度描绘雨打梧桐的意象。梧桐雨是白朴刻意要表现的自然景象，是显现人物心理状态、丰腴人物精神情貌的主要依托物象。只有把这一物象描写得摇曳多姿、精彩纷呈，才能最大限度地表现主人公的精神世界。【蛮姑儿】以下数曲极力铺叙"秋夜梧桐雨"的自然景象，造成一种凄怆冷落的意境，抒写唐明皇孤凄、愁苦的心境。作者倾注全部心力和才思，以多种多样的艺术手法和修辞方式，从各种不同的角度，描绘雨打梧桐的意象。作品摹写梧桐雨以楼头过雁、阶下寒蛩、檐前玉马、架上金鸡作反衬；以杨柳雨、梅子雨、杏花雨、梨花雨、荷花雨、豆花雨作对比；以"玉盘中万颗珍珠落""玳筵前几簇笙歌闹""翠岩头一派寒泉瀑"等作比喻；以"洗黄花、润篱落、清苍苔、倒墙角、渲湖山"等作排比，令人眼花缭乱，目不暇接。尤其值得注意的是，作品中出现的景物描写，都不是孤立和游离的，作者通过人物描写和景物相结合的方式抒发了人景相融的特殊意境。描写景物是为了对人物心理刻画进行铺垫，使人物描写更加生动。每首曲词结尾都把主人公的思想感情作为景物描写的归宿，层层递进地抒写主人公情感的演变历程，从而创造了一个情景交融的意境，充分展现了主人公的内心世界。

在大量描摹梧桐雨的过程中，作者又把梧桐树作为联想的条件，中间穿插【滚绣球】一曲："是兀那当时欢会栽排下，今日凄凉厮辏着"揭示了今天的凄凉是由往日的欢会所栽排，昔日的骄奢淫逸造成如今的死别生离。盛极而衰，乐极哀来，唐明皇自己吞食自己种植的苦果。这句点睛之笔，是主题思想的高度概括，也是人生底蕴的深刻揭示，具有很强的讽喻性。繁华已去，盛景不再，失去的永远失去了，只剩下孤独寂寞时的悔恨哀怨。这种由盛至衰的人世沧桑的悲剧，通过李、杨故事演绎出来，尤为动人心魄。

◉ **文学聚焦**

元 杂 剧

元杂剧又称北杂剧，是元代用北曲演唱的传统戏曲形式。形成于宋末，繁盛于元大德年间。元杂剧是在金院本和诸宫调的直接影响之下，融合各种表演艺术形式而成的一种完整的戏剧形式，并在唐宋以来话本、词曲、讲唱文学的基础上创造了成熟的文学剧本。这比之以滑稽取笑为主的参军戏或宋杂剧可说已发生了质的变化。作为一种成熟的戏剧，元杂剧在内容上不仅丰富了久已在传统民间传唱的故事，而且广泛地反映了当时的社会现实，成为广大人民群众最喜爱的文艺形式之一。主要代表作家有关汉卿、郑光祖、马致远、白朴等。主要代表作有《窦娥冤》《倩女离魂》《汉宫秋》《梧桐雨》等。其内容主要以揭露社会黑暗、反映人民疾苦为主，现实主义与浪漫主义相结合，主线明确，人物鲜明。其结构上最显著的特色是，四折一楔子和"一人主唱"。

拓展与应用

探究思考

1. [滚绣球]一段曲词"这待诏手段高，画的来没半星儿差错。虽然是快染能描，画不出沉香亭畔回鸾舞，花萼楼前上马娇，一段儿妖娆"。有人说看似矛盾，实则写出了唐明皇此刻的复杂心情。请简要说出其中的矛盾和唐明皇的复杂心情。

2. 本文运用了哪些艺术手法来描绘雨打梧桐的意象？

拓展链接

1. 王实甫《西厢记》。

2. 白朴《墙头马上》。

3. 电影《莎翁情史》。

西厢记　　　　莎翁情史

职业连线

语文实践活动："歌颂爱情"舞台剧表演

没有恋爱过的青年，对爱情充满了梦幻般的憧憬与期待，而品味过爱情酸甜苦辣的人则有着不同的体验和理解。

本次活动通过有关爱情主题故事的收集，文本的改编，舞台剧的排练与表演，提高同学们的艺术欣赏能力，同时树立正确的爱情观和价值观。

活动布置：

以小组为单位选择一篇关于爱情的文学作品，题材不限，内容要以叙述为主。

活动实施：

1. 分析作品，改编剧本。由教师统一指导各组学生进行剧本改编。确定作品思想、人物形象、动作语言、舞台背景等。

2. 舞台剧排练。注意如何通过面部表情、身段表情、语调表情等塑造人物形象及表现情感张力。

3. 舞台剧表演。组织同学们观看，并记录下感悟。

活动评价：

大家谈谈对剧本改编、舞台表演过程的体会以及对作品呈现出来的爱情观和价值观的感悟，并评选出"最佳改编剧本奖""最佳舞台表演奖"。

1. 学生自评 _____

2. 同学互评 _____

3. 教师点评 _____

自读课文

长 恨 歌①

白居易（唐）

汉皇重色思倾国②，御宇多年求不得③。
杨家有女初长成，养在深闺人未识。
天生丽质难自弃，一朝选在君王侧④。
回眸一笑百媚生，六宫粉黛无颜色⑤。
春寒赐浴华清池⑥，温泉水滑洗凝脂⑦。
侍儿扶起娇无力，始是新承恩泽时⑧。
云鬓花颜金步摇⑨，芙蓉帐暖度春宵⑩。
春宵苦短日高起，从此君王不早朝。
承欢侍宴无闲暇，春从春游夜专夜。
后宫佳丽三千人，三千宠爱在一身。
金屋妆成娇侍夜⑪，玉楼宴罢醉和春。
姊妹弟兄皆列土⑫，可怜光彩生门户⑬。
遂令天下父母心，不重生男重生女⑭。

骊宫高处入青云⑮，仙乐风飘处处闻。
缓歌慢舞凝丝竹⑯，尽日君王看不足⑰。
渔阳鼙鼓动地来⑱，惊破霓裳羽衣曲⑲。
九重城阙烟尘生⑳，千乘万骑西南行㉑。
翠华摇摇行复止，西出都门百余里。
六军不发无奈何，宛转蛾眉马前死㉒。
花钿委地无人收㉓，翠翘金雀玉搔头㉔。
君王掩面救不得，回看血泪相和流。
黄埃散漫风萧索，云栈萦纡登剑阁㉕。
峨嵋山下少人行㉖，旌旗无光日色薄。
蜀江水碧蜀山青，圣主朝朝暮暮情。
行宫见月伤心色㉗，夜雨闻铃肠断声㉘。
天旋地转回龙驭㉙，到此踌躇不能去。
马嵬坡下泥土中，不见玉颜空死处㉚。

君臣相顾尽沾衣，东望都门信马归㉛。
归来池苑皆依旧，太液芙蓉未央柳㉜。
芙蓉如面柳如眉，对此如何不泪垂？
春风桃李花开日，秋雨梧桐叶落时。
西宫南内多秋草㉝，落叶满阶红不扫。
梨园弟子白发新㉞，椒房阿监青娥老㉟。
夕殿萤飞思悄然，孤灯挑尽未成眠㊱。
迟迟钟鼓初长夜㊲，耿耿星河欲曙天㊳。
鸳鸯瓦冷霜华重㊴，翡翠衾寒谁与共㊵？
悠悠生死别经年，魂魄不曾来入梦。

临邛道士鸿都客㊶，能以精诚致魂魄㊷。
为感君王辗转思，遂教方士殷勤觅。
排空驭气奔如电㊸，升天入地求之遍。
上穷碧落下黄泉㊹，两处茫茫皆不见。
忽闻海上有仙山，山在虚无缥缈间。
楼阁玲珑五云起㊺，其中绰约多仙子㊻。
中有一人字太真，雪肤花貌参差是㊼。
金阙西厢叩玉扃㊽，转教小玉报双成㊾。
闻道汉家天子使，九华帐里梦魂惊㊿。
揽衣推枕起徘徊，珠箔银屏迤逦开(51)。
云鬓半偏新睡觉(52)，花冠不整下堂来。
风吹仙袂飘飖举(53)，犹似霓裳羽衣舞。
玉容寂寞泪阑干(54)，梨花一枝春带雨。
含情凝睇谢君王(55)，一别音容两渺茫。
昭阳殿里恩爱绝(56)，蓬莱宫中日月长(57)。
回头下望人寰处(58)，不见长安见尘雾。
惟将旧物表深情(59)，钿合金钗寄将去(60)。
钗留一股合一扇(61)，钗擘黄金合分钿(62)。
但教心似金钿坚，天上人间会相见。
临别殷勤重寄词(63)，词中有誓两心知。
七月七日长生殿(64)，夜半无人私语时。
在天愿作比翼鸟(65)，在地愿为连理枝(66)。
天长地久有时尽，此恨绵绵无绝期(67)。

（选自白居易.白居易诗选[M].孙明君，选注.北京：人民文学出版社，2016.）

【注释】

① 元和元年，白居易任周至(今属陕西)县时，一日，与友人陈鸿、王质夫到马嵬驿附近的游仙寺游览，谈及李隆基与杨贵妃事。王质夫认为，像这样突出的事情，如无大手笔加工润色，就会随着时间的迁移而销没。他鼓励白居易："乐天探于诗，多于情者也，试为歌之如何?"于是，白居易写下了此诗。陈鸿同时写了一篇传奇《长恨歌传》。

② 汉皇：此指唐玄宗李隆基。重色：爱好女色。倾国：绝色女子。语出汉李延年诗："南方有佳人，遗世而独立。一顾倾人城，再顾倾人国。

③ 御宇：驾御宇内，即统治天下。

④ "杨家"四句：杨玉环本是蜀州司户杨玄琰之女，随其父杨玄琰入长安。及笄，嫁与玄宗之子寿王李瑁为妃。后为李隆基看中，欲占为己有，碍于名分，先让她出宫做女道士，然后迎归宫中。白居易此谓"养在深闺人未识"乃故为隐讳。丽质：美好的资质。

⑤ 六宫粉黛：指宫内所有嫔妃。粉黛：均为女子化妆用品。粉以抹脸，黛以描眉。这里指代宫妃。无颜色：意谓相形之下，显得不漂亮了。

⑥ 华清池：骊山上多温泉，李隆基常去避寒，辟浴池多处，建温泉宫，后改名为华清宫。

⑦ 凝脂：形容皮肤白嫩造润。

⑧ 新承恩泽：刚得到皇帝的宠幸。

⑨ 金步摇：一种首饰，用金丝制成花枝形状，上缀珠玉，插于发髻，行走时随步履摇动，因名步摇。

⑩ 芙蓉帐：绣绘着荷花图案的帐幔。芙蓉：荷花。

⑪ 金屋：据《太真外传》说杨玉环在华清宫有梳妆之所，名端正楼。此言金屋，系用汉武帝"金屋藏娇"语意。

⑫ "姊(zǐ)妹"句：杨玉环被册封为贵妃后，家族沾光受宠。她的大姐封韩国夫人，三姐封虢国夫人，八姐封秦国夫人，堂兄弟杨铦官鸿胪卿，杨锜官侍御史，杨钊赐名国忠，官右丞相。姊妹：姐妹。列土：裂土受封。列：通"裂"。

⑬ 可怜：可爱。怜：爱，羡慕。

⑭ "不重"句：《长恨歌传》记载当时民谣说："生女勿悲酸生男勿欢喜""男不封侯女作妃，看女却为门上楣"。

⑮ 骊宫：即华清宫。因在骊山上，故称骊宫。

⑯ 凝：凝结。此指歌舞与乐曲密切吻合，丝丝入扣。

⑰ 足：餍足，满足。

⑱ "渔阳"句：指安禄山发动叛乱。渔阳：唐郡名，是范阳节度使安禄山所辖八郡之一。鼙(pí)：古代军中所用小鼓。

⑲ 霓裳羽衣曲：唐代著名舞曲。传说是唐玄宗依据西凉节度使杨敬述所献乐曲加工润色而成的。

⑳ 九重城阙：指京城长安。古人以为天有九重，京城为天子所居之地，故云。烟尘生：指发生战乱。

㉑ "千乘(shèng)"句：天宝十五载(755)六月，安禄山破潼关，李隆基由延秋门出长安，仓皇向西南逃奔。乘：马车。

㉒ "翠华"四句：李隆基西奔至距长安百余里的马嵬驿(今属陕西兴平)，扈从禁卫军发难，不肯行进，请诛杨国忠、杨玉环兄妹以平民怨。玄宗为保住自己，只得照办。翠华：用翠鸟羽毛装饰的旗帜，用作皇帝的仪仗。此指皇帝的车驾。六军：此指皇帝的御林军。蛾眉：美女的代称。此指杨贵妃。

㉓ 花钿(diàn)：镶嵌金花的首饰。委地：丢弃在地上。

㉔ 翠翘：形状似翠鸟尾羽的头饰。金雀：雀形的金钗。玉搔头：玉簪。

㉕ 云栈：高入云霄的栈道。剑阁：即剑门关，是大剑山与小剑山之间的一座关隘，在今四川剑阁县北。

㉖ 峨眉山：在今四川峨眉县。玄宗奔蜀途中，并未经过峨眉山，这里泛指蜀中高山。

㉗ 行宫：皇帝离京出行时驻在的地方。

㉘ "夜雨"句：《明皇杂录·补遗》："明皇既幸蜀，西南行，初入谢谷，霖雨涉旬，于栈道中闻铃声，与山相应。上既悼念贵妃，采其声为《雨淋铃曲》以寄恨焉。"这里暗咏此事。

㉙ 天旋日转：犹言云开雾散，喻局势转变。回龙驭：郭子仪军收复长安后，唐肃宗派太子太师韦见素至蜀迎玄宗回京。龙驭：皇帝的车驾。

㉚ 空死处：空见死处。空：徒然。

㉛ 信：任，任随。

㉜ 太液、未央：分别是汉朝宫廷内的池名和殿名。此借以指称唐代的宫殿池苑。

㉝ "西宫"句：玄宗还京后，初居兴庆宫，肃宗及其亲信唯恐他东山再起，将他迁至太极宫内，近于变相的软禁。西宫：唐太极宫，也称西内。南内：唐兴庆宫，也称南苑。

㉞ 梨园弟子：玄宗亲自调教的乐工生伎。《雍录》卷九："开元二年，置教坊于蓬莱宫，上自教法曲，谓之'梨园'者，按乐之地；而预教者，名为'弟子'耳。"

㉟ 椒房：后妃所住的宫殿。因用花椒和泥涂壁以取其香而多子，故名椒房。阿监：宫中女侍官。青娥：美好的容颜。

㊱ 孤灯挑尽：古时用油灯照明，为使灯火明亮，过一会儿就要把灯草挑一挑。按，唐时宫廷夜间燃烛而不点油灯，此处旨在形容玄宗晚年生活环境的凄苦。

㊲ 迟迟：异常迟缓。用以形容长夜难眠时的心情。报更钟鼓声起止原有定时，这里意在强调唐玄宗的主观感受。

㊳ 耿耿：微明的样子。欲曙天：长夜将晓之时。

㊴ 鸳鸯瓦：两片瓦片一俯一仰扣合在一起叫鸳鸯瓦。简称鸳瓦。霜华：霜花。

㊵ 翡翠衾(qīn)：绣饰有翡翠鸟的被子。谁与共：谁与共。

㊶ "临邛"(qióng)句：意谓有个从临邛来的道士客居在长安。临邛：县名(今四川邛崃)。鸿都：东汉首都洛阳宫门名，此借指长安。

㊷ 至魂魄：使杨贵妃的亡魂前来。

㊸ 排空驭气：犹言腾云驾雾。

㊹ 穷：穷极，穷尽，找遍。碧落、黄泉：古人以为，天有九重，最上一层叫碧落；地有九层，最下一层叫黄泉。因而也称九天、九泉。

㊺ 五云：五彩云霞。

㊻ 绰约：形容风姿美好。

㊼ 参差(cēn cī)：这里意为仿佛、差不多。

㊽ 金阙：金碧辉煌的神仙宫阙。叩：叩击，敲。扃(jiōng)：本指门闩或门环，此指门扉。

㊾ "转教"句：意谓仙府庭院重重，须经辗转通报。小玉、双成：均为古代神话传说中的女子名，此借以指杨玉环所在仙府的侍婢。小玉：传说中吴王夫差之女。双成：传说为西王母的侍女，姓董。

㊿ 九华帐：绘饰华美的帐慢。据传也是西王母所有之物。九华：图案名。

51 珠箔(bó)：用珍珠串编成的帘子。屏：屏风。迤逦(yǐlǐ)：一个接一个，连延不断。

52 新睡觉：刚睡醒。觉：睡醒。

53 袂(mèi)：衣袖。

(54) 阑干：纵横流淌。

(55) 凝睇(dì)：凝视。

(56) 昭阳殿：汉代宫殿名，为赵飞燕所居，这里指杨玉环生前在长安的寝宫。绝：断。

(57) 蓬莱宫：指杨玉环在仙府的居室。蓬莱：传说中海上三仙山之一。

(58) 人寰：人间。

(59) 旧物：指生前与玄宗定情的信物。

(60) 钿盒：镶嵌有金花的盒子。寄将去：托道士捎去。

(61) "钗留"句：钗由两股结成，此捎去一股，留下一股。

(62) 擘(bò)：分开。合分钿：钿盒上的金花图案各得一半。

(63) 重(chóng)：再，又。

(64) 长生殿：在骊山上，天宝元年建，名"集灵台"，以祀神。一说，唐代后妃所居寝室，通称长生殿。

(65) 比翼鸟：本名鹣鹣，飞时雌雄相从，比翼齐飞。

(66) 连理枝：异本草木，两棵树不同根而枝叶连生在一起。

(67) 恨：遗憾。

爱

张爱玲

这是真的。

有个村庄的小康之家的女孩子，生得美，有许多人来做媒，但都没有说成。

那年她不过十五六岁吧，是春天的晚上，她立在后门口，手扶着桃树。她记得她穿的是一件月白的衫子。对门住的年轻人同她见过面，可是从来没有打过招呼的，他走了过来，离得不远，站定了，轻轻地说了一声："噢，你也在这里吗？"她没有说什么，他也没有再说什么，站了一会，各自走开了。

就这样就完了。

后来这女子被亲眷拐子卖到他乡外县去作妾，又几次三番地被转卖，经过无数的惊险的风波，老了的时候她还记得从前那一回事，常常说起，在那春天的晚上，在后门口的桃树下，那年轻人。

于千万人之中遇见你所遇见的人，于千万年之中，时间的无涯的荒野里，没有早一步，也没有晚一步，刚巧赶上了。那也没有别的话可说，惟有轻轻地问一声："噢，你也在这里吗？"

（选自张爱玲．张爱玲散文精选[M]．来凤仪，选编．杭州：浙江文艺出版社，2000.）

大胡子与我

三　毛

结婚以前大胡子问过我一句很奇怪的话："你要一个赚多少钱的丈夫？"

我说："看得不顺眼的话，千万富翁也不嫁；看得中意，亿万富翁也嫁。"

"说来说去，你总想嫁有钱的。"

"也有例外的时候。"我叹了口气。

"如果跟我呢？"他很自然的问。

"那只要吃得饱的钱也算了。"

他思索了一下，又问："你吃得多吗？"

我十分小心的回答："不多，不多，以后还可以少吃点。"就这几句对话，我就成了大胡子荷西的太太。

婚前，我们常常在荷西家前面的泥巴地广场打棒球，也常常去逛马德里的旧货市场，再不然冬夜里搬张街上的长椅子放在地下车的通风口上吹热风，下雪天打打雪仗，就这样把春花秋月都一个一个的送掉了。

一般情侣们的海誓山盟、轻怜蜜爱，我们一样都没经过就结了婚，回想起来竟然也不怎么遗憾。

前几天我对荷西说："二华副主编蔡先生要你临时客串一下，写一篇'我的另一半'，只此一次，下不为例。"当时他头也不抬的说："什么另一半？"

"你的另一半就是我啊！"我提醒他。"我是一整片的。"他如此肯定的回答我，倒令我仔细的看了看说话的人。

"其实，我也没有另一半，我是完整的。"我心里不由得告诉自己。我们虽然结了婚，但是我们都不承认有另一半，我是我，他是他，如果真要拿我们来劈，又成了四块，总不会是两块，所以想来想去，只有写"大胡子与我"来交卷，这样两个独立的个体总算拉上一点关系了。

要写大胡子在外的行径做人，我实在写不出什么特别的事来。这个世界上留胡子的成千上万，远看都差不多，叫"我"的人，也是多得数不清，所以我能写的，只是两人在家的一本流水账，并无新鲜之处。

在我们的家里，先生虽然自称没有男性的优越自尊等等坏习惯，太太也说她不参加女权运动，其实这都是谎话，有脑筋的人听了一定哈哈大笑。

荷西生长在一个重男轻女的传统家庭里，这么多年来他的母亲和姐妹有意无意之间，总把他当儿皇帝，穿衣、铺床、吃饭自有女奴甘甘心心侍候。多少年来，他愚蠢的脑袋已被这些观念填得满满的了，再要洗他过来，已经相当辛苦，可惜的是，婚后我才发觉这个真相。

我本来亦不是一个温柔的女子，加上我多年前，看过胡适写的一篇文章，里面一再的提到"超于贤妻良母的人生观"，我念了之后，深受影响，以后的日子，都往这个"超"字上去发展。结果弄了半天，还是结了婚，良母是不做，贤妻赖也赖不掉了。

就因为这两个人不是一半一半的，所以结婚之后，双方的棱棱角角，彼此都用沙子耐心的磨着，希望在不久的将来，能够磨出一个式样来，如果真有那么一天，两人在很小的家里晃来晃去时，就不会撞痛了彼此。

其实婚前和婚后的我们，在生活上并没有什么巨大的改变。荷西常常说，这个家，不像家，倒像一座男女混住的小型宿舍。我因此也反问他："你喜欢回家来有一个如花似玉的女同学在等你，还是情愿有一个像'李伯大梦'里那好凶的老拿棍子打人的黄脸婆？"

大胡子，婚前交女友没有什么负担；婚后一样自由自在，吹吹口哨，吃吃饭，两肩不驼，双眼闪亮，受家累男人的悲戚眼神，缓慢步履，在此人身上怎么也打不出来。他的太太，结婚以后，亦没有喜新厌旧改头换面做新装，经常洗换的，也仍然是牛仔裤三条，完全没主妇风采。

偶尔外出旅行，碰到西班牙保守又保守的乡镇客店，那辛苦麻烦就来了。"请问有没有房间？"大胡子一件旧夹克，太太一顶叫花子呢帽，两人进了旅馆，总很客气的问那冰冷面孔的柜台。"双人房，没有。"明明一大排钥匙挂着，偏偏狠狠的盯着我们，好似我们的行李装满了苹果，要开房大食禁果一般。

"我们结婚了，怎么？"

"身份证！"守柜台的老板一脸狡猾的冷笑。

"拿去！"

这人细细的翻来覆去的看，这才不情不愿的交了一把钥匙给我们。我们慢慢上了楼，没想到那个老板娘不放心，瞪了一眼先生，又追出来大叫。"等一下，要看户口名簿。"那个样子好似踩住了我们尾巴似的得意。"什么，你们太过份了！"荷西暴跳起来。

"来，来，这里，请你看看。"我不情不愿的把早已存好的小本子，举在这老顽固的面前。"不像，不像，原来你们真结婚了。"这才化开了笑容，慢慢的踱开去。奇怪，我们结不结婚，跟她有什么关系？你又不是她女儿，神经嘛！荷西骂个不停。

我叹了口气，疲倦的把自己抛在床上，下一站又得多多少少再演一场类似的笑剧，谁叫我们"不像"。"喂！什么样子才叫'像'，我们下次来装。"我问他。"我们本来就是夫妻嘛！装什么鬼！"

"可是大家都说不像。"我坚持。

"去借一个小孩子来抱着好了。"

"借来的更不像，反正就是不像，不像。"

谁叫我们不肯做那人的另一半，看来看去都是两个不像的人。

有一天，我看一本西班牙文杂志，恰好看到一篇报道，说美国有一个女作家，写了一本畅销书，名字我已记不得了。总之是说——"如何叫丈夫永远爱你。"

这个女作家在书中说："永远要给你的丈夫有新奇感，在他下班之前，你不妨每天改一种打扮，今天扮阿拉伯女奴，明天扮海盗，大后天做一个长了翅膀的安琪儿；再大后天化成一个老巫婆……这样，先生下班了，才会带着满腔的喜悦，一路上兴奋的在想着，我亲爱的宝贝不知今天是什么可爱的打扮——"又说："不要忘了，每天在他耳边轻轻的说几遍，我爱你——我爱你——我爱你——。"

这篇介绍的文章里，还放了好几张这位婚姻成功的女作家，穿了一条格子裙，与丈夫热烈拥吻的照片。我看完这篇东西，就把那本杂志丢了。

吃晚饭时，我对荷西说起这本书，又说："这个女人大概神经不太正常，买她书的人，照着去做的太太们，也都是傻瓜。如果先生们有这么一个千变万化的太太，大概都吓得大逃亡了。下班回来谁受得了今天天使啦！明天海盗啦后天又变个巫婆啦！……"

他低头吃饭，眼睛望着电视，我再问他："你说呢？"他如梦初醒，随口应着："海盗！我比较喜欢海盗！"你根本不在听嘛！"我把筷子一摔，瞪着他，他根本看不见，眼睛又在电视上了。

我叹了口气，实在想把汤倒他的脸上去，对待这种丈夫，就算整天说着"我爱你"，换来的也不过是咦咦啊啊，婚姻不会更幸福，也不会更不幸福。

有时候，我也想把他抓住，噜噜苏苏骂他个过瘾。但是以前报上有个新闻，说一位先生，被太太喋喋不休得发了火，拿出针线来，硬把太太的嘴给缝了起来。我不希望大胡子也缝我的嘴，就只有叹气的份了。

其实夫妇之间，过了蜜月期，所交谈的话，也不过是鸡零狗碎的琐事，听不听都不会是世界末日；问题是，不听话的人，总是先生。

大胡子，是一个反抗心特重的人，如果太太叫他去东，他一定往西；请他穿红，他一定着绿。做了稀的，他要吃干的；做了甜的，他说还是咸的好。这样在家作对，是他很大的娱乐之一。

起初我看透了他的心理，有什么要求，就用相反的说法去激他，他不知不觉的中了计，遂了我的心愿。后来他又聪明了一点，看透了我的心理，从那时候起，无论我反反覆覆的讲，他的态度就是不合作，如同一个傻瓜一般的固执，还常常得意的冷笑："嘿！嘿！我赢了！"

"如果有一天你肯跟我想得一样，我就去买奖券，放鞭炮！"我瞪着他。我可以确定，要是我们现在再结一次婚，法官问："荷西，你愿意娶三毛为妻吗？"他这个习惯性的"不"字，一定会溜出口来。结过婚的男人，很少会说"是"，大部分都说相反的话，或连话都不说。

荷西刚结婚的时候，好似小孩子扮家家酒，十分体谅妻子，情绪也很高昂，假日在家总是帮忙做事。可惜好景不常，不知什么时候开始，他背诵如教条的男性自尊又慢慢的苏醒了。

吃饭的时候，如果要加汤添饭，伸手往我面前一递，就好似太阳从东边出来一样的自然。走路经过一张报纸，他当然知道跨过去，不知道捡起来。有时我病了几天，硬撑着起床整理已经乱得不像样的家，他亦会体贴的说："叫你不要洗衣服，又去洗了，怎么不听话的。"

我回答他："衣不洗，饭不煮，地不扫，实在过不下去了，才起来理的。"

"不理不可以吗？你在生病。"

"我不理谁理？"我渴望这人发条开动，做个"清扫机器人"有多可爱。

"咦！谁也不理啊！不整理，房子又不会垮！"

这时候我真想大花瓶打碎他的头，可是碎的花瓶也得我扫，头倒不一定打得中，所以也就算了。

怎么样的女人，除非真正把心横着长，要不然，家务还是缠身，一样也舍不得不管，真是奇怪的事情。这种心理实在是不可取，又争不出一个三长两短来。

我们结合的当初，不过是希望结同行，双方对彼此都没有过份的要求和占领。我选了荷西，并不是为了安全感，更不是为了怕单身一辈子，因为这两件事于我个人，都算不得太严重。

荷西要了我，亦不是要一个洗衣煮饭的女人，更不是要一朵解语花，外面的洗衣店、小饭馆，物美价廉，女孩子莺莺燕燕，总比家里那一个可人。这些费用，不会超过组织一个小家庭。

就如我上面所说，我们不过是想找个伴，一同走走这条人生的道路。既然是个伴，就应该时刻不离的胶在一起才名副其实。可惜这一点，我们又偏偏不很看重。

许多时候，我们彼此在小小的家里漫游着，做着个人的事情，转角碰着了，闪一下身，让过双方，那神情，就好似让了个影子似的漠然。更有多少夜晚，各自抱一本书，啃到天亮，各自哈哈对书大笑，或默默流下泪来，对方绝不会问一声："你是怎么了，疯了？"

有时候，我想出去散散步，说声"走了"，就出去了，过一会自会回来，有时候早晨醒了，荷西已经不见了，我亦不去瞎猜，吃饭了，他也自会回来的，饥饿的狼知道哪里有好吃的东西。

偶尔的孤独，在我个人来说，那是最最重视的。我心灵的全部从不对任何人开放，荷西可以进我心房里看看、坐坐，甚至占据一席；但是，我有我自己的角落，那是："我的，我一个人的"。结婚也不应该改变这一角，也没有必要非向另外一个人完完全全开放，任他随时随地跑进去捣乱，那是我所不愿的。

许多太太们对我说："你这样不管你先生是很危险的，一定要把他牢牢的握在手里。"她们说这话时，还做着可怕的手势，捏着拳头，好像那先生变成好小一个，就在里面扭来扭去挣扎着似的。

我回答她们："不自由，毋宁死，我倒不是怕他寻死。问题是，管犯人的，可能比做犯人的还要不自由，所以我不难为自己，嘿！嘿！"

自由是多么可贵的事，心灵的自由更是我们牢牢要把握住的；不然，有了爱情仍是不够的。

有的时候，荷西有时间，他约了邻居朋友，几个人在屋顶上敲敲补补，在汽车底下爬出爬进，大声的叫喊着。漆着房子，挖着墙，有事没事的把自己当作伟大的泥水匠或木匠，我听见他在新鲜的空气里稀哩哗啦的乱唱着歌，就不免会想到，也许他是爱太太，可是他也爱朋友。一个男人与朋友相处的欢乐，即使在婚后，也不应该剥削掉他的。谁说一个丈夫只有跟妻子在一起时才可以快乐？

可惜的是，跟邻居太太们闲话家常，总使我无聊而不耐，尤其是她们东家长西家短起来，我就喝不下咖啡，觉得什么都像泥浆水。

大胡子不是一个罗曼蒂克的人，我几次拿出《语言行为》这本书来，再冷眼分析着他的坐相、站相、睡相，没有一点是我希望他所表现出来的样式，跟书上讲的爱侣完全不同。

有一次我突然问他："如果有来世，你是不是还是娶我？"他背着我干脆的说："绝不！"我又惊又气，顺手用力拍的打了他一拳，他背后中枪，也气了，跳翻身来与我抓着手对打。

"你这小瘪三，我有什么不好，说！"本来期望他很爱怜的回答我："希望生生世世做夫妻"想不到竟然如此无情的一句话，实在是冷水浇头，令人控制不住，我顺手便跳起来踢他。

"下辈子，就得活个全新的样子，我根本不相信来世。再说，真有下辈子，娶个一模一样的太太，不如不活也罢！"我恨得气结，被他如此当面拒绝，实在下不了台。"其实你跟我想的完完全全一样，就是不肯讲出来，对不对了？"他盯着我看。

我哈的一下笑出来，拿被单蒙住脸，真是知妻莫若夫，我实在心里真跟他想的一模一样，只是不愿说出来。

既然两人来世不再结发，那么今生今世更要珍惜，以后就都是旁人家的了。大胡子是个没有什么原则的人，他说他很清洁，他每天洗澡、刷牙、穿干净衣服。可是外出时，他就把脚搁在窗口，顺手把窗帘撩起来用力擦皮鞋。

我们住的附近没有公车，偶尔我们在洗车，看见邻居太太要进城去，跑来跟我们搭讪，我总会悄悄的蹲下去问荷西："怎么样，开车送她去？起码送到公路上免得她走路。"

这种时候，荷西总是毫不客气的对那个邻居直接了当的说："对不起，我不送，请你走路去搭车吧！""荷西，你太过份了。"那个人走了之后我羞愧的责备他。"走路对健康有益，而且这是个多嘴婆，我讨厌她，就是不送。"

如果打定主意不送人倒也算了，可是万一有人病了、死了、手断了、腿跌了、太太生产了，半夜三更都会来打门，那时候的荷西，无论在梦里如何舒服，也是一跳就起床，把邻居送到医院去，不到天亮不回来，我们这一区住着的大半是老弱残病，洋房是很漂亮，亲人却一个也没有。老的北欧人来退休，年轻的太太们领着小孩子独自住着，先生们往往都在非洲上班，从不回来。

家中的巧克力，做样子的酒，大半是邻居送给荷西的礼物。这个奇怪的人，吼叫起来声音很吓人，其实心地再好不过，他自己有时候也叫自己纸老虎。

一起出门去买东西，他这也不肯要，那也不肯买，我起初以为他责任心重，太客气，后来才发觉，他是宁为玉碎不为瓦全，情愿买一样贵的好的东西，也不肯要便宜货。我本想为这事生生气，后来把这种习惯转到他娶太太的事情上去想，倒觉得他是抬举了我，才把我这块好玉捡来了，挑东西都那么嫌东嫌西，娶太太他大概也花了不少心思吧。我到底是贵的，这一想，便眉开眼笑了。

夫妇之间，最怕的是彼此侵略，我们说了谁也不是谁的另一半，所以界线分明。有时兴致来了，也越界打门，争吵一番，吵完了倒还讲义气，英雄本色，不记仇，不报仇，打完算数，下次再见。平日也一样称兄道弟，绝对不会闹到警察那儿去不好看，在我们的家庭里，警察就是公婆，我最怕这两个人。在他们面前，绝对安分守己，坐有坐相，站有站相，不把自己尾巴露出来。

我写了前面这些流水帐，再回想这短短几年的婚姻生活，很想给自己归了类，把我们放进一些婚姻的模式里去比比看跟哪一种比较相像。放来放去，觉得很羞愧，好的、传统的，我们都不是样子；坏的、贱的，也没那么差。如果说，"开放的婚姻"这个名词可以用在我们的生活里，那么我已是十分的满意了，没有什么再好的定义去追求了。

夫妇之间的事情，酸甜苦辣，混淆不清，也正是如人饮水，冷暖自知。这小小的天地里，也是一个满满的人生，我不会告诉你，在这片深不可测的湖水里，是不是如你表面所见的那么简单。想来你亦不会告诉我，你的那片湖水里蕴藏着什么，各人的喜乐和哀愁，还是各人担当吧！

（选自三毛.稻草人手记[M].北京：北京十月文艺出版社，2011.）

拓展阅读

第五单元

地灵人杰

　　民俗是一个时代、一个地域的人群共同的生活方式，是决定着人的命运、性格的一种不可忽视的重要力量。民俗作为一种文化，它对作家的审美观、创作倾向有着潜移默化的影响。作家所处的地域环境、民间信仰、习俗等对他们的浸润，都使得他们在有意无意中将民俗作为关注和描述的对象与借鉴，他们对民俗的描画与书写使民俗和文学成为完美融合的一体。

　　文学与民俗的这种密切的关系最早可以追溯到先秦时期的文学创作，譬如《诗经》里就大量地反映了我国古代劳动人民的原始民俗。楚辞中也有反映我国古代南方民族的社会风俗，如《九歌》中的祭祀场面。古典文学名著《红楼梦》中也出现了抓阄、放风筝（放晦气）及重阳吃螃蟹等风俗描写。

　　历史发展到今天，我们对民风民俗的关注并未随着现代化程度的提高而减少，我们在近现代及至当代的文学作品中依然可以看到其中的各种民俗描写。陈忠实的《白鹿原》就是一部民俗文化十分浓厚的作品，作品充分描述及定位了礼仪民俗，集中将有礼志士的宽广情怀和礼仪引起的民族气节展现出来。此外沈从文湘西小说中的风土人情，汪曾祺的高邮"风俗画"小说都充满了诗性风俗的美好。

　　俗话说"千里不同风，百里不同俗"，你是否了解你家乡的民俗呢？

讲读课文

边城（节选）

沈从文

边城

作者简介

　　沈从文（1902—1988），男，原名沈岳焕，湖南凤凰人，中国著名作家、历史文物研究者。14 岁高小毕业后投身行伍，浪迹湘川黔交界地区。1924 年开始进行文学创作，撰写出版了《长河》《边城》等小说。1931—1933 年在青岛大学任教，抗战爆发后到西南联大任教，1946 年回到北京大学任教，建国后在中国历史博物馆和中国社会科学院历史研究所工作，主要从事中国古代历史与文物的研究，著有《中国古代服饰研究》。1988 年病逝于北京，享年 86 岁。

　　从 1926 年出版第一本创作集《鸭子》开始，沈从文先后出版了 70 余种作品集，被人称为多产作家。主要代表作有：短篇小说《丈夫》《贵生》《三三》，中长篇小说《边城》《长河》。《边城》是沈从文的代表作，入选 20 世纪中文小说 100 强，排名第二位，仅次于鲁迅的《呐喊》。他的作品中以反映湘西下层人民生活的作品最具特色，作品充满了对人性的隐忧和对生命的哲学思考，给人教益和启示。凭借独特的创作风格，沈从文在中国文坛中被誉为"乡土文学之父"。

背景知识

　　《边城》完成于 1931 年，是作者的代表作。那正是沈从文爱情和事业双丰收的季节。当时社会虽然动荡不安，但总体上还是稍显和平。这个时候中国有良知的文人，都在思考着人性的本质，沈从文自然是走在前沿的，于是，他希望通过自己对湘西的印象，描写一个近似于桃花源的湘西小城，给都市文明中迷茫的人性指一条明路。人间尚有纯洁自然的爱，人生需要皈依自然的本性。

　　关于这篇小说的创作动机，作者说："我要表现的本是一种'人生的形式'，一种'优美，健康而又不悖乎人性的人生形式'。我主意不在领导读者去桃源旅行，却想借重桃源上行七百里路酉水流域一个小城小市中几个愚夫俗子，被一件普通人事牵连在一处时，各人应得的一分哀乐，为人类'爱'字作一度恰如其分的说明。""边城"不只是一个地理概念（远离中原的边远小城），这同时是一个时间概念，文化概念，是一种特殊的文化、特殊的价值（社会传统美德）的象征。

三

　　两省接壤处，十余年来主持地方军事的，注重在安辑保守，处置极其得法，并无变故发生。水陆商务既不至于受战争停顿，也不至于为土匪影响，一切莫不极有秩序，人民也莫不安分乐生。这些人，除了家中死了牛，翻了船，或发生别的死亡大变，为一种不幸所绊倒，觉得十分伤心外，中国其他地方正在如何不幸挣扎中的情形，似乎就还不曾为这边城人民所感到。

　　边城所在一年中最热闹的日子，是端午，中秋和过年。三个节日过去三五十年前，如何兴奋了这地方人，直到现在，还毫无什么变化，仍是那地方居民最有意义的几个日子。

　　端午日，当地妇女、小孩子，莫不穿了新衣，额角上用雄黄蘸酒画了个王字。任何人家到了这天必可以吃鱼吃肉。大约上午十一点钟左右，全茶峒人就吃了午饭，把饭吃过后，在城里住家的，莫不倒锁了门，全家出城到河边看划船。河街有熟人的，可到河街吊脚楼门口边看，不然就站在税关门口与各个码头上看。河中龙船以长潭某处作起点，税关前作终点、作比赛竞争。因为这一天军官、税官以及当地有身份的人，莫不在税关前看热闹。划船的事各人在数天以前就早有了准备，分组分帮，各自选出了若干身体结实、手脚伶俐的小伙子，在潭中练习进退。船只的形式，与平常木船大不相同，形体一律又长又狭，两头高高翘起，船身绘着朱红颜色长线，平常时节多搁在河边干燥洞穴里，要用它时，才拖下水去。每只船可坐十二个到十八个桨手，一个带头的，一个鼓手，一个锣手。桨手每人持一支短桨，随了鼓声缓促为节拍，把船向前划去。带头的坐在船头上，头上缠裹着红布包头，手上拿两支小令旗，左右挥动，指挥船只的进退。擂鼓打锣的，多坐在船只的中部，船一划动便即刻蓬蓬锵锵把锣鼓很单纯的敲打起来，为划桨水手调理下桨节拍。一船快慢既不得不靠鼓声，故每当两船竞赛到剧烈时，鼓声如雷鸣，加上两岸人呐喊助威，便使人想起小说故事上梁红玉老鹳河时水战擂鼓，牛皋水擒杨么时也是水战擂鼓。凡把船划到前面一点的，必可在税关前领赏，一匹红、一块小银牌，不拘缠挂到船上某一个人头上去，皆显出这一船合作的光荣。好事的军人，且当每次某一只船胜利时，必在水边放些表示胜利庆祝的五百响鞭炮。

　　赛船过后，城中的戍军长官，为了与民同乐，增加这节日的愉快起见，便把三绿头长颈大雄鸭，颈脖上缚了红布条子，放入河中，尽善于泅水的军民人等，下水追赶鸭子。不拘谁把鸭子捉到，谁就成为这鸭子的主人。于是长潭换了新的花样，水面各处是鸭子，各处有追赶鸭子的人。

　　船与船的竞赛，人与鸭子的竞赛，直到天晚方能完事。

　　掌水码头的龙头大哥顺顺，年青时节便是一个泅水的高手，入水中去追逐鸭子，在任何情形下总不落空。但一到次子傩送年十岁时，已能入水闭气氽着到鸭子身边，再忽然从水中冒水而出，把鸭子捉到，这作爸爸的便解嘲似的说："好，这种事有你们来作，我不必再下水了。"于是当真就不下水与人来竞争捉鸭子。但下水救人呢，当作别论。凡帮助人远离患难，便是入火，人到八十岁，也还是成为这个人一种不可逃避的责任！

　　天保傩送两人皆是当地泅水划船好选手。

　　端午快来了，初五划船，河街上初一开会，就决定了属于河街的那只船当天入水。天保恰好在那天应向上行，随了陆路商人过川东龙潭送节货，故参加的就只傩送。十六个结实如牛犊的小伙子，带了香烛、鞭炮，同一个用生牛皮蒙好、绘有朱红太极图的高脚鼓，到了搁船的河上游山洞边，烧了香烛，把船拖入水后，各人上了船，燃着鞭炮，擂着鼓，这船便如一枝箭似的，很迅速的向下游长潭射去。

　　那时节还是上午，到了午后，对河渔人的龙船也下了水，两只龙船就开始预习种种竞赛的方法。水面上第一次听到了鼓声，许多人从这鼓声中，感到了节日临近的欢悦。住临河吊脚楼对远方人有所等待、有所盼望的，也莫不因鼓声想到远人。在这个节日里，必然有许多船只可以赶回，也有许多船只只合在半路过节，这之间，便有些眼目所难见的人事哀乐，在这小山城河街间，让一些人开心，也让一些人皱眉。

蓬蓬鼓声掠水越山到了渡船头那里时，最先注意到的是那只黄狗。那黄狗汪汪的吠着，受了惊似的绕屋乱走，有人过渡时，便随船渡过河东岸去，且跑到那小山头向城里一方面大吠。

翠翠正坐在门外大石上用棕叶编蚱蜢、蜈蚣玩，见黄狗先在太阳下睡着，忽然醒来便发疯似的乱跑，过了河又回来，就问它骂它：

"狗，狗，你做什么！不许这样子！"

可是一会儿，那声音被她发现了，她于是也绕屋跑着，且同黄狗一块儿渡过了小溪，站在小山头听了许久，让那点迷人的鼓声，把自己带到一个过去的节日里去。

四

还是两年前的事。五月端阳，渡船头祖父找人作替身，便带了黄狗同翠翠进城，到大河边去看划船。河边站满了人，四只朱色长船在潭中滑着，龙船水刚刚涨过，河中水皆泛着豆绿色，天气又那么明朗，鼓声蓬蓬响着，翠翠抿着嘴一句话不说，心中充满了不可言说的快乐。河边人太多了一点，各人皆尽张着眼睛望河中，不多久，黄狗留在身边，祖父却挤得不见了。

翠翠一面注意划船，一面心想"过不久祖父总会找来的"。但过了许久，祖父还不来，翠翠便稍稍有点儿着慌了。先是两人同黄狗进城前一天，祖父就问翠翠："明天城里划船，倘若一个人去看，人多怕不怕？"翠翠就说："人多我不怕，但自己只是一个人可不好玩。"于是祖父想了半天，方想起一个住在城中的老熟人，赶夜里到城里去商量，请那老人来看一天渡船，自己却陪翠翠进城玩一天。且因为那人比渡船老人更孤单，身边无一个亲人，也无一只狗，因此便约好了那人早上过家中来吃饭，喝一杯雄黄酒。第二天那人来了，吃了饭，把职务委托那人以后，翠翠等便进了城。到路上时，祖父想起什么似的，又问翠翠，"翠翠，翠翠，人那么多，好热闹，你一个人敢到河边看龙船吗？"翠翠说："怎么不敢？可是一个人玩有什么意思。"到了河边后，长潭里的四只红船，把翠翠的注意力完全占去了，身边祖父似乎也可有可无了。祖父心想："时间还早，到收场时，至少还得三个时刻。溪边的那个朋友，也应当来看看年青人的热闹，回去一趟，换换地位还赶得及。"因此告翠翠，"人太多了，站在这里看，不要动，我到别处去有点事情，无论如何总赶得回来伴你回家。"翠翠正为两只竞速并进的船迷着，祖父说的话毫不思索就答应了。祖父知道黄狗在翠翠身边，也许比他自己在她身边还稳当，于是便回家看船去了。

祖父到了那渡船处时，见代替他的老朋友，正站在白塔下注意听远处鼓声。

祖父叫他，请他把船拉过来，两人渡过小溪仍然站到白塔下去。那人问老船夫为什么又跑回来，祖父就说想替他一会儿故把翠翠留在河边，自己赶回，好让他也过河边去看看热闹，且说，"看得好，就不必再回来，只须见了翠翠告她一声，翠翠到时自会回家的。小丫头不敢回家，你就伴她走走！"但那替手对于看龙船已无什么兴味，却愿意同老船夫在这溪边大石上各自再喝两杯烧酒。老船夫听说十分高兴，于是把葫芦取出，推给城中来的那一个。两人一面谈些端午旧事，一面喝酒，不到一会，那人却在岩石上被烧酒醉倒了。

人既醉倒了，无从入城，祖父为了责任又不便与渡船离开，留在河边的翠翠便不能不着急了。

河中划船的决了最后胜负后，城里军官已派人驾小船在潭中放了一群鸭子，祖父还不见来。翠翠恐怕祖父也正在什么地方等着她，因此带了黄狗各处人丛中挤着去找寻祖父，结果还是不得祖父的踪迹。后来看看天快要黑了，军人扛了长凳出城看热闹的，皆已陆续扛了那凳子回家。潭中的鸭子只剩下三五只，捉鸭人也渐渐的少了。落日向上游翠翠家中那一方落去，黄昏把河面装饰了一层薄雾。翠翠望到这个景致，忽然起了一个怕人的想头，她想："假若爷爷死了？"

她记起祖父嘱咐她不要离开原来地方那一句话，便又为自己解释这想头的错误，以为祖父不来必是进城去或到什么熟人处去，被人拉去喝酒，故一时不能来的。正因为这也是可能的事，她又不愿在天未断黑以前，同黄狗赶回家去，只好站在那石码头边等候祖父。

再过一会，对河那两只长船已泊到对河小溪里去不见了，看龙船的人也差不多全散了。吊脚楼有娼妓的人家，已上了灯，且有人敲小斑鼓弹月琴唱曲子。另外一些人家，又有划拳行酒的吵嚷声音。同时停泊在吊脚楼下的一些船只，上面也有人在摆酒炒菜，把青菜萝卜之类，倒进滚热油锅里去时发出岔——的声音。河面已朦朦胧胧，看去好像只有一只白鸭在潭中浮着，也只剩一个人追着这只鸭子。

翠翠还是不离开码头，总相信祖父会来找她，同她一起回家。

吊脚楼上唱曲子声音热闹了一些，只听到下面船上有人说话，一个水手说："金亭，你听你那婊子陪川东庄客喝酒唱曲子，我赌个手指，说这是她的声音！"另一个水手就说："她陪他们喝酒唱曲子，心里可想我。她知道我在船上！"先前那一个又说："身体让别人玩着，心还想着你；你有什么凭据？"另一个说："有凭据。"于是这水手吹着嘡哨，作出一个古怪的记号，一会儿，楼上歌声便停止了，两个水手皆笑了。两人接着便说了些关于那个女人的一切，使用了不少粗鄙字眼，翠翠很不习惯把这种话听下去，但又不能走开。且听水手之一说，楼上妇人的爸爸是在棉花坡被人杀死的，一共杀了十七刀。翠翠心中那个古怪的想头，"爷爷死了呢？"便仍然占据到心里有一忽儿。

两个水手还正在谈话，潭中那只白鸭慢慢的向翠翠所在的码头边游来，翠翠想："再过来些我就捉住你！"于是静静的等着，但那鸭子将近岸边三丈远近时，却有个人笑着，喊那船上水手。原来水中还有个人，那人已把鸭子捉到手，却慢慢的"端水"游近岸边的。船上人听到水面的喊声，在隐约里也喊道："二老，二老，你真能干，你今天得了五只吧。"那水上人说："这家伙狡猾得很，现在可归我了。""你这时捉鸭子，将来捉女人，一定有同样的本领。"水上那一个不再说什么，手脚并用的拍着水傍了码头。湿淋淋的爬上岸时，翠翠身旁的黄狗，仿佛警告水中人似的，汪汪的叫了几声，那人方注意到翠翠。码头上已无别的人，那人问：

"是谁？"

"我是翠翠。"

"翠翠又是谁？"

"是碧溪岨撑渡船的孙女。"

"你在这儿做什么？"

"我等我爷爷。我等他来好回家去。"

"等他来他可不会来，你爷爷一定到城里军营里喝了酒，醉倒后被人抬回去了！"

"他不会。他答应来找我，他就一定会来的。"

"这里等也不成。到我家里去，到那边点了灯的楼上去，等爷爷来找你好不好？"

翠翠误会邀她进屋里去那个人的好意，正记着水手说的妇人丑事，她以为那男子就是要她上有女人唱歌的楼上去，本来从不骂人，这时正因等候祖父太久了，心中焦急得很，听人要她上去，以为欺侮了她，就轻轻的说：

"你个悖时砍脑壳的！"

话虽轻轻的，那男的却听得出，且从声音上听得出翠翠年纪，便带笑说："怎么，你骂人！你不愿意上去，要呆在这儿，回头水里大鱼来咬了你，可不要叫喊救命！"

翠翠说："鱼咬了我，也不关你的事。"

那黄狗好像明白翠翠被人欺侮了，又汪汪的吠起来。那男子把手中白鸭举起，向黄狗吓了一下，便走上河街去了。黄狗为了自己被欺侮还想追过去，翠翠便喊："狗，狗，你叫人也看人叫！"翠翠意思仿佛只在告给狗"那轻薄男子还不值得叫"，但男子听去的却是另外一种好意，男的以为是她要狗莫向好人叫，放肆地笑着，不见了。

又过了一阵，有人从河街拿了一个废缆做成的火炬，喊叫着翠翠的名字来找寻她，到身边时翠翠却不认识那个人。那人说：老船夫回到家中，不能来接她，故搭了过渡人口信来，问翠翠要她即刻就回去。翠翠听说是祖父派来的，就同那人一起回家，让打火把的在前引路，黄狗时前时后，一同沿了城墙向渡口走去。翠翠一面走一面问那拿火把的人，是谁告他就知道她在河边。那人说是二老问他的，他是二老家里的伙计，送翠翠回家后还得回转河街。

翠翠说："二老他怎么知道我在河边？"

那人便笑着说："他从河里捉鸭子回来，在码头上见你，他说好意请你上家里坐坐，等候你爷爷，你还骂过他！"

翠翠带了点儿惊讶轻轻地问："二老是谁？"

那人也带了点儿惊讶说："二老你都不知道？就是我们河街上的傩送二老！就是岳云！他要我送你回去！"

傩送二老在茶峒地方不是一个生疏的名字！

翠翠想起自己先前骂人那句话，心里又吃惊又害羞，再也不说什么，默默的随了那火把走去。

翻过了小山岨，望得见对溪家中火光时，那一方面也看见了翠翠方面的火把，老船夫即刻把船拉过来，一面拉船，一面哑声儿喊问："翠翠，翠翠，是不是你？"翠翠不理会祖父，口中却轻轻的说："不是翠翠，不是翠翠，翠翠早被大河里鲤鱼吃去了。"翠翠上了船，二老派来的人，打着火把走了，祖父牵着船问："翠翠，你怎么不答应我，生我的气了吗？"

翠翠站在船头还是不作声。翠翠对祖父那一点儿埋怨，等到把船拉过了溪，一到了家中，看明白了醉倒的另一个老人后，就完事了。但另一件事，属于自己不关祖父的，却使翠翠沉默了一个夜晚。

五

两年日子过去了。

这两年来两个中秋节，恰好都无月亮可看，凡在这边城地方，因看月而起整夜男女唱歌的故事，皆不能如期举行，故两个中秋留给翠翠的印象，极其平淡无奇。两个新年却照例可以看到军营里与各乡来的狮子龙灯，在小教场迎春，锣鼓喧阗很热闹。到了十五夜晚，城中舞龙耍狮子的镇箪兵士，还各自赤裸着肩膊，往各处去欢迎炮仗烟火。城中军营里，税关局长公馆，河街上一些大字号，莫不预先截老毛竹筒，或镂空棕榈树根株，用洞硝拌和磺炭钢砂，一千槌八百槌把烟火做好。好勇取乐的军士，光赤着个上身，玩着灯打着鼓来了，小鞭炮如落雨的样子，从悬到长竿尖端的空中落到玩灯的肩背上，锣鼓催动急促的拍子，大家皆为这事情十分兴奋。鞭炮放过一阵后，用长凳绑着的大筒灯火，在敞坪一端燃起了引线，先是嘤嘤的流泻白光，慢慢的这白光便吼啸起来，作出如雷如虎惊人的声音，白光向上空冲去，高至二十丈，下落时便洒散着满天花雨。玩灯的兵士，在火花中绕着圈子，俨然毫不在意的样子。翠翠同他的祖父，也看过这样的热闹，留下一个热闹的印象，但这印象不知为什么原因，总不如那个端午所经过的事情甜而美。

翠翠为了不能忘记那件事，上年一个端午又同祖父到城边河街去看了半天船，一切玩得正好时，忽然落了行雨，无人衣衫不被雨湿透。为了避雨，祖孙二人同那只黄狗，走到顺顺吊脚楼上去，挤在一个角隅里。有人扛凳子从身边过去，翠翠认得那人是去年打了火把送她回家的人，就告给祖父：

"爷爷，那个人去年送我回家，他拿了火把走路时，真像个喽啰！"

祖父当时不作声，等到那人回头又走过面前时，就一把抓住那个人，笑嘻嘻说：

"嗨嗨，你这个喽啰！要你到我家喝一杯也不成，还怕酒里有毒，把你这个真命天子毒死！"

那人一看是守渡船的，且看到了翠翠，就笑了。"翠翠，你长大了！二老说你在河边大鱼会吃你，我们这里河中的鱼，现在可吞不下你了。"

翠翠一句话不说，只是抿起嘴唇笑着。

这一次虽在这喽啰长年口中听到个"二老"名字，却不曾见及这个人。从祖父与那长年谈话里，翠翠听明白了二老是在下游六百里外青浪滩过端午的。但这次不见二老却认识了"大老"，且见着了那个一地出名的顺顺。大老把河中的鸭子捉回家里后，因为守渡船的老家伙称赞了那只肥鸭两次，顺顺就要大老把鸭子给翠翠。且知道祖孙二人所过的日子十分拮据，节日里自己不能包粽子，又送了许多尖角粽子。

那水上名人同祖父谈话时，翠翠虽装作眺望河中景致，耳朵却把每一句话听得清清楚楚。那人向祖父说翠翠长得很美，问过翠翠年纪，又问有不有人家。祖父则很快乐的夸奖了翠翠不少，且似乎不许别人来关心翠翠的婚事，故一到这件事便闭口不谈。

回家时，祖父抱了那只白鸭子同别的东西，翠翠打火把引路。两人沿城墙走去，一面是城，一面是水。祖父说："顺顺真是个好人，大方得很。大老也很好。这一家人都好！"翠翠说："一家人都好，你认识他们一家人吗？"祖父不明白这句话的意思所在，因为今天太高兴一点，便笑着说："翠翠，假若大老要你做媳妇，请人来做媒，你答应不答应？"翠翠就说："爷爷，你疯了！再说我就生你的气！"

祖父话虽不说了，心中却很显然的还转着这些可笑的不好的念头。翠翠着了恼，把火炬向路两旁乱晃着，向前快快的走去了。

"翠翠，莫闹，我摔到河里去，鸭子会走脱的！"

"谁也不希罕那只鸭子！"

祖父明白翠翠为什么事不高兴，祖父便唱起摇橹人驶船下滩时催橹的歌声，声音虽然哑沙沙的，字眼儿却稳稳当当毫不含糊。翠翠一面听着一面向前走去，忽然停住了发问：

"爷爷，你的船是不是正在下青浪滩呢?"

祖父不说什么，还是唱着，两人皆记顺顺家二老的船正在青浪滩过节，但谁也不明白另外一个人的记忆所止处。祖孙二人便沉默的一直走还家中。到了渡口，那代理看船的，正把船泊在岸边等候他们。几人渡过溪到了家中，剥粽子吃，到后那人要进城去，翠翠赶即为那人点上火把，让他有火把照路。人过了小溪上小山时，翠翠同祖父在船上望着，翠翠说：

"爷爷，看喽啰上山了啊!"

祖父把手攀引着横缆，注目溪面的薄雾，仿佛看到了什么东西，轻轻的吁了一口气。祖父静静的拉船过对岸家边时，要翠翠先上岸去，自己却守在船边，因为过节，明白一定有乡下人上城里看龙船，还得乘黑赶回家去。

六

白日里，老船夫正在渡船上同个卖皮纸的过渡人有所争持。一个不能接受所给的钱，一个却非把钱送给老人不可。正似乎因为那个过渡人送钱气派，使老船夫受了点压迫，这撑渡船人就俨然生气似的，迫着那人把钱收回，使这人不得不把钱捏在手里。但船拢岸时，那人跳上了码头，一手铜钱向船舱里一撒，却笑眯眯的匆匆忙忙走了。老船夫手还得拉着船让别人上岸，无法去追赶那个人，就喊小山头的孙女：

"翠翠，翠翠，帮我拉着那个卖皮纸的小伙子，不许他走!"

翠翠不知道是怎么会事，当真便同黄狗去拦那第一个下船人。那人笑着说：

"不要拦我!……"

正说着，第二个商人赶来了，就告给翠翠是什么事情。翠翠明白了，更紧拉着卖纸人衣服不放，只说："不许走!不许走!"黄狗为了表示同主人的意见一致，也便在翠翠身边汪汪汪的吠着。其余商人皆笑着，一时不能走路。祖父气呼呼的赶来了，把钱强迫塞到那人手心里，且搭了一大束草烟到那商人担子上去，搓着两手笑着说："走呀!你们上路走!"那些人于是全笑着走了。

翠翠说："爷爷，我还以为那人偷你东西同你打架!"

祖父就说：

"他送我好些钱。我绝不要这些钱!告他不要钱，他还同我吵，不讲道理!"

翠翠说："全还给他了吗?"

祖父抿着嘴把头摇摇，装成狡猾得意神气笑着，把扎在腰带上留下的那枚单铜子取出，送给翠翠。且说：

"他得了我们那把烟叶，可以吃到镇筸城!"

远处鼓声又蓬蓬的响起来了，黄狗张着两个耳朵听着。翠翠问祖父，听不听到什么声音。祖父一注意，知道是什么声音了，便说：

"翠翠，端午又来了。你记不记得去年天保大老送你那只肥鸭子。早上大老同一群人上川东去，过渡时还问你。你一定忘记那次落的行雨。我们这次若去，又得打火把回家；你记不记得我们两人用火把照路回家?"

翠翠还正想起两年前的端午一切事情哪。但祖父一问，翠翠却微带点儿恼着的神气，把头摇摇，故意说："我记不得，我记不得。"其实她那意思就是"我怎么记不得?!"

祖父明白那话里意思，又说："前年还更有趣，你一个人在河边等我，差点儿不知道回来，我还以为大鱼会吃掉你！"

提起旧事，翠翠嗤的笑了。

"爷爷，你还以为大鱼会吃掉我？是别人家说我，我告给你的！你那天只是恨不得让城中的那个爷爷把装酒的葫芦吃掉！你这种记性！"

"我人老了，记性也坏透了。翠翠，现在你人长大了，一个人一定敢上城去看船不怕鱼吃掉你了。"

"人大了就应当守船哩。"

"人老了才当守船。"

"人老了应当歇憩！"

"你爷爷还可以打老虎，人不老！"祖父说着，于是，把膀子弯曲起来，努力使筋肉在局束中显得又有力又年青，且说："翠翠，你不信，你咬。"

翠翠睕着腰背微驼白发满头的祖父，不说什么话。远处有吹唢呐的声音，她知道那是什么事情，且知道唢呐方向，要祖父同她下了船，把船拉过家中那边岸旁去。为了想早早的看到那迎婚送亲的喜轿，翠翠还爬到屋后塔下去眺望。过不久，那一伙人来了，两个吹唢呐的，四个强壮乡下汉子，一顶空花轿，一个穿新衣的团总儿子模样的青年，另外还有两只羊，一个牵羊的孩子，一坛酒，一盒糍粑，一个担礼物的人。一伙人上了渡船后，翠翠同祖父也上了渡船，祖父拉船，翠翠却傍花轿站定，去欣赏每一个人的脸色与花轿上的流苏。拢岸后，团总儿子模样的人，从扣花抱肚里掏出了一个小红纸包封，递给老船夫。这是规矩，祖父再不能说不接收了。但得了钱祖父却说话了，问那个人，新娘是什么地方人，明白了，又问姓什么，明白了，又问多大年纪，一起皆弄明白了。吹唢呐的一上岸后，又把唢呐呜呜喇喇吹起来，一行人便翻山走了。祖父同翠翠留在船上，感情仿佛皆追着那唢呐声音走去，走了很远的路方回到自己身边来。

祖父掂着那红纸包封的分量说："翠翠，宋家堡子里新嫁娘年纪还只十五岁。"

翠翠明白祖父这句话的意思所在，不作理会，静静的把船拉动起来。

到了家边，翠翠跑回家去取小小竹子做的双管唢呐，请祖父坐在船头吹"娘送女"曲子给她听，她却同黄狗躺到门前大岩石上荫处看天上的云。白日渐长，不知什么时节，祖父睡着了，翠翠同黄狗也睡着了。

（选自沈从文.边城[M].太原：北岳文艺出版社，2005.）

▶ 艺术赏析

《边城》寄托着沈从文"美"与"爱"的美学理想，是他的作品中最能表现人性美的一部小说。《边城》极力讴歌的传统文化中保留至今的美德，是相对于现代社会传统美德受到破坏，到处充溢着物欲金钱主义的浅薄、庸俗和腐化堕落的现实而言的。《边城》描写的湘西，自然风光秀丽、民风纯朴，人们不讲等级，不谈功利，人与人之间真诚相待，相互友爱。外公对孙女的爱、翠翠对傩送纯真的爱、天保兄弟对翠翠真挚的爱以及兄弟间诚挚的手足之爱，这些都代表着未受污染的农业文明的传统美德。作者极力状写湘西自然之明净，也是为了状写湘西人的心灵之明净。

《边城》采用了兼具抒情诗和小品文的优美笔触描绘了湘西特有的风土民情。主要表现在以下两个方面：

一是细腻的心理描写。心理描写是对人物在特定环境中的意志、愿望和思想感情等内心活动的描绘。本文通过人物的幻想、梦境来披露人物心理。翠翠离奇的"胡思乱想"，让人感到渐渐有了自己心思的少女的孤单寂寞，以及爱情的幼芽带给心灵的躁动；翠翠"顶美顶甜"的梦境，展示出对朦胧爱情的甜蜜感受和潜意识里对爱情的向往。

二是诗画般的环境描写。小说中的环境描写，不仅烘托了人物的心理活动，使人物的情感沉浸在富有诗情画意的氛围中，而且为我们展示出湘西边陲特有的清新秀丽的自然风光。在作者笔下，啼声婉转的黄莺、繁密的虫声、美丽的黄昏、如银的月色……奇景如画，美不胜收。这些又都随着人物感情世界的波动而自然展开。或是以黄昏的温柔、美丽和平静，反衬翠翠爱情萌动的内心的躁动、落寞和薄薄的凄凉；或是以柔和的月光、溪面浮着的一层薄薄的白雾、虫的清音重奏，烘托翠翠对傩送情歌的热切期待，以及少女爱情的纯洁和朦胧。

◉ 文学聚焦

京派小说与作家

京派小说是30年代一个独特的文学流派，主要成员有周作人、废名、沈从文、李健吾、朱光潜等。称之为"京派"，是因为其作者在当时的京津两地进行文学活动。其作品较多在京津刊物上发表，其艺术风格在本质上较为一致之故。主要刊物有《文学杂志》《文学季刊》《大公报·文艺》。"京派"的基本特征是关注人生，但和政治斗争保持距离，强调艺术的独特品格。他们的思想是讲求"纯正的文学趣味"所体现出的文学本体观，以"和谐""节制""恰当"为基本原则的审美意识。沈从文是京派作家的第一人。

京派作家以表现"乡村中国"为主要内容，作品富有文化意蕴。京派作家多数是现实主义派，对现实主义有所发展变化，发展了抒情小说和讽刺小说。使小说诗化、散文化，现实主义而又带有浪漫主义气息。

⬡ 拓展与应用

探究思考

1. 本文围绕哪个传统节日展开描写与叙述的？每节主要写了哪些事？
2. 理清课文的情节结构，从自然、风俗与人性三方面体会边城的美。
3. 你觉得翠翠是个怎样的姑娘？从哪里可以看出来？
4. 赏读《蒹葭》《上邪》两首古诗，对比古代女子和翠翠的心理，试比较二者对爱情的表达有何不同。

蒹　葭

蒹葭苍苍，白露为霜。所谓伊人，在水一方。

溯洄从之，道阻且长。溯游从之，宛在水中央。

蒹葭萋萋，白露未晞。所谓伊人，在水之湄。

溯洄从之，道阻且跻。溯游从之，宛在水中坻。

蒹葭采采，白露未已。所谓伊人，在水之涘。

溯洄从之，道阻且右。溯游从之，宛在水中沚。

上邪

我欲与君相知，长命无绝衰。

山无棱，江水为竭，冬雷震震，

夏雨雪，天地合，乃敢与君绝！

拓展链接

1. 冯文炳《竹林的故事》。
2. 陈忠实《白鹿原》。
3. 路遥《平凡的世界》。

竹林的故事　　　白鹿原　　　平凡的世界

职业连线

审视现实，我们也不由得感叹，在今天这个物质化的时代，商品经济的大潮越来越使人商品化、庸俗化，冷漠、自私、唯利渐渐充满了我们生活的空间。读沈从文的《边城》，激起了我们心底对"未被近代文明污染"的美好人性和宁静和谐生活的呼唤。

思考：

我们怎样才能构建和谐的、如"边城"般的美好社会？

受戒（节选）

汪曾祺

受戒

作者简介

汪曾祺(1920—1997)，江苏高邮人。中国当代作家、散文家、戏剧家、京派作家的代表人物。被誉为"抒情的人道主义者，中国最后一个纯粹的文人，中国最后一个士大夫"。

汪曾祺在短篇小说创作上颇有成就，对戏剧与民间文艺也有深入钻研。他所创作的小说多写童年、故乡，写记忆里的人和事，在朴素自然、清淡委婉中表现和谐的意趣。他力求淡泊，脱离外界的喧哗和干扰，精心营构自己的艺术世界，自觉吸收传统文化，具有浓郁的乡土气息。他以散文笔调写小说，写出了家乡五行八作(zuō 泛指各种行业)的见闻和风物人情、习俗民风，富于地方特色。

他出版的小说集有《晚饭花集》《汪曾祺短篇小说选》。其所作《大淖记事》获 1981 年全国优秀短篇小说奖。其比较有影响的作品有《受戒》《异秉》等。

📖 背景知识

《受戒》写于一九八〇年八月十二日，写的是四十三年前的一个梦。据汪曾祺传记资料，一九三七年暑假，高中毕业的汪曾祺因躲避战乱，与家人寄居高邮城外的一个寺庙里约半年之久。这期间，曾与一个姑娘发生恋情。虽然这段恋情未果，但它深埋在汪曾祺的心中。此后，汪曾祺经历了时代变革，人生沉浮。直到八十年代初，年近六十的汪曾祺才想到把这个在心中埋藏已久的青春之梦写出来。

明海出家已经四年了。

他是十三岁来的。

这个地方的地名有点怪，叫庵赵庄。赵，是因为庄上人大都姓赵。叫做庄，可是人家住得很分散，这里两三家，那里两三家。一出门，远远可以看到，走起来得走一会，因为没有大路，都是弯弯曲曲的田埂。庵，是因为有一个庵。庵叫菩提庵，可是大家叫讹了，叫成荸荠庵。连庵里的和尚也这样叫。"宝刹何处？"——"荸荠庵。"庵本来是住尼姑的，"和尚庙"、"尼姑庵"嘛。可是荸荠庵住的是和尚。也许因为荸荠庵不大，大者为庙，小者为庵。

明海在家叫小明子。他是从小就确定要出家的。他的家乡不叫"出家"，叫"当和尚"。他的家乡出和尚。就像有的地方出劁猪的，有的地方出织席子的，有的地方出箍桶的，有的地方出弹棉花的，有的地方出画匠，有的地方出婊子，他的家乡出和尚。人家弟兄多，就派一个出去当和尚。当和尚也要通过关系，也有帮。这地方的和尚有的走得很远。有到杭州灵隐寺的、上海静安寺的、镇江金山寺的、扬州天宁寺的。一般的就在本县的寺庙里。明海家田少，老大、老二、老三，就足够种的了。他是老四。他七岁那年，他当和尚的舅舅回家，他爹、他娘就和舅舅商议，决定叫他当和尚。他当时在旁边，觉得这实在是在情在理，没有理由反对。当和尚有很多好处。一是可以吃现成饭。哪个庙里都是管饭的。二是可以攒钱。只要学会了放瑜伽焰口，拜梁皇忏，可以按例分到辛苦钱。积攒起来，将来还俗娶亲也可以；不想还俗，买几亩田也可以。当和尚也不容易，一要面如朗月，二要声如钟磬，三要聪明记性好。他舅给他相了相面，叫他前走几步，后走几步，又叫他喊了一声赶牛打场的号子："格当嘚——"，说是"明子准能当个好和尚，我包了！"要当和尚，得下点本，——念几年书。哪有不认字的和尚呢！于是明子就开蒙入学，读了《三字经》、《百家姓》、《四言杂字》、《幼学琼林》、《上论、下论)、《上孟、下孟》，每天还写一张仿。村里都夸他字写得好，很黑。

舅舅按照约定的日期又回了家，带了一件他自己穿的和尚领的短衫，叫明子娘改小一点，给明子穿上。明子穿了这件和尚短衫，下身还是在家穿的紫花裤子，赤脚穿了一双新布鞋，跟他爹、他娘磕了一个头，就随舅舅走了。

他上学时起了个学名，叫明海。舅舅说，不用改了。于是"明海"就从学名变成了法名。

过了一个湖。好大一个湖！穿过一个县城。县城真热闹：官盐店，税务局，肉铺里挂着成边的猪，一个驴子在磨芝麻，满街都是小磨香油的香味，布店，卖茉莉粉、梳头油的什么斋，卖绒花的，卖丝线的，打把式卖膏药的，吹糖人的，耍蛇的，……他什么都想看看。舅舅一劲地推他："快走！快走！"

到了一个河边，有一只船在等着他们。船上有一个五十来岁的瘦长瘦长的大伯，船头蹲着一个跟明子差不多大的女孩子，在剥一个莲蓬吃。明子和舅舅坐到舱里，船就开了。

明子听见有人跟他说话，是那个女孩子。

"是你要到荸荠庵当和尚吗？"

明子点点头。

"当和尚要烧戒疤呕！你不怕？"

明子不知道怎么回答，就含含糊糊地摇了摇头。

"你叫什么？"

"明海。"

"在家的时候？"

"叫明子。"

"明子！我叫小英子！我们是邻居。我家挨着荸荠庵。给你！"

小英子把吃剩的半个莲蓬扔给明海，小明子就剥开莲蓬壳，一颗一颗吃起来。

大伯一桨一桨地划着，只听见船桨拔水的声音：

哗——许！哗——许！

⋯⋯⋯⋯⋯

荸荠庵的地势很好，在一片高地上。这一带就数这片地势高，当初建庵的人很会选地方。门前是一条河。门外是一片很大的打谷场。三面都是高大的柳树。山门里是一个穿堂。迎门供着弥勒佛。不知是哪一位名士撰写了一副对联：

大肚能容容天下难容之事

开颜一笑笑世间可笑之人

弥勒佛背后，是韦驮。过穿堂，是一个不小的天井，种着两棵白果树。天井边各有三间厢房。走过天井，便是大殿，供着三世佛。佛像连龛才四尺来高。大殿东边是方丈，西边是库房。大殿东侧，有一个小小的六角门，白门绿字，刻着一副对联：

一花一世界

三藐三菩提

进门有一个狭长的天井，几块假山石，几盆花，有三间小房。

小和尚的日子清闲得很。一早起来，开山门，扫地。庵里的地铺的都是筚底方砖，好扫得很，给弥勒佛、韦驮烧一炷香，正殿的三世佛面前也烧一炷香、磕三个头、念三声"南无阿弥陀佛"，敲三声磬。这庵里的和尚不兴做什么早课、晚课，明子这三声磬就全都代替了。然后，挑水，喂猪。然后，等当家和尚，即明子的舅舅起来，教他念经。

⋯⋯⋯⋯⋯

等明海学完了早经，——他晚上临睡前还要学一段，叫做晚经，——荸荠庵的师父们就都陆续起床了。

这庵里人口简单，一共六个人。连明海在内，五个和尚。

有一个老和尚，六十几了，是舅舅的师叔，法名普照，但是知道的人很少，因为很少人叫他法名，都称之为老和尚或老师父，明海叫他师爷爷。这是个很枯寂的人，一天关在房里，就是那"一花一世界"里。也看不见他念佛，只是那么一声不响地坐着。他是吃斋的，过年时除外。

下面就是师兄弟三个，仁字排行：仁山、仁海、仁渡。庵里庵外，有的称他们为大师父、二师父；有的称之为山师父、海师父。只有仁渡，没有叫他"渡师父"的，因为听起来不像话，大都直呼之为仁渡。他也只配如此，因为他还年轻，才二十多岁。

仁山，即明子的舅舅，是当家的。不叫"方丈"，也不叫"住持"，却叫"当家的"，是很有道理的，因为他确确实实干的是当家的职务。他屋里摆的是一张账桌，桌子上放的是账簿和算盘。账簿共有三本。一本是经账，一本是租账，一本是债账。和尚要做法事，做法事要收钱，——要不，当和尚干什么？常做的法事是放焰口。正规的焰口是十个人。一个正座，一个敲鼓的，两边一边四个。人少了，八个，一边三个，也凑合了。荸荠庵只有四个和尚，要放整焰口就得和别的庙里合伙，这样的时候也有过。通常只是放半台焰口。一个正座，一个敲鼓，另外一边一个。一来找别的庙里合伙费事；二来这一带放得起整焰口的人家也不多。有的时候，谁家死了人，就只请两个，甚至一个和尚咕噜咕噜念一通经，敲打几声法器就算完事。很多人家的经钱不是当时就给，往往要等秋后才还。这就得记账。另外，和尚放焰口的辛苦钱不是一样的。就像唱戏一样，有份子。正座第一份。因为他要领唱，而且还要独唱。当中有一大段"叹骷髅"，别的和尚都放下法器休息，只有首座一个人有板有眼地曼声吟唱。第二份是敲鼓的。你以为这容易呀？哼，单是一开头的"发擂"，手上没功夫就敲不出迟疾顿挫！其余的，就一样了。这也得记上：某月某日、谁家焰口半台，谁正座，谁敲鼓……省得到年底结账时赌咒骂娘。……这庵里有几十亩庙产，租给人种，到时候要收租。庵里还放债。租、债一向倒很少亏欠，因为租佃借钱的人怕菩萨不高兴。这三本账就够仁山忙的了。另外香烛灯火、油盐"福食"，这也得随时记记账呀。除了账簿之外，山师父的方丈的墙上还挂着一块水牌，上漆四个红字："勤笔免思"。

仁山所说当一个好和尚的三个条件，他自己其实一条也不具备。他的相貌只要用两个字就说清楚了：黄、胖。声音也不像钟磬，倒像母猪。聪明么？难说，打牌老输。他在庵里从不穿袈裟，连海青直裰也免了。经常是披着件短僧衣，袒露着一个黄色的肚子。下面是光脚趿拉着一双僧鞋，——新鞋他也是趿拉着。他一天就是这样不衫不履地这里走走，那里走走，发出母猪一样的声音："嗯—嗯—"。

二师父仁海。他是有老婆的。他老婆每年夏秋之间来住几个月，因为庵里凉快。庵里有六个人，其中之一，就是这位和尚的家眷。仁山、仁渡叫她嫂子，明海叫她师娘。这两口子都很爱干净，整天地洗涮。傍晚的时候，坐在天井里乘凉。白天，闷在屋里不出来。

三师父是个很聪明精干的人。有时一笔账大师兄扒了半天算盘也算不清，他眼珠子转两转，早算得一清二楚。他打牌赢的时候多，二三十张牌落地，上下家手里有些什么牌，他就差不多都知道了。他打牌时，总有人爱在他后面看歪头胡。谁家约他打牌，就说"想送两个钱给你"。他不但经忏俱通（小庙的和尚能够拜忏的不多），而且身怀绝技，会"飞铙"。七月间有些地方做盂兰会，在旷地上放大焰口，几十个和尚，穿绣花袈裟，飞铙。飞铙就是把十多重的大铙钹飞起来。到了一定的时候，全部法器皆停，只几十副大铙紧张急促地敲起来。忽然起手，大铙向半空中飞去，一面飞，一而旋转。然后，又落下来，接住。接住不是平平常常地接住，有各种架势，"犀牛望月""苏秦背剑"……这哪是念经，这是耍杂技。也许是地藏王菩萨爱看这个，但真正因此快乐起来的是人，尤其是妇女和孩子。这是年轻漂亮的和尚出风头的机会。一场大焰口过后，也像一个好戏班子过后一样，会有一个两个大姑娘、小媳妇失踪，——跟和尚跑了。他还会放"花焰口"。有的人家，亲戚中多风流子弟，在不是很哀伤的佛事——如做冥寿时，就会提出放花焰口。所谓"花焰口"就是在正焰口之后，叫和尚唱小调，拉丝弦吹管笛，敲鼓板，而且可以点唱。仁渡一个人可以唱一夜不重头……

这个庵里无所谓清规，连这两个字也没人提起。

…………

他们吃肉不瞒人。年下也杀猪。杀猪就在大殿上。一切都和在家人一样，开水、木桶、尖刀。捆猪的时候，猪也是没命地叫。跟在家人不同的，是多一道仪式，要给即将升天的猪念一道"往生咒"，并且总是老师叔念，神情很庄重：

"……一切胎生、卵生、息生，来从虚空来，还归虚空去。往生再世，皆当欢喜。南无阿弥陀佛！"

三师父仁渡一刀子下去，鲜红的猪血就带着很多沫子喷出来。

…………

明子常搭赵家的船进城，给庵里买香烛，买油盐。闲时是赵大伯划船；忙时是小英子去，划船的是明子。

从庵赵庄到县城，当中要经过一片很大的芦花荡子。芦苇长得密密的，当中一条水路，四边不见人。划到这里，明子总是无端端地觉得心里很紧张，他就使劲地划桨。

小英子喊起来：

"明子！明子！你怎么啦？你发疯啦？为什么划得这么快？"

……

明海到善因寺去受戒。

"你真的要去烧戒疤呀？"

"真的。"

"好好的头皮上烧十二个洞，那不疼死啦？"

"咬咬牙。舅舅说这是当和尚的一大关，总要过的。"

"不受戒不行吗？"

"不受戒的是野和尚。"

"受了戒有啥好处？"

"受了戒就可以到处云游，逢寺挂褡。"

"什么叫'挂褡'？"

"就是在庙里住。有斋就吃。"

"不把钱？"

"不把钱。有法事，还得先尽外来的师父。"

"怪不得都说'远来的和尚会念经'。就凭头上这几个戒疤？"

"还要有一份戒牒。"

"闹半天，受戒就是领一张和尚的合格文凭呀！"

"就是！"

"我划船送你去。"

"好。"

小英子早早就把船划到荸荠庵门前。不知是什么道理，她兴奋得很。她充满了好奇心，想去看看善因寺这座大庙，看看受戒是个啥样子。

善因寺是全县第一大庙，在东门外，面临一条水很深的护城河，三面都是大树，寺在树林子里，远处只能隐隐约约看到一点金碧辉煌的屋顶，不知道有多大。树上到处挂着"谨防恶犬"的牌子。这寺里的狗出名的厉害。平常不大有人进去。放戒期间，任人游看，恶狗都锁起来了。

好大一座庙！庙门的门槛比小英子的肐膝都高。迎门矗着两块大牌，一边一块，一块写着斗大两个大字"放戒"，一块是："禁止喧哗"。这庙里果然是气象庄严，到了这里谁也不敢大声咳嗽。明海自去报名办事，小英子就到处看看。好家伙，这哼哈二将、四大天王，有三丈多高，都是簇新的，才装修了不久。天井有二亩地大，铺着青石，种着苍松翠柏。"大雄宝殿"，这才真是个"大殿"！一进去，凉飕飕的。到处都是金光耀眼。释迦牟尼佛坐在一个莲花座上，单是莲座，就比小英子还高。抬起头来也看不全他的脸，只看到一个微微闭着的嘴唇和胖墩墩的下巴。两边的两根大红蜡烛，一搂多粗。佛像前的大供桌上供着鲜花、绒花、绢花，还有珊瑚树、玉如意、整根的大象牙。香炉里烧着檀香。小英子出了庙，闻着自己的衣服都是香的。挂了好些幡。这些幡不知是什么缎子的，那么厚重，绣的花真细。这么大一口磬，里头能装五担水！这么大一个木鱼，有一头牛大，漆得通红的。她又去转了转罗汉堂，爬到千佛楼上看了看。真有一千个小佛！她还跟着一些人去看了看藏经楼。藏经楼没有什么看头，都是经书！妈吧！逛了这么一圈，腿都酸了。小英子想起还要给家里打油，替姐姐配丝线，给娘买鞋面布，给自己买两个坠围裙飘带的银蝴蝶，给爹买旱烟，就出庙了。

等把事情办齐，晌午了。她又到庙里看了看，和尚正在吃粥。好大一个"膳堂"，坐得下八百个和尚。吃粥也有这样多讲究：正面法座上摆着两个锡胆瓶，里面插着红绒花，后面盘膝坐着一个穿了大红满金绣袈裟的和尚，手里拿了戒尺。这戒尺是要打人的。哪个和尚吃粥吃出了声音，他下来就是一戒尺。不过他并不真的打人，只是做个样子。真稀奇，那么多的和尚吃粥，竟然不出一点声音！他看见明子也坐在里面，想跟他打个招呼又不好打。想了想，管他禁止不禁止喧哗，就大声喊了一句："我走啦！"她看见明子目不斜视地微微点了点头，就不管很多人都朝自己看，大摇大摆地走了。

第四天一大清早小英子就去看明子。她知道明子受戒是第三天半夜，——烧戒疤是不许人看的。她知道要请老剃头师傅剃头，要剃得横摸顺摸都摸不出头发茬子，要不然一烧，就会"走"了戒，烧成了一片。她知道是用枣泥子先点在头皮上，然后用香头子点着。她知道烧了戒疤就喝一碗蘑菇汤，让它"发"，还不能躺下，要不停地走动，叫做"散戒"。这些都是明子告诉她的。明子是听舅舅说的。

她一看，和尚真在那里"散戒"，在城墙根底下的荒地里。一个一个，穿了新海青，光光的头皮上都有十二个黑点子。——这黑疤掉了，才会露出白白的、圆圆的"戒疤"。和尚都笑嘻嘻的，好像很高兴。她一眼就看见了明子。隔着一条护城河，就喊他：

"明子！"

"小英子！"

"你受了戒啦？"

"受了。"

"疼吗？"

"疼。"

"现在还疼吗？"

"现在疼过去了。"

"你哪天回去？"

"后天。"

"上午？下午？"

"下午。"

"我来接你！"

"好！"

…………

小英子把明海接上船。

小英子这天穿了一件细白夏布上衣，下边是黑洋纱的裤子，赤脚穿了一双龙须草的细草鞋，头上一边插着一朵栀子花，一边插着一朵石榴花。她看见明子穿了新海青，里面露出短褂子的白领子，就说："把你那外面的一件脱了，你不热呀！"

他们一人一把桨。小英子在中舱，明子扳艄，在船尾。

她一路问了明子很多话，好像一年没有看见了。

…………

明子告诉她，善因寺一个老和尚告诉他，寺里有意选他当沙弥尾，不过还没有定，要等主事的和尚商议。

"什么叫'沙弥尾'？"

"放一堂戒，要选出一个沙弥头，一个沙弥尾。沙弥头要老成，要会念很多经。沙弥尾要年轻，聪明，相貌好。"

"当了沙弥尾跟别的和尚有什么不同？"

"沙弥头，沙弥尾，将来都能当方丈。现在的方丈退居了，就当。石桥原来就是沙弥尾。"

"你当沙弥尾吗？"

"还不一定哪。"

"你当方丈，管善因寺？管这么大一个庙？！"

"还早呐！"

划了一气，小英子说："你不要当方丈！"

"好，不当。"

"你也不要当沙弥尾！"

"好，不当。"

又划了一气，看见那一片芦花荡子了。

小英子忽然把桨放下，走到船尾，趴在明子的耳朵旁边，小声地说：

"我给你当老婆，你要不要？"

明子眼睛鼓得大大的。

"你说话呀！"

明子说："嗯。"

"什么叫'嗯'呀！要不要，要不要？"

明子大声地说："要！"

"你喊什么！"

明子小小声说："要——！"

"快点划!"

英子跳到中舱,两只桨飞快地划起来,进了芦花荡。

芦花才吐新穗。紫灰色的芦穗,发着银光,软软的,滑溜溜的,像一串丝线。有的地方结了蒲棒,通红的,像一支一支小蜡烛。青浮萍,紫浮萍。长脚蚊子,水蜘蛛。野菱角开着四瓣的小白花。惊起一只青桩(一种水鸟),擦着芦穗,扑鲁鲁鲁飞远了。

…………

一九八〇年八月十二日,写四十三年前的一个梦

(选自汪曾祺.汪曾祺短篇小说选[M].北京:北京出版社,1982.)

▶ 艺术赏析

《受戒》通过平淡的方式描写了农家孩子明子当和尚及他和英子朦胧的爱情故事,以及菩提庵其他和尚的日常生活的一个世俗化的佛门故事。故事中到处充满着人间烟火气息,叙述了和尚们作为普通人的人生欢乐,含蓄地表达了对原始淳朴的民间日常生活的肯定和人性彻底解放的赞美,委婉地表现出对清规戒律的否定和批判,为人们展现了健康的人性美。

◉ 文学聚焦

诗 化 小 说

诗化小说,一种追求诗意美效果的小说。是小说和诗融合、渗透后出现的一种边缘体裁。美国弗里德曼认为,"随着意识流的出现,诗与小说结合起来了"。作家不再让事件捆绑、摆布自己的心灵,常常在小说中像诗那样运用情绪的流动,内心的独白,放射性的结构,使思维空间大大开拓,能自由地表现自己的旨蕴意念。它的抒情性的因素撑破了严密的结构框架,冲淡了完整的情节密度。

诗化小说具有诗的审美目标,它或表现为整体构思上寓于诗情,或有表现为局部的描写充满诗意。它是作家经过精心提炼而创造的某个独特形象、细节、特定氛围、场景的描写,充满浓郁的抒情气息,凝聚丰蕴的哲理意味。这类小说不注重叙事功能,不以情节冲突来塑造人物性格,而是重视创造意境。它凭借诗的隐喻、象征和抒情性,让时间、心理变得交融浑然,情节淡化而富有哲理性的诗意美。

有着诗意美的小说,具有一种从有限的形象画面升华到无限的思想、理念的升腾力,一种从具体的人物情节提高到普遍的意蕴、诗情的概括力,它既有生活的具体实感、美感,又有引人思索的丰厚、博大的思想内涵。如汪曾祺的《受戒》《大淖记事》,铁凝的《哦,香雪》,史铁生的《奶奶的星星》等,都是一种诗化小说,它们或有震撼心魄的激情,或有漾动性灵的抒情,充满了诗的基调、诗的韵致、诗的醇味,是作家心灵同客观世界的契合的升华。

拓展与应用

探究思考

1. 文中的荸荠庵是一个什么样的寺庙？
2. 说说本文涉及哪些独具特色的民俗活动。
3. 分析明海、小英子的人物形象。

拓展链接

1. 汪曾祺《大淖记事》。
2. 老舍《四世同堂》。
3. 沈从文《龙朱》。

大淖记事　　　四世同堂

职业连线

汪曾祺《我为什么写作》

我事写作，原因无它：从小到大，数学不佳。

考入大学，成天泡茶。读中文系，看书很杂。

偶写诗文，幸蒙刊发。百无一用，乃成作家。

弄笔半纪，今已华发。成就甚少，无可矜夸。

有何思想？实近儒家。人道其理，抒情其华。

有何风格？兼容并纳。不今不古，文俗则雅。

与人无争，性情通达。如此而已，实在无啥。

思考：

汪曾祺以其文本谈天论地，谈人说己，坦坦荡荡，了无心机，像一个自足的隐者。那么同学们，谈谈在未来的职业选择中，你是愿意做一个"无心插柳柳成荫"的人，还是更愿意做一个静待时机"有准备"的人呢？

秦　腔

贾平凹

作者简介

贾平凹（1952—），原名贾平娃，陕西丹凤人，当代著名作家。1975 年毕业于西北大学中文系，出版作品有《贾平凹文集》24 卷，代表作有《废都》《秦腔》《古炉》《高兴》《带灯》《老生》《极花》《山本》等长篇小说 16 部。中短篇小说《美穴地》《五魁》及散文《丑石》《商州三录》《天气》等。作品获多项国内外大奖，并被翻译成多种外文。

📖 背景知识

秦腔，别称梆子腔，中国西北地区传统戏剧，国家级非物质文化遗产之一。古时陕西、甘肃一带属秦国，所以称之为"秦腔"。因为早期秦腔演出时，常用枣木梆子敲击伴奏，故又名"梆子腔"。秦腔成形后，流传全国各地，因其整套成熟、完整的表演体系，对各地的剧种产生了不同程度的影响，直接影响了梆子腔并成为梆子腔剧种的始祖。秦腔的表演技艺朴实、粗犷、豪放，富有夸张性，生活气息浓厚，技巧丰富。2006 年 5 月 20 日，经国务院批准，秦腔列入第一批国家级非物质文化遗产名录。

秦腔是关中地区的民间艺术精粹，但长时间里，没有能完满表现其活力且与其地位、风格相称的诗文作品。到了 20 世纪 80 年代，有土生土长的陕西作家贾平凹出现，遂有了这篇光辉之作。此外作者还创作了同名小说《秦腔》。

山川不同，便风俗区别；风俗区别，便戏剧存异；普天之下人不同貌，剧不同腔；京，豫，晋，越，黄梅，二黄，四川高腔，几十种品类。试问：历史最悠久者，文武最正经者，是非最汹汹者？曰秦腔也。正如长处和短处一样突出便见其风格，对待秦腔，爱者便爱得要死，恶者便恶得要命。外地人——尤其是自夸于长江流域的纤秀之士——最害怕秦腔的震撼；评论说得婉转的是：唱得有劲；说得直率的是：大喊大叫。于是，便有柔弱女子，常在戏台下以绒堵耳，又或在平日教训某人：你要不怎么怎么样，今晚让你去看秦腔！秦腔成了惩罚的代名词。所以，别的剧种可以各省走动，唯秦腔则如秦人一样，死不离窝。严重的乡土观念，也使其离不了窝。可能还在西北几个地方变腔走调地有些市场，却绝对冲不出往东南而去的潼关呢。

但是，几百年来，秦腔却没有被淘汰，被沉沦，这使多少人大惑而不得其解。其解是有的，就在陕西这块土地上。如果是一个南方人，坐车轰轰隆隆往北走，渡过黄河，进入西岸，八百里秦川大地，原来竟是：一抹黄褐的平原，辽阔的地平线上，一处一处用木椽夹打成一尺多宽墙的土屋，粗笨而庄重；冲天而起的白杨，苦楝，紫槐，枝干粗壮如桶，叶却小似铜钱，迎风正反翻覆……你立即就会明白了：这里的地理构造竟与秦腔的旋律惟妙惟肖的一统！再去接触一下秦人吧，活脱脱的一群秦始皇兵马俑的复出：高个，浓眉，眼和眼间隔略远，手和脚一样粗大，上身又稍稍见长于下身。当他们背着沉重的三角形状的犁铧，赶着山包一样团块组合式的秦川公牛，端着脑袋般大小的耀州瓷碗，蹲在立的卧的石碌子碌碡上吃着牛肉泡馍时，你不禁又要改变起世界观了：啊，这是块多么空旷而实在的土地，在这块土地摸爬滚打的人群是多么"二愣"的民众！那晚霞烧起的黄昏里，落日在地平线上欲去不去的痛苦的妊娠，五里一村，十里一镇，高音喇叭里传播的秦腔互相交织，冲撞，这秦腔原来是秦川的天籁，地籁，人籁的共鸣啊！于此，你不渐渐感觉到了南方戏剧的秀而无骨吗？不深深地懂得秦腔为什么形成和存在而占却时间、空间的位置吗？

八百里秦川，以西安为界，咸阳，兴平，武功，周至，凤翔，长武，岐山，宝鸡，两个专区几十个县为西府；三原，泾阳，高陵，户县，合阳，大荔，韩城，白水，一个专区十几个县为东府。秦腔，就源于西府。在西府，民性敦厚，说话多用去声，一律咬字沉重，对话如吵架一样，哭丧又一呼三叹。呼喊远人更是特殊：前声拖十二分的长，末了方极快地道出内容。声韵的发展，使会远道喊人的人都从此有了唱秦腔的天才。老一辈的能唱，小一辈的能唱，男的能唱，女的能唱；唱秦腔成了做人最体面的事，任何一个乡下男女，只有唱秦腔，才有出人头地的可能，大凡有出息的，是个人才的，哪一个何曾未登过台，起码也能吼一阵乱弹呢！

农民是世上最劳苦的人，尤其是在这块平原上，生时落草在黄土炕上，死了被埋在黄土堆下。秦腔是他们大苦中的大乐，当老牛木犁疙瘩绳，在田野已经累得筋疲力尽，立在犁沟里大喊大叫来一段秦腔，那心胸肺腑，关关节节的困乏便一尽儿涤荡净了。秦腔与他们，要和"西凤"白酒，长线辣子，大叶卷烟，牛肉泡馍一样成为生命的五大要素。若与那些年长的农民聊起来，他们想象的伟大的共产主义生活，首先便是这五大要素。他们有的是吃不完的粮食，他们缺的是高超的艺术享受，他们教育自己的子女，不会是那些文豪们讲的，幼年不是祖母讲着动人的迷丽的童话，而是一字一板传授着秦腔。他们大都不识字，但却出奇地能一本一本整套背诵出剧本，虽然那常常是之乎者也的字眼从那一圈胡子的嘴里吐出来十分别扭。有了秦腔，生活便有了乐趣，高兴了，唱"快板"，高兴得像被烈性炸药爆炸了一样，要把整个身心粉碎在天空！痛苦了，唱"慢板"，揪心裂肠的唱腔却表现了多么有情有味的美来，美给了别人的享受，美也熨平了自己心中愁苦的皱纹。当他们在收获时节的土场上，在月在中天的庄院里大吼大叫唱起来的时候，那种难以想象的狂喜，激动，雄壮，与那些献身于诗歌的文人，与那些有吃有穿却总感空虚的都市人相比，常说的什么伟大的永恒的爱情是多么渺小、有限和虚弱啊！

我曾经在西府走动了两个秋冬，所到之处，村村都有戏班，人人都会清唱。在黎明或者黄昏的时分，一个人独独地到田野里去，远远看着天幕下一个一个山包样隆起的十三个朝代帝王的陵墓，细细辨认着田埂上，荒草中那一截一截汉唐时期石碑上的残字，高高的土屋上的窗口里就飘出一阵冗长的二胡声，几声雄壮的秦腔叫板，我就痴呆了，感觉到那村口的尘土里，一头叫驴的打滚是那么有力，猛然发现了自己心胸中一股强硬的气魄随同着胳膊上的肌肉疙瘩一起产生了。

每到农闲的夜里，村里就常听到几声锣响：戏班排演开始了。演员们都集合起来，到那古寺庙里去。吹，拉，弹，奏，翻，打，念，唱，提袍甩袖，吹胡瞪眼，古寺庙成了古今真乐府，天地大梨园。导演是老一辈演员，享有绝对权威，演员是一家几口，夫妻同台，父子同台，公公儿媳也同台。按秦川的风俗：父和子不能不有其序，爷和孙却可以无道，弟与哥嫂可以嬉闹无常，兄与弟媳则无正事不能多言。但是，一到台上，秦腔面前人人平等，兄可以拜弟媳为帅为将，子可以将老父绳绑索捆。寺庙里有窗无扇，屋梁上蛛丝结网，夏天蚊虫飞来，成团成团在头上旋转，薰蚊草就墙角燃起，一声唱腔一声咳嗽。冬天里四面透风，柳木疙瘩火当中架起，一出场一脸正经，一下场凑近火堆，热了前怀，凉了后背。排演到什么时候，什么时候都有观众，有抱着二尺长的烟袋的老者，有凳子高、桌子高趴满窗台的孩子。庙里一个跟头未翻起，窗外就哇地一声叫倒好，演员出来骂一声：谁说不好的滚蛋！他们抓住窗台死不滚去，倒要连声讨好：翻得好！翻得好！更有殷勤的，跑回来偷拿了红薯、土豆，在火堆里煨熟给演员作夜餐，赚得进屋里有一个安全位置。排演到三更鸡叫，月儿偏西，演员们散了，孩子们还围了火堆弯腰踢腿，学那一招一式。

一出戏排成了，一人传出，全村振奋，扳着指头盼那上演日期。一年十二个月正月元宵日，二月龙抬头，三月三，四月四，五月五日过端午，六月六日晒丝绸，七月过半，八月中秋，九月初九，十月一日，再是那腊月五豆，腊八，二十三……月月有节，三月一会，那戏必是上演的。戏台是全村人的共同的事业，宁肯少吃少穿也要筹资集款，买上好的木石，请高强的工匠来修筑。村子富不富，就比这戏台阔不阔。一演出，半下午人就找凳子去占地位了，未等戏开，台下坐的、站的人头攒拥，台两边阶上立的卧的是一群顽童。那锣鼓就叮叮咣咣地闹台，似乎整个世界要天翻地覆了。各类小吃趁机摆开，一个食摊上一盏马灯，花生、瓜子、糖果、烟卷、油茶、麻花、烧鸡、煎饼，长一声短一声叫卖不绝。锣鼓还在一声儿敲打，大幕只是不拉，演员偶尔从幕边往下望望，下边就喊：开演呀，场子都满了！

………………

终于台上锣停了，大幕拉开，角色出场。但不管男的女的，出来偏不面对观众，一律背身掩面，女的就碎步后移，水上漂一样，台下就叫：瞧那腰身，那肩头，一身的戏哟！是男的就摇那帽翎，一会双摇，一会单摇，一边上下飞闪，一边纹丝不动，台下便叫：绝了，绝了！等到那角色儿猛一转身，头一高扬，一声高叫，声如炸雷豁嘟嘟直从人们头顶碾过，全场一个冷颤，从头到脚，每一个手指尖儿，每一根头发梢儿都麻酥酥的了。如果是演《救裘生》那慧娘站在台中往下蹲，慢慢地，慢慢地，慧娘蹲下去了，全场人头也矮下去了半尺，等那慧娘往起站，慢慢地，慢慢地，慧娘站起来了，全场人的脖子也全拉长了起来。他们不喜欢看生戏，最欢迎看熟戏，那一腔一调都晓得，哪个演员唱得好，就摇头晃脑跟着唱，哪个演员走了调，台下就有人要纠正。说穿了，看秦腔不为求新鲜，他们只图过过瘾。

在这样的地方，这样的环境，这样的气氛，面对着这样的观众，秦腔是最逞能的，它的艺术的享受，是和拥挤而存在，是有力气而获得的。如果是冬天，那风在刮着，像刀子一样，如果是夏天，人窝里热得如蒸笼一般，但只要不是大雪、冰雹、暴雨，台下的人是不肯撤场的。最可贵的是那些老一辈的秦腔迷，他们没有力气挤在台下，也没有好眼力看清演员，却一溜一排地蹲在戏台两侧的墙根，吸着草烟，慢慢将唱腔品赏。一声叫板，便可以使他们坠入艺术之宫，"听了秦腔，肉酒不香"，他们是体会得最深。那些大一点的，脾性野一点的孩子，却占领了戏场周围所有高空，杨树上，柳树上，槐树上，一个枝杈一个人。他们常常乐而忘了险境，双手鼓掌时竟从树上掉下来，掉下来自不会损伤，因为树下是无数的人头，只是招致一顿臭骂罢了。更有一些爬在了场边的麦秸积上，夏天四面来风，好不凉快，冬日就趴个草洞，将身子缩进去，露一个脑袋，也正是有闲阶级享受不了秦腔吧，他们常就睡了，一觉醒来，月在西天，戏毕人散，只好苦笑一声悄然没声儿地溜下来回家敲门去了。

当然，一次秦腔演出，是一次演员亮相，也是一次演员受村人评论的考场。每每角色一出场，台下就一片喊喊喳喳：这是谁的儿子，谁的女子，谁家的媳妇，娘家何处？于是乎，谁有出息，谁没能耐，一下子就有了定论。有好多外村的人来提亲说媒，总是就在这个时候进行。据说有一媒人将一女子引到台下，相亲台上一个男演员，事先夸口这男的如何俊样，如何能干，但戏演了过半，那男的还未出场，后来终于出来，是个国民党的伪兵，还持枪未走到中台，扮游击队长的演员挥枪一指，"叭"的一声，那伪兵就倒地而死，爬着钻进了后幕。那女子当下哼一声，闭了嘴，一场亲事自然了了。这是喜中之悲一例。据说还有一例，一个老头在脖子上架了孙孙去看戏，孙孙吵着要回家，老头好说好劝只是不忍半场而去，便破费买了半斤花生，他眼盯着台上，手在下边剥花生，然后一颗一颗扬手喂到孙孙嘴里，但喂着喂着，竟将一颗塞进孙孙鼻孔，吐不出，咽不下，口鼻出血，夜送到医院动手术，花去了七十元钱。但是，以秦腔引喜的事却不计其数。每个村里，总会有那么个老汉，夜里看戏，第二天必是头一个起床往戏台下跑。台下一片石头、砖头，一堆堆瓜子皮，糖果纸，烟屁股，他掀掀这块石头，踢踢那堆尘土，少不了要捡到一角两角甚至三元四元钱币来，或者一只鞋，或者一条手帕。这是村里钻刁人干的营生，而馋嘴的孩子们有的则夜里趁各家锁门之机，去地里摘那香瓜来吃，去谁家院里将桃杏装在背心兜里回来分红。自然少不了有那些青春妙龄的少男少女，则往往在台下混乱之中眼送秋波，或者就悄悄退出，相依相偎到黑黑的渠畔树林子里去了……

秦腔在这块土地上，有着神圣的不可动摇的基础。凡是到这些村庄去下乡，到这些人家去做客，他们最高级的接待是陪着看一场秦腔。实在不逢年过节，他们就会要合家唱一会乱弹，你只能点头称好，不能耻笑，甚至不能有一点不入神的表示。他们一生最崇敬的只有两种人：一是国家领导人，一是当地的秦腔名角。即是在任何地方，这些名角没有在场，只要发现了名角的父母，去商店买油是不必排队的，进饭馆吃饭是会有座位的，就是在半路上挡车，只要喊一声：我是某某的什么，司机也便要嘎地停车。但是，谁要侮辱一下秦腔，他们要争死争活地和你论理，以至大打出手，永远使你记住教训。每每村里过红白丧喜之事，那必是要包一台秦腔的，生儿以秦腔迎接，送葬以秦腔致哀，似乎这人生的世界，就是秦腔的舞台。人只要在舞台上，生，旦，净，丑，才各显了真性，恶的夸张其丑，善的凸现其美，善的使他们获得美的教育，恶的也使丑化作了美的艺术。

广漠旷远的八百里秦川，只有这秦腔，也只能有这秦腔，八百里秦川的劳作农民只有，也只能有这秦腔使他们喜怒哀乐。秦人自古是大苦大乐之民众，他们的家乡交响乐除了大喊大叫的秦腔还能有别的吗？

1983 年 5 月 2 日草于五味村

（选自贾平凹.贾平凹散文自选集[M].桂林：漓江出版社，1993.）

▶ 艺术赏析

贾平凹早期散文以阴柔之美为主体风格。但本篇是个例外，贾平凹在此把自己彻底关中化了，其文字风格与秦腔的火爆高亢、猛烈粗砺保持了完美的一致，他好像是在用吼秦腔的方式写秦腔。这种文字与表达对象在风格上的一致，使本文获得了独特的艺术品格，质朴而不失精彩。

文中作者很少正面写秦腔艺术本身，而是将更多笔墨放在描写秦腔的自然地理环境、人文社会环境、演出环境，人们看秦腔的态度和演出的效果，演员的社会地位和声誉等，但我们读完全文，却能对秦腔有了极为真切、深刻的印象和认识。作者的真意乃在写秦人，写他们的生存状态和精神面貌。

作者是撰文高手，他能把传统古文、农民的方言口语、现代白话文很自然地融合在一起，于拙朴平淡中有传神生动的精妙刻画和不动声色的幽默夸张。在这些看似技巧的东西背后，其实有作者对人生，社会和艺术通达洞明的理解。平和宁静的思想心境，朴素自然的生活态度，顺势守拙的人生智慧才能达到这样的境界。

◉ 文学聚焦

寻 根 文 学

寻根文学指的是以"文化寻根"为主题的文学形式。

20 世纪 80 年代中期,中国文坛上兴起了一股"文化寻根"的热潮,作家们开始致力于对传统意识、民族文化心理的挖掘,他们的创作被称为"寻根文学"。1985 年韩少功先生在一篇纲领性的论文《文学的"根"》中声明:"文学有根,文学之根应深植于民族传统的文化土壤中"。他提出应该"在立足现实的同时又对现实世界进行超越,去揭示一些决定民族发展和人类生存的谜。"在这样的理论之下作家开始进行创作,理论界便将他们称为"寻根派"。代表作家及作品有:阿城的"三王"(《棋王》《树王》《孩子王》)、韩少功的《爸爸爸》《女女女》、郑义的《老井》、贾平凹的《商州系列》、王安忆的《小鲍庄》、李锐的《厚土系列》、莫言的《红高粱系列》等。

"寻根文学"在对中国传统文化的继承上无疑起了一定的推动作用,同时,很多寻根文学作家也在创作时吸收了现代主义甚至后现代主义的表现方式,在促进中国文学的发展上功不可没。但是,寻根文学也带有"复古"倾向,在思想倾向和价值判断上,显然表现得复杂而暧昧。大多数作家往往抓住某种民俗、习惯便刻意进行渲染,却忽略了对"民族性"的真正解剖;潜入僻远、原始、蛮荒,缺乏对当代生活的指导意义,忽略对现实社会人生问题、矛盾的揭示,从而导致了作品与当代现实的疏离,造成了几年后"寻根文学"的衰微。虽然寻根文学在中国文学史上只是"昙花一现",1987 年就渐入式微,但它毕竟如一颗流星曾经划破过 20 世纪文学的茫茫夜空,完成了一次对文学苍茫宇宙的浪漫叩问。

⬡ 拓展与应用

探究思考

1. 本文以"秦腔"为题,但把笔墨放到排练、观众等方面,这样安排的用意是什么?

2. 你听过秦腔吗?本文的描写和你的欣赏感受一样吗?

3. 文章中哪些地方体现出"文字风格与秦腔的高亢火爆、猛烈粗砺相一致"?哪些地方有调侃的味道?

拓展链接

1. 贾平凹《秦腔》(小说)。

2. 莫言《蛙》。

3. 海明威(美)《太阳照常升起》。

秦腔　　　　蛙　　　太阳照常升起

职业连线

语文实践活动:"家乡的名片"民俗文化推广节

四十岁生日时,湖南卫视著名主持人汪涵就开始思考将来与这个世界告别时的身份到底是什么,不是明星,也不是节目主持人,他更希望人们记住他的是,一个语言保护者。于是他独自出资 465 万，在湖南发起方言调查"響應"计划，"響應"其实就是对应的"乡音"。他们计划用 5 年到 10 年时间，对湖南 53 个调查地的方言进行搜集研究，用声像方式保存方言资料，进行数据库整理后无偿捐献给湖南省博物馆，作为永久的人文类史料保存起来。

　　每一个人都应该有一种情怀，就是对故乡传统文化的热爱；每个人都应该有一种责任，就是对故乡传统文化的保护与传承。希望通过学生在课外收集家乡民间风俗的过程，培养学生的写作能力及热爱家乡的文化情感。

活动布置：

　　在传统文化日渐消亡、传承遭遇瓶颈的当下，让同学们以地域为单位自由组合，结合自己的家乡文化，搜索家乡的传统民俗。

　　1. 民俗文化作品类：剪纸、编织、戏剧脸谱绘制、刺绣、布艺（香囊、布老虎、古制作）、十字绣、泥塑、雕刻、花灯、折纸等。

　　2. 民族文艺类：民族歌曲、民族舞蹈、戏曲、相声、快板书、二人转、民族乐器（琵琶、二胡、古筝）演奏等。

活动实施：

　　1. 收集资料。学生分组上网查阅或在家乡实地走访，收集民间风俗。

　　2. 采风活动。实地观察体验，记录民间风俗活动的过程，可拍摄照片、录制视频、排练小品、撰写调查报告、准备手抄报等。

　　3. 分组讨论。为了更好地展示家乡的民俗文化艺术，大家行动起来，每个小组选定 2～4 件作品，并为每件作品撰写简介，推广家乡的民俗文化作品，展示民族特色文艺风采。

　　4. 成果展示。在展示课上，各小组派代表汇报自己的成果，交流课外采风感想，介绍家乡民俗实例，表演民间风俗小品。

活动评价：

　　活动中对家乡风俗文化的收集与展示是否能够体现风俗所蕴含的意义，展示效果是否达到了宣传家乡民族文化的作用。

　　1. 学生自评　＿＿＿＿＿＿＿＿＿＿＿＿＿＿＿＿＿＿＿＿＿＿＿

　　2. 同学互评　＿＿＿＿＿＿＿＿＿＿＿＿＿＿＿＿＿＿＿＿＿＿＿

　　3. 教师点评　＿＿＿＿＿＿＿＿＿＿＿＿＿＿＿＿＿＿＿＿＿＿＿

自读课文

榆 钱 饭

刘绍棠

　　我自幼常吃榆钱饭，现在却很难得了。

　　小时候，年年青黄不接春三月，榆钱儿就是穷苦人的救命粮。杨芽儿和柳叶儿也能吃，可是没有榆钱儿好吃，也当不了饭。

那时候，我六七岁，头上留个木梳背儿；常跟着比我大八九岁的丫姑，摘杨芽，采柳叶，捋榆钱儿。丫姑是个童养媳，小名就叫丫头；因为还没有圆房，我只能管她叫姑姑，不能管她叫婶子。

杨芽儿和柳叶儿先露头。

杨芽儿摘嫩了，浸到开水锅里烫一烫会化成一锅黄汤绿水，吃不到嘴里；摘老了，又苦又涩，难以下咽。只有不老不嫩的才能吃，摘下来清水洗净，开水锅里烫个翻身儿，笊篱捞上来挤干了水，拌上虾皮和生酱作馅，用玉米面羼合榆皮面擀薄皮儿，包大馅儿团子吃。可这也省不了多少粮食。柳叶不能做馅儿，采下来也是洗净开水捞，拌上生酱小葱当菜吃，却又更费饽饽。

杨芽儿和柳叶儿刚过，榆钱儿又露面了。

村前村后，河滩坟圈子里，一棵棵老榆树耸入云霄，一串串榆钱儿挂满枝头，就像一串串霜凌冰挂，看花了人眼，馋得人淌口水。丫姑野性，胆子比人的个儿还大；她把黑油油的大辫子七缠八绕地盘在脖子上，雪白的牙齿咬着辫梢儿，光了脚丫子，双手合抱比她的腰还粗的树身，哧溜溜，哧溜溜，一直爬到树梢，岔开腿骑在树杈上。

我站在榆树下，是个小跟班，眯起眼睛仰着脸儿，身边一只大荆条筐。

榆钱儿生吃很甜，越嚼越香。丫姑折断几枝扔下来，边叫我的小名儿边说："先喂饱你！"我接住这几大串榆钱儿，盘膝坐在树下吃起来，丫姑在树上也大把大把地揉进嘴里。

我们捋满一大筐，背回家去，一顿饭就有着落了。

九成榆钱儿搅合一成玉米面，上屉锅里蒸，水一开花就算熟，只填一灶柴火就够火候儿。然后，盛进碗里，把切碎的碧绿白嫩的青葱，泡上隔年的老腌汤，拌在榆钱饭里；吃着很顺口，也能哄饱肚皮。

这都是我童年时候的故事，发生在旧社会，已经写进我的小说里。

但是，十年内乱中，久别的榆钱饭又出现在家家户户的饭桌上。谁说草木无情？老榆树又来救命了。

政策一年比一年"左"，粮食一年比一年减产。五尺多高的汉子，每年只得320斤到360斤毛粮，磨面脱皮，又减少十几斤。大口小口，每月三斗，一家人才算吃上饱饭；然而，半大小子，吃穷老子，比大人还能吃，口粮定量却比大人少。闲时吃稀，忙时吃干，数着米粒下锅；等到惊蛰一犁土的春播时节，十家已有八户亮了囤底，揭不开锅了。巧妇难为无米之炊，管家婆不能给孩子大人画饼充饥；她们就像胡同捉驴两头堵，围、追、堵、截党支部书记和大队长，手提着口袋借粮。支部书记和大队长被逼得走投无路，恨不能钻进灶膛里，从烟囱里爬出去，逃到九霄云外。

吃粮靠集体，集体的仓库里颗粒无存，饿得死老鼠。靠谁呢？只盼老榆树多结榆钱儿吧！

丫姑已经年过半百，上树登高爬不动了，却有个女儿二妹子，做她的接班人。二妹子身背大筐捋榆钱儿，我这个已经人到四十天过午的人，又给她跑龙套。我沾她的光，她家的饭桌上有我一副碗筷，年年都能吃上榆钱饭，混个肚饱。

我把这些亲历目睹的辛酸往事，也写进了我的小说里。

1979年春天，改正了我的"1957年问题"，我回了城。但是，年年暮春时节，我都回乡长住。仍然是青黄不接春三月，1980年不见亏粮了，1981年饭桌上是大米白面了，1982年更有酒肉了。

不知是想忆苦思甜，还是想打一打油腻，我又向丫姑和二妹子念叨着吃一顿榆钱饭。丫姑上树爬不动了，二妹子爬得动也不愿爬了。越吃不上，我越想吃；可是磨破了嘴皮子，却不能打动二妹子。1981年回乡，正是榆钱成熟的时候，可是丫姑又盖新房，又给二妹子招了个女婿，双喜临门，我怎么能吵着要吃榆钱饭，给人家杀风景？忍一忍，等待来年吧！

1982年春，我赶早来到二妹子家。二妹子住在青砖、红瓦、高墙、花门楼的大宅院里，花草树木满庭芳；生下个白白胖胖的女儿，刚出满月。一连几天，鸡、鸭、鱼、肉，我又烧肚膛了。忽然，抬头看见院后的老榆树挂满了一串串粉个囊囊的榆钱儿，不禁又口馋起来，堆起笑脸怯生生地说："二妹子，给我做一顿……"二妹子脸上挂霜，狠狠剜了我两眼，气鼓鼓地说："真是没有受不了的罪，却有享不了的福，你这个人是天生的穷命！"

我知道，眼下家家都以富为荣，如果二妹子竟以榆钱饭待客，被街坊邻居看见，不骂她刻薄，也要笑她小抠儿。二妹子怕被人家戳脊梁骨，我怎能给她脸上抹黑？

但是，鱼生火，肉生痰，我的食欲不振了。我不敢开口，谁知道二妹子有没有看在眼里？

一天吃过午饭，我正在床上打盹，忽听二妹子大声吆喝："小坏嘎嘎儿，我打折你们的腿！"我从睡梦中惊醒，走出去一看，只见几个顽童爬到老榆树上掏鸟儿，二妹子手持一条棍棒站在树下，虎着脸。

几个小顽童，有的嬉皮笑脸，有的抹着眼泪，向二妹子告饶。我看着心软，忙替这几个小坏嘎嘎儿求情。

"罚你们每人捋一兜榆钱儿！"二妹子噗哧笑了，刚才不过是假戏真唱。

我欢呼起来："今天能吃上榆钱饭啦！"

"你这不是跟我要短儿吗？"二妹子又把脸挂下来，"我哪儿来的玉米面！"

是的，二妹子的囤里，不是麦子就是稻子；缸里，不是大米就是白面。二妹子的男人承包30亩大田，种的是稻麦两茬，不种粗粮。

有了榆钱儿又没有玉米面，我只能生吃。

看来，我要跟榆钱饭做最后的告别了。二妹子的女儿长大，不会再像她的姥姥和母亲，大好春光中要捋榆钱儿充饥。

或许，物以稀为贵，榆钱饭由于极其难得，将进入北京的几大饭店，成为别有风味的珍馐佳肴。

（选自刘绍棠.蒲柳人家[M].武汉：长江文艺出版社，2018.）

穆斯林的葬礼（节选）

霍 达

伊斯兰教鼓励婚姻，因为它关系到种族的繁衍延绵。穆斯林当中没有"出家"的僧侣。成年男女出于天性的正当需要而结婚是"瓦直卜"（当然），以共同生活、生儿育女为目的的婚姻是"逊奈"（圣行）。伊斯兰教禁止淫乱，但同时也反对违反人性的禁欲。

韩子奇和璧儿的婚事，在劫后重逢、悲喜交集的时刻决定了。

即将做岳母的白氏且喜且悲且惧。喜的是梁家从此有了依靠，有了希望，璧儿的终身有了托付，奇珍斋的死灰竟然也得以复燃；悲的是梁亦清走得太早，没有看到这一天；惧的是无力打发女儿出嫁，喜事临头，却是一道难以渡过的大关！

按照回回的习俗，男婚女嫁，不是自由恋爱、私订终身就可以了事儿的，任何一方有意，先要请"古瓦西"（媒人）去保亲，往返几个回合，双方都觉得满意，给了媒人酬谢，才能准备订婚。订婚通常要比结婚提前一年至三年，并且订婚的仪式也不是一次就可以完成的。初次"放小订"，在清真寺或者清真饭馆或者"古瓦西"家里举行，男方的父、兄预先订下一桌饭菜，备了用串珠编织成的聘礼前去行聘。女方的父、兄带着一只精巧的玻璃方盒，里面放着"经字堵阿"和刻着待嫁女子的经名的心形银饰。双方父、兄见面之后"拿手"，互换礼物，然后聚餐，"小订"即算完成。过了一年半载，再议"放大订"。"大订"比起"小订"，就要破费得多了，男方要送给女方一对镯子、四只戒指、一副耳坠儿、一块手表、一对镯花儿，装在玻璃盒里，连同"团书"（喜柬），由"古瓦西"送到女方家，"团书"上写了两个日子，供女方任择其一。"古瓦西"讨了女方的口信儿，再回男方通知。"团书回来了吗？订的是几儿呀？""回了，×月×日。"这个日子就是预订的婚礼日期，所以称为"大订"。"大订"之后，男方就要依据婚期，早早地订轿子、订厨子，并且把为新娘做的服装送去，计有棉、夹旗袍，棉袄棉裤，夹袄夹裤……共八件，分作两包，用红绸裹好，外面再包上蓝印花布的包袱。至此，订婚就算全部完成，只待举行婚礼了。

喜期来临，排场当然更要远远超过"放订"。当那十抬嫁妆浩浩荡荡出了门，人们才知道嫁女的父、母要花多少钱！看那嫁妆：头一抬，是二开门带抽屉的硬木首饰箱（官木箱），箱上搁着拜匣；第二抬，一件帽镜、一只掸瓶、两只帽筒；第三抬，四个宗罐；第四抬，两个盆景；第五抬，鱼缸、果盘；第六抬，两个镜支；第七、第八抬，是两只皮箱，盛着新娘的陪嫁衣物，箱上搁着对匣子和礼盒；第九抬，又是一只小皮箱；第十抬，是新娘沐浴用的木盆、汤瓶以及大铜锅、小铜锅、大铜壶、小铜壶。这十抬嫁妆，是断不可少的，如果女方家境富裕，还可以加上炉屏三色和大座钟，便是十二抬。若要摆阔斗富，再增加几倍也没有止境，多多益善，但少于十抬便觉寒酸了。有的穷家嫁女，凑不够十抬，又无钱打发抬伕每人两块大洋，便廉价雇几个人，头顶着嫁妆送过去，称为"窝脖儿"，那是相当现眼的事儿，谁家谁家四个"窝脖儿"就聘了姑娘了往往要留下几十年的话把儿。

再说男方。迎亲当日，男方要备上一块方子肉、两方卷果、两只鸡，都插着"高头花儿"；五碗水菜、四盘鲜果、四盘干果、四盘点心、四盘蒸食，一对鱼，装在礼盒里，分作两抬，称为"回菜"，给女方送去，一俟花轿出门，这"回菜"就回来了，女方的亲友大吃一顿。新娘上轿，婆婆要来亲自迎娶，娘家妈也要亲自把女儿送上门去，随着去的还有娘家亲友，又是浩浩荡荡，并且把葬礼上不许用的旗、锣、伞、扇、乐队，也从汉人那里照搬过来，吹吹打打，好不热闹！花轿进了婆家的门，早已有请好了的"齐洁人"或者由婆婆迎上前去，挑开轿帘儿，给新娘添胭粉，然后迎入新房，却不像汉人那样"拜天地"。

这时，宗教仪式的婚礼才真正开始。

八仙桌上，摆好笔砚，由双方请来的两位阿訇写"意札布"（婚书）。婚书上写着双方家长的姓名，新郎，新娘的姓名，以及八项条款：一，这是婚书；二，真主订良缘；三，双方家长赞同；四，夫妇双方情愿；五，有聘礼；六，有证婚人二人；七，有亲友祝贺；八，求真主赐他们美满。阿訇写毕，向新人祝贺，这时，新娘含羞念"达旦"（愿嫁）。新郎念"盖毕尔图"（愿娶），婚礼达到了高潮，来宾们哄声四起，手舞足蹈，抓起桌上的喜果向新郎、新娘撒去，祝愿他们甜甜蜜蜜、白头偕老！

婚礼以再次"拿手"结束，但欢宴和笑闹还要持续到午夜。第二天一早，新婚夫妇就要成双成对地到娘家"回门"了……

白氏深深地叹息，她当年就是这样嫁到了梁家，而如今却无力为爱女举办这人人都有权享受的婚礼！

"子奇，璧儿，妈不能对不起你们，我去求回回亲戚们帮我一把，要'乜帖'也给你们办……"

"妈！"璧儿为母亲擦着泪，"咱免了吧，都免了！奇哥哥没有家，您就是凑够十抬嫁妆，往哪儿抬呀？从今儿起，他就是您的亲儿子，您又聘姑娘又娶儿媳妇了！明儿一早，咱举意提念爸爸，念平安经，我就算有了家了！

第二天，星期五，穆斯林的"主麻"（聚礼）日，璧儿和韩子奇双双来到清真寺，请阿訇为他们写"意札布"，在肃穆的清真殿堂，当着聚礼的朵斯提，阿訇为他们兼任了"古瓦西"和证婚人，向他们道"嗯吧拉克"（恭喜）。

"达旦。"璧儿说。

"盖毕尔图。"韩子奇说。

没有人为他们撒喜果，但是，他们觉得来参加聚礼的穆斯林都是他们的婚礼的宾客！按照伊斯兰教规，穆斯林的婚礼，最重要的条件是当事人双方自愿结合，并且必须有穆斯林中的两个男子或一男二女在场作证，此外一切繁文缛节都可有可无。韩子奇和璧儿的婚礼，该具备的都具备了，就不必遗憾了吧？

走出清真寺，璧儿没有为自己的婚礼的寒酸而悲伤流泪，她心里觉得从来也没有像今天这样充实，从现在开始，她成为大人了，成为"韩太太"了。《古兰经》说："妇为夫衣，夫为妇衣"，她和奇哥哥将融为一体、互为表里、相依为命、永不分离，共同走向面前那漫长的路……

（选自霍达.穆斯林的葬礼[M].北京：人民文学出版社，2005.）

活着（节选）

余　华

我和苦根在一起过了半年，村里包产到户了，日子过起来也就更难。我分到一亩半地。我没法像从前那样混在村里人中间干活，累了还能偷偷懒。现在田里的活是不停地叫唤我，我不去干，就谁也不会去替我。

年纪一大，人就不行了，腰是天天都疼，眼睛看不清东西。从前挑一担菜进城，一口气便到了城里，如今是走走歇歇，歇歇走走，天亮前两个小时我就得动身，要不去晚了菜会卖不出去，我是笨鸟先飞。这下苦了苦根，这孩子总是睡得最香的时候，被我一把拖起来，两只手抓住后面的箩筐，跟着我半开半闭着眼睛往城里走。苦根是个好孩子，到他完全醒了，看我挑着担子太沉，老是停住歇一会，他就从两只箩筐里拿出两颗菜抱到胸前，走到我前面，还时时回过头来问我："轻些了吗？"

我心里高兴啊，就说："轻多啦。"

说起来苦根才刚满五岁，他已经是我的好帮手了。我走到哪里，他就跟到哪里，和我一起干活，他连稻子都会割了。

我花钱请城里的铁匠给他打了一把小镰刀，那天这孩子高兴坏了，平日里带他进城，一走过二喜家那条胡同，这孩子呼地一下窜进去，找他的小伙伴去玩，我怎么叫他，他都不答应。那天说是给他打镰刀，他扯住我的衣服就没有放开过，和我一起在铁匠铺子前站了半晌，进来一个人，他就要指着镰刀对那人说："是苦根的镰刀。"

他的小伙伴找他去玩，他扭了扭头得意洋洋地说："我现在没工夫跟你们说话。"

镰刀打成了，苦根睡觉都想抱着，我不让，他就说放到床下面。早晨醒来第一件事便是去摸床下的镰刀。我告诉他镰刀越使越快，人越勤快就越有力气，这孩子眨着眼睛看了我很久，突然说："镰刀越快，我力气也就越大啦。"

苦根总还是小，割稻子自然比我慢多了，他一看到我割得快，便不高兴，朝我叫"福贵，你慢点。"

村里人叫我福贵，他也这么叫，也叫我外公，我指指自己割下的稻子说："这是苦根。"

他便高兴地笑起来，也指指自己割下的稻子说："这是福贵割的。"

苦根年纪小，也就累得快，他时时跑到田埂上躺下睡一会，对我说："福贵，镰刀不快啦。"

他是说自己没力气了。他在田埂上躺一会，又站起来神气活现地看我割稻子，不时叫道："福贵，别踩着稻穗啦。"

旁边田里的人见了都笑，连队长也笑了，队长也和我一样老了，他还在当队长，他家人多，分到了五亩地，紧挨着我的地，队长说："这小子真他娘的能说会道。"

我说："是凤霞不会说话欠的。"

这样的日子苦是苦，累也是累，心里可是高兴，有了苦根，人活着就有劲头。看着苦根一天一天大起来，我这个做外公的也一天比一天放心。到了傍晚，我们两个人就坐在门槛上，看着太阳掉下去，田野上红红一片闪亮着，听着村里人吆喝的声音，家里养着的两只母鸡在我们面前走来走去，苦根和我亲热，两个人坐在一起，总是有说不完的话，看着两只母鸡，我常想起我爹在世时说的话，便一遍一遍去对苦根说："这两只鸡养大了变成鹅，鹅养大了变成羊，羊大了又变成牛。我们啊，也就越来越有钱啦。"

苦根听后格格直笑，这几句话他全记住了，多次他从鸡窝里掏出鸡蛋来时，总要唱着说这几句话。

鸡蛋多了，我们就拿到城里去卖。我对苦根说："钱积够了我们就去买牛，你就能骑到牛背上去玩了。"

苦根一听眼睛马上亮了，他说："鸡就变成牛啦。"

从那时以后，苦根天天盼着买牛这天的来到，每天早晨他开眼睛便要问我："福贵，今天买牛吗？"

有时去城里卖了鸡蛋，我觉得苦根可怜，想给他买几颗糖吃吃，苦根就会说："买一颗就行了，我们还要买牛呢。"

一转眼苦根到了七岁,这孩子力气也大多了。这一年到了摘棉花的时候,村里的广播说第二天有大雨,我急坏了,我种的一亩半棉花已经熟了,要是雨一淋那就全完蛋。一清早我就把苦根拉到棉花地里,告诉他今天要摘完,苦根仰着脑袋说:"福贵,我头晕。"

我说:"快摘吧,摘完了你就去玩。"

苦根便摘起了棉花,摘了一阵他跑到田埂上躺下,我叫他,叫他别再躺着,苦根说:"我头晕。"

我想就让他躺一会吧,可苦根一躺下便不起来了,我有些生气,就说:"苦根,棉花今天不摘完,牛也买不成啦。"

苦根这才站起来,对我说:"我头晕得厉害。"

我们一直干到中午,看看大半亩棉花摘了下来,我放心了许多,就拉着苦根回家去吃饭,一拉苦根的手,我心里一怔,赶紧去摸他的额头,苦根的额头烫得吓人。我才知道他是真病了,我真是老糊涂了,还逼着他干活。回到家里,我就让苦根躺下。村里人说生姜能治百病,我就给他熬了一碗姜汤,可是家里没有糖,想往里面撒些盐,又觉得太委屈苦根了,便到村里人家那里去要了点糖,我说:"过些日子卖了粮,我再还给你们。"

那家人说:"算啦,福贵。"

让苦根喝了姜汤,我又给他熬了一碗粥,看着他吃下去。

我自己也吃了饭,吃完了我还得马上下地,我对苦根说:"你睡上一觉会好的。"

走出了屋门,我越想越心疼,便去摘了半锅新鲜的豆子,回去给苦根煮熟了,里面放上盐。把凳子搬到床前,半锅豆子放在凳上,叫苦根吃,看到有豆子吃,苦根笑了,我走出去时听到他说:"你怎么不吃啊。"

我是傍晚才回到屋里的,棉花一摘完,我累得人架子都要散了。从田里到家才一小段路,走到门口我的腿便哆嗦了,我进屋叫:"苦根,苦根。"

苦根没答应,我以为他是睡着了,到床前一看,苦根歪在床上,嘴半张着能看到里面有两颖还没嚼烂的豆子。一看那嘴,我脑袋里嗡嗡乱响了,苦根的嘴唇都青了。我使劲摇他,使劲叫他,他的身体晃来晃去,就是不答应我。我慌了,在床上坐下来想了又想,想到苦根会不会是死了,这么一想我忍不住哭了起来。我再去摇他,他还是不答应,我想他可能真是死了。我就走到屋外,看到村里一个年轻人,对他说:"求你去看看苦根,他像是死了。"

那年轻人看了我半响,随后拔脚便往我屋里跑。他也把苦根摇了又摇,又将耳朵贴到苦根胸口听了很久,才说:"听不到心跳。"

村里很多人都来了,我求他们都去看看苦根,他们都去摇摇,听听,完了对我说:"死了。"

苦根是吃豆子撑死的,这孩子不是嘴馋,是我家太穷,村里谁家的孩子都过得比苦根好,就是豆子,苦根也是难得能吃上。我是老昏了头,给苦根煮了这么多豆子,我老得又笨又蠢,害死了苦根。

往后的日子我只能一个人过了,我总想着自己日子也不长了,谁知一过又过了这些年。我还是老样子,腰还是常常疼,眼睛还是花,我耳朵倒是很灵,村里人说话,我不看也能知道是谁在说。我是有时候想想伤心,有时候想想又很踏实,家里人全是我送的葬,全是我亲手埋的,到了有一天我腿一伸,也不用担心谁了。我也想通了,轮到自己死时,安安心心死就是,不用盼着收尸的人,村里肯定会有人来埋我的,要不我人一臭,那气味谁也受不了。

我不会让别人白白埋我的,我在枕头底下压了十元钱,这十元钱我饿死也不会去动它的,村里人都知道这十元钱是给替我收尸的那个人,他们也都知道我死后是要和家珍他们埋在一起的。

这辈子想起来也是很快就过来了,过得平平常常,我爹指望我光耀祖宗,他算是看错人了,我啊,就是这样的命。年轻时靠着祖上留下的钱风光了一阵子,往后就越过越落魄了,这样反倒好,看看我身边的人,龙二和春生,他们也只是风光了一阵子,到头来命都丢了。做人还是平常点好,争这个争那个,争来争去赔了自己的命。像我这样,说起来是越混越没出息,可寿命长,我认识的人一个挨着一个死去,我还活着。

(选自余华.活着[M].北京:作家出版社,2012.)

尘埃落定(节选)

阿 来

我害怕老鼠。

他们却说少爷是病了。

我没有病,只是害怕那些眼睛明亮、门齿锋利的吱吱叫的小东西。但他们还是坚持说我病了。我也没有什么办法不让他们那样想。我能做的就是,母亲来时,我就紧紧把卓玛的手握住。每天,管家都叫小家奴索郎泽郎和小行刑人尔依等在门口。我一出门,两个和我一样大的小厮就一步不离跟在身后。

卓玛说:"少爷还不是土司呢,就比土司威风了。"

我说:"我害怕。"

卓玛不耐烦了,说:"看你傻乎乎的样子吧"一双眼睛却不断溜到银匠身上。银匠也从院子里向上面的我们张望。我看见他一锤子砸在自己手上,忍不住笑了。我好久没有笑过了,好久没有笑过的人才知道笑使人十分舒服,甚至比要一个女人还要舒服。于是,我就干脆躺在地上大笑。看见的人都说,少爷真是病了。

为了我的病,门巴喇嘛和济嘎活佛之间又展开了竞赛。他们都声称能治好我的病。门巴喇嘛近水楼台,念经下药,诵经为主,下药为辅,没有奏效。轮到济嘎活佛上场,也是差不多的手段,下药为主,诵经为辅。我不想要这两个家伙治好病——如果我真有病的话。吃药时,我闭上眼睛就能看到药从口中下到胃里,随即就滑到肠子里去了。也就是说,药根本不能到达害怕老鼠那个地方,它们总是隔着一层胃壁就从旁边滑过去了。看到两个家伙那么宝贝他们的药物,那样子郑重其事,我感到十分好笑。门巴喇嘛的药总是一种乌黑的丸子,一粒粒装在漂亮的盒子里头,叫人觉得里面不是药而是宝石一类的东西。活佛的药全是粉末,先在纸里包了,然后才是好多层的黄色绸子。他的胖手掀开一层又一层仿佛无穷无尽的绸子,我觉得里面就要蹦出来整个世界了,结果却是一点灰色的粉末。活佛对着它们念念有词,做出十分珍贵的样子,而我肚子里正在害怕的地方也想笑。那些粉末倒进口中,像一大群野马从干燥的大地上跑过一样胃里混浊了,眼前立即尘土飞扬。

问两个有法力的医生我得了什么病。

　　门巴喇嘛说："少爷碰上了不干净的东西。"济嘎活佛也这样说。他们说不干净的东西有两个含意：一个是秽的，另一个是邪祟的。我不知道他们说的是哪一种，也懒得问。索郎泽郎能把两个医生的声音模仿得惟妙惟肖，说："少爷，我看你是碰到了不干净的东西。"说完，索郎泽郎和我一起开怀大笑。将来的行刑人笑是不出声的。他的笑容有点羞怯。索郎泽郎的笑声则像大盆倾倒出去的水哗哗作响。瞧，两个小厮我都喜欢。我对两个人说："我喜欢你们。我要你们一辈子都跟在我屁股后面。"我告诉他们我没有碰上不干净的东西。我们在一起时，总是我一个人说话。索郎泽郎没有什么话说，所以不说话。小尔依心里有好多话，又不知从何说起。他这种人适合送到庙里学习经典。但他生来就是我们家的行刑人。两个小厮跟在我身后，在秋天空旷的田野里行走。秋天的天空越来越高，越来越蓝。罂粟果实的味道四处弥漫，整个大地都像醉了一般。我突然对小尔依说："带我到你家里看看。"

　　小尔依脸刷一下白了，他跪下，说："少爷，那里有些东西可比老鼠还要叫人害怕呀！"

　　他这一说，我就更要去了。我并不是个胆小的人。过去我也并不害怕老鼠，只有母亲知道那是为了什么。所以，我坚持要到行刑人家里看看。索郎泽郎问小尔依他们家里有什么东西叫人害怕

　　"刑具，"他说，"都是沾过血的。"

　　"还有什么？"

　　他的眼睛四处看看，说："衣服，沾了血的死人衣服。"

　　我说："你在前面带路吧。"

　　想不到行刑人家里比任何一个人家里更显得平和安详。院子里晒着一些草药，行刑人根据他们对人体的特别的了解，是这片土地上真正的外科医生。小尔依的母亲接受不了嫁给一个行刑人的命运，生下儿子不久就死了。行刑人家里的女人是小尔依的八十岁的奶奶。她知道我是谁后，便说："少爷，我早该死了。可是没有人照顾你家的两个行刑人，男人是要女人照顾的，我不能死呀。"

　　小尔依对她说少爷不是来要她的命的。

　　她说，老爷们不会平白无故到一个奴才家里。她眼睛已经不大好了，还是摸索着把一把把铜茶壶擦得闪闪光。

　　我们参观的第一个房间是刑具室。最先是皮鞭，生牛皮的，熟牛皮的，藤条的，里面编进了金线的，等等，不一而足。这些东西都是历代麦其土司们赏给行刑人的。再往下是各种刀子，每一种不同大小、不同形状的刀子可不是为了好看，针对人体的各个部位有着各自的妙用。宽而薄的，对人的颈子特别合适。窄而长的，很方便就可以穿过肋骨抵达里面一个个热腾腾的器官。比新月还弯的那一种，适合对付一个人的膝盖。接下来还有好多东西。比如专门挖眼睛的勺子。再比如一种牙托，可以治牙病，但也可以叫人一下子失去全部牙齿。这样的东西装满了整整一个房间。

　　索郎泽郎很喜欢这些东西。他对小尔依说："可以随便杀人，太过瘾了。"

　　小尔依说："杀人是很痛苦的，那些人犯了法，可他们又不是行刑人的仇人。"小尔依看了我一眼，小声地说，"再说，杀了的人里也有冤枉的。"

　　我问："你怎么知道？"

　　麦其家将来的行刑人回答："我不知道，我还没有杀过人。但长辈们都说有。"他又指指楼上，说，"听说从那些衣服上也能知道。"

那些衣服在行刑人家的一个阁楼上。阁楼是为了存放死人衣服而在后来加上去的。一架独木楼梯通向上面。在这楼梯前，小尔依的脸比刚才更白了："少爷，我们还是不上去吧？"我心里也怕，便点了点头。索郎泽郎却叫起来："少爷！你是害怕还是傻？到了门前也不去看看，我再不跟你玩了。"

他说我傻，我看他也傻得可以，他以为想跟我玩就玩，不想跟我玩就不玩。我对他说："你这句话先记在我脑子里。要知道你不是在跟我玩，而是在服侍我。"我很高兴他听了这句话就呆在那里了，把个傻乎乎的嘴巴张得大大的。小尔依呆呆地站在我身旁。

我努努嘴，小尔依就苍白着脸爬上了梯子。梯子高的一头就搭在那间阁楼的门口。门口上有着请喇嘛来写下的封门的咒语。咒语上洒了金粉，在太阳下闪闪光。我脚跟脚爬上去。我的头顶到了小尔依的脚。小尔依回过头来说，到了。他问我，是不是真要打开。他说，说不定真有什么冤魂，那样，它们就会跑出来。索郎泽郎在底下骂小尔依说他那样子才像一个冤魂。我看了看小尔依，觉得索郎泽郎骂得对，他那样子确实有点像。小尔依对我说："我是不怕的，我害怕真有什么东西伤着了少爷。"

两个小厮一个胆大，一个会说话。胆大的目中无人，会体贴上意的胆子又小了一点。我只好两个都喜欢。行刑人家的房子在一个小山包上，比土司官寨低，但比其他房子高。站在独木楼梯上，我看到下面的大片田野，是秋天了，大群的野鸽子在盘旋飞翔。我们这时是在这些飞翔着的鸽群的上边，看到河流到了很远的天边。我说："打开！"

小尔依把门上的锁取下来。我听见索郎泽郎也和我一样喘起了粗气。只有小尔依还是安安静静的，用耳语似的声音说："我开了。"他的手刚刚挨着那小门，门就咿呀响着打开了。一股冷风扑面而来，我，小尔依，还有索郎泽郎都战抖了一下。我们三人走进去，挤在从门口射进来的那方阳光中间。衣服一件件挂在横在屋子里的杉木杆上，静静披垂着，好像许多人站着睡着了一样。衣服颈圈上都有淡淡的血迹，都已经变黑了。衣服都是好衣服。都是人们过节时候才穿的。临刑人把好衣服穿在身上，然后死去，沾上了血迹又留在人间。我撩起一件有獭皮镶边的，准备好了在里面看见一张干瘪的面孔，却只看到衣服的缎里子闪着幽暗的光芒。索郎泽郎大胆地把一件衣服披在身上也没有生什么事情。

没有碰到什么出奇的事，使人非常失望。

（选自阿来.尘埃落定［M］.北京：人民文学出版社，1998.）

第六单元

崇敬生命

　　人与自然的关系历来是文学作品中一个具有永恒探讨价值的主题，大自然是一个有机整体，人类身为这个有机整体中的一个组成部分，理应顺应自然，亲和自然。

　　中华民族传统的道家思想就讲究"天人合一"，强调"人和自然在本质上是相通的，故一切人事均应顺乎自然规律，达到人与自然和谐"。这种思想对中国后世文人的审美观产生了重大影响。有山水诗开创者谢灵运的"山水含清晖，清晖能娱人"；亦有田园诗人陶渊明的"少无适俗韵，性本爱丘山"；更有毛主席的"看万山红遍，层林尽染"。这些经典佳句充分展示了人对山水的亲近，山水怡情养性的功能。另外，与山水亲近还可丰富学识，培养和提高审美情趣以及模山范水的能力，古今诗文大家、艺术巨匠大抵都有"读万卷书，行万里路"的经历。

　　在西方，随着工业文明的机器轰鸣，人们开始了对环境肆无忌惮的破坏。这样的背景下，自然文学随之崛起，作家们对以火车和铁路为代表的工业化乃至整个现代化进行反思和批判。他们提出，只有净化大自然并接受大自然的净化，才是拯救自然、拯救人类的唯一途径。《瓦尔登湖》的作者亨利·戴维·梭罗的环境思想观中就有着浓厚的和谐情怀，他认为"自然万物都是有生命的，人是自然的一部分，自然与人处于平等的地位，所以人类要尊重自然，与自然和谐相处"。美国自然文学作家克鲁奇说："一个对自然史毫无知晓的人无权称自己是一个现代人。"

　　现在的我们要清楚地认识到：人与自然是生命共同体，人类必须尊重自然、顺应自然、保护自然。

讲读课文

宣州谢朓楼饯别校书叔云

李白（唐）

作者简介

李白（701—762），字太白，号青莲居士，祖籍陇西成纪（今甘肃安秦一带），隋末其先人迁碎叶城（今巴尔喀什湖南的楚河流域）。生于中亚碎叶城。5 岁时，随父迁居绵州昌隆县（今四川江油）青莲乡。李白 25 岁离川远游，天宝初应诏入京，供奉翰林，一年后遭谗离去，从此漫游各地。他是唐代最伟大的诗人之一。他的一生绝大部分时间在漫游中度过。

李白的诗歌充满浪漫色彩，感情奔放豪迈，想象奇特丰富，词采瑰伟绚丽，风格飘逸自然。他广泛地从当时的民间文艺和秦、汉、魏以来的乐府民歌中汲取丰富营养，形成独特风貌，具有超乎寻常的艺术天才和磅礴雄伟的艺术力量，是继屈原之后最伟大的浪漫主义诗人，有"诗仙"之称，存诗千余首，有《李太白集》30 卷。李白与杜甫齐名，世称"李杜"。其作品中，对光明的向往与对黑暗的抨击，构成强烈的对比，表现出李白正直、傲岸的性格。诗作体裁以古体、绝句见长。

背景知识

唐玄宗天宝十二年（753），李白从汴州梁园（在今河南开封）到宣州（在今安徽宣城），本篇作于逗留宣州期间。谢朓楼：一名北楼，又称谢公楼，南齐谢朓为宣城太守时所建。唐懿宗咸通年间，改名为叠嶂楼。校书：此处指秘书省的校书郎。叔云：李白的族叔李云。题名一作《陪侍御叔云登楼歌》。

> 弃我去者，昨日之日不可留；
> 乱我心者，今日之日多烦忧。
> 长风万里送秋雁，对此可以酣高楼①。
> 蓬莱文章建安骨②，中间小谢又清发③。
> 俱怀逸兴壮思飞④，欲上青天览明月⑤。
> 抽刀断水水更流，举杯消愁愁更愁。
> 人生在世不称意⑥，明朝散发弄扁舟⑦。

（选自李白.李白全集注评：卷第十五[M].郁贤皓,注评.南京：凤凰出版社,2018.）

【注释】

① 此：指上句所写的长风秋雁的景色。酣（hān）：畅饮。

②"蓬莱"句：赞美李云的文章风格刚健。汉代官家著述和藏书之所称为东观，学者又称之为"老氏藏书室，道家蓬莱山"。唐人则多以蓬山、蓬阁指秘书省，李云是秘书省的校书郎，所以这里用"蓬莱文章"借指李云的文章。建安骨：建安风骨，汉末建安年间，"三曹"和"七子"等作家所作之诗风格刚健遒劲，后人称之为"建安风骨"，"七子"分别是孔融、陈琳、王粲、徐干、阮瑀、应玚、刘桢。

③"中间"句意思说：自己的诗歌也像谢朓（小谢）一样清新秀逸。中间：指从建安到唐之间的南齐时代。小谢即谢朓，南朝齐梁间著名诗人。世称南朝宋谢灵运为大谢，而称谢朓为小谢。清发：清新秀逸。

④逸兴：超脱飘逸的兴致，多指山水游兴。王勃《滕王阁序》："遥襟甫畅，逸兴遄飞"。李白《送贺宾客归越》："镜湖流水漾清波，狂客归舟逸兴多"。壮思飞：卢思道《卢记室诔》："丽词泉涌，壮思云飞"。壮思是雄心壮志，豪壮的意思。

⑤览：通"揽"，摘取的意思。

⑥不称意：不如意。

⑦散发：不束冠，意谓不做官。古人束发戴冠，散发表示闲适自在。弄扁舟：乘小舟归隐江湖。

▶ 艺术赏析

唐玄宗天宝十二年(753)起，诗人在宣州一带漫游，本篇是他在宣城谢朓楼上饯别他的族叔、秘书省校书郎李云之作。

本诗在艺术表现上的一个显著特点，是作者情感活动的变化急遽，不可端倪。开头两句波澜突起，以两个排偶长句，喷涌出郁结抑塞之气。三、四两句忽作转折，描写即席所见的清秋景色及由此而激发的逸兴豪情。五、六句承高楼饯别，分别写主客双方，落实题面。七、八句写借酒助兴，逸兴遄飞。而结尾四句又跌落到现实中来，在进步理想与严酷现实的矛盾面前，诗人只能找到"散发弄扁舟"的出路。

全诗以清新流畅的诗句，淋漓尽致地表达了诗人复杂的内心情感，跌宕起伏，开合随意。虽有"不称意"的苦闷，却并不低沉压抑，代表了李白诗不主故常、豪逸奔放的风格。

◉ 文学聚焦

中国浪漫主义流派

中国浪漫主义流派的成员，最早也可以追溯到《诗经》中那些浪漫主义诗篇的无名作者。之后，便是我国的第一个大诗人屈原，他早在战国时代就把浪漫主义诗歌创作推上了一个高峰。在魏晋南北朝，先后出现了曹植、左思、郭璞、鲍照等浪漫主义诗人。唐代的李白，可称浪漫主义大师，他继屈原之后，又掀起了一个浪漫主义诗歌创作的高峰。除他之外，唐代还有王之涣、王昌龄、岑参、李贺等优秀的浪漫主义诗人，宋代词坛上的苏轼和辛弃疾，是浪漫主义词家的杰出代表。清代的龚自珍，是古代最后一个有一定影响的浪漫主义诗人。

浪漫主义的特点为：着重表现对内心情绪的抒发，对理想的追求。在形式上，浪漫主义并不注重对现实的刻意临摹和揭示，喜欢用瑰丽的语言、奇特的想象来表达对人生理想的追求；艺术手法上，运用多种修辞手法，如夸张、比喻等，来制造或神奇险怪，或奇妙虚幻的艺术境界。

拓展与应用

探究思考

1. 联系诗的结构分析诗人复杂的感情。

2. 以本诗为例，说说李白抒情诗的艺术个性。

3. 简单分析"抽刀断水水更流，举杯消愁愁更愁"的句意。

拓展链接

1. 李白《庐山谣寄卢侍御虚舟》。

2. 郦道元《水经注·三峡》。

3. 王粲《登楼赋》。

庐山谣寄卢侍御虚舟　　水经注·三峡　　登楼赋

职业连线

1. "城市太喧嚣，小城独清净。我只是个想要简单生活的普通人。"——在魔都闯荡十年的程序猿，油然感慨。

"生活不只是眼前的苟且，还有诗和远方。"——音乐人高晓松更是说出无数上班族的心声。

曾几何时，许多在北上广打拼的年轻人，都将梦想从"房子车子票子一应俱全"变为了"落英缤纷的世外桃源"。而"财务自由"，这个被大家说滥的词，也被越来越多的人奉为"人生理想"。远城市之喧嚣，近山水之多娇。仰明月之皎皎，俯涓流之淼淼。无丝竹之乱耳，无案牍之劳形，往来无白丁，谈笑有鸿儒。过一种"面朝大海，春暖花开"的惬意人生。

2. 一个北京老板，在公司上市的第一年就卖掉了估值上亿的股权。他说现在有钱了，终于可以去过理想中的生活。过去的十几年，他每天都高强度工作，每天能睡五个小时已是奢侈，周末别人都在家里陪家人，而他在外地出差。那时支撑着他坚持下去的梦想就是：公司上市、卖掉公司、找一个风景优美的地方过没有烦恼和压力的生活。所以公司刚一上市，他很快换取了钞票，带着一家人去了丽江，买了一栋带院子的房子，花了两百多万装修，又买了单反和画画工具，准备实现他的"终极人生理想"。但不到两年，老板放弃了丽江安逸的生活，回归北京。谈及原因，老板病恹恹地说："那种生活实在过不下去，还是工作好。虽然手头有钱，怎么折腾都行，但我的人生变得毫无意义，没有任何奔头，这不是我想要的。原本认为鸟语花香、与世隔绝能体悟人生，但恰恰相反，工作中的我，才更能找到人生价值，实现自我超越。所以，我回来了。"多么痛彻的领悟！曾经想要逃离的生活，却变幻成另一种模样重新束缚自己。生活无处可逃，心灵的皈依才是生命的价值安放之地。拼命工作不止带来疲惫，还有生活的支撑点。

思考：

面对未来职场选择，你是愿意像陶渊明那样"结庐在人境，而无车马喧。问君何能尔，心远地自偏"，还是选择在繁华都市"中流击水，浪遏飞舟"？

瓦尔登湖（节选《与兽为邻》）

（美）亨利·戴维·梭罗

作者简介

亨利·戴维·梭罗（Henry David Thoreau，1817—1862），美国作家、哲学家，超验主义代表人物，也是一位废奴主义及自然主义者，有无政府主义倾向，曾任职土地勘测员。毕业于哈佛大学，曾协助爱默生编辑评论季刊《日晷》。写有许多政论，反对美国与墨西哥的战争，一生支持废奴运动，他到处演讲倡导废奴，并抨击逃亡奴隶法。其思想深受爱默生影响，提倡回归本心，亲近自然。1845 年，在距离康科德两英里的瓦尔登湖畔隐居两年，自耕自食，体验简朴和接近自然的生活，以此为题材写成的长篇散文《瓦尔登湖》（又译为《湖滨散记》）（1854），成为超验主义经典作品。梭罗才华横溢，一生共创作了二十多部一流的散文集，被称为自然随笔的创始者，其文简练有力，朴实自然，富有思想性，在美国 19 世纪散文中独树一帜。而《瓦尔登湖》在美国文学中被公认为是最受读者欢迎的非虚构作品。其他作品还有政论《论公民的不服从义务》（又译为《消极抵抗》《论公民抗命》《公民不服从论》）（1849）、《没有规则的生活》（1863）等，游记《马萨诸塞自然史》《康科德及梅里马克河畔一周》《缅因森林》等。

背景知识

《瓦尔登湖》是 19 世纪美国作家梭罗的一部文学名作。作为他的主要著作之一，《瓦尔登湖》是梭罗在瓦尔登湖边林中二年零二个月又二天的生活和思想记录。这是一本清新、健康、引人向上的书，它向世人揭示了作者在回归自然的生活实验中所发现的人生真谛——如果一个人能满足于基本的生活所需，其实便可以更从容、更充实地享受人生。

有时我有一个钓鱼的伴侣，他从城那一头，穿过了村子到我的屋里来。我们一同捕鱼，好比请客吃饭，同样是一种社交活动。

隐士，我不知道这世界现在怎么啦。三个小时来，我甚至没听到一声羊齿植物上的蝉鸣。鸽子都睡在鸽房里——它们的翅膀都不扑动。此刻，是否哪个农夫的正午的号角声在林子外面吹响了？雇工们要回来吃那煮好的腌牛肉和玉米粉面包，喝苹果酒了。人们为什么要这样自寻烦恼？人若不吃不喝，可就用不到工作了。我不知道他们收获了多少。谁愿意住在那种地方，狗吠得使一个人不能够思想？啊，还有家务！还得活见鬼，把铜把手擦亮，这样好的天气里还要擦亮他的浴盆！还是没有家的好。还不如住在空心的树洞里；也就不会再有早上的拜访和夜间的宴会！只有啄木鸟的啄木声。啊，那里人们蜂拥着；那里太阳太热；对我来说，他们这些人世故太深了。我从泉水中汲水，架上有一块棕色的面包。听！我听到树叶的沙沙声。是村里饿慌了的狗在追猎？还是一只据说迷了路的小猪跑到这森林里来了？下雨后，我还看见过它的脚印呢。脚步声越来越近了，我的黄栌树和野蔷薇在战斗了。——呃，诗人先生，是你吗？你觉得今天这个世界怎么样？

诗人，看这些云，如何地悬挂在天上！这就是我今天所看见的最伟大的东西了。在古画中看不到这样的云，在外国也都没有这样的云——除非我们是在西班牙海岸之夕。这是一个真正的地中海的天空。我想到，既然我总得活着，而今天却没有吃东西，那我就该去钓鱼了。这是诗人的最好的工作。这也是我唯一懂得的营生。来吧，我们一起去。

隐士，我不能拒绝你。我的棕色的面包快要吃完了。我很愿意马上跟你一起去，可是我正在结束一次严肃的沉思。我想很快就完了。那就请你让我再孤独一会儿。可是，为了免得大家都耽误，你可以先掘出一些钓饵来。这一带能作钓饵的蚯蚓很少，因为土里从没有施过肥料，这一个物种几乎绝种了。挖掘鱼饵的游戏，跟钓鱼实在是同等有味的，尤其肚皮不饿的话，这一个游戏今天你一个人去做吧。我要劝你带上铲子，到那边的落花生丛中去挖掘；你看见那边狗尾草在摇摆吗？我想我可以保证，如果你在草根里仔细地找，就跟你是在除稗草一样，那每翻起三块草皮，你准可以捉到一条蚯蚓。或者，如果你愿意走远一些，那也不是不聪明的，因为我发现钓饵的多少，恰好跟距离的平方成正比。

隐士独白。让我看，我想到什么地方去了？我以为我是在这样的思维的框框中，我对周围世界的看法是从这样的角度看的。我是应该上天堂去呢，还是应该去钓鱼？如果我立刻可以把我的沉思结束，难道还会有这样一个美妙的机会吗？我刚才几乎已经和万物的本体化为一体，这一生中我还从没有过这样的经验。我恐怕我的思想是不会再回来的了。如果吹口哨能召唤它们回来，那我就要吹口哨。当初思想向我们涌来的时候，说一句：我们要想一想，是聪明的吗？现在我的思想一点痕迹也没有留下来，我找不到我的思路了。我在想的是什么呢？这是一个雾霭重重的日子。我还是来想一想孔夫子的三句话，也许还能恢复刚才的思路。我不知道那是一团糟呢，还是一种处于抽芽发枝状态的狂喜。备忘录。机会是只有一次的。诗人，怎么啦。隐士，是不是太快了？我已经捉到了十三条整的，还有几条不全的，或者是太小的，用它们捉小鱼也可以，他们不会在钓钩上显得太大。这村子的蚯蚓真大极了，银鱼可以饱餐一顿而还没碰到这个串肉的钩呢。

隐士，好的，让我们去吧。我们要不要到康科德去？如果水位不大高，就可以玩个痛快了。

为什么恰恰是我们看到的这些事物构成了这个世界？为什么人只有这样一些禽兽做他的邻居？好像天地之间，只有老鼠能够填充这个窟窿？我想皮尔贝们很善于利用动物，是利用得好极了，因为那里的动物都负有重载，可以说，是负载着我们的一些思想的。

常来我家的老鼠并不是平常的那种，平常的那种据说是从外地带到这野地里来的，而常来我家的却是在村子里看不到的土生的野鼠。我寄了一只给一个著名的博物学家，他对它发生了很大的兴趣。还在我造房子那时，就有一只这种老鼠在我的屋子下面做窝了，而在我还没有铺好楼板，刨花也还没有扫出去之前，每到午饭时分，它就到我的脚边来吃面包屑了。也许它从来没有看见过人；我们很快就亲热起来，它奔驰过我的皮鞋，而且从我的衣服上爬上来。它很容易就爬上屋侧，三下两窜就上去了，像松鼠，连动作都是相似的。到后来有一天我这样坐着，用肘子支在凳上，它爬上我的衣服，沿着我的袖子，绕着我盛放食物的纸不断地打转。而我把纸拉向我，躲开它，然后突然把纸推到它面前，跟它玩躲猫儿，最后，我用拇指与食指拿起一片干酪来，它过来了，坐在我的手掌中，一口一口地吃了它之后，很像苍蝇似的擦擦它的脸和前掌，然后扬长而去。

很快就有一只美洲鹟来我屋中筑巢；一只知更鸟在我屋侧的一棵松树上巢居着，受我保护。六月里，鹧鸪(Tetraoumbellus)这样怕羞的飞鸟，带了它的幼雏经过我的窗子，从我屋后的林中飞到我的屋前，像一只老母鸡一样咯咯咯地唤她的孩子们，她的这些行为证明了她是森林中的老母鸡。你一走近它们，母亲就发出一个信号，它们就一哄而散，像一阵旋风吹散了它们一样。鹧鸪的颜色又真像枯枝和败叶，经常有些个旅行家，一脚踏在这些幼雏的中间了，只听得老鸟拍翅飞走，发出那焦虑的呼号，只见它的扑扑拍动的翅膀，为了吸引那些旅人，不去注意他们的前后左右。母鸟在你们面前打滚，打旋子，弄得羽毛蓬松，使你一时之间不知道它是怎么一种禽鸟了。幼雏们宁静而扁平地蹲着，常常把它们的头缩入一张叶子底下，什么也不听，只听着它们母亲从远处发来的信号，你就是走近它们，它们也不会再奔走，因此它们是不会被发觉的。甚至你的脚已经踏上了它们，眼睛还望了它们一会儿，可是还不能发觉你踩的是什么。有一次我偶然把它们放在我摊开的手掌中，因为它们从来只服从它们的母亲与自己的本能，一点也不觉得恐惧，也不打抖，它们只是照旧蹲着。这种本能是如此之完美，有一次我又把它们放回到树叶上，其中有一只由于不小心而跌倒在地了，可是我发现它，十分钟之后还是和别的雏鸟一起，还是原来的姿势。鹧鸪的幼雏不像其余的幼雏那样不长羽毛，比起小鸡来，它们的羽毛更快地丰满起来，而且更加早熟。它们睁大了宁静的眼睛，很显著地成熟了，却又很天真的样子，使人一见难忘。这种眼睛似乎反映了全部智慧。不仅仅提示了婴孩期的纯洁，还提示了由经验洗练过的智慧。鸟儿的这样的眼睛不是与生俱来的，而是和它所反映的天空同样久远。山林之中还没有产生过像它们的眼睛那样的宝石。一般的旅行家也都不大望到过这样清澈的一口井。无知而鲁莽的猎者在这种时候常常枪杀了它们的父母，使这一群无告的幼雏成了四处觅食的猛兽或恶鸟的牺牲品，或逐渐地混入了那些和它们如此相似的枯叶而同归于尽。据说，这些幼雏要是由老母鸡孵出来，那稍被惊扰，便到处乱走，很难幸免，因为它们再听不到母鸟召唤它们的声音。这些便是我的母鸡和小鸡。

惊人的是，在森林之中，有多少动物是自由而奔放地，并且是秘密地生活着的，他们在乡镇的周遭觅食，只有猎者才猜到它们在哪儿。水獭在这里过着何等僻隐的生活啊！它长到 4 英尺长，像一个小孩子那样大了，也许还没有被人看到过。以前我还看到过浣熊，就在我的屋子后面的森林中，现在我在晚上似乎依然能听到它们的嘤嘤之声。通常我上午耕作，中午在树荫之下休息一两个小时，吃过午饭，还在一道泉水旁边读读书，那泉水是离我的田地半英里远的勃立斯特山上流下来的，附近一个沼泽地和一道小溪都从那儿发源。到这泉水边去，得穿过一连串草木荟郁的洼地，那里长满了苍松的幼树，最后到达沼泽附近的一座较大的森林。在那里的一个僻隐而荫翳的地方，一棵巨大的白松下面有片清洁而坚实的草地，可以坐坐。我挖出泉水，挖成了一口井，流出清冽的银灰色水流，可以提出一桶水，而井水不致混浊。仲夏时分，我几乎每天都在那边取水，湖水太热了。山鹬把幼雏也带到这里，在泥土中找蚯蚓，又在幼雏之上大约一英尺的地方飞，飞在泉水之侧，而幼雏们成群结队在下面奔跑。可是后来它看到我，便离了它的幼雏，绕着我盘旋，越来越近，只有四五英尺的距离了，装出翅膀或脚折断了的样子，吸引我的注意，使我放过它的孩子们，那时它们已经发出微弱、尖细的叫声，照了它的指示，排成单行经过了沼泽。或者，我看不见那只母鸟，但是却听到了它们的细声。斑鸠也在这里的泉水上坐着，或从我头顶上面的那棵柔和的白松的一根丫枝上飞到另一丫枝；而红色的松鼠，从最近的树枝上盘旋下来，也特别和我亲热，特别对我好奇。不需在山林中的一些风景点坐上多久，便可以看见它的全体成员轮流出来展览它们自己。

我还是一场风波的目击者。有一天，当我走出去，到我那一堆木料，或者说，到那一堆树根去的时候，我观察到两只大蚂蚁，一只是红的，另一只大得多，几乎有半英寸长，是黑色的，正在恶斗。一交手，它们就谁也不肯放松，挣扎着，角斗着，在木片上不停止地打滚。再往远处看，我更惊奇地发现，木片上到处有这样的斗士，看来这不是决斗，而是一场战争，这两个蚁民族之间的战争，红蚂蚁总跟黑蚂蚁战斗，时常还是两个红的对付一个黑的。在我放置木料的庭院中，满坑满谷都是这些密耳弥冬。大地上已经满布了黑的和红的死者和将死者。这是我亲眼目击的唯一的一场战争，我曾经亲临前线的唯一的激战犹酣的战场；自相残杀的战争啊，红色的共和派在一边，黑色的保皇派在另一边。两方面都奋身作殊死之战，虽然我听不到一些声音，人类的战争还从没有打得这样坚决过。我看到在和丽阳光下，木片间的小山谷中，一双战士死死抱住不放开，现在是正午，它们准备酣战到日落，或生命消逝为止。那小个儿的红色英豪，像老虎钳一样地咬住它的仇敌的脑门不放。一面在战场上翻滚，一面丝毫不放松地咬住了它的一根触须的根，已经把另一根触须咬掉了；那更强壮的黑蚂蚁呢，却把红蚂蚁从一边到另一边地甩来甩去，我走近一看，它已经把红蚂蚁的好些部分都啃去了，它们打得比恶狗还凶狠。双方都一点也不愿撤退。显然它们的战争的口号是"不战胜，毋宁死"。同时，从这山谷的顶上出现了一只孤独的红蚂蚁，它显然是非常地激动，要不是已经打死了一个敌人，便是还没有参加战斗；大约是后面的理由，因为它还没有损失一条腿；它的母亲要它拿着盾牌回去，或者躺在盾牌上回去。也许它是阿基里斯一样的英雄，独自在一旁光火着，现在来救它的普特洛克勒斯，或者替它复仇来了。它从远处看见了这不平等的战斗——因为黑蚂蚁大于红蚂蚁将近一倍——它急忙奔上来，直到它离开那一对战斗者只半英寸的距离，于是，它觑定了下手的机会，便扑向那黑色斗士，从它的前腿根上开始了他的军事行动，根本不顾敌人反噬它自己身上的哪一部分；于是三个为了生命纠缠在一起了，好像发明了一种新的胶合力，使任何铁锁和水泥都比不上它们。这时，如果看到它们有各自的军乐队，排列在比较突出的木片上，吹奏着各自的国歌，以激励那些落在后面的战士，并鼓舞那些垂死的战士，我也会毫不惊奇的。我自己也相当地激动，好像它们是人一样。你越研究，越觉得它们和人类并没有不同。至少在康科德的历史中，暂且不说美国的历史了，自然是没有一场大战可以跟这一场战争相比的，无论从战斗人员的数量来说，还是从它们所表现的爱国主义与英雄主义来说。论人数与残杀的程度，这是一场奥斯特利茨之战，或一场德累斯顿之战。康科德之战算什么！爱国者死了两个，而路德·布朗夏尔受了重伤！啊，这里的每一个蚂蚁，都是一个波特利克，高呼着——"射击，为了上帝的缘故，射击！"——而成千生命都像台维斯和霍斯曼尔的命运一样。这里没有一个雇佣兵。我不怀疑，它们是为了原则而战争的，正如我的祖先一样，不是为了免去三便士的茶叶税。至于这一场大战的胜负，对于参战的双方，都是如此之重要，永远不能忘记，至少像我们的邦克山之战一样。

我特别描述的三个战士在同一张木片上搏斗，我把这张木片拿进我的家里，放在我的窗槛上，罩在一个大杯子下面，以便考察结局。用了这显微镜，先来看那最初提起的红蚂蚁，我看到，虽然它猛咬敌人前腿的附近，又咬断了它剩下的触须，它自己的胸部却完全给那个黑色战士撕掉了，露出了内脏。而黑色战士的胸铠却太厚，它没法刺穿；这受难者的黑色眼珠发出了只有战争才能激发出来的凶狠光芒。它们在杯子下面又挣扎了半小时，等我再去看时，那黑色战士已经使它的敌人的头颅同它们的身体分了家，但是那两个依然活着的头颅，就挂在它的两边，好像挂在马鞍边上的两个可怕的战利品，依然咬住它不放。它正企图作微弱的挣扎，因为它没有了触须，而且只存一条腿的残余部分，还不知受了多少其他的伤，它挣扎着要甩掉它们；这一件事，又过了半个小时之后，总算成功了。我拿掉了玻璃杯，它就在这残废的状态下，爬过了窗槛。经过了这场战斗之后，它是否还能活着，是否把它的余生消磨在荣誉军人院中，我却不知道了；可是我想它以后是干不了什么了不起的活儿的了。我不知道后来究竟是哪方面战胜的，也不知道这场大战的原因；可是后来这一整天里我的感情就仿佛因为目击了这一场战争而激动和痛苦，仿佛就在我的门口发生过一场人类的血淋淋的恶战一样。

科瑞比和斯宾塞告诉我们，蚂蚁的战争很久以来就备受称道，大战役的日期也曾经在史册上有过记载，虽然据他们说，近代作家中大约只有胡贝尔似乎是目击了蚂蚁大战的，他们说，"埃依尼斯·西尔维乌斯曾经描写了，在一枝梨树树干上进行的一场大蚂蚁对小蚂蚁的异常坚韧的战斗以后"，接下来添注道——"'这一场战斗发生在教皇尤金尼斯四世统治下，观察家是著名律师尼古拉斯·庇斯托利安西斯，他很忠实地把这场战争的全部经过转述了出来。'还有一场类似的大蚂蚁和小蚂蚁的战斗是俄拉乌斯·玛格纳斯记录的，结果小蚂蚁战胜了，据说战后它们埋葬了小蚂蚁士兵的尸首，可是对它们的战死的大敌人则暴尸不埋，听任飞鸟去享受。这一件战史发生在克里斯蒂恩二世被逐出瑞典之前。"至于我这次目击的战争，发生于波尔克总统任期之内，时候在韦伯斯特制定的逃亡奴隶法案通过之前五年。

许多村中的牛，行动迟缓，只配在储藏食物的地窖里追逐乌龟的，却以它那种笨重的躯体来到森林中撒欢了，它的主人是不知道的，它嗅嗅老狐狸的窟穴和土拨鼠的洞，毫无结果；也许是些瘦小的恶狗给带路进来的，恶狗在森林中灵活地穿来穿去，林中的鸟兽对这种恶狗自然有一种恐惧；现在老牛远落在它那导游者的后面了，向树上一些小松鼠狂叫，那些松鼠就是躲在上面仔细观察它的，然后它缓缓跑开，那笨重的躯体把树枝都压弯了，它自以为在追踪一些迷了路的老鼠。有一次，我很奇怪地发现了一只猫，散步在湖边的石子岸上，它们很少会离家走这么远的，我和猫都感到惊奇了。然而，就是整天都躺在地毡上的最驯服的猫，一到森林里却也好像回了老家，从她的偷偷摸摸的狡猾的步伐上可以看出，她是比土生的森林禽兽更土生的。有一次，在森林拣浆果时我遇到了一只猫，带领了她的一群小猫，那些小猫全是野性未驯的，像它们的母亲一样地弓起了背脊，向我凶恶地喷吐口水。在我迁入森林之前不久几年，在林肯那儿离湖最近的吉利安·贝克农庄内，有一只所谓"有翅膀的猫"。1842年6月，我专程去访问她（我不能确定这头猫是雌的还是雄的，所以我采用了这一般称呼猫的女性的代名词），她已经像她往常那样，去森林猎食去了。据她的女主人告诉我，她是一年多以前的四月里来到这附近的，后来就由她收容到家里；猫身深棕灰色，喉部有个白点，脚也是白的，尾巴很大，毛茸茸的像狐狸。到了冬天，她的毛越长越密，向两旁披挂，形成了两条10至12英寸长，两英寸半宽的带子，在她的下巴那儿也好像有了一个暖手筒，上面的毛比较松，下面却像毡一样缠结着，一到春天，这些附着物就落掉了。他们给了我一对她的"翅膀"，我至今还保存着。翅膀的外面似乎并没有一层膜。有人以为这猫的血统一部分是飞松鼠，或别的什么野兽，因为这并不是不可能的，据博物学家说，貂和家猫交配，可以产生许多这样的杂种。如果我要养猫的话，这倒正好是我愿意养的猫，因为一个诗人的马既然能插翅飞跑，他的猫为什么不能飞呢？秋天里，潜水鸟（Colymbus glaclalis）像往常一样来了，在湖里脱毛并且洗澡，我还没有起身，森林里已响起了它的狂放的笑声。一听到它已经来到，磨坊水闸上的全部猎人都出动了，有的坐马车，有的步行，两两三三，带着猎枪和子弹还有望远镜。他们行来，像秋天的树叶飒飒然穿过林中，一只潜水鸟至少有十个猎者。有的放哨在这一边湖岸，有的站岗在那一边湖岸，因为这可怜的鸟不能够四处同时出现；如果它从这里潜水下去，它一定会从那边上来的。可是，那阳春十月的风吹起来了，吹得树叶沙沙作响，湖面起了皱纹，再听不到也看不到潜水鸟了，虽然它的敌人用望远镜搜索水面，尽管枪声在林中震荡，鸟儿的踪迹都没有了。水波大量地涌起，愤怒地冲到岸上，它们和水禽是同一阵线的，我们的爱好打猎的人们只得空手回到镇上店里，还去干他们的未完的事务。不过，他们的事务常常是很成功的。黎明，我到湖上汲水的时候，我常常看到这种王者风度的潜水鸟驶出我的小湾，相距不过数杆。如果我想坐船追上它，看它如何活动，它就潜下水去，全身消失，从此不再看见，有时候要到当天的下午才出来。可是，在水面上，我还是有法子对付它的。它常常在一阵雨中飞去。有一个静谧的十月下午，我划船在北岸，因为正是这种日子，潜水鸟会像乳草的柔毛似的出现在湖上。我正四顾都找不到潜水鸟，突然间却有一头，从湖岸上出来，向湖心游去，在我面前只几杆之远，狂笑一阵，引起了我的注意。我划桨追去，它便潜入水中，但是等它冒出来，我却愈加接近了。它又潜入水中，这次我把方向估计错误了，它再次冒出来时，距离我已经五十杆。这样的距离却是我自己造成的；它又大声哗笑了半天，这次当然笑得更有理由了。它这样灵活地行动，矫若游龙，我无法进入距离它五六杆的地方。每一次，它冒到水面上，头这边那边地旋转，冷静地考察了湖水和大地，显然在挑选它的路线，以便浮起来时，恰在湖面最开阔、距离船舶又最远的地点。惊人的是它运筹决策十分迅速，而一经决定就立即执行。它立刻把我诱入最宽广的水域，我却不能把它驱入湖水之一角了，当它脑中正想着什么的时候，我也努力在脑中测度它的思想。这真是一个美丽的棋局，在一个波平如镜的水上，一人一鸟正在对弈。突然对方把它的棋子下在棋盘下面了，问题便是把你的棋子下在它下次出现时最接近它的地方。有时它出乎意料地在我对面升上水面，显然从我的船底穿过了。它的一口气真长，它又不知疲倦，然而，等它游到最远处时，立刻又潜到水下；任何智慧都无法测度，在这样平滑的水面下，它能在这样深的湖水里的什么地方急泅如鱼，因为它有能力以及时间去到最深处的湖底作访问。据说在纽约湖中，深 80 英尺的地方，潜水鸟曾被捕鳟鱼的钩子钩住。然而瓦尔登是深得多了。我想水中的鱼群一定惊呆了，从另一世界来的这个不速之客能在它们的中间潜来潜去！然而它似乎深识水性，水下认路和水上一样，并且在水下游得还格外迅速。有一两次，我看到它接近水面时激起的水花，刚把它的脑袋探出来观察了一下，立刻又潜没了。我觉得我既可以估计它下次出现的地点，也不妨停下桨来等它自行出水，因为一次又一次，当我向着一个方向望穿了秋水时，我却突然听到它在我背后发出一声怪笑，叫我大吃一惊，可是为什么这样狡猾地作弄了我之后，每次钻出水面，一定放声大笑，使得它自己形迹败露呢？它的白色的胸脯还不够使它被人发现吗？我想，它真是一只愚蠢的潜水鸟。我一般都能听到它出水时的拍水之声，所以也能侦察到它的所在。可是，这样玩了一个小时，它富有生气、兴致勃勃，不减当初，游得比一开始时还要远。它钻出水面又庄严地游走了，胸羽一丝不乱，它是在水底下就用自己的脚蹼抚平了它胸上的羽毛的。它通常的声音是这恶魔般的笑声，有点像水鸟的叫声，但是有时，它成功地躲开了我，潜水到了老远的地方再钻出水面，它就发出一声长长的怪叫，不似鸟叫，更似狼嗥；正像一只野兽的嘴，咻咻地啃着地面而发出呼号。这是潜水鸟之音，这样狂野的音响在这一带似乎还从没听见过，整个森林都被震动了。我想它是用笑声来嘲笑我白费力气，并且相信它自己是足智多谋的。此时天色虽然阴沉，湖面却很平静，我只看到它冒出水来，还未听到它的声音。它的胸毛雪白，空气肃穆，湖水平静，这一切本来都是不利于它的。最后，在离我五十杆的地方，它又发出了这样的一声长啸，仿佛它在召唤潜水鸟之神出来援助它，立刻从东方吹来一阵风，吹皱了湖水，而天地间都是蒙蒙细雨，还夹带着雨点，我的印象是，好像潜水鸟的召唤得到了响应，它的守护神生了我的气，于是我离开它，听凭它在汹涌的波浪上任意远扬了。

秋天里，我常常一连几个小时观望野鸭如何狡猾地游来游去，始终在湖中央，远离开那些猎人；这种阵势，它们是不必在路易斯安那的湖泽练习的。在必须起飞时，它们飞到相当的高度，盘旋不已，像天空中的黑点。它们从这样的高度，想必可以看到别的湖沼和河流了；可是当我以为它们早已经飞到了那里，它们却突然之间，斜飞而下，飞了约有四分之一英里的光景，又降落到了远处一个更加僻静的区域；可是它们飞到瓦尔登湖中心来，除了安全起见，还有没有别的理由呢？我不知道，也许它们爱这一片湖水，理由跟我的是一样的吧。

（选自［美］亨利·戴维·梭罗．瓦尔登湖［M］．田伟华，译．北京：中国三峡出版社，2010．）

▶ 艺术赏析

本文节选于美国著名作家亨利·戴维·梭罗1854年出版的《瓦尔登湖》。1845年亨利·戴维·梭罗独自一人拿着一柄斧头，跑到瓦尔登湖边的山林中居住了两年又两个月，写下这部作品。这是一本清新、健康、引人向上的书，它向世人揭示了作者在回归自然的生活实验中所发现的人生真谛——如果一个人能满足于基本的生活所需，其实便可以更从容、更充实地享受人生。"我生活在瓦尔登湖，再没有比这里更接近上帝和天堂。我是它的石岸，是它掠过湖心的一阵清风。在我的手心里是它的碧水，是它的白沙，而它最隐秘的泉眼，悬在我的哲思之上。"

本文节选的这一段被亨利·戴维·梭罗命名为"与兽为邻"，他在文中细致地描绘了他的所见、所闻和所思。大至四季交替造成的景色变化，小到两只蚂蚁的争斗，无不栩栩如生地再现于他的生花妙笔之下。在艺术手法上，文中巧妙运用对比、比拟、比喻的手法，写眼前的一切鲜活的事物，潜水鸟更被赋予了奇幻而人性化的神秘魅力。

瓦尔登湖的神话代表了一种追求完美的原生态生活方式，表达了一种对我们当代人很有吸引力也很实用的理想，这一典范在今天对我们具有生态学意义。因为生态平衡的破坏和环境的恶化已到了相当严重的程度，许多生态学家和环境保护主义者正在致力于保护自然留给人类所剩不多的财富。因此，瓦尔登湖已经成为一个象征，亨利·戴维·梭罗的人生哲学通过他的行动和《瓦尔登湖》一书得以充分体现，即人们经常所说的"人与自然的和谐相处"。

👁 文学聚焦

超 验 主 义

　　超验主义（transcendentalism）的核心观点是主张人能超越感觉和理性而直接认识真理，强调直觉的重要性。一般认为，爱默生是超验主义的倡导者，他的散文，特别是他的演讲，令人感到亲切，声音奇异，带有炽烈的个人情感色彩；他的散文在端庄凝重的说教之中流溢出特有的富有魅力的睿智、幽默感和文学、哲思的深度。他的言词文本雄辩有力而辉煌，语调变幻莫测，显示出他深奥的文学技巧。他认为人类世界的一切都是宇宙的一个缩影——"世界将其自身缩小成为一滴露水"。"相信你自己"这句爱默生的名言，成为超验主义者座右铭。另一名超验主义的集大成者是亨利·戴维·梭罗（Henry David Thoreau）。对于很多人而言，梭罗是一本教科书，通过他，人们可以用自然界发生的事实来理解世界，于是世界便成了一个供人阅读、品味、咀嚼的整体，影响了一代又一代人去追寻"两个黄鹂鸣翠柳，一行白鹭上青天"的自然之景。

⬡ 拓展与应用

探究思考

1. 作者为什么选择远离都市尘嚣，定居瓦尔登湖呢？
2. 作者在文中写了哪些"兽"邻居？为什么只有这样一些"兽"做他邻居？
3. 《瓦尔登湖》表现了作者怎样的思想和精神价值？

拓展链接

1. 亨利·戴维·梭罗（美）《种子的信仰》。
2. 奥尔多·利奥波德（美）《沙郡年记》。
3. 蕾切尔·卡森（美）《寂静的春天》。
4. 环保纪录片《家园》。

沙郡年记　　寂静的春天

职业连线

　　美国著名作家、经典名著《瓦尔登湖》的作者亨利·戴维·梭罗，为了追求内心的宁静，毅然隐居瓦尔登湖畔，开启了一段心灵之旅，也收获了一生的宁静淡泊。无独有偶，2015年4月14日早晨，一位从教11年的教师一封辞职信引发热评，辞职的理由仅有10个字："世界那么大，我想去看看。"网友评这是"史上最具情怀的辞职信，没有之一"。

　　工作和生活压力越来越大，长期的高压状态不仅给人们带来焦虑和疲劳，还会让人们的健康指数直线下降。减压是现代职场永恒的主题。你会选择哪些减压方式呢？不如尝试着走近大自然，去感受每个季节的"第一次变化"，与大自然保持紧密的联系让你感到更加平静与强大。

心灵的镜子

（日）东山魁夷

作者简介

东山魁夷（1908—1999），日本著名画家，散文家。原名新吉，画号魁夷。1931 年毕业于东京美术学校，1934 年留学德国，在柏林大学哲学系攻读美术史。曾任日中文化交流协会理事。其早年绘画作品《冬日三乐章》《光昏》分别获得 1939 年日本画院展一等奖和 1956 年日本艺术院奖。1969 年获日本文化勋章和每日艺术大奖，著有散文集《听泉》《我的窗》《与风景对话》等。其散文在日本与川端康成并称"双璧"。

背景知识

东山魁夷是日本著名的画家和散文家。他的散文意境澄澈清明，行文质朴简洁，蕴含着深邃的人生感悟。因曾在德国攻读哲学，并善于用散文把自己画中的诗意和蕴含的哲理表达出来，因此被称誉为"文中有画，画中有诗，诗中还有哲学"。

夏季早晨的风是清爽的。脚下的草被夜露打湿了。城镇刚刚苏醒过来，眼底出现了一户户人家。对面是静寂的海，明朗而辽阔。

高高隆起的小丘，背后绵延着碧绿的山峦，西端沉落到了海里。那儿可以望到巨大的迷濛的倒影。

母亲和儿子站在山丘上。这个穿着蓝底白条纹和服的孩子，就是少年时代的我。每逢暑假，母亲常常领着多病而带有神经质的我，一大早就登上这座山丘。

被母亲叫起来，揉着惺忪的睡眼，勉强着来到这里。从山丘上望去，风光使得幼小的心灵充满了快乐，我感到浑身神清气爽。

幼小时候的记忆，随着年龄的增长，在心中涂上了一层色彩，到头来会弄得面目全非，而且还会随着场所和时间的变更而改变。但是两年前我到神户时就不由想起了这个地方，便去看了看。如今，这里已经整顿成小公园的样子，从前那夏天的朝露濡湿足履的草丛没有了。但站在这里向四方眺望，看到的依然是藏在心中五十多年前的风景。

为什么这风景一直给我留下这般新鲜的映象呢？少年时代的我，虽然当时没有意识到这点，但不正是从这种风景里感受到母亲慈悲的心怀和生命的泉源吗？这风景对于我是不灭的。

我没有把自然当成人的对立面，这种感受，这种想法，在我幼小的心灵中早已萌生了，这是事实。初中三年级的时候，我的一幅风景画在校内展览会上展出过。画的是山中的小水池，周围环绕着碧绿的树木，画题叫《静》，这是在须磨山中荒无人烟的密林内制作的油画。同时，还画了一幅水彩，刀削般的灰色的断崖下面，一群人抬着棺椁向火葬场走去，他们看起来显得非常渺小。这是在学校的后山上亲眼看到的情景。这幅画谁也没给看过。

这两幅作品虽说幼稚，但都是我心象中的风景。尽管这两种风景迥然不同，却是自己内心的感受和外部世界相呼应而结成的映象。少年的我是一颗遭受侵蚀的青果，带着无法违拗的情绪，凝视着身心交瘁的病体；一方面又向包蕴着净福的静谧的风景祈求救助。

这年，上学期过了一半就休学了，淡路岛志筑町村头有一所孤零零的小房子，我在那里一直住到暑假。在那个十分冷清的地方，让小孩子一个人待下去，一般的父母都会放心不下，何况我的父母对待孩子比别人更加娇惯。

可是，那里住着长年在我家帮工的佣人的娘家，她家一位独居的老母亲对我照顾得很周到。打初中一年级时候起，每年暑假我都要到她家住些日子。再说，我的父母很了解我的性格，一个人独处心情会更舒畅些。

这座房子靠近海，到了夜间，可以清楚听到奔涌的波涛，带着沉郁而甘美的情调，把我送进安谧的梦乡。我看不厌黎明和黄昏大海那雄奇的光芒和色彩，看不厌风和浪无休止地相互嬉戏的情景。自然和我，成天价都在亲切地交谈着。

有时候，风激烈地叩打着挡雨窗，波涛冲击着海滩，高扬起银白的飞沫。这海边的风景永远留在我的记忆里，它亲昵地包裹着我，给我以安适。暑假结束了，我被太阳晒黑了，带着一副健康的神态，回到了双亲的身旁。

面临着濑户内海的这片土地上的山、海和夏日的风景，毋宁说它是平凡的，但却是清澄的，显示着生命这一根本要素的存在，反映了人们心性的温馨和友善。当时，正向黑暗的谷底沉落的我，不知道如何对待自己。无疑，这风景对于我来说，不光是一种救助，而且直到后来，始终隐藏在我内心的深处，成为指引我的精神发展的一个要素。

少年时代快要过去了，我几度踌躇，才下定决心当画家，离开神户，考进了东京美术学校。一年级的夏天，我同两三个朋友沿木曾川徒步野游。我们穿过一些村庄，登上了御岳，过了十几天的旅行生活。我平生第一次看到了山国的景象。神户是个明净的海港城市，我在濑户内海优美的环境中住惯了，山国严峻的自然风貌和居住在这地方的人们使我受到了强烈的震动。下面是当时日记中的一段：

经过麻生这个地方，天黑了，在寻找露营场所的时候，下起大雨来。从地图上看，木曾川就在近旁，因为走的是山路，离这条河还相当远。雨越下越大闪电仿佛要撕裂杉树林。雷震荡着空气，在头顶上隆隆地滚动。我们浑身透湿，顺着瀑布流泻的山路返回麻生。

进入一户农家，说明了情由，请求借宿一夜，哪怕睡在门内的泥地上也好。家里只有一个矮小的老婆子，她热情地接待了我们。坚固的木造天花板，黑油油的柱子。老婆子把大家让到屋内，忙着张罗茶水。儿子说今晚要到附近的一个地方去，为迎接什么节日练习吹笛子。这当儿，不知不觉雨早止了。

老婆子说，这地方没有什么名胜，刚建成一座公园。她说着就带我们出去了，这是个美丽的月夜，说起这个公园，却也很简单，在附近的水力发电站旁，只种植了少许的樱树。可老婆子倒是一副颇为自豪的样子。

诚然，这明月下的山峡的景观，比起任何城市的公园来都令人叫好。夜气澄澈，风儿带着寒意。回来倒在床上，微微传来迎接节日的锣鼓声……

此后，我们又经历了不少事情。沿着木曾路登上了御岳。到达八段坡，风雨转强，宿于石室内，翌日晨，登剑峰，大雾翻卷，一片空漠的灰色的世界。

这次所获得的感受，为我开辟了后来走向山国、连接北方世界的道路。深雪封锁的漫天的冬天，贫瘠的土地，严酷的气候风土，坚韧生活着的人和树木，那里产生的庄重的精神，素朴的人情。

刚刚踏入艺术世界的我，确确实实切身感受到了这条道路的艰险。此外，父亲经商的失败，使得当时的我预感到将来学业上的多艰。我要寻求一种强大的精神支柱，它应有别于母性的阴柔的情怀。山国的风景正象征着我心中的愿望和祈求。直到现在，这种风景一直是指导我的精神历程的重大要素。

风景是什么？我们所认识的风景是通过每人的观察并感知于心灵的东西。因此，从严格的意义上讲，可以说每个人心中的风景都不一样。但是，既然人们的心是相通的，那么我的风景也可能成为我们的风景。我是画家，为了在心灵里深深感受着风景，我永远只能开掘我自身的风景观。然而，画家会有特殊的风景观吗？我是画家，但我首先是人。

少年时代和青年时代人生的远游，作为一个画家的起点，深深铭刻于心间。这两个重大的要素成为我人生道路的精神基盘。我把它看成是风景的象征，这种精神基盘包含着和风景的紧密联系。我想，这不光是我一个人的体验。

我坚信，人的内心没有感情的激动就不可能把风景看成是美的。风景，可以说是人的心灵的祈望。我愿描绘清澄的风景，被污染、被践踏的风景不能拯救人的心灵。风景是心灵的镜子。一座庭院最鲜明地代表着居住在这里的人家的心灵。住在山林或田园的人们，他们的心灵也被反映出来。河流和海洋也一样。可以说，一个国家的风景就象征着这个国家国民的心灵。

日本的山川、海洋、原野显得多么荒寂。那些竞相把核爆炸的灰尘撒向大气中的国家，又是在干着何等无谋的蠢事！人们现在处于病态之中，那座白色悬崖前送葬的队列，不是少年时代的我自己的幻想，也许正是现在人类的真实的写照。

我们应当使大地母亲永葆洁净，因为她是生命的源泉，必须有一颗能和自然协调生活的心。在人工的乐园里，存不住生命的光华。不管你愿意不愿意，现在都应当深切地认识到这样一个问题：我们的风景紧密关联着我们人类的生存啊！

（选自［日］东山魁夷.东山魁夷散文选［M］.陈德文，译.天津：百花文艺出版社，1989.）

▶ 艺术赏析

本文记述了作者青少年时代两次远游所看到的风景。少年时代所看到的风景是明丽、静谧、温馨的，具有母性的阴柔；青年时代所看到的风景是肃杀、空漠、灰色的，具有男性的阳刚。这两次远游是他成为一个画家的起点，是他人生道路上的精神基盘。作者坚信，自然风景是"心灵的镜子"，象征着一个国家国民的心灵，这一观点发人深省。

在本文中，作者用了比较的手法，为我们渐次描绘了少年时代的风景、青年时代的风景以及现在被人为破坏的风景。与青少年时代所看到赏心悦目的风景相比，现代被污染、被践踏的风景只能成为摆设，不能拯救人类的心灵。人们在污染、践踏大自然的时候，其实也在污染、践踏自己的灵魂。另外，本文中还用了比喻、象征的手法。作者多次将大地比作母亲；而作者少年时代所作的一幅水彩画，其中描绘了灰色断崖下面一群人抬着棺柩送葬的画面，则具有明显的象征意味。

◉ 文学聚焦

散文创作中的"绘画美"

绘画美最早是一个诗歌理论概念，早在 20 世纪初期，新月诗派的代表闻一多、徐志摩等人就提出了著名的三美原则。他们主张新格律诗须具备三美特征：音乐美、绘画美、建筑美。从绘画美意境的角度出发，不管是诗中有画，还是画中有诗，追根溯源，都有一种诗情画意之美，都可归结为绘画美。故散文创作中也可以体现绘画美，于是"绘画美"这一概念应用到散文领域。

散文绘画美具有形象性、再现性、创造性等特点。它的构成主体是具体可感的形象，一般来讲，这些形象都具有再现性，但是读者如果仅仅把它当成再现性画面，那就根本无法领会其深刻的意蕴。因为它在具有再现性的同时还凝聚了作者的情感，已经有了很强的表现力，可以把读者带入一种物我统一、虚实相生的艺术境界。一言以蔽之，散文绘画美即"文中有画，画中有诗"。

东山魁夷是日本著名的画家，尤其是风景画的创作，堪称一代巨匠。作为绘画大师，他的散文透露了画家对大自然敏锐的审美触觉：善于观察、摄取对象的特征和对大自然色彩格外强烈的感应。研读他的风景散文篇目或是散见于其他散文中的描述风景的文字，会产生一种突出而鲜明的共同印象，即他的散文画境、文境两者相兼，是散文的"绘画美"的动人显现。

⌲ 拓展与应用

探究思考

1. 在本文中，作者认为自然的风景与"心中的风景"有什么联系？
2. "一个国家的风景就象征着这个国家国民的心灵"，这句话有着怎样的含义？
3. 文中写到作者在读初中三年级时画的一幅水彩画中有"一群人抬着棺柩向火葬场走去"的画面，这一画面有怎样的象征意义？

拓展链接

1. 东山魁夷画作赏析，网址为：http://www.360doc.com/content/12/1029/19/9338438_244523955.shtml。
2. 吴冠中散文集《美丑缘》。
3. 柳宗元《始得西山宴游记》。

始得西山宴游记

职业连线

语文实践活动："走进生活，关注环保"调研活动

是谁，如皓月繁星与蓝天白云，以绚烂多彩默默融入自然的葱茏？是谁，如空山新雨与杨柳堆烟，以清新之气缓缓流进人间？又是谁，如灯如光，消释着濒临绝境之人内心苦苦的愁绪，点燃了一蹶不振之人内心阴霾的希望？是自然的颜色，生活的符号——绿色。

本次活动通过调研，提高学生搜集、筛选、分析和运用信息的能力。让学生了解日益严重的环境污染情况，增强环保意识，培养社会责任感。

活动布置：

通过问卷调查、实地观测、人物采访等形式调查身边的环境污染情况(包括水资源污染情况、土壤污染情况、大气污染情况等)并形成视频图片及文字资料。

活动实施：

1. 根据调查内容设计调查问卷、选择调查地点、确定采访对象。

2. 调查身边的环境污染情况，收集资料并进行分类整理。

3. 为收集的图片资料撰写说明文字、对文字资料进行批注、对视频资料设计解说词。

4. 分组活动，展示调研成果。对所有收集材料进行整体设计，按照内容作系统讲解，并阐明个人观点，得出明确结论。要求语言言简意赅，不要流于表面、只是现象的介绍。

活动评价：

评选最佳调查，要求内容客观，阐述准确、反响热烈。

1. 学生自评　＿＿＿＿＿＿＿＿＿＿＿＿＿＿＿＿＿＿＿＿＿＿＿

2. 同学互评　＿＿＿＿＿＿＿＿＿＿＿＿＿＿＿＿＿＿＿＿＿＿＿

3. 教师点评　＿＿＿＿＿＿＿＿＿＿＿＿＿＿＿＿＿＿＿＿＿＿＿

自读课文

春江花月夜①

张若虚（唐）

春江潮水连海平，海上明月共潮生。

滟滟随波千万里②，何处春江无月明。

江流宛转绕芳甸③，月照花林皆似霰④。

空里流霜不觉飞⑤，汀上白沙看不见。

江天一色无纤尘，皎皎空中孤月轮。

江畔何人初见月？江月何年初照人。

人生代代无穷已⑥，江月年年望相似。

不知江月待何人⑦，但见长江送流水⑧。

白云一片去悠悠⑨，青枫浦上不胜愁⑩。

谁家今夜扁舟子？何处相思明月楼⑪。

可怜楼上月徘徊⑫，应照离人妆镜台⑬。

玉户帘中卷不去，捣衣砧上拂还来⑭。

此时相望不相闻，愿逐月华流照君⑮。

鸿雁长飞光不度，鱼龙潜跃水成文⑯。

昨夜闲潭梦落花⑰，可怜春半不还家⑱。

江水流春去欲尽，江潭落月复西斜。

斜月沉沉藏海雾，碣石潇湘无限路⑲。

不知乘月几人归，落月摇情满江树⑳。

（选自中国社会科学院文学研究所编.唐诗选[M].北京：人民文学出版社，1978.）

【注释】

① 春江花月夜：乐府旧题，属于《清商曲辞·吴声歌曲》，相传创自南朝陈后主陈叔宝。

② 滟（yàn）滟：波光闪烁的样子。

③ 芳甸：芳草丛生的原野。甸，郊外之地。

④ 霰（xiàn）：细密的雪珠。

⑤ "空里"二句：谓月光皎洁柔和如流霜暗中飞泻，江畔白茫茫一片空明。流霜：比喻月光悄悄泻满大地。汀：水中或水边平地，此指江畔沙滩。

⑥ 无穷已：没有止境。已，止，止息。

⑦ 待：一本作"照"。

⑧ 但：只，只是。

⑨ 白云：此喻指游子。去悠悠：形容白云缓缓飘逝。

⑩ 青枫浦：一名双枫浦，故址在今湖南浏阳境内。浦：原指大江、大河与其支流的交汇处，此指离别场所。不胜（shēng）：禁不起，受不了。

⑪ "谁家"二句：是说在此月夜，有许多游子舟行江中，在外漂泊；也有许多思妇伫立楼头，思念丈夫。"谁家"、"何处"，互文见义。扁（piān）舟：小船。

⑫ 月徘徊：指月影缓缓移动。

⑬ 妆镜台：梳妆台。

⑭ "玉户"二句：说月光似乎故意与思妇为难，帘卷不去，手拂还来。玉户：此指思妇居室。捣衣砧（zhēn）：捣衣时的垫石。

⑮ 逐：追随。月华：月光。

⑯ "鸿雁"二句：谓游子、思妇彼此之间难通音信。鸿雁：此指信使。《汉书·苏武传》记有鸿雁传递书信之事。鸿雁飞得再远，也不能逾越月光。度：通"渡"。鱼龙：此指鲤鱼。《古诗·饮马长城窟行》："客从远方来，遗我双鲤鱼。呼儿烹鲤鱼，中有尺素书。"说鲤鱼也能传递书信。鱼龙潜跃水成文：鲤鱼在水底潜游，水面上激起波纹。文：通"纹"，波纹。

⑰ 闲潭：平和、幽静的水潭。

⑱ 可怜：可惜。

⑲ "碣石"句：说游子思妇分处天南地北，难以相见。碣石潇湘：此处借指天南地北。碣石，山名，故址在今河北省。一说，碣石山已沉入海底中。潇湘：本二水名，今在湖南省零陵县合流，称为潇湘，北入洞庭湖。

⑳ "落月"句：江边树林洒满了落月的余晖，轻轻摇曳，牵系着思妇的离情别绪。

秋天的况味

林语堂

秋天的黄昏，一人独坐在沙发上抽烟，看烟头白灰之下露出红光，微微透露出暖气，心头的情绪便跟着那蓝烟缭绕而上，一样的轻松，一样的自由。不转眼，缭烟变成缕缕的细丝，慢慢不见了，而那霎时，心上的情绪也跟着消沉于大千世界，所以也不讲那时的情绪，而只讲那时的情绪的况味。待要再划一根洋火，再点起那已点过三四次的雪茄，却因白灰已积得太多而点不着，乃轻轻地一弹，烟灰静悄悄地落在铜炉上，其静寂如同我此时用毛笔写在纸上一样，一点的声息也没有。于是再点起来，一口一口地吞云吐雾，香气扑鼻，宛如偎红倚翠温香在抱的情调。于是想到烟，想到这烟一般温煦的热气，想到室中缭绕暗淡的烟霞，想到秋天的意味。

这时才忆起，向来诗文上秋的含义，并不是这样的，使人联想的是萧杀，是凄凉，是秋扇，是红叶，是荒林，是姜草。然而秋确有另一意味，没有春天的阳气勃勃，也没有夏天的炎烈迫人，也不像冬天之全入于枯槁凋零。我所爱的是秋林古气磅礴气象。有人以老气横秋骂人，可见是不懂得秋林古色之滋味。在四时中，我于秋是有偏爱的，所以不妨说说。

秋是代表成熟，对于春天之明媚娇艳，夏日之茂密浓深，都是过来人，不足为奇了，所以其色淡，叶多黄，有古色苍茏之慨，不单以葱翠争荣了。这是我所谓秋的意味，大概我所爱的不是晚秋，是初秋，那时暄气初消，月正圆，蟹正肥，桂花皎洁，也未陷入懔烈萧瑟气态，这是最值得赏乐的。那时的温和，如我烟上的红灰，只是一股熏熟的温香罢了。或如文人已排脱下笔惊人的格调，而渐趋纯熟炼达，宏毅坚实，其文读来有深长意味。这就是庄子所谓"正得秋而万宝成"结实的意义。在人生上最享乐的就是这一类的事。比如酒以醇以老为佳。烟也有和烈之辨。雪茄之佳者，远胜于香烟，因其味较和。倘是烧得得法，听那微微哔剥的声音，也觉得有一种诗意。

大概是古老，纯熟，熏黄，熟练的事物，都使我得到同样的愉快。如一只熏黑的陶锅在烘炉上用慢火炖猪肉时所发出的锅中徐吟的声调，是使我感到同观人烧大烟一样的兴趣。或如一本用不过二十年而尚未破烂的字典，或是一张用了半世的书桌，或如看见街上一块熏黑了老气横秋的招牌，或是看见书法大家苍劲雄深的笔迹，都令人有相同的快乐。

人生世上如岁月之有四时，必须要经过这纯熟时期，如女人发育健全遭遇安顺的，亦必有一时徐娘半老的风韵，为二八佳人所绝不可及者。使我最佩服的是邓肯的佳句："世人只会吟咏春天与恋爱，真无道理。须知秋天的景色，更华丽，更恢奇，而秋天的快乐有万倍的雄壮，惊奇，都丽。我真可怜那些妇女识见偏狭，使她们错过爱之秋天的宏大的赠赐。"若邓肯者，可谓识趣之人。

一九四一年一月

（选自林语堂.林语堂散文精读[M].上海：东方出版中心，2007.）

老人与海（节选）

（美）海明威

他知道他现在给打败了，败得彻底，没法挽救了。他回到船艄，发觉舵把子裂成锯齿似的那一头插进舵槽挺合适，他还可以用来掌舵。他把布口袋围好两肩，把船拨回原道儿。现在船走得很轻快。他什么都不想，什么感觉也没有，如今什么都无所谓了。他驾船驶向家乡的港口，驾得尽量稳当，尽量用心。夜里，鲨群又来袭击大鱼的残骸，就像有的人拣餐桌上的面包屑一样。老汉根本不理会它们，除了掌舵，什么都不注意。他只体会到，现在边上没有很重的东西，船走得多轻便，多自如。

船挺不错，他想。它好好的一点儿也没坏，只不过舵把子拆了。那容易换过。

他觉出已经到了洋流里面，他看得见沿岸那些海边小渔村的灯光。他知道这会儿他在什么地方，回家不算回事儿了。

不管怎么说，风是我们的朋友，他想。接着又补了一句：有时候它是。还有大海，那有我们的朋友，也有我们的敌人。还有床，他想。床是我的朋友，就要个床，他想。床可是个好东西。你给打败，倒松快了，他想。我以前不知道败了多么松快。那么，把你打败的是什么呢，他想。

"什么都不是，"他冒出声来，"我出海太远了呗。"

船驶进小港湾的时候，餐馆的灯已经灭了，他知道大家都在睡觉。风不断加码，现在正吹得紧。不过港湾里静悄悄的，他径直驶到乱岩下那一小片卵石海滩跟前。没一个人来帮忙，他只好把船尽自己力气往上划。然后他走出船来，把它拴在岩石上。

他卸下桅杆，把帆卷起，捆好，再扛起桅杆，开始爬坡。他这才知道自己累到了什么程度。他停了一会儿，朝后望望，从街灯投去激起的反光中，看见鱼的大尾巴在船艄后面远远竖着。他还看见它那惨白赤裸的一条脊骨、黑乎乎一坨的脑袋和伸出去的剑颚，而一头一尾中间却空荡荡一片精光。

他再抬腿爬坡，在坡顶摔倒了，带着肩扛的杆在地上趴了些时候。他挣着想起来可很不容易。他扛着杆坐在那儿，瞧了瞧石路。一只猫打路那边跑过去忙它的事儿了，老汉望着它。然后他又望着面前的路。

最后他放下桅杆站了起来。他抬起杆再拥到肩上，顺着这路上去。他不得不坐下来歇五次才走到他的窝棚。

进屋后他把桅杆靠墙放好，摸黑找到了水瓶，喝了些。接着他便在床上躺下，拿毯子盖了肩膀，又盖了脊梁和两腿。他趴在报纸上睡了，两条胳臂直伸出去，手心朝上。

上午，孩子从门口张望的时候，他在熟睡。风刮得猛，流网渔船当天不出海，所以孩子起床晚，像这两天每天早上那样，起床后就到老汉的窝棚来。孩子看见老汉照常呼吸着，又看见了老汉的两只手，他哭起来了。他轻手轻脚地出了门，去弄些咖啡来，一路走一路哭。

很多渔民围着那只小船瞧船边绑的东西，其中一个卷起裤腿站在水里，用绳子量鱼的骨架。

　　孩子没下海滩去。先头他去过了，有个渔民替他照看那只小船。"他怎么样？"这群渔民当中的一个嚷着问。

　　"睡着呢。"孩子大声说。他不在乎他们看见他在哭。"谁也别打搅他吧。"

　　"从鼻子尖到尾巴有十八英尺。"量鱼的渔民喊着。

　　"我相信。"孩子说。

　　他跑进餐馆，要了一罐咖啡。

　　"热的，多放牛奶多加糖。"

　　"还要什么吗？"

　　"不要了。回头我再看看他可以吃点儿什么。"

　　"多大的一条鱼啊，"老板说，"从来没有过这么样的一条鱼。你昨儿打的两条鱼也挺好。"

　　"我那些该死的鱼。"孩子说，又哭起来了。

　　"你要来点儿什么喝的吗？"老板问。

　　"不必啦，"孩子说，"告诉他们别去跟桑提亚哥絮叨。我一会儿再来。"

　　"跟他说我多么同情他。"

　　"多谢。"孩子说。

　　孩子捧了一罐热咖啡到老汉的窝棚，在他身边一直坐到他醒。有一会儿眼看他就要醒似的，但他又坠入了沉睡，孩子到路对过借些木柴来热咖啡。

　　老汉终于醒了。

　　"别坐起来，"孩子说，"先喝这个。"他在玻璃杯里倒了些咖啡。

　　老汉接过来就喝。

　　"它们把我打败了，曼诺林，"他说，"真的把我打败了。"

　　"它可没打败你。那条鱼没有。"

　　"它确实没有。那是后来的事。"

　　"佩德利阔在照管船跟东西，您想拿鱼头干吗使呢？"

　　"让佩德利阔把它剁碎了钓鱼用吧。"

　　"那个长剑嘴呢？"

　　"你要你就留着。"

　　"我要，"孩子说，"现在咱们得计划一下别的事啦。"

　　"大家找过我吗？"

　　"当然啦。派了海岸警卫队，派了飞机。"

　　"海很大，船小，不容易看见。"老汉说。他体会到，有个人一块儿讲话多么愉快，不像单跟自己讲，对着海讲那样。"我很想你，"他说，"你打了多少鱼？"

　　"头天一条。第二天一条，第三天两条。"

　　"很好啊"

　　"以后咱俩又要一块儿打鱼啦。"

　　"别。我不走运。我再不会走运了。"

　　"你家里会怎么说呢？"

　　"让运气见鬼去吧，"孩子说，"我会把运气带来的。"

"我不管。昨儿我捉住两条。不过现在咱俩要一块打鱼了,因为我还有好些要学的呢。"

"咱们得弄一杆好标枪,老带在船上。你可以从旧福特车上拆一片弓子弹簧片做枪头。咱们可以到瓜纳瓦科阿去把它磨一下。应该把它磨得飞快,蘸火也别让它断。我的刀就断了。"

"我再弄一把刀来,也把弹簧片磨好。这么大的东北风要刮多少天?"

"作兴三天,作兴更长。"

"我会把事情统统办好的,"孩子说,"您把两只手养好吧,老伯伯。"

"我懂得怎么照应手。昨儿夜里我吐了点儿奇怪的东西,觉着胸脯里头有什么地方伤了。"

"把那个地方也养好吧,"孩子说,"您躺下来,老伯伯,我给您送干净衬衫来。还有吃的。"

"把我出海这几天的报纸随便带些来。"老汉说。

"您得赶快养好,因为我有不少要学的,您什么都可以教我。您这回受了多少罪啊?"

"多着呢。"老汉说。

"我把吃的跟报纸送来,"孩子说,"好好儿歇着吧,老伯伯。我从药店带些油膏给您治手。"

"别忘了告诉佩德利阔,鱼头给他。"

"自然。我记得。"

孩子出门,顺着破旧的珊瑚石路往前走,边走边又在哭。

那天下午,餐馆有一群旅游的客人。有个女客望着下面的水,在一些空的啤酒罐头和死的鲟鱼当中,看见很长一道白的鱼脊梁,后面带个特大的尾巴。东风在港湾入口外面一直掀起大浪,这东西也随着起落摇摆。

"那是什么东西?"她问一个侍者,指着大鱼长长的脊椎骨。它现在不过是等着给潮水卷走的垃圾罢了。

"錆鲨,"侍者说,"还是鲨鱼。"他想要解释这是怎么回事。

"我以前不知道鲨鱼还有这么漂亮、样子好看的尾巴呢。"

"我以前也不知道。"和她同来的男人说。

在路那头的窝棚里,老汉又睡着了。他仍然趴着睡,孩子坐在旁边望着他。老汉正梦见那些狮子。

(选自[美]海明威.海明威文集:上卷[M].王秀珍,译.长春:时代文艺出版社,1998.)

拓展阅读

百味人生

　　俗话说，贫居闹市无人问，富在深山有远亲。人间世态有炎凉，浮云荣辱也寻常。世情看冷暖，人面逐高低。世俗之人根据他人处境的穷达而冷暖变化，人之脸也随他人地位的高低而变得或热情或冷淡。文学作品只有写尽人情世态，才能真正深入人心，打动读者，成为佳作。杨绛在《将饮茶》中说道："世态人情，比明月清风更饶有滋味；可作书读，可当戏看。书上的描摹，戏里的扮演，即使栩栩如生，究竟只是文艺作品；人情世态，都是天真自然的流露，往往超出情理之外，新奇得令人震惊，令人骇怪，给人以更深刻的效益，更奇妙的娱乐。唯有身处卑微的人，最有机缘看到世态人情的真相，而不是面对观众的艺术表演。"

　　世态人情是文学作品的重要写作对象。无论时代如何变迁，不同的世态人情凝聚在作品中，蕴藏着多方信息。它让人感动，让人生出几多喟叹，也催人冥想深思，体悟人生的苦乐。无数读者通过作品穿梭各个时代，感悟不同人生；通过作品体会诗酒花茶，也感受柴米油盐；通过作品丰富知识，净化心灵，陶冶情操。

　　"以铜为镜，可以正衣冠；以古为镜，可以知兴替；以人为镜，可以明得失"，我们通过解读文学作品这面"镜子"，更深刻地认识现实社会，认识别人和自己。现在就让我们走进这面"镜子"，尽情感受吧！

讲读课文

宝 玉 挨 打

曹雪芹（清）

红楼梦

作者简介

曹雪芹（约 1715—约 1763），名霑，字梦阮，号雪芹，又号芹溪、芹圃，中国古典名著《红楼梦》作者，籍贯存在争议（一说辽宁辽阳、一说河北丰润、一说辽宁铁岭），生于南京，约十三岁时迁回北京。曹雪芹出身清代内务府正白旗包衣世家，他是江宁织造曹寅之孙，曹頫之子（一说曹颙之子）。

曹雪芹早年在南京江宁织造府亲历了一段锦衣纨绮、富贵风流的生活。至雍正六年（1728），曹家因亏空获罪被抄家，曹雪芹随家人迁回北京老宅。后又移居北京西郊，靠卖字画和朋友救济为生。曹雪芹素性放达，爱好广泛，对金石、诗书、绘画、园林、中医、织补、工艺、饮食等均有所研究。他以坚韧不拔的毅力，历经多年，终于创作出极具思想性、艺术性的伟大作品——《红楼梦》。

背景知识

《红楼梦》是我国古代四大名著之一，是章回体小说，成书于 1784 年（清乾隆四十九年）。它的原名为"石头记"，又名"情僧录""风月宝鉴""金陵十二钗"等。现通行的版本有120 回，前 80 回为曹雪芹所著，后 40 回为高鹗续写。该书以贾宝玉和林黛玉的爱情悲剧为主线，着重描写荣国府、宁国府由盛转衰的过程，也写出与贾府密切相关的史、王、薛三家族的兴衰史，全面描绘出封建社会末期的人情世态以及种种无法调和的矛盾。

原来宝玉会过雨村回来听见了，便知金钏儿含羞赌气自尽，心中早又五内摧伤。进来被王夫人数落教训，也无可回说。见宝钗进来，方得便出来，茫然不知何往，背着手，低头一面感叹，一面慢慢的走着，信步来至厅上。刚转过屏门，不想对面来了一人正往里走，可巧儿撞了个满怀。只听那人喝了一声"站住！"宝玉唬了一跳，抬头一看，不是别人，却是他父亲，早不觉的倒抽了一口气，只得垂手一旁站了。贾政道："好端端的，你垂头丧气，嗐些什么？方才雨村来了要见你，叫你那半天你才出来；既出来了，全无一点慷慨挥洒谈吐，仍是萎靡不振。我看你脸上一团思欲愁闷气色，这会子又咳声叹气。你那些还不足，还不自在？无故这样，却是为何？"宝玉素日虽是口角伶俐，只是此时一心总为金钏儿感伤，恨不得此时也身亡命殒，跟了金钏儿去。如今见了他父亲说这些话，究竟不曾听见，只是怔呵呵的站着。

贾政见他惶悚①，应对不似往日，原本无气的，这一来倒生了三分气。方欲说话，忽有回事人来回："忠顺亲王府里有人来，要见老爷。"贾政听了，心下疑惑，暗暗思忖道："素日并不和忠顺府来往，为什么今日打发人来？"一面想，一面令"快请"，急走出来看时，却是忠顺府长史官②，忙接进厅上坐了献茶。未及叙谈，那长史官先就说道："下官此来，并非擅造潭府③，皆因奉王命而来，有一件事相求。看王爷面上，敢烦老大人作主，不但王爷知情，且连下官辈亦感谢不尽。"贾政听了这话，抓不住头脑，忙陪笑起身问道："大人既奉王命而来，不知有何见谕，望大人宣明，学生好遵谕承办。"那长史官便冷笑道："也不必承办，只用大人一句话就完了。我们府里有一个做小旦的琪官，一向好好在府里，如今竟三五日不见回去，各处去找，又摸不着他的道路④，因此各处访察。这一城内，十停⑤人倒有八停人都说，他近日和衔玉的那位令郎相与甚厚。下官辈等听了，尊府不比别家，可以擅入索取，因此启明王爷。王爷亦云：'若是别的戏子呢，一百个也罢了，只是这琪官随机应答，谨慎老成，甚合我老人家的心，竟断断少不得此人。'故此求老大人转谕令郎，请将琪官放回，一则可慰王爷谆谆奉恳，二则下官辈也可免操劳求觅之苦。"说毕，忙打一躬。

　　贾政听了这话，又惊又气，即命唤宝玉来。宝玉也不知是何原故，忙赶来时，贾政便问："该死的奴才！你在家不读书也罢了，怎么又做出这些无法无天的事来！那琪官现是忠顺王爷驾前承奉的人，你是何等草芥，无故引逗他出来，如今祸及于我。"宝玉听了唬了一跳，忙回道："实在不知此事。究竟连'琪官'两个字不知为何物，岂更又加'引逗'二字！"说着便哭了。贾政未及开言，只见那长史官冷笑道："公子也不必掩饰。或隐藏在家，或知其下落，早说了出来，我们也少受些辛苦，岂不念公子之德？"宝玉连说不知，"恐是讹传，也未见得"。那长史官冷笑道："现有据证，何必还赖？必定当着老大人说了出来，公子岂不吃亏？既云不知此人，那红汗巾子⑥怎么到了公子腰里？"宝玉听了这话，不觉轰去魂魄，目瞪口呆，心下自思："这话他如何得知！他既连这样机密事都知道了，大约别的瞒他不过，不如打发他去了，免的再说出别的事来。"因说道："大人既知他的底细，如何连他置买房舍这样大事倒不晓得了？听得说他如今在东郊离城二十里有个什么紫檀堡，他在那里置了几亩田地几间房舍。想是在那里也未可知。"那长史官听了，笑道："这样说，一定是在那里。我且去找一回，若有了便罢，若没有，还要来请教。"说着，便忙忙的走了。

　　贾政此时气的目瞪口歪，一面送那长史官，一面回头命宝玉"不许动！回来有话问你！"一直送那官员去了。才回身，忽见贾环带着几个小厮一阵乱跑。贾政喝令小厮"快打，快打！"贾环见了他父亲，唬的骨软筋酥，忙低头站住。贾政便问："你跑什么？带着你的那些人都不管你，不知往那里逛去，由你野马一般！"喝令叫跟上学的人来。贾环见他父亲盛怒，便乘机说道："方才原不曾跑，只因从那井边一过，那井里淹死了一个丫头，我看见人头这样大，身子这样粗，泡的实在可怕，所以才赶着跑了过来。"贾政听了惊疑，问道："好端端的，谁去跳井？我家从无这样事情，自祖宗以来，皆是宽柔以待下人。大约我近年于家务疏懒，自然执事人⑦操克夺之权⑧，致使生出这暴珍轻生的祸患。若外人知道，祖宗颜面何在！"喝令快叫贾琏、赖大、来兴。小厮们答应了一声，方欲叫去，贾环忙上前拉住贾政的袍襟，贴膝跪下道："父亲不用生气。此事除太太房里的人，别人一点也不知道。我听见我母亲说——"说到这里，便回头四顾一看。贾政知其意，将眼一看众小厮，小厮们明白，都往两边后面退去。贾环便悄悄说道："我母亲告诉我说，宝玉哥哥前日在太太屋里，拉着太太的丫头金钏儿强奸不遂，打了一顿。那金钏儿便赌气投井死了。"

　　话未说完，把个贾政气得面如金纸，大喝"快拿宝玉来！"一面说，一面便往里边书房里去，喝令"今日再有人劝我，我把这冠带家私^⑨一应交与他与宝玉过去！我免不得做个罪人，把这几根烦恼鬓毛剃去，寻个干净去处^⑩自了，也免得上辱先人下生逆子之罪！"众门客仆从见贾政这个形景，便知又是为宝玉了，一个个都是咋指咬舌，连忙退出。那贾政喘吁吁的直挺挺坐在椅子上，满面泪痕，一叠声"拿宝玉！拿大棍！拿索子捆上！把各门都关上！有人传信往里头去，立刻打死！"众小厮们只得齐声答应，有几个来找宝玉。

那宝玉听见贾政吩咐他"不许动"，早知多凶少吉，那里承望贾环又添了许多的话。正在厅上干转，怎得个人来往里头去捎信，偏生没个人，连焙茗也不知在那里。正盼望时，只见一个老姆姆出来。宝玉如得了珍宝，便赶上来拉他，说道："快进去告诉：老爷要打我呢！快去，快去！要紧，要紧！"宝玉一则急了，说话不明白；二则老婆子偏生又聋，竟不曾听见是什么话，把"要紧"二字只听作"跳井"二字，便笑道："跳井让他跳去，二爷怕什么？"宝玉见是个聋子，便着急道："你出去叫我的小厮来罢。"那婆子道："有什么不了的事？老早的完了。太太又赏了衣服，又赏了银子，怎么不了事的！"

宝玉急的跺脚，正没抓寻处，只见贾政的小厮走来，逼着他出去了。贾政一见，眼都红紫了，也不暇问他在外流荡优伶，表赠私物，在家荒疏学业，淫辱母婢等语，只喝令"堵起嘴来，着实打死！"小厮们不敢违拗，只得将宝玉按在凳上，举起大板打了十来下。贾政犹嫌打轻了，一脚踢开掌板的，自己夺过来，咬着牙狠命盖了三四十下。众门客见打的不祥了，忙上前夺劝。贾政那里听，说道："你们问问他干的勾当可饶不可饶！素日皆是你们这些人把他酿^⑪坏了，到这步田地还来解劝。明日酿到他弑君杀父，你们才不劝不成！"

众人听这话不好听，知道气急了，忙又退出，只得觅人进去给信。王夫人不敢先回贾母，只得忙穿衣出来，也不顾有人没人，忙忙赶往书房中来，慌的众门客小厮等避之不及。王夫人一进房来，贾政更如火上浇油一般，那板子越发下去的又狠又快。按宝玉的两个小厮忙松了手走开，宝玉早已动弹不得了。贾政还欲打时，早被王夫人抱住板子。贾政道："罢了，罢了！今日必定要气死我罢！"王夫人哭道："宝玉虽然该打，老爷也要自重。况且炎天暑日的，老太太身上也不大好，打死宝玉事小，倘或老太太一时不自在了，岂不事大！"贾政冷笑道："倒休提这话。我养了这不肖的孽障，已不孝；教训他一番，又有众人护持；不如趁今日一发勒死了，以绝将来之患！"说着，便要绳索来勒死。

王夫人连忙抱住哭道："老爷虽然应当管教儿子，也要看夫妻分上。我如今已将五十岁的人，只有这个孽障，必定苦苦的以他为法，我也不敢深劝。今日越发要他死，岂不是有意绝我。既要勒死他，快拿绳子来先勒死我，再勒死他。我们娘儿们不敢含怨，到底在阴司里得个依靠。"说毕，爬在宝玉身上大哭起来。贾政听了此话，不觉长叹一声，向椅上坐了，泪如雨下。王夫人抱着宝玉，只见他面白气弱，底下穿着一条绿纱小衣皆是血渍，禁不住解下汗巾看，由臀至胫，或青或紫，或整或破，竟无一点好处，不觉失声大哭起来，"苦命的儿吓！"因哭出"苦命儿"来，忽又想起贾珠来，便叫着贾珠哭道："若有你活着，便死一百个我也不管了。"此时里面的人闻得王夫人出来，那李宫裁王熙凤与迎春姊妹早已出来了。王夫人哭着贾珠的名字，别人还可，惟有宫裁禁不住也放声哭了。贾政听了，那泪珠更似滚瓜一般滚了下来。

正没开交处，忽听丫鬟来说："老太太来了。"一句话未了，只听窗外颤巍巍的声气说道："先打死我，再打死他，岂不干净了！"贾政见他母亲来了，又急又痛，连忙迎接出来，只见贾母扶着丫头，喘吁吁的走来。贾政上前躬身陪笑道："大暑热天，母亲有何生气亲自走来？有话只该叫了儿子进去吩咐。"贾母听说，便止住步喘息一回，厉声说道："你原来是和我说话！我倒有话吩咐，只是可怜我一生没养个好儿子，却教我和谁说去！"贾政听这话不像，忙跪下含泪说道："为儿的教训儿子，也为的是光宗耀祖。母亲这话，我做儿的如何禁得起？"贾母听说，便啐了一口，说道："我说一句话，你就禁不起，你那样下死手的板子，难道宝玉就禁得起了？你说教训儿子是光宗耀祖，当初你父亲怎么教训你来！"说着，不觉就滚下泪来。贾政又陪笑道："母亲也不必伤感，皆是做儿的一时性起，从此以后再不打他了。"贾母便冷笑道："你也不必和我使性子赌气的。你的儿子，我也不该管你打不打。我猜着你也厌烦我们娘儿们。不如我们赶早儿离了你，大家干净！"说着，便命人："看⑫轿马！我和你太太宝玉立刻回南京去！"家下人只得干答应着。贾母又叫王夫人道："你也不必哭了。如今宝玉年纪小，你疼他，他将来长大成人，为官作宰的，也未必想着你是他母亲了。你如今倒不要疼他，只怕将来还少生一口气呢。"贾政听说，忙叩头哭道："母亲如此说，贾政无立足之地。"贾母冷笑道："你分明使我无立足之地，你反说起你来！只是我们回去了，你心里干净，看有谁来许你打。"一面说，一面只命快打点行李车轿回去。贾政苦苦叩求认罪。

贾母一面说话，一面又记挂宝玉，忙进来看时，只见今日这顿打不比往日，又是心疼，又是生气，也抱着哭个不了。王夫人与凤姐等解劝了一会，方渐渐的止住。早有丫鬟媳妇等上来，要搀宝玉，凤姐便骂道："糊涂东西，也不睁开眼瞧瞧！打的这么个样儿，还要搀着走！还不快进去把那藤屉子春凳⑬抬出来呢。"众人听说连忙进去，果然抬出春凳来，将宝玉抬放凳上，随着贾母王夫人等进去，送至贾母房中。

彼时贾政见贾母气未全消，不敢自便，也跟了进去。看看宝玉，果然打重了。再看看王夫人，儿一声，肉一声，"你替珠儿早死了，留着珠儿，免你父亲生气，我也不白操这半世的心了。这会子你倘或有个好歹，丢下我，叫我靠那一个？"数落一场，又哭"不争气的儿！"贾政听了，也就灰心，自悔不该下毒手打到如此地步。先劝贾母，贾母含泪道："你不出去，还在这里做什么？难道于心不足，还要眼看着他死了才去不成？"贾政听说，方退了出来。

此时薛姨妈同宝钗、香菱、袭人、史湘云也都在这里。袭人满心委屈，只不好十分使出来，见众人围着，灌水的灌水，打扇的打扇，自己插不下手去，便索性走出来到二门前，令小厮们找了焙茗来细问："方才好端端的，为什么打起来？你也不早来透个信儿！"焙茗急的说："偏生我没在跟前，打到半中间我才听见。忙打听原故，却是为琪官同金钏姐姐的事。"袭人道："老爷怎么得知道的？"焙茗道："那琪官的事，多半是薛大爷素日吃醋，没法儿出气，不知在外头唆挑了谁来，在老爷跟前下的火⑭。那金钏儿的事是三爷说的，我也是听见老爷的人说的。"袭人听了这两件事都对景⑮，心中也就信了八九分。然后回来，只见众人都替宝玉疗治。调停完备，贾母命"好生抬到他房内去"。众人答应，七手八脚，忙把宝玉送入怡红院内自己床上卧好。又乱了半日，众人渐渐散去，袭人方进前来经心服侍，问他端的。且听下回分解。

（选自曹雪芹．红楼梦［M］．北京：人民文学出版社，2013．）

【注释】

① 惶悚(sǒng)：惶恐。悚，害怕，恐惧。

② 长史官：总管王府内事务的官吏。从南朝起始设，以后各代王府都沿设。

③ 潭府：深宅大院。常用作对他人住宅的尊称。潭，深邃的样子。

④ 道路：行踪，去向。

⑤ 停：总数分成几份，其中一份叫一停。

⑥ 汗巾子：系内裤用的腰巾，因近身受汗，故名。

⑦ 执事人：具体操办某件事务的人。

⑧ 克夺之权：生杀予夺之权。

⑨ 冠带家私：冠带，帽子和束带，是官服的代称，这里代指官爵。家私，财产，代指家业。

⑩ 烦恼鬓毛……干净去处：鬓毛，即头发，佛家称为"烦恼丝"。干净，佛家以为人世污浊不净，唯有佛门才能通向清净世界，即所谓净土。剃去烦恼鬓毛与寻个干净去处，都是出家当和尚的意思。

⑪ 酿：惯，纵容。

⑫ 看：料理，备办。

⑬ 藤屉子春凳：春凳，一种面较宽的可坐可卧的长凳。藤屉子，凳面用藤皮编成。

⑭ 下的火：使坏，进谗言。

⑮ 对景：对得上号，情况符合。

▶ 艺术赏析

《宝玉挨打》这篇课文选自《红楼梦》的第三十三回，即"手足眈眈小动唇舌，不肖种种大承笞挞"，是全书的第一个高潮。文章无论是语言动作的描写、情节结构的谋篇还是人物形象的刻画都堪称典范。

1. 生动精当的语言

文章第一段，贾宝玉正因金钏儿死亡而无比感伤的时候，撞见父亲贾政，对父亲的训斥没有听见，"只是怔呵呵的站着"。"怔呵呵"一词是曹雪芹先生所造，它把贾宝玉突然见到父亲时那种因吃惊、害怕而发呆的样子刻画得入木三分。第六段，小子们用大板子打了宝玉十来下以后，"贾政犹嫌打轻了，一脚踢开掌板的，自己夺过来，咬着牙狠命盖了三四十来下。""踢""夺""咬""盖"四个动词，描绘了贾政盛怒之下毒打儿子的一连串动作，刻画出这个封建卫道士的凶残面目。

2. 严密完整的情节

吴功正先生将《红楼梦》情节设计起伏跌宕的特色论为三态：一是"潜流暗滚"，矛盾的积聚时期，看似平静的水面，实际上内中包含着冲突和斗争的潜流；二是"惊涛大作"，对立双方矛盾冲突激化，失去了平衡，表面与内在都以非常的形态出现；三是"余波涟漪"，冲突过后，不是戛然而止，而是波纹荡漾，进一步深化矛盾，为下一轮冲突埋下伏笔。其中"宝玉挨打"这一片段就充分体现了这个特点。

宝玉挨打，是贾府中各种矛盾的第一次爆发。它前面连着金钏儿投井自杀，贾雨村登门拜访。中间插着忠顺王府来索要戏子蒋玉函，庶出的贾环诬陷嫡生的宝玉，王夫人临场救子，贾母教训贾政，还有王熙凤干练的安排，宝钗、香菱、史湘云的看望，袭人暗查原由。后面接着袭人规劝，宝钗送药，黛玉暗地里痛哭及旧帕题诗。

　　贾府中的主要人物几乎都出场并作了真实的表演，使"宝玉挨打"这件事成为《红楼梦》前半部的一个枢纽，推动着故事情节和人物性格的不断发展。据此，我们可以看出曹雪芹独到的匠心。

　　3. 血肉丰满的人物形象

　　贾政是这篇课文的主要人物，小说的细节描写使他血肉丰满。

　　贾政对宝玉生气最终发展到毒打，是一个层层递进的过程。贾政与宝玉撞个满怀，"原本无气"，可看到宝玉萎靡不振，站着发呆的样子，"倒生了三分气"；忠顺王府派人来找宝玉索要戏子，贾政"又惊又气"；当宝玉说出琪官的下落，表明他确与琪官关系密切时，贾政"气得目瞪口歪"；而贾环又诬陷宝玉强奸金钏儿不成，致使金钏儿投井自杀，话未说完，就把贾政"气得面如金纸"。

　　接下来，小说着力刻画贾政的三次流泪。第一次是贾政决定毒打儿子时，"喘吁吁直挺挺坐在椅子上，满面泪痕"，表现他内心的挣扎和痛苦。第二次是王夫人救下宝玉，然后哭诉宝玉是她的独子，是唯一的依靠。"贾政听了此话，不觉长叹一声，向椅上坐了，泪如雨下"，这是一种无可奈何的心酸。第三次是王夫人哭着贾珠的名字，媳妇李纨（宫裁）放声痛哭。贾政受到感染，想起英年早逝的大儿子，"那泪珠更似滚瓜一般滚了下来"，这是对家门不幸、后继乏人感到绝望。

　　在受到贾母的训斥后，贾政"看看宝玉，果然打重了"，"自悔不该下毒手打到如此地步"。

　　于是，集顽固狠毒的封建卫道士和望子成龙的父亲于一身的贾政就这样活生生地站在了我们面前。

　　此外，思想叛逆却束手挨打的宝玉，故意陷害包藏祸心的贾环，爱子心切奋力护犊的王夫人，溺爱宝玉怒斥贾政的贾母，泼辣干练的王熙凤，无不形态毕现，跃然纸上。正是这些形态各异、个性鲜明的人物，使得《红楼梦》具有永恒的魅力。

◉ 文学聚焦

章 回 体 小 说

　　章回体小说就是分章回叙事的长篇小说，它是中国古典长篇小说的主要形式，除了少数作者为了逞才而写的文言作品外，都是白话作品。白话章回体小说是由宋元时期的"讲史话本"发展而来的。"讲史"就是说书的艺人们讲述历代的兴亡和战争的故事。讲史一般都很长，艺人在表演时必须分为若干次才能讲完。每讲一次，就等于后来章回体小说中的一回。在每次讲说以前，艺人要用题目向听众揭示主要内容，这就是章回体小说回目的起源。章回体小说中经常出现的"话说""看官""预知后事如何，且听下回分解"等字样，正可以明确看出它与话本之间的继承关系。

　　经过较长的发展过程，明代初期出现了首批章回体小说，其中著名的有《三国志通俗演义》《水浒传》等。明代中叶以后，章回体小说的发展更加成熟，出现了《西游记》《金瓶梅》等著名作品。清代章回体小说十分发达，出现了《红楼梦》《儒林外史》等伟大的作品。

⬡ 拓展与应用

探究思考

1. 通读全文，回答宝玉挨打的真正原因。试找出文本中最能体现贾政要打宝玉的真正动机的一句话。

2. 宝玉挨打后众人是什么态度？从人物的不同态度分析人物的形象。

3.《宝玉挨打》展现出贾政夫妇及贾母对宝玉的教育都存在很大的问题，现实中我们的家长在教育子女时也可能存在问题。请同学站在被教育者的角度来吐槽父母，并把吐槽内容写给父母。

拓展链接

1.《林黛玉进贾府》（《红楼梦》节选）。

2.《美髯公智稳插翅虎》（《水浒传》节选）。

3. 李广柏《曹雪芹评传》。

4. 视频：《宝玉挨打》，网址是：https://v.qq.com/x/page/q052416om99.html。

职业连线

黛玉、宝钗谁在现代社会更受欢迎？

从现代企业的角度来看，《红楼梦》中的贾府无疑是个家族式的大企业。那些老太太、老爷、太太、公子、小姐自然是企业的所有者、管理者，而且是女性占了较大的比重。贾母是最大的股东，王熙凤是最高管理层之一，薛宝钗、林黛玉是其中的中层管理者，她们作为管理者都有自己成功的一面，也有失败的一面。

思考：

谁是《红楼梦》中最敬业、最成功的职场女子？职场上的你喜欢黛玉式的领导还是宝钗式的领导。联系作品与现实职场，谈谈你的观点。

论 快 乐

钱钟书

👤 作者简介

钱钟书（1910年—1998年），江苏无锡人，原名仰先，字哲良，后改名钟书，字默存，号槐聚，曾用笔名中书君，中国现代作家、文学研究家。钱钟书学贯中西、渊博而睿智，在诸多领域成就卓著，推崇者甚至冠以"钱学"。代表作有：两部著名的学术论著《谈艺录》和《管锥编》，散文集《写在人生边上》，短篇小说《人鬼兽》，长篇小说《围城》。钱钟书先生一生淡泊名利、甘于寂寞、著作等身，培养和影响了几代学人，深为世人所景仰。他和夫人杨绛先生的爱情为世人所美慕。

背景知识

1938年抗日战争爆发后，钱钟书与夫人杨绛乘法国邮船回国，被清华大学破例聘为教授，1939年转赴国立蓝田师范学院任英文系主任，在湘西暂居两年，并开始了《谈艺录》的写作。此期间完成了《谈艺录》最初部分，完成了《围城》的布局与构思，著有《中书君近诗》一册与论文《中国诗和中国画》。直到1941年，由广西乘船到上海，珍珠港事件爆发，被困上海，任教于震旦女子文理学校，其间完成了《谈艺录》《写在人生边上》的写作，完成了《围城》的写作。他于抗战期间所写的散文（收录在《写在人生边上》）虽未直接反映重大题材，但凡写人论事，总有其鲜明的褒贬，于自然天成的诙谐中表现出他对庸俗、堕落、虚伪的鄙视与尖刻嘲讽。

在旧书铺里买回来维尼（Vigny）的《诗人日记》（Journaldunpoete）信手翻开，就看见有趣的一条。他说，在法语里，喜乐（bonheur）一个名词是"好"和"钟点"两字拼成，可见好事多磨，只是个把钟头的玩意儿（Silebonheurnetaitqu'unebonnedenie!）我们联想到我们本国话的说法，也同样的意味深长，譬如快活或快乐的"快"字，就把人生一切乐事的飘瞥难留，极清楚地指示出来。所以我们又慨叹说："欢娱嫌夜短！"因为人在高兴的时候，活得太快，一到因苦无聊，愈觉得日脚像跛了似的，走得特别慢。德语的沉闷（Langeweile）一词，据字面上直译，就是"长时间"的意思，《西游记》里小猴子对孙行者说："天上一日，下界一年。"这种神话，的确反映着人类的心理。天上比人间舒服欢乐，所以神仙活得快，人间一年在天上只当一日过。以此类推，地狱里比人间更痛苦，日子一定愈加难度；段成式《酉阳杂俎》就说："鬼言三年，人间一日。"嫌人生短促的人，真是最"快活"的人；反过来说，真快活的人，不管活到多少岁死，只能算是短命夭折。所以，做神仙也并不值得，在凡间已经30年做了一世的人，在天上还是个初满月的小孩。但是这种"天算"，也有占便宜的地方："譬如戴君孚《广异记》载崔参军捉狐妖"，"以桃枝决五下"，长孙无忌说罚得太轻，崔答"五下是人间五百下，殊非小刑。"可见卖老祝寿等等，在地上最为相宜，而刑罚呢，应该到天上去受。

"永远快乐"这句话，不但渺茫得不能实现，并且荒谬得不能成立。快乐的决不会永久；我们说永远快乐，正好像说四方的圆形，静止的动作同样的自相矛盾。在高兴的时候，我们空对瞬息即逝的时间喊着说："逗留一会儿吧！你太美了！"那有什么用！你要永久，你该向痛苦里去找。不讲别的，只要一个失眠的晚上，或者有约不来的下午，或者一课沉闷的听讲——这许多，比一切宗教信仰更有效力，能使你尝到什么叫做"永生"的滋味。人生的刺，就在这里，留恋着不肯快走，偏是你所不留恋的东西。

快乐在人生里，好比引诱小孩子吃药的方糖，更像跑狗场里引诱狗赛跑的电兔子。几分钟或者几天的快乐赚我们活了一世，忍受着许多痛苦。我们希望它来，希望它留，希望它再来——这三句话概括了整个人类努力的历史。在我们追求和等候的时候，生命又不知不觉地偷度过去。也许我们只是时间消费的筹码，活了一世不过是为那一世的岁月充当殉葬品，根本不会享到快乐。但是我们到死也不明白是上了当，我们还理想死后有个天堂，在那里——谢上帝，也有这一天！我们终于享受到永远的快乐。你看，快乐的引诱，不仅像兔子和方糖，使我们忍受了人生，而且仿佛钓钩上的鱼饵，竟使我们甘心去死。这样说来，人生虽痛苦，却不悲观，因为它终抱着快乐的希望；现在的账，我们预支了将来去付。为了快活，我们甚至于愿意慢死。

穆勒曾把"痛苦的苏格拉底"和"快乐的猪"比较。假使猪真知道快活，那么猪和苏格拉底也相去无几了。猪是否能快乐得像人，我们不知道；但是人会容易满足得像猪，我们是常看见的。把快乐分肉体的和精神的两种，这是最糊涂的分析。一切快乐的享受都属于精神的，尽管快乐的原因是肉体上的物质刺激。小孩子初生下来，吃饱了奶就乖乖地睡，并不知道什么是快活，虽然它身体感觉舒服。缘故是小孩子时的精神和肉体还没有分化，只是混沌的星云状态。洗一个澡，看一朵花，吃一顿饭，假使你觉得快活，并非全因为澡洗得干净，花开得好，或者菜合你的口味，主要因为你心上没有挂碍，轻松的灵魂可以专注肉体的感觉，来欣赏，来审定。要是你精神不痛快，像将离别时的筵席，随它怎样烹调得好，吃来只是土气息、泥滋味。那时刻的灵魂，仿佛害病的眼怕见阳光，撕去皮的伤口接触空气，虽然空气和阳光都是好东西。快乐时的你，一定心无愧怍。假如你犯罪而真觉快乐，你那时候一定和有道德、有修养的人同样心安理得。有最洁白的良心，跟全没有良心或有最漆黑的良心，效果是相等的。

发现了快乐由精神来决定，人类文化又进一步。发现这个道理，和发现是非善恶取决于公理而不取决于暴力，一样重要。公理发现以后，从此世界上没有可被武力完全屈服的人。发现了精神是一切快乐的根据，从此痛苦失掉它们的可怕，肉体减少了专制。精神的炼金术能使肉体痛苦都变成快乐的资料。于是，烧了房子，有庆贺的人；一箪食，一瓢饮，有不改其乐的人；千灾百毒，有谈笑自若的人。所以我们前面说，人生虽不快乐，而仍能乐观。譬如从写《先知书》的所罗门直到做《海风》诗的马拉梅（mallarme），都觉得文明人的痛苦，是身体困倦。但是偏有人能苦中作乐，从病痛里滤出快活来，使健康的消失有种赔偿。苏东坡诗就说"因病得闲殊不恶，安心是药更无方。"王凡麓《今世说》也记毛稚黄善病，人以为忧，毛曰："病味亦佳，第不堪为躁热人道耳！"在着重体育的西洋，我们也可以找着同样达观的人，多愁善病的诺凡利斯（Novalis）在《碎金集》里建立一种病的哲学，说病是"教人学会休息的女教师。"巴登巴煦（Rodenbach）的诗集《禁锢的生活》（lesViesEncloses）里有专咏病味的一卷，说病是"灵魂的（epuration）"。身体结实、喜欢活动的人采用了这个观点，就对病痛也感到另有风味。顽健粗壮的18世纪德国诗人白洛柯斯（B. H. Brockes）第一次害病，觉得是一个"可惊异的大发现（EinebewunderungswurdigeErfindung）"。对于这种人，人生还有什么威胁？这种快乐，把忍受变为享受，是精神对于物质的最大胜利。灵魂可以自主——同时也许是自欺。能一贯抱这种态度的人，当然是大哲学家，但是谁知道他不也是个大傻子？

是的，这有点矛盾。矛盾是智慧的代价。这是人生对于人生观开的玩笑。

（选自钱钟书.写在人生边上[M].北京：中国社会科学出版社，1990.）

▶ 艺术赏析

《论快乐》收于钱钟书的第一部散文集《写在人生边上》。本文是一篇哲理意味浓厚的随笔。思路奔放开阔，文意层层见深。作者从不同角度、不同层面上阐述了对快乐的种种理解。尤其是比喻修辞手法的巧妙运用，不仅使得文章文采斐然，而且使得议论深入浅出，活泼灵动，通俗易懂，通篇蕴含着浓郁的幽默情趣。

◉ 文学聚焦

《围城》

《围城》是钱钟书所著的长篇小说，是中国现代文学史上一部风格独特的讽刺小说，被誉为"新儒林外史"。故事主要描写抗战初期知识分子的群相。"城外的人想冲进去，城里的人想逃出来"，这就是《围城》一书的精髓所在，是当时之人的写照。婚姻也罢，职业也罢，人生大抵如此。这本书揭示了上世纪三四十年代人们的生存状态和人性的盲目。

主人公方鸿渐是个被动的、无能的、意志不坚定的、经不住诱惑的人，更是一个失败的人，他的失败是因为他面对现代社会残酷的生存竞争和严重的精神危机而缺乏与之对抗所应有的理性、信仰、热情和力量，也因为他还不算是个卑鄙的人，还有点自知之明，有时候还想保持一点做人的尊严。这不上不下的位置是非常尴尬的。

⬡ 拓展与应用

探究思考

1. 作者认为"快乐"是由什么决定的，为什么？
2. 怎样理解作者所说的"人生虽不快乐，而仍能乐观"？
3. 作者认为"把快乐分肉体和精神的两种，这是最糊涂的分析"，为什么？结合自身谈谈。
4. 人人都想一生顺遂、快乐，但是人人也都明白这只是一个美好的愿望罢了。作为年轻人，怎样理解快乐、理解快乐的重要性，怎样使我们的大学生活过得真正快乐。

拓展链接

1. 钱钟书《围城》。
2. 杨绛《我们仨》。
3. 视频：《孟非朗读〈围城〉》，网址是：https://v.360kan.com/sv/cIfmOmDpT-BX6Sy.html。

职业连线

钱钟书先生将人生是不快乐的与我们应当乐观地看待人生这对矛盾称之为"这是人生对于人生观开的玩笑"。既然人生注定是不快乐的，那么我们何不苦中作乐呢？至少精神上的快乐可以抵消一些物质上的痛苦，况且"快乐是由精神决定的"。这样一来，我们至少会感觉到什么是快乐。当同学们找到第一份工作开始，也许就会抱怨："工作好苦啊！"梁启超说过："凡职业都是有趣味的，只要你肯继续做下去，趣味自然会发生。"所以请从职业中体会快乐，从快乐中品味生活！

思考：
你如果上班工作不开心怎么办？你认为该如何改善工作不开心的状态？

最后的常春藤叶

(美)欧·亨利

👤 作者简介

欧·亨利(O. Henry，1862年9月11日—1910年6月5日)，又译奥·亨利，原名威廉·西德尼·波特(William Sydney Porter)，美国短篇小说家、美国现代短篇小说创始人，出生于一个医生家庭。当过学徒、会计和银行职员，曾因涉嫌银行缺款案被捕入狱。他在狱中以"欧·亨利"为笔名写作短篇小说。出狱后在纽约广泛结交下层平民，自觉为小人物立言。他笔下的主人公大多出身贫民阶层，他描绘出他们生活中的喜怒哀乐，具有浓郁的美国风味。他的作品语言幽默风趣，作品结局大都出人意料。他一生写了近三百篇短篇小说，主要作品有《麦琪的礼物》《警察与赞美诗》《最后的常春藤叶》《二十年后》等。欧·亨利曾被评论界誉为曼哈顿桂冠散文作家和美国现代短篇小说之父，他的作品有"美国生活的百科全书"之誉。他与契诃夫(俄)和莫泊桑(法)并列世界三大短篇小说巨匠。

📖 背景知识

19世纪末20世纪初，美国社会处于历史大变动时期，1861年至1865年的美国南北内战，最终推翻了残酷落后的黑人奴隶制度。总统林肯阐述了一个理想政府的三条原则，即民治、民有、民享。在当时的人们眼中，美国就是一个人人平等、博爱而又自由的理想国度。美国社会高速发展，到1892年，美国工业产值已经跃居世界第一，美国从一个以农村和农业为主的国家变成了一个以城市和工业为主的国家。1920年时，美国已经有一半的人口生活在城市中，这就是人们所说的美国城市化。城市的发展成为一种无法限制和不可逆转的大趋势，不断增长的城市人口大多数蜗居在廉价的出租房里，美国是世界上贫富差距最大的国家之一。

华盛顿广场西面的一个小区，街道仿佛发了狂似地，分成了许多叫做"巷子"的小胡同。这些"巷子"形成许多奇特的角度和曲线。一条街本身往往交叉一两回。有一次，一个艺术家发现这条街有它可贵之处。如果一个商人去收颜料、纸张和画布的账款，在这条街上转弯抹角、兜圈子的时候，突然碰上一文钱也没收到，空手而回的他自己，那才有意思呢！

因此，搞艺术的人不久都到这个古色天香的格林威治村来了。他们逛来逛去，寻找朝北的窗户，18世纪的三角墙，荷兰式的阁楼，以及低廉的房租。接着，他们又从六马路买来了一些锡蜡杯子和一两只烘锅，组成了一个"艺术区"。

苏艾和琼珊在一座矮墩墩的三层砖屋的顶楼设立了她们的画室。"琼珊"是琼娜的昵称。两人一个是从缅因州来的；另一个的家乡是加利福尼亚州。她们是在八马路上一家"德尔蒙尼戈饭馆"里吃客饭时碰到的，彼此一谈，发现她们对于艺术、饮食、衣着的口味十分相投，结果便联合租下那间画室。

那是五月间的事。到了十一月，一个冷酷无情，肉眼看不见，医生管他叫"肺炎"的不速之客，在艺术区里潜蹑着，用他的冰冷的手指这儿碰碰那儿摸摸。在广场的东面，这个坏家伙明目张胆地走动着，每闯一次祸，受害的人总有几十个。但是，在这错综复杂，狭窄而苔藓遍地的"巷子"里，他的脚步却放慢了。

"肺炎先生"并不是你们所谓的扶弱济困的老绅士。一个弱小的女人，已经被加利福尼亚的西风吹得没有什么血色了，当然经不起那个有着红拳头，气吁吁的老家伙的赏识。但他竟然打击了琼珊；她躺在那张漆过的铁床上，一动也不动，望着荷兰式小窗外对面砖屋的墙壁。

一天早晨，那位忙碌的医生扬扬他那蓬松的灰眉毛，招呼苏艾到过道上去。

"依我看，她的病只有一成希望。"他说，一面把体温表里的水银甩下去。"那一成希望在于她自己要不要活下去。人们不想活，情愿照顾殡仪馆的生意，这种精神状态使医药一筹莫展。你的这位小姐满肚子以为自己不会好了。她有什么心事吗？"

"她——她希望有一天能去画那不勒斯海湾。"苏艾说。

"绘画？——别扯淡了！她心里有没有值得想两次的事情——比如说，男人？"

"男人？"苏艾像吹小口琴似地哼了一声说，"难道男人值得——别说啦，不，大夫，根本没有那种事。"

"那么，一定是身体虚弱的关系。"医生说，"我一定尽我所知，用科学所能达到的一切方法来治疗她。可是每逢我的病人开始盘算有多少辆马车送他出殡的时候，我就得把医药的治疗力量减去百分之五十。要是你能使她对冬季大衣的袖子式样发生兴趣，提出一两个问题，我就可以保证，她恢复的机会准能从十分之一提高到五分之一。"

医生离去之后，苏艾到工作室里哭了一声，把一张日本纸餐巾擦得一团糟。然后，她拿起画板，吹着拉格泰姆音乐调子，昂首阔步地走进琼珊的房间。

琼珊躺在被窝里，脸朝着窗口，一点儿动静也没有。苏艾以为她睡着了，赶紧停止吹口哨。

她架起画板，开始替杂志画一幅短篇小说的钢笔画插图。青年画家不得不以杂志小说的插图来铺平通向艺术的道路，而这些小说则是青年作家为了铺平文学道路而创作的。

苏艾正为小说里的主角，一个爱达荷州的牧人，画上一条在马匹展览会里穿的漂亮的马裤和一片单眼镜，忽然听到一个微弱的声音重复了几遍。她赶紧走到床边。

琼珊的眼睛睁得大大的。她望着窗外，在计数——倒数上来。

"十二，"她说，过了一会儿，又说"十一"；接着是"十"、"九"；再接着是几乎连在一起的"八"和"七"。

苏艾关切地向窗外望去。有什么可数的呢？外面见到的只是一个空荡荡、阴沉沉的院子，和二十英尺外的一所砖屋的墙壁。一棵极老极老的常春藤，纠结的根已经枯萎，攀在半墙上。秋季的寒风把藤上的叶子差不多全吹落了，只剩下几根几乎是光秃秃的藤枝依附在那堵松动残缺的砖墙上。

"怎么回事，亲爱的？"苏艾问道。

"六。"琼珊说，声音低得像是耳语，"它们现在掉得快些了。三天前差不多有一百片。数得我头昏眼花。现在可容易了。喏，又掉了一片。只剩下五片了。"

"五片什么，亲爱的？告诉你的苏艾。"

"叶子，常春藤上的叶子。等最后一片掉落下来，我也得去了。三天前我就知道了。难道大夫没有告诉你吗？"

"哟，我从没听到这样荒唐的话。"苏艾装出满不在乎的样子数落地说，"老藤叶同你的病有什么相干？你一向很喜欢那株常春藤，得啦，你这淘气的姑娘。别发傻啦。我倒忘了，大夫今天早晨告诉我，你很快康复的机会是——让我想想，他是怎么说的——他说你好的希望是十比一哟！那几乎跟我们在纽约搭街车或者走过一所新房子的工地一样，碰到意外的时候很少。现在喝一点儿汤吧。让苏艾继续画图，好卖给编辑先生，换了钱给她的病孩子买点红葡萄酒，再买些猪排给自己解解馋。"

"你不用再买什么酒啦。"琼珊说，仍然凝视着窗外，"又掉了一片。不，我不要喝汤。只剩四片了。我希望在天黑之前看到最后的藤叶飘下来。那时候我也该去了。"

"琼珊，亲爱的，"苏艾弯着身子对她说，"你能不能答应我，在我画完之前，别睁开眼睛，别瞧窗外？那些图画我明天得交。我需要光线，不然我早就把窗帘拉下来了。"

"你不能到另一间屋子里去画吗？"琼珊冷冷地问道。

"我要呆在这儿，跟你在一起。"苏艾说，"而且我不喜欢你老盯着那些莫名其妙的藤叶。"

"你一画完就告诉我。"琼珊闭上眼睛说，她脸色惨白，静静地躺着，活像一尊倒塌下来的塑像，"因为我要看那最后的藤叶掉下来。我等得不耐烦了。也想得不耐烦了。我想摆脱一切，像一片可怜的、厌倦的藤叶，悠悠地往下飘，往下飘。"

"你争取睡一会儿。"苏艾说，"我要去叫贝尔曼上来，替我做那个隐居的老矿工的模特儿。我去不了一分钟。在我回来之前，千万别动。"

老贝尔曼是住在楼下底层的一个画家。他年纪六十开外，有一把像米开朗琪罗的摩西雕像上的胡子，从萨蒂尔似的脑袋上顺着小鬼般的身体卷垂下来。贝尔曼在艺术界是个失意的人。他要了四十年的画笔，还是同艺术女神隔有相当距离，连她的长袍的边缘都没有摸到。他老是说就要画一幅杰作，可是始终没有动手。除了偶尔涂抹了一些商业画或广告画之外，几年没有画过什么。他替"艺术区"里那些雇不起职业模特儿的青年艺术家充当模特儿，挣几个小钱，他喝杜松子酒总是过量，老是唠唠叨叨地谈着他未来的杰作。此外，他还是个暴躁的小老头儿，极端瞧不起别人的温情，却认为自己是保护楼上两个青年艺术家的看家狗。

苏艾在楼下那间灯光黯淡的小屋子里找到了酒气扑人的贝尔曼。角落里的画架上绷着一幅空白的画布，它在那儿静候杰作的落笔，已经有了二十五年。她把琼珊的想法告诉了他，又说她多么担心，唯恐那个虚弱得像枯叶一般的琼珊抓不住她同世界的微弱牵连，真会撒手去世。

老贝尔曼的充血的眼睛老是迎风流泪，他对这种白痴般的想法大不以为然，连讽带刺地咆哮了一阵子。

"什么话！"他嚷道，"难道世界上竟有这种傻子，因为可恶的藤叶落掉而想死？我活了一辈子也没有听到过这种怪事。不，我没有心思替你当那无聊的隐士模特儿。你怎么能让她脑袋里有这种傻念头呢？唉，可怜的小琼珊小姐。"

"她病得很厉害，很虚弱，"苏艾说，"高烧烧得她疑神疑鬼，满脑袋都是稀奇古怪的念头。好吧，贝尔曼先生，既然你不愿意替我当模特儿，我也不勉强了。我认得你这个可恶的老——老贫嘴。"

"你真女人气！"贝尔曼嚷道，"谁说我不愿意？走吧。我跟你一起去。我已经说了半天，愿意替你效劳。天哪！像琼珊小姐那样好的人实在不应该在这种地方害病。总有一天，我要画一幅杰作，那么我们都可以离开这里啦。天哪！是啊。"

他们上楼时，琼珊已经睡着了。苏艾把窗帘拉到窗槛上，做手势让贝尔曼到另一间屋子里去。他们在那儿担心地瞥着窗外的常春藤。接着，他们默默无言地对瞅了一会儿。寒雨夹着雪花下个不停。贝尔曼穿着一件蓝色的旧衬衫，坐在一把翻过来充当岩石的铁壶上，扮作隐居的矿工。

第二天早晨，苏艾睡了一个小时醒来的时候，看到琼珊睁着无神的眼睛，凝视着拉下的绿窗帘。

"把窗帘拉上去，我要看。"她用微弱的声音命令着。

苏艾困倦地照着做了。

可是，看哪！经过了漫漫长夜的风吹雨打，仍旧有一片常春藤的叶子贴在墙上。它是藤上最后的一片了。靠近叶柄的颜色还是深绿的，但那锯齿形的边缘已染上了枯败的黄色，它傲然挂在离地面二十来英尺的一根藤枝上面。

"那是最后的一片叶子。"琼珊说，"我以为昨夜它一定会掉落的。我听到刮风的声音。它今天会脱落的，同时我也要死了。"

"哎呀，哎呀！"苏艾把她困倦的脸凑到枕边说，"如果你不为自己着想，也得替我想想呀。我可怎么办呢？"

但是琼珊没有回答。一个准备走上神秘遥远的死亡道路的心灵，是全世界最寂寞、最悲哀的了。当她与尘世和友情之间的联系一片片地脱离时，那个玄想似乎更有力地掌握了她。

那一天总算熬了过去。黄昏时，她们看到墙上那片孤零零的藤叶仍旧依附在茎上。随夜晚同来的北风的怒号，雨点不住地打在窗上，从荷兰式的低屋檐上倾泻下来。

天色刚明的时候，狠心的琼珊又吩咐把窗帘拉上去。

那片常春藤叶仍在墙上。

琼珊躺着对它看了很久。然后她喊苏艾，苏艾正在煤炉上搅动给琼珊喝的鸡汤。

"我真是一个坏姑娘，苏艾，"琼珊说，"冥冥中有什么使那最后的一片叶子不掉下来，启示了我过去是多么邪恶。不想活下去是个罪恶。现在请你拿些汤来，再弄一点掺葡萄酒的牛奶，再——等一下；先拿一面小镜子给我，用枕头替我垫垫高，我想坐起来看你煮东西。"

一小时后，她说：

"苏艾，我希望有朝一日能去那不勒斯海湾写生。"

下午，医生来，他离去时，苏艾找了个借口，跑到过道上。

"好的希望有了五成。"医生抓住苏艾瘦小的、颤抖的手说，"只要好好护理，你会胜利。现在我得去楼下看看另一个病人。他姓贝尔曼——据我所知，也是搞艺术的。也是肺炎。他上了年纪，身体虚弱，病势来得很猛。他可没有希望了，不过今天还是要把他送进医院，让他舒服些。"

那天下午，苏艾跑到床边，琼珊靠在那儿，心满意足地在织一条毫无用处的深蓝色户巾，苏艾连枕头把她一把抱住。

"我有些话要告诉你，小东西。"她说，"贝尔曼在医院里去世了。他害肺炎，只病了两天。头天早上，看门人在楼下的房间里发现他痛得要命。他的鞋子和衣服都湿透了，冰凉冰凉的。他们想不出，在那种凄风苦雨的夜里，他究竟是到什么地方去了。后来，他们找到了一盏还燃着的灯笼，一把从原来地方挪动过的梯子，还有几支散落的画笔，一块调色板，上面和了绿色和黄色的颜料，末了——看看窗外，亲爱的，看看墙上最后的一片叶子。你不是觉得纳闷，它为什么在风中不飘不动吗？啊，亲爱的，那是贝尔曼的杰作——那晚最后的一片叶子掉落时，他画在墙上的。"

（选自欧·亨利，王晋华，译. 欧亨利短篇小说集[M]. 北京：作家出版社，2018.）

▶ 艺术赏析

《最后的常春藤叶》的故事场景是纽约市的格林尼治艺术家聚居区。该作品描写一位老画家贝尔曼为患肺炎而奄奄一息的穷学生画最后一片长春藤叶，最终老画家去世而穷学生病愈的故事。老画家贝尔曼是一个在社会底层挣扎了一辈子的小人物，一生饱经风霜、穷困潦倒，却热爱绘画艺术，为挽救一个青年画家的生命而献出了自己的生命。在生活的重压下，贝尔曼仍能对他人表现出真诚的友爱。

小说的结构新颖精巧，作者设计了明暗两条线索。明线是琼珊和苏艾两位画家之间的真挚友谊，暗线是贝尔曼默默无闻的举动。两条线索最终交汇碰撞，出现一个意外的结局——欧·亨利式的结尾。这意外的情节逆转，出乎意料却又在情理之中，升华贝尔曼的形象，揭示小说主题，形成独特的艺术魅力。

《最后的常春藤叶》是一篇充满人性之美的文章，琼珊和苏艾的友谊、贝尔曼的牺牲精神以及最后一片叶子所蕴涵的深远意义无一不在提醒着人们：尽管生活如此艰辛，却有一种力量在支持着人们不断向前，去改变现状、去追求美好的明天，那就是人性的真、善、美。

文学聚焦

批判现实主义文学

批判现实主义文学，是流行于十九世纪欧洲等地区的一种文学流派。批判现实主义文学流派盛行的历史原因：工业革命在西欧开展以后，资本主义经济迅速发展，资本主义制度所固有的矛盾和弊端逐渐暴露，真实地反映现实生活、揭露和批判社会黑暗的现实主义文学逐渐发展成为文学的主流。

批判现实主义作家在自己的作品中，广阔而深刻、真实而生动地反映了社会风俗、人情、国民性和社会矛盾；深刻批判资本主义社会的精神童话，把资本主义社会的一切苦难，形象地昭示给人们；揭露资本主义社会的罪恶。高尔基称它为"十九世纪一个主要的，而且是最壮阔，最有益的文学流派"。代表作家有：俄国的契诃夫、法国的司汤达、莫泊桑，美国的欧·亨利、马克·吐温等。代表作品：《变色龙》《红与黑》《项链》《警察和赞美诗》《竞选州长》等。

拓展与应用

探究思考

1. 作者如何描写老画家贝尔曼？他是一个怎样的人？

2. 小说为什么省略贝尔曼画最后一片叶子的情节？

3. 分析小说的结尾。

4. 小说的主人公是谁？评判一部小说主人公的标准是什么？

5. 《最后的常春藤叶》展现出人性的真、善、美。今日之中国，真、善、美处处都有：坚守开山岛 32 年的王继才王仕花夫妇，为扑灭四川凉山州森林大火而牺牲的 30 名烈士，为"天眼"项目不计名利、殚精竭虑的"天眼之父"南仁东等。请以《我身边的真善美》为题写一篇随笔。

6. 阅读下文，完成练习。

父亲的爱(节选)

(美)艾尔玛·邦贝克

爹不懂得怎样表达爱，使我们一家人融洽相处的是我妈。他只是每天上班下班，而妈则把我们做过的错事开列清单，然后由他来责骂我们。

有一次，我偷了一块糖果，他要我把它送回去，告诉卖糖的说是我偷来的，说我愿意替他拆箱卸货作为赔偿。但妈妈却明白我只是个孩子。

我在运动场打秋千跌断了腿，在前往医院途中一直抱着我的，是我妈。爹把汽车停在急诊室门口，他们叫他驶开，说那空位是留给紧急车辆停放的。爹听了便叫嚷道："你以为这是什么车？旅游车？"

在我生日会上，爹总是显得有些不大相称。他只是忙于吹气球，布置餐桌，做杂务。把插着蜡烛的蛋糕推过来让我吹的，是我妈。

我翻阅照相册时，人们总是问："你爸爸是什么样子的？"天晓得！他老是忙着替别人拍照。妈和我笑容可掬地一起拍的照片，多得不可胜数。

我记得妈有一次叫他教我骑自行车。我叫他别放手，但他却说是应该放手的时候了。我摔倒之后，妈跑过来扶我，爹却挥手要她走开。我当时生气极了，决心要给他点颜色看。于是我马上爬上自行车，而且自己骑给他看。他只是微笑。

我念大学时，所有的家信都是妈写的。他除了寄支票外，还寄过一封短柬给我，说因为我没有在草坪上踢足球了，所以他的草坪长得很美。

每次我打电话回家，他似乎都想跟我说话，但结果总是说："我叫你妈来接。"

我结婚时，掉眼泪的是我妈。他只是大声擤了一下鼻子，便走出房间。

我从小到大都听他说："你到哪里去？什么时候回家？汽车有没有汽油？不，不准去。"爹完全不知道怎样表达爱。除非……

会不会是他已经表达了而我却未能察觉？

思考：

文章写的是父爱，而文中为什么写那么多母爱的表现？结合现实谈谈父爱的表现。

二、拓展链接

1. 契诃夫（俄）《小公务员之死》。

2. 莫泊桑（法）《羊脂球》。

3. 欧·亨利（美）《麦琪的礼物》。

三、职业连线

语文实践活动：经典诗歌诵读——歌颂人间真情

古往今来，无数文人墨客用自己的作品表达着对真情的描绘和歌颂，今天让我们走进诗歌的海洋尽情徜徉，感受人间真情。

活动布置：

诗歌诵读，配背景音乐，制作PPT。

活动实施：

1. 以小组为单位，每小组推举一到二个参赛作品。

2. 每个参赛作品都要配背景音乐及PPT。

3. 教师指导参赛选手

4. 正式比赛。

活动评价：

选手能否恰如其分地表现诗歌内涵、声情并茂，能否与同学产生共鸣，诵读形式是否富有创意。

1. 学生自评 _____

2. 同学互评 _____

3. 教师点评 _____

自读课文

论 趣

林语堂

记得哪里笔记有一段，说乾隆游江南，有一天登高观海，看见海上几百条船舶，张帆往来，或往北，或往南，颇形热闹，乾隆问左右："那几百条船到哪里去？"有一位扈从随口答道："我看见只有两条船。""怎么说？"皇帝问。那位随行的说："老天爷，实在只有两条船。一条叫名，一条叫利。"乾隆点头称善。

这话大体上是对的。以名利二字，包括人生一切活动的动机，是快人快语。但是我想有时也不尽然。大禹治水，手足胼胝，三过其门而不入，不见得是为名为利吧。墨子摩顶放踵，而利天下，就显然不为名利。他们是圣人贤人，且不说。我看至少有四条船，叫做名、利、色、权。世上熙熙攘攘，就为这四事。色是指女人，权是指做事的权力，政权在内。不爱江山爱美人，可见有时美人比江山重要，不能不说是推动人世行为的大动机大魔力。有能力或权力做出大事业来，不为任何力量所阻挠，为事业成功，也可成为人生宗旨，鞠躬尽瘁去做。为名利死，为情死，为忠君爱国死，前例俱在。

只是有时一人只想做官，不想做事，这就跟一般商贾差不多了，只怕利禄熏心，就失了人的本性。能够通脱自喜，做到适可而止，便是贤人。但是通脱最不容易，以前有位得道的大和尚，面壁坐禅十年，享有盛名。一日有一位徒弟奉承他说："大师，像你做到这样超凡入圣，一尘不染，全国中怕算你是第一人了。"那大师不禁微微一笑。这也可见名心之难除也。

但是还有一种知其然而不知其所以然的行为动机，叫做趣。袁中郎叙陈正甫《会心集》，曾说到这一层。人生快事莫如趣，而且凡在学问上有成就的，都由趣字得。巴士特(Pasteur)发明微菌，不见得是为名利色权吧。有人冒险探南极北极，或登喜马拉雅山，到过人迹未到之地，不是为慕名，若是只为图个虚名，遇到冰天雪地，凉风刺骨一刮，早就想"不如回家"吧。这平常说是为一种好奇心所驱使。所有科学进步，都在乎这好奇心。好奇心，就是趣。科学发明，就是靠这个趣字而已。哥伦布发现新大陆，科学家发现声光化电，都是穷理至尽求知趣味使然的。

我想这个趣字最好，一面是关于启发心智的事。无论琴棋书画都是在乎妙发灵机的作用，由蒙昧无知，变为知趣的人，而且不大容易出毛病，不像上举的四端。人有人趣，物有物趣，自然景物有天趣。顾凝远论画，就是以天趣、物趣、人趣包括一切。能够潇洒出群，静观宇宙人生，知趣了，可以画画。名、利、色、权，都可以把人弄得神魂不定。只这趣字，是有益身心的。就做到如米颠或黄大痴，也没有什么大害处。人生必有痴，必有偏好癖嗜。没有癖嗜的人，大半靠不住。而且就变为索然无味的不知趣的一个人了。

青年人读书，最难是动了灵机，能够知趣。灵机一动，读书之趣就来了。无奈我们这种受考试取分数的机械教育，不容易启发一人的灵机。我曾问志摩："你在美国念什么书？"他说:"在克拉克(Clark)大学念心理学。就是按钟点,摇铃上课摇铃下课,念了什么书!后来到剑桥,书才念通了。"这就是导师制的作用。据李考克(Stephen Leacock)说,剑桥的教育是这样的:导师一礼拜请你一次到他家谈学问。就是靠一支烟斗,一直向你冒烟,冒到把你的灵魂冒出火来。与君一夕话,胜读十年书,就是这个意思。灵犀一点通,真不容易,禅师有时只敲你的头一下,你深思一下,就顿然妙悟了。现代的机械教育,总不肯学思并重,不肯叫人举一反三,所以永远教不出什么来。

顾千里读经,是真知读书之趣的。读书而论钟点,真是无可奈何的事。李考克论大学教育文中,说他问过四年级某生今年选什么课。那位说,他选"掮客术"及"宗教"两课,每周共六小时。因为他只欠这六小时,就可拿到文凭。"掮客术"及"宗教"同时选读,实在妙。但是这六小时添上去,这位就会变为学人了吗?所以读书而论钟点,计时治学,永远必不成器。今日国文好的人,都是于书无所不窥,或违背校规,被中偷看水浒,偷看三国而来的,何尝计时治学?必也废寝忘餐,而后有成。要废寝忘餐,就单靠这趣字。

一九七四年

(选自林语堂.秋天的况味:林语堂散文集精读[M].马玉文,孙彧,编注.上海:东方出版中心,2007.)

断 魂 枪

老 舍

沙子龙的镖局已改成客栈。

东方的大梦没法子不醒了。炮声压下去马来与印度野林中的虎啸。半醒的人们,揉着眼,祷告着祖先与神灵;不大会儿,失去了国土、自由与主权。门外立着不同面色的人,枪口还热着。他们的长矛毒弩,花蛇斑彩的厚盾,都有什么用呢?连祖先与祖先所信的神明全不灵了啊!龙旗的中国也不再神秘,有了火车呀,穿坟过墓破坏着风水。枣红色多穗的镖旗,绿鲨皮鞘的钢刀,响着串铃的口马,江湖上的智慧与黑话,义气与声名,连沙子龙,他的武艺、事业,都梦似的变成昨夜的。今天是火车、快枪,通商与恐怖。听说,有人还要杀下皇帝的头呢!!

这是走镖已没有饭吃,而国术还没被革命党与教育家提倡起来的时候。

谁不晓得沙子龙是短瘦、利落、硬棒,两眼明得像霜夜的大星?可是,现在他身上放了肉。镖局改了客栈,他自己在后小院占着三间北房,大枪立在墙角,院子里有几只楼鸽。只是在夜间,他把小院的门关好,熟习熟习他的"五虎断魂枪"。这条枪与这套枪,二十年的工夫,在西北一带,给他创出来"神枪沙子龙"五个字,没遇见过敌手。现在,这条枪与这套枪不会再替他增光显胜了;只是摸摸这凉、滑、硬而发颤的杆子,使他心中少难过一些而已。只有在夜间独自拿起枪来,才能相信自己还是"神枪沙"。在白天,他不大谈武艺与往事;他的世界已被狂风吹了走。

在他手下创练起来的少年们还时常来找他。他们大多数是没落子弟,都有点武艺,可是没地方去用。有的在庙会上去卖艺:踢两趟腿,练套家伙,翻几个跟头,附带着卖点大力丸，混个三吊两吊的。有的实在闲不起了，去弄筐果子，或挑些毛豆角，赶早儿在街上论斤吆喝出去。那时候，米贱肉贱，肯卖膀子力气本来可以混个肚儿圆；他们可是不成：肚量既大，而且得吃口管事儿的；干饽饽辣饼子咽不下去。况且他们还时常去走会：五虎棍，开路，太狮少狮……虽然算不了什么——比起走镖来——可是到底有个机会活动活动，露露脸。是的，走会捧场是买脸的事，他们打扮得像个样儿，至少得有条青洋绉裤子，新漂白细市布的小褂，和一双鱼踏实鳞鞋——顶好是青缎子抓地虎靴子。他们是神枪沙子龙的徒弟——虽然沙子龙并不承认——得到处露脸，走会得赔上俩钱，说不定还得打场架。没钱，上沙老师那里去求。沙老师不含糊，多少不拘，不让他们空着手儿走。可是，为打架或献技去讨教一个招数，或是请给说个"对子"——什么空手夺刀，或虎头钩进枪——沙老师有时说句笑话，马虎过去："教什么？拿开水浇吧！"有时直接把他们赶出去。他们不大明白沙老师是怎么了，心中也有点不乐意。

可是，他们到处为沙老师吹腾，一来是愿意使人知道他们的武艺有真传授，受过高人的指教；二来是为激动沙老师：万一有人不服气而找上老师来，老师难道还不露一两手真的吗？所以，沙老师一拳就砸倒了个牛！沙老师一脚把人踢到房上去，并没使多大的劲！他们谁也没见过这种事，但是说着说着，他们相信这是真的了，有年月，有地方，千真万确，敢起誓！

王三胜——沙子龙的大伙计——在土地庙拉开了场子，摆好了家伙。抹了一鼻子茶叶末色的鼻烟，他抢了几下竹节钢鞭，把场子打大一些。放下鞭，没向四围作揖，叉着腰念了两句："脚踢天下好汉，拳打五路英雄！"向四围扫了一眼："乡亲们，王三胜不是卖艺的；玩艺儿会几套，西北路上走过镖，会过绿林中的朋友。现在闲着没事，拉个场子陪诸位玩玩。有爱练的尽管下来，王三胜以武会友，有赏脸的，我陪着。神枪沙子龙是我的师傅，玩艺地道！诸位，有愿下来的没有？"他看着，准知道没人敢下来，他的话硬，可是那条钢鞭更硬，十八斤重。

王三胜，大个子，一脸横肉，努着对大黑眼珠，看着四周。大家不出声。他脱了小褂，紧了紧深月白色的"腰里硬"，把肚子杀进去。给手心一口唾沫，抄起大刀来："诸位，王三胜先练趟瞧瞧。不白练，练完了，带着的扔几个；没钱，给喊个好，助助威。这儿没生意口。好，上眼！"

大刀靠了身，眼珠努出多高，脸上绷紧，胸脯子鼓出，像两块老桦木根子。一跺脚，刀横起，大红缨子在肩前摆动。削砍劈拨，蹲越闪转，手起风生，忽忽直响。忽然刀在右手心上旋转，身弯下去，四围鸦雀无声，只有缨铃轻叫。刀顺过来，猛的一个"跺泥"，身子直挺，比众人高着一头，黑塔似的，收了势："诸位！"一手持刀，一手叉腰，看着四围。稀稀的扔下几个铜钱，他点点头。

"诸位！"他等着，等着，地上依旧是那几个亮而削薄的铜钱，外层的人偷偷散去。他咽了口气："没人懂！"他低声地说，可是大家全听见了。

"有功夫！"西北角上一个黄胡子老头儿答了话。

"啊？"王三胜好似没听明白。

"我说，你——有——功——夫！"老头子的语气很不得人心。

放下大刀，王三胜随着大家的头往西北看。谁也没看重这个老人：小干巴个儿，披着件粗蓝布大衫，脸上窝窝瘪瘪，眼陷进去很深，嘴上几根细黄胡，肩上扛着条小黄草辫子，有筷子那么细，而绝对不像筷子那么直顺。王三胜可是看出这老家伙有功夫，脑门亮，眼睛亮——眼眶虽深，眼珠可黑得像两口小井，深深地闪着黑光。王三胜不怕：他看得出别人有功夫没有，可更相信自己的本事，他是沙子龙手下的大将。

"下来玩玩，大叔！"王三胜说得很得体。

点点头，老头儿往里走。这一走，四处全笑了。他的胳臂不大动；左脚往前迈，右脚随着拉上来，一步步地往前拉扯，身子整着，像是患过瘫痪病。蹭到场中，把大衫扔在地上，一点没理会四围怎样笑他。

"神枪沙子龙的徒弟，你说？好，让你使枪吧，我呢？"老头子非常的干脆，很像久想动手。

人们全回来了，邻场耍狗熊的无论怎么敲锣也不中用了。

"三截棍进枪吧？"王三胜要看老头子一手，三截棍不是随便就拿得起来的家伙。

老头子又点点头，拾起家伙来。王三胜努着眼，抖着枪，脸上十分难看。

老头子的黑眼珠更深更小了，像两个香火头，随着面前的枪尖儿转，王三胜忽然觉得不舒服，那俩黑眼珠似乎要把枪尖吸进去！四处已围得风雨不透，大家都觉出老头子确是有威。为躲那对眼睛，王三胜耍了个枪花。老头子的黄胡子一动："请！"王三胜一扣枪，向前躬步，枪尖奔了老头子的喉头去，枪缨打了一个红旋。老人的身子忽然活展了，将身微偏，让过枪尖，前把一挂，后把撩王三胜的手。拍，拍，两响，王三胜的枪撒了手。场外叫了好。王三胜连脸带胸口全紫了，抄起枪来，一个花子，连枪带人滚了过来，枪尖奔了老人的中部。老头子的眼亮得发着黑光，腿轻轻一屈，下把掩裆，上把打着刚要抽回的枪杆，拍，枪又落在地上。

场外又是一片喝彩声。王三胜流了汗，不再去拾枪，努着眼，木在那里。老头子扔下家伙，拾起大衫，还是拉拉着腿，可是走得很快了，大衫搭在臂上，他过来拍了王三胜一下："还得练哪，伙计！"

"别走！"王三胜擦着汗："你不离，姓王的服了！可有一样，你敢会会沙老师？"

"就是为会他才来的！"老头子的干巴脸上皱起点来，似乎是笑呢。"走，收了吧，晚饭我请！"

王三胜把兵器拢在一处，寄放在变戏法二麻子那里，陪着老头子往庙外走。后面跟着不少人，他把他们骂散了。

"你老贵姓？"他问。

"姓孙哪，"老头子的话与人一样，都那么干巴。"爱练，久想会会沙子龙。"

沙子龙不把你打扁了！王三胜心里说。他脚底下加了劲，可是没把孙老头落下。他看出来，老头子的腿是老走着查拳门中的连跳步；交起手来，必定很快。但是，无论他怎么快，沙子龙是没对手的。准知道孙老头要吃亏，他心中痛快了些，放慢了些脚步。

"孙大叔贵处？"

"河间的，小地方。"孙老者也和气了些："真的，你那两手就不坏！"

王三胜头上的汗又回来了，没言语。

"月棍年刀一辈子枪，不容易见功夫！"

到了客栈，他心中直跳，惟恐沙老师不在家，他急于报仇。他知道老师不爱管这种事，师弟们已碰过不少回钉子，可是他相信这回必定行，他是大伙计，不比那些毛孩子；再说，人家在庙会上点名叫阵，沙老师还能丢这个脸吗？

“三胜，”沙子龙正在床上看着本《封神榜》，“有事吗？”

三胜的脸又紫了，嘴唇动着，说不出话来。

沙子龙坐起来，“怎么了，三胜？”

“栽了跟头！”

只打了个不甚长的哈欠，沙老师没别的表示。

王三胜心中不平，但是不敢发作；他得激动老师：“姓孙的一个老头儿，门外等着老师呢；把我的枪，枪，打掉了两次！”他知道“枪”字在老师心中有多大分量。没等吩咐，他慌忙跑出去。

客人进来，沙子龙在外间屋等着呢。彼此拱手坐下，他叫三胜去泡茶。三胜希望两个老人立刻交了手，可是不能不沏茶去。孙老者没话讲，用深藏着的眼睛打量沙子龙。

沙子龙很客气：“要是三胜得罪了你，不用理他，年纪还轻。”

孙老者有些失望，可也看出沙子龙的精明。他不知怎样好了，不能拿一个人的精明断定他的武艺。“我来领教领教枪法！”他不由地说出来。

沙子龙没接碴儿。王三胜提着茶壶走进来——急于看二人动手，他没管水开了没有，就沏在壶中。

“三胜，”沙子龙拿起个茶碗来，“去找小顺们去，天汇见，陪孙老者吃饭。”

“什么！”王三胜的眼珠几乎掉出来。看了看沙老师的脸，他敢怒而不敢言地说了声：“是啦！”走出去，噘着大嘴。

“教徒弟不易！”孙老者说。

“我没收过徒弟。走吧，这个水不开！茶馆去喝，喝饿了就吃。”沙予龙从桌子上拿起缎子褡裢，一头装着鼻烟壶，一头装着点钱，挂在腰带上。

“不，我还不饿！”孙老者很坚决，两个“不”字把小辫从肩上抡到后边去。

“说会子话儿。”

“我来为领教领教枪法。”

“功夫早搁下了，”沙子龙指着身上，“已经放了肉！”

“这么办也行，”孙老者深深地看了沙老师一眼：“不比武，教给我那趟五虎断魂枪。”

“五虎断魂枪？”沙子龙笑了：“早忘干净了！早忘干净了！告诉你，在我这儿住几天，咱们各处逛逛，临走，多少送点盘缠。”

“我不逛，也用不着钱，我来学艺！”孙老者立起来，“我练趟给你看看，看够得上学艺不够！”一屈腰已到了院中，把楼鸽都吓飞起去。拉开架子，他打了趟查拳：腿快，手飘洒，一个飞脚起去，小辫儿飘在空中，像从天上落下来一个风筝；快之中，每个架子都摆得稳、准，利落；来回六趟，把院子满都打到。走得圆，接得紧，身子在一处，而精神贯串到四面八方。抱拳收势，身儿缩紧，好似满院乱飞的燕子忽然归了巢。

“好！好！”沙子龙在台阶上点着头喊。

“教给我那趟枪！”孙老者抱了抱拳。

沙子龙下了台阶，也抱着拳："孙老者，说真的吧；那条枪和那套枪都跟我入棺材，一齐入棺材！"

"不传？"

"不传！"

孙老者的胡子嘴动了半天，没说出什么来。到屋里抄起蓝布大衫，拉拉着腿："打搅了，再会！"

"吃过饭走！"沙子龙说。

孙老者没言语。

沙子龙把客人送到小门，然后回到屋中，对着墙角立着的大枪点了点头。

他独自上了天汇，怕是王三胜们在那里等着。他们都没有去。

王三胜和小顺们都不敢再到土地庙去卖艺，大家谁也不再为沙子龙吹腾；反之，他们说沙子龙栽了跟头，不敢和个老头儿动手；那个老头子一脚能踢死个牛。不要说王三胜输给他，沙子龙也不是他的对手。不过呢，王三胜到底和老头子见了个高低，而沙子龙连句话也没敢说。"神枪沙子龙"慢慢似乎被人们忘了。

夜静人稀，沙子龙关好了小门，一气把六十四枪刺下来，而后，挂着枪，望着天上的群星，想起当年在野店荒林的威风。叹一口气，用手指慢慢摸着凉滑的枪身，又微微一笑："不传！不传！"

（选自舒济，舒乙.老舍小说全集：10 卷[M].武汉：长江文艺出版社，1993.）

一只特立独行的猪

王小波

插队的时候，我喂过猪，也放过牛。假如没有人来管，这两种动物也完全知道该怎样生活。它们会自由自在地闲逛，饥则食渴则饮，春天来临时还要谈谈爱情；这样一来，它们的生活层次很低，完全乏善可陈。人来了以后，给它们的生活做出了安排：每一头牛和每一口猪的生活都有了主题。就它们中的大多数而言，这种生活主题是很悲惨的：前者的主题是干活，后者的主题是长肉。我不认为这有什么可抱怨的，因为我当时的生活也不见得丰富了多少，除了八个样板戏，没有什么消遣。有极少数的猪和牛，它们的生活另有安排。以猪为例，种猪和母猪除了吃，还有别的事可干。就我所见，它们对这些安排也不大喜欢。种猪的任务是交配，换言之，我们的政策准许它当个花花公子。但是疲惫的种猪往往摆出一种肉猪（肉猪是阉过的）才有的正人君子架势，死活不肯跳到母猪背上去。母猪的任务是生崽儿，但有些母猪却要把猪崽儿吃掉。总的来说，人的安排使猪痛苦不堪。但它们还是接受了：猪总是猪啊。

对生活做种种设置是人特有的品性。不光是设置动物，也设置自己。我们知道，在古希腊有个斯巴达，那里的生活被设置得了无生趣，其目的就是要使男人成为亡命战士，使女人成为生育机器，前者像些斗鸡，后者像些母猪。这两类动物是很特别的，但我以为，它们肯定不喜欢自己的生活。但不喜欢又能怎么样？人也好，动物也罢，都很难改变自己的命运。

以下谈到的一只猪有些与众不同。我喂猪时，它已经有四五岁了，从名分上说，它是肉猪，但长得又黑又瘦，两眼炯炯有光。这家伙像山羊一样敏捷，一米高的猪栏一跳就过；它还能跳上猪圈的房顶，这一点又像是猫——所以它总是到处游逛，根本就不在圈里呆着。所有喂过猪的知青都把它当宠儿来对待，它也是我的宠儿——因为它只对知青好，容许他们走到三米之内，要是别的人，它早就跑了。它是公的，原本该劁（qiāo）掉。不过你去试试看，哪怕你把劁猪刀藏在身后，它也能嗅出来，朝你瞪大眼睛，噢噢地吼起来。我总是用细米糠熬的粥喂它，等它吃够了以后，才把糠对到野草里喂别的猪。其他猪看了嫉妒，一起嚷起来。这时候整个猪场一片鬼哭狼嚎，但我和它都不在乎。吃饱了以后，它就跳上房顶去晒太阳，或者模仿各种声音。它会学汽车响、拖拉机响，学得都很像；有时整天不见踪影，我估计它到附近的村寨里找母猪去了。我们这里也有母猪，都关在圈里，被过度的生育搞得走了形，又脏又臭，它对它们不感兴趣；村寨里的母猪好看一些。它有很多精彩的事迹，但我喂猪的时间短，知道得有限，索性就不写了。总而言之，所有喂过猪的知青都喜欢它，喜欢它特立独行的派头儿，还说它活得潇洒。但老乡们就不这么浪漫，人们说，这猪不正经。领导则痛恨它，这一点以后还要谈到。我对它则不止是喜欢——我尊敬它，常常不顾自己虚长十几岁这一现实，把它叫做"猪兄"。如前所述，这位猪兄会模仿各种声音。我想它也学过人说话，但没有学会——假如学会了，我们就可以做倾心之谈。但这不能怪它。人和猪的音色差得太远了。

后来，猪兄学会了汽笛叫，这个本领给它招来了麻烦。我们那里有座糖厂，中午要鸣一次汽笛，让工人换班。我们队下地干活时，听见这次汽笛响就收工回来。我的猪兄每天上午十点钟总要跳到房上学汽笛，地里的人听见它叫就回来——这可比糖厂鸣笛早了一个半小时。坦白地说，这不能全怪猪兄，它毕竟不是锅炉，叫起来和汽笛还有些区别，但老乡们却硬说听不出来。领导上因此开了一个会，把它定成了破坏春耕的坏分子，要对它采取专政手段——会议的精神我已经知道了，但我不为它担忧——因为假如专政是指绳索和杀猪刀的话，那是一点门都没有的。以前的领导也不是没试过，一百人也治不住它。狗也没用：猪兄跑起来像颗鱼雷，能把狗撞出一丈开外。谁知这回是动了真格的，指导员带了二十几个人，手拿五四式手枪；副指导员带了十几人，手持看青的火枪，分两路在猪场外的空地上兜捕它。这就使我陷入了内心的矛盾：按我和它的交情，我该舞起两把杀猪刀冲出去，和它并肩战斗，但我又觉得这样做太过惊世骇俗——它毕竟是只猪啊；还有一个理由，我不敢对抗领导，我怀疑这才是问题之所在。总之，我在一边看着。猪兄的镇定使我佩服之极：它很冷静地躲在手枪和火枪的连线之内，任凭人喊狗咬，不离那条线。这样，拿手枪的人开火就会把拿火枪的打死，反之亦然；两头同时开火，两头都会被打死。至于它，因为目标小，多半没事。就这样连兜了几个圈子，它找到了一个空子，一头撞出去了；跑得潇洒之极。以后我在甘蔗地里还见过它一次，它长出了獠牙，还认识我，但已不容我走近了。这种冷淡使我痛心，但我也赞成它对心怀叵测的人保持距离。

我已经四十岁了，除了这只猪，还没见过谁敢于如此无视对生活的设置。相反，我倒见过很多想要设置别人生活的人，还有对被设置的生活安之若素的人。因为这个原故，我一直怀念这只特立独行的猪。

（选自王小波.沉默的大多数[M].长沙：湖南文艺出版社，2015.）

柿 子 树

曹文轩

出了井之頭的寓所往南走，便可走到东京女子大学。井之頭一带，没有高楼，只有两层小楼和平房，都带院子，很像农村。我总爱在这一带散步，而往东京女子大学去的这条小道，更是我所喜欢走的一条小道，因为小道两旁，没有一家商店，宁静的氛围中，只是一座座各不相同但却都很有情调的住宅。这些住宅令人百看不厌。

日本人家没有高高的院墙，只有象征性的矮墙。这样的矮墙只防君子，不防小偷。它们或用砖砌成，或用木板做成，或仅仅是长了一排女贞树。因此，院子里的情景，你可一目了然。这些院子里常种了几棵果树，或桔子，或橙子……

去东京女子大学，要经过山本家。山本家的院子里长了一棵柿子树，已是一棵老树了，枝杈飞张开来，有几枝探出院外，横在小道的上空。

柿子树开花后不久，便结了小小的青果。这些青果经受着阳光雨露，在你不知不觉之中长大了，大得你再从枝下经过时，不得不注意它们了。我将伸出院外的枝上所结的柿子很仔细地数了一下，共二十八颗。

二十八颗柿子，二十八盏小灯笼。你只要从枝下走，总要看它们一眼。它们青得十分均匀，青得发黑，加上其它果实所没有的光泽，让人有了玉的感觉。晚上从枝下走过时，不远处正巧有一盏路灯将光斜射下来，它们便隐隐约约地在枝叶里闪烁。愈是不清晰，你就愈想看到它们。此时，你就会觉得，它们像一只一只夜宿在枝头的青鸟。

秋天来了。柿子树这种植物很奇特，它们往往是不等果实成熟，就先黄了叶子。随着几阵秋风，你再从小道上走时，便看到了宿叶脱柯、萧萧下坠的秋景。那二十八颗柿子，便一天一天地裸露了出来。终于有一天，风吹下了最后一片枯叶，此时，你看到的只是一树赤裸裸的柿子。这些柿子因没有任何遮挡，在依旧还有些力量的秋阳之下，终于开始变色——灯笼开始一盏盏地亮了，先是轻轻地亮，接着一盏一盏地红红地亮起来。

此时，那横到路上的枝头上的柿子一下子就能数清了。从夏天到现在，它们居然不少一颗，还是二十八颗。

二十八盏小灯笼，装点着这条小道。

柿子终于成熟了。它们沉甸甸地坠着，将枝头坠弯了。二十八颗柿子，你只要伸一下手，几乎颗颗都能摸着。我想：从此以后，这二十八颗柿子，会一天一天地少下去的。因为，这条小道上，白天会走过许多学生，而到了深夜，还会有一个又一个夜归的人走过。而山本家既无看家的狗，也没有其它任何的防范。我甚至怀疑山本家，只是一个空宅。因为，我从他家门前走过无数次，就从未见到过他家有人。

柿子一颗一颗地丢掉，几乎是件很自然的事情。

这些灯笼，早晚会一盏一盏地被摘掉的，最后只剩下几根铁一样的黑枝。

然而，一个星期过去了，枝上依然是二十八颗柿子。

又过去了十天，枝上还是二十八颗柿子。

那天，我在枝下仰望着这些熟得亮闪闪的柿子，觉得这个世界有点不可思议。

十多年前我家也有一棵柿子树——这棵柿子树是我的一位高中同学给的，起初，母亲不同意种它，理由是：你看谁家种果树了？我说：为什么不种？母亲说：种了，一结果也被人偷摘了。我说：我偏种。母亲没法，只好同意我将这棵柿子树种在了院子里。

柿子树长得很快，只一年，就蹿得比我还高。

又过了一年。这一年春天，在还带有几分寒意的日子里，我们家的柿子树居然开出了几十朵花。它们娇嫩地在风中开放着，略带了几分羞涩，又带了几分胆怯。

每天早晨，我总要将这些花数一数，然后才去上学。

几阵风，几阵雨，将花吹打掉了十几朵。看到凋零在地上的柿子花，我心里期盼着幸存于枝头的那十几朵千万不要再凋零了。后来，天气一直平和得很，那十几朵花居然一朵未再凋零，在枝头上很漂亮地开放了好几天，直到它们结出了小小的青果。

从此，我就盼着柿子长大成熟。

这天，我放学回来，母亲站在门口说："你先看看柿子树上少了柿子没有。"

我直奔柿子树，只看了一眼，就发现少掉了四颗——那些柿子，我几乎是天天看的，它们长在哪根枝上，有多大，各自是什么样子，我都是清清楚楚的。

"是谁摘的？"我问母亲。

"西头的天龙摘的。"

我骂了一句，扔下书包，就朝院门外跑，母亲一把拉住我："你去哪儿？"

"揍他去！"

"他还小呢。"

"他还小？不也小学六年级了吗？"我使劲从母亲手中挣出，直奔天龙家。半路上，我看到了天龙，当时他正在欺负两个小女孩。我一把揪住他，并将他掼到田埂下。他翻转身，躺在那里望着："你打人！"

"打人？我还要杀人哪！谁让你摘柿子的？"我跳下田埂，揪住他的衣领，将他拖起来，又猛地向后一推，他一屁股跌在地上，随即哇哇大哭起来。

"别再碰一下柿子！"我拍拍手回家了。

母亲老远迎出来："你打人了？"

"打了。"我一歪头。

母亲顺手在我后脑勺上打了一巴掌。

过不一会儿，天龙被他母亲揪着找到我家门上来了："是我们家天龙小，还是你们家文轩小？"

我冲出去："小难道就该偷人家东西吗？"

"谁偷东西了？谁偷东西了？不就摘了你们家几颗青柿子吗？"

"这不叫偷叫什么？"

母亲赶紧从屋里出来，将我拽回屋里，然后又赶紧走到门口，向天龙的母亲赔不是，并对天龙说："等柿子长大了，天龙再来摘。"

我站在门口:"屁!扔到粪坑里,也轮不到他摘!"

母亲回头用手指着:"再说一句,我把你嘴撕烂。"

天龙的母亲从天龙口袋里掏出那四只还很小的青柿子扔在地上,然后在天龙的屁股上连连打了几下:"你嘴怎么这样馋?你嘴怎么这样馋?"然后,抓住天龙的胳膊,将他拖走了,一路上,不住地说:"不就摘了几个青柿子吗?不就摘了几个青柿子吗?就像摘了人家的心似的!以后,不准你再进人家的门。你若再进人家的门,我就将你腿砸断!……"

母亲回到屋里,对我说:"当初,我就让你不要种这柿子树,你偏不听。"

"种柿子树怎么啦?种柿子树也有罪吗?"

"你等着吧。不安稳的日子还在后头呢。"

后来,事情果然像母亲所说的那样,这棵柿子树,使我们家接连几次陷入了邻里的纠纷。最后,柿子树上,只留下了三颗成熟的柿子。望着这三颗残存的柿子,心里觉得很无趣。但,它们毕竟还是给了我和家人一丝安慰:总算保住了三颗柿子。

我将这三颗柿子分别做了安排:一颗送给我的语文老师(我的作文好,是因为她给了我很大的帮助),一颗送给摆渡的乔老头(我每天总要让他摆渡上学),一颗留着全家人分吃(从柿子挂果到今天,全家人都在为这棵柿子树操心)。

三颗柿子挂在光秃秃的枝头上,十分耀眼。

母亲说:"早点摘下吧。"

"不,还是让它们在树上再挂几天吧,挂在树上好看。"我说。

瘦瘦的一棵柿子树上,挂了三只在阳光下变成半透明的柿子,成了我家小院一景。因为这一景,我家本很贫乏的院子,就有了一份情调,一份温馨,一份无言的乐趣。就觉得只有我们家的院子才有看头。这里人家的院子里,都没有长什么果树。之所以有那么个院子,仅仅是用来放酱油缸、堆放碎砖烂瓦或堆放用作烧柴的树根的。有人来时,那三只柿子,总要使他们在抬头一瞥时,眼里立即放出光芒来。

几只喜鹊总想来啄那三颗柿子。几个妹妹就轮流着坐在门槛上吓唬它们。

这天夜里,我被人推醒了,睁眼一看,隐约觉得是母亲。她轻声说:"院里好像有动静。"

我翻身下床,只穿了一条裤衩,赤着上身,哗啦抽掉门栓,夺门而出,只见一个人影一跃,从院里爬上墙头,我哆嗦着发一声喊:"抓小偷!"那人影便滑落到院墙那边去了。

我打开院门追出来,就见朦胧的月光下有个人影斜穿过庄稼地,消失于夜色之中。

我回到院子里,看到那棵柿子树已一果不存,干巴巴地站在苍白的月光下。

"看见是谁了吗?"母亲问。

我告诉母亲有点像谁。

她摇摇头:"他人挺老实的。"

"可我看像他,很像他。"我仔细地回忆着那个人影的高度、胖瘦以及跑动的样子,竟向母亲一口咬定:"就是他。"

母亲以及家里的所有人,都站在凉丝丝的夜风里,望着那棵默然无语的柿子树。

我忽然冲出院门外,大声叫骂起来。夜深人静,声音显得异常宏大而深远。

母亲将我拽回家中。

第二天，那人不知从哪儿听说我们怀疑是他偷了那三颗柿子，闹到了我家。他的样子很凶，全然没有一点"老实"的样子。母亲连连说："我们没有说你偷，我们没有说你偷……"

那人看了我一眼，往地上吐了一口唾沫："不就三颗柿子嘛！"

母亲再三说"我们没有说你偷"，他才骂骂咧咧地走去。

我朝柿子树狠狠踹了几脚。

母亲说："我当初就说，不要种这柿子树。"

晚上，月色凄清。我用斧头将这棵柿子树砍倒了。从此，又将我们家的院子变成了与别人家一样单调而平庸的院子。……

面对山本先生家的柿子树，我对这个国度的民风，一面在心中深表敬意，一面深感疑惑：世界上竟能有这样纯净的民风？

那天，中由美子女士陪同我去拜访前川康男先生。在前川先生的书房里，我说起了柿子树，并将我对日本民风的赞赏，告诉了前川先生。然而，我没有想到前川先生听罢之后，竟叹息了一声，然后说出一番话来，这番话一下子颠覆了我的印象，使我陷入了对整个世界的茫然与困惑。

前川先生说："我倒希望有人来摘这些柿子呢。"

我不免惊讶。

前川先生将双手平放在双膝上："许多年前，我家的院子里也长了一棵柿子树。柿子成熟时，有许多上学的孩子从这里路过，他们就会进来摘柿子，我一边帮他们摘，一边说，摘吧摘吧，多吃几颗。看着他们吃得满嘴是柿子汁，我们全家人都很高兴。孩子们吃完柿子上学去了，我们就会站到院门口说，放了学再来吃。可是现在，这温馨的时光已永远地逝去了。你说得对，那挂在枝头上的柿子，是不会有人偷摘一颗的，但面对这样的情景，你不觉得人太谦谦君子，太相敬如宾，太隔膜，太清冷了吗？那一树的柿子，竟没有一个人来摘，不也太无趣了吗？那柿子树不也太寂寞了吗？"

回来的路上，我一直在心中回味着前川先生的话。他使我忽然面对着价值选择的两难困境，不知如何是好了。

我又见到了山本家的柿子树。我突然地感到那一树的柿子美丽得有些苍凉。它孤独地立着，徒有一树好好的果实。从这里经过的人，是不会有一个人来光顾它的。它永不能听到人在吃了它的果实之后对它发出的赞美之辞。我甚至想到山本先生以及山本先生的家人，也是很无趣的。

我绝不能接受我家那棵柿子树的遭遇，但我对本以欣赏之心看待的山本家的柿子树的处境，也在心底深处长出悲哀之情。

秋深了，山本家柿子树上的柿子，终于在等待中再也坚持不住了，只要有一阵风吹来，就会从枝上脱落下三两颗，直跌在地上。那柿子实在是熟透了，跌在地上，顿作糊状，像一摊摊废弃了的颜色。

还不等它们一颗颗落尽，我便不再走这条小道。

也就是在这个季节里，我在我的长篇小说《红瓦》中感慨良多、充满纯情与诗意地又写了柿子树——又一棵柿子树。我必须站在我家的柿子树与山本家的柿子树中间写好这棵柿子树：

在柿子成熟的季节里，那位孩子的母亲，总是戴一块杏黄色的头巾，挎着白柳篮子走在村巷里。那篮子里装满了柿子，她一家一家地送着。其间有人会说："我们直接到柿子树下去吃便是了。"她说："柿子树下归柿子树下吃。但柿子树下又能吃下几颗？"她挎着柳篮，在村巷里走着，与人说笑着，杏黄色的头巾，在秋风里优美地飘动着……

一九九七年五月二十日于北京大学燕北园

（选自中央电视台《开学第一课》编写组.爱的诠释（青春版）[M].长春：时代文艺出版社，2012.）

拓展阅读

人生思辨

　　人生，朴实而深刻的字眼。有人说人生是一场戏，我们在戏中扮演各种角色；有人说人生是一个大舞台，不同的人穿梭其中；也有人说人生是一场梦，各种幻想不断演绎；还有人说人生是一本书，一本一辈子才能写完的书……我们每个人在社会生活实践中都不知不觉地演绎自己的人生，也不知不觉地阅读自己的人生。人生这本书、这出戏，你愿意也好，不愿意也好，都要非写不可的、非读不可的、非演不可的，而且非要写好、读好、演好不可的。

　　我们只能体验自己的人生，但是通过文字我们可穿越千年、可飞天遁地去感悟不同年代、不同地域、不同人种的各类人生。"横看成岭侧成峰，远近高低各不同"，人生有辉煌，也有暗淡，有成功的足迹，也有歪斜的脚印，欢愉跟泪水同在，激情与失落并存。这些文学都可以告诉我们。让我们畅游文学海洋，感悟人生，去追寻人生的真谛吧！

讲读课文

冯谖客孟尝君

《战国策》

作者简介

《冯谖客孟尝君》选自《战国策·齐策四》。《战国策》作者不明，非一时一人之作。其中所包含的资料，主要出自战国时代，包括策士的著作和史臣的记载，汇集成书当在秦统一以后。原来的书名不确定，西汉刘向考订整理后，定名为《战国策》。

背景知识

战国时期，列国纷争，宗法制度遭到破坏，诸侯国王和贵族等领主势力受到削弱，他们迫切需要大量的拥护者和谋划者，于是王侯将相争相养士，从而出现了"士"（食客）这一特殊阶层，"士"有文士、武士之分。这段时期，盛行养士之风，尤以四大公子为甚。如齐国的孟尝君、赵国的平原君、魏国的信陵君、楚国的春申君，还有秦国的吕不韦等。这些士大多是能辩善谋，有一定的政治见解，或有一技之长，甚至身怀绝技者。"食客三千"已经成了那个时代的特点。之所以称为食客，是因为他们的日常生活由主人供养，而这些人与主人之间不是主仆关系，而是主客关系。主人要表示对他们的礼遇，体现待客之道，这些人才愿意为主人所用。一旦不合己意，这些人也可以随时离开，另投他主。士阶层，是当时的特殊阶层，有着一定的社会势力。他们依附于君主，不断地献计献策，为他们扩大政治影响，巩固权位。这些人中，龙蛇混存，既有鸡鸣狗盗之徒，也不乏非凡胆识的人才，如本文中的冯谖、成语"毛遂自荐"的毛遂（赵国平原君的食客）等。

齐人有冯谖（xuān）者，贫乏不能自存，使人属孟尝君[1]，愿寄食门下。孟尝君曰："客何好?"曰："客无好也。"曰："客何能?"曰："客无能也。"孟尝君笑而受之曰："诺。"

左右以君贱之也，食以草具[2]。居有顷，倚柱弹其剑[3]，歌曰："长铗（jiá）归来乎! 食无鱼。"左右以告[4]。孟尝君曰："食（sì）之，比门下之客。"居有顷，复弹其铗，歌曰："长铗归来乎! 出无车。"左右皆笑之，以告。孟尝君曰："为之驾，比门下之车客[5]。"于是乘其车，揭其剑，过其友曰："孟尝君客我。"后有顷，复弹其剑铗，歌曰："长铗归来乎! 无以为家。"左右皆恶（wù）之，以为贪而不知足[6]。孟尝君问："冯公有亲乎?"对曰，"有老母。"孟尝君使人给其食用，无使乏。于是冯谖不复歌。

后孟尝君出记[7]，问门下诸客："谁习计会（kuài），能为（wèi）文收责（zhài）于薛者乎[8]?"冯谖署曰："能[9]。"孟尝君怪之，曰："此谁也?"左右曰："乃歌夫长铗归来者也。"孟尝君笑曰："客果有能也，吾负之，未尝见也⑩。"请而见之，谢曰："文倦于事，愦(kuì)于忧，而性懧(nuò)愚⑪，沉于国家之事，开罪于先生⑫。先生不羞⑬，乃有意欲为收责于薛乎？"冯谖曰："愿之。"于是约车治装⑭，载券契⑮而行，辞曰："责毕收，以何市而反⑯？"孟尝君曰："视吾家所寡有⑰者。"

驱而之薛，使吏召诸民当偿者，悉来合券⑱。券遍合，起⑲，矫(jiǎo)命，以责赐诸民⑳。因烧其券。民称万岁。

长驱到齐，晨而求见。孟尝君怪其疾也㉑，衣冠而见之，曰："责(zhài)毕收乎？来何疾也！"曰："收毕矣。""以何市而反？"冯谖曰："君之'视吾家所寡有者'。臣窃计㉒，君宫中积珍宝，狗马实外厩，美人充下陈㉓。君家所寡有者，以义耳！窃以为君市义。"孟尝君曰："市义奈何？"曰："今君有区区之薛，不拊爱子其民㉔，因而贾利之。臣窃矫君命，以责赐诸民，因烧其券，民称万岁。乃臣所以为君市义也。"孟尝君不说㉕，曰："诺，先生休矣㉖！"

后期年㉗，齐王谓孟尝君曰："寡人不敢以先王之臣为臣㉘。"孟尝君就国㉙于薛，未至百里㉚，民扶老携幼，迎君道中正日㉛。孟尝君顾㉜谓冯谖："先生所为文市义者，乃今日见之。"

冯谖曰："狡兔有三窟，仅得免其死耳；今君有一窟，未得高枕而卧也。请为君复凿二窟。"孟尝君予车五十乘，金五百斤，西游于梁㉝，谓惠王曰："齐放其大臣孟尝君于诸侯㉞，诸侯先迎之者，富而兵强。"于是梁王虚上位㉟，以故相㊱为上将军，遣使者黄金千斤，车百乘，往聘孟尝君。冯谖先驱，诫孟尝君曰："千金，重币也；百乘，显使也。齐其闻之矣。"梁使三反㊲，孟尝君固辞㊳不往也。

齐王闻之，君臣恐惧，遣太傅赍(jī)黄金千斤、文车二驷，服剑一㊴，封书，谢㊵孟尝君曰："寡人不祥㊶，被于宗庙之祟㊷，沉于谄谀之臣，开罪于君。寡人不足为也㊸；愿君顾先王之宗庙，姑反国统万人乎㊹！"冯谖诫孟尝君曰："愿请先王之祭器，立宗庙于薛㊺。"庙成，还报孟尝君曰："三窟已就，君姑高枕为乐矣。"

孟尝君为相数十年，无纤(xiān)介㊻之祸者，冯谖之计也。

（选自（清）吴楚材，（清）吴调侯编选，惠海涛，译注.古文观止：全 4 册[M].北京：线装书局，2016.）

【注释】

① 属：嘱托，请托。

② 左右：指孟尝君身边的办事人。以：因为。贱：贱视，看不起。形容词作动词用。之：他，代冯谖。也：用在表原因的介宾短语之后，表句读上的停顿。食(sì)：给……吃。"食"后省宾语"之"(他)。

③ 居：停留，这里有"经过"的意思。有顷：不久。弹(tán)：用指头敲击。

④ 以告：把冯谖弹剑唱歌的事报告孟尝君。

⑤ 车客：能乘车的食客，孟尝君将门客分为三等：上客食鱼、乘车；中客食鱼；下客食菜。

⑥ 恶：讨厌。以为：以之为。

⑦ 出记：出通告，出文告。

⑧ "谁习"二句：计会，今指会计。习：熟悉。计会：会计工作。为文：给我。文，孟尝君自称其名。责，通"债"。薛，孟尝君的领地，今山东枣庄市附近。

⑨ 署曰"能"：签名于通告上，并注曰"能"。

⑩ 果：副词，果真，果然。负：对不起。之：他，代"客"(冯谖)。未尝：副词性结构，不曾。

⑪ "文倦"三句：倦于事，为国事劳碌。愦(kuì)于忧，困于思虑而心中昏乱。懦(nuò)，同"懦"，怯弱。

⑫ 开罪：得罪。

⑬ 不羞：不因受怠慢为辱。羞：意动用法，认为……是羞辱。

⑭ 约车治装：预备车子，治办行装。

⑮ 券契：债务契约，两家各保存一份，可以合验。

⑯ 何市而反：买些什么东西回来。市，买；反，返回。

⑰ 寡有：少有，缺少。

⑱ 合券：指核对债券(借据)、契约。

⑲ 遍合：都核对过。起：站起来。

⑳ 矫命：假托(孟尝君的)命令。以责赐诸民：把债款赐给(借债的)老百姓，意即不要偿还。以：用，把。

㉑ 长驱：一直赶车快跑，中途不停留。

㉒ 怪其疾：以其疾为怪。因为他回得这么快而感到奇怪。

㉓ 窃：私自，谦词。计：考虑。

㉔ 下陈：后列。

㉕ 拊爱：即抚爱。子其民：视民如子，形容特别爱护百姓。

㉖ 贾(gǔ)利之：以商人手段向百姓谋取暴利。

㉗ 说：同"悦"，高兴。

㉘ 休矣：算了，罢了。

㉙ 期(jī)年：满一年。

㉚ 齐王：齐湣王。先王：指齐宣王，齐湣王的父亲。

㉛ 就国：到自己封地(薛)去住。

㉜ 未至百里：距薛地还有一百里。

㉝ 正日：整整一天。

㉞ 顾：回头看。

㉟ 梁：即魏国，当时都大梁(今河南开封)。魏王萦(即梁王)迁都大梁，国号曾一度称"梁"。

㊱ 放：弃，免。于：给……机会。

㊲ 虚上位：空出最高的职位(宰相)。

㊳ 故相：过去的宰相。

㊴ 反：同"返"。

㊵ 固辞：坚决推辞。

㊶ 赍：拿东西送人。文车：雕刻或绘画着花纹的车。驷：四匹马拉的车，与"乘"同义。服剑：佩剑。

㊷ 谢：道歉。

㊸ 不祥：不善、不好。

㊹ 被于宗庙之祟：受到祖宗神灵的处罚。

㊺ 不足为也：不值得顾念帮助。不足：不值得。为：帮助，卫护。

㊻ 顾：顾念。姑：姑且，暂且。反国：返回齐国国都临淄。反，同"返"。统：统率，治理。万人：指全国人民。

㊼ 愿：希望。请：指向齐王请求。祭器：宗庙里用于祭祀祖先的器皿。立宗庙于薛：孟尝君与齐王同族，故请求分给先王传下来的祭器，在薛地建立宗庙，将来齐即不便夺毁其国，如果有他国来侵，齐亦不能不相救。这是冯谖为孟尝君所定的安身之计，为"三窟"之一。

㊽ 纤介：细微。介，通"芥"，小草。

▶ 艺术赏析

　　本文通过讲述战国谋臣策士冯谖自请为孟尝君门客，并为其收债于薛、焚券市义、营谋三窟、巩固政治地位的一系列故事，展现出冯谖的机智灵活、深谋远虑和孟尝君的宽容大度、礼贤下士，同时也反映了当时养士、用士的历史风貌以及策士的才干与作用。

　　冯谖"贫乏不能自存"，故"请人对孟尝君说，愿意寄食门下。"孟尝君问来人："他有什么爱好？他有什么特长？"来人故意说都没有，实为试探以礼贤下士著称的孟尝君。孟尝君"笑而受之，曰诺"，虽然他有些轻视，但仍慷慨收罗。接着，冯谖又进行了第二步试探，他弹剑铗唱道："长剑啊，我们回去吧，连鱼都吃不上"，孟尝君听到后，吩咐和门下食鱼的门客同等对待。但此后冯谖一次比一次升级，又提出了出门坐车，供养家口的要求，但孟尝君都满足了他。尽管如此，左右以孟尝君轻视他而"食以草具""皆笑之""皆恶之，以为贪而不知足"。左右人平庸无知，只会看主人眼色行事和以势利量人，原是常见的人情世态。孟尝君虽无先见之明，却宽容大度，为他后来地位失而复得起了巨大作用。冯谖三番五次的试探，藏才不露，装愚守拙，为其以后大有作为埋下伏笔。

　　接下来的"收债于薛"使冯谖的才能得到了施展的机会。当孟尝君出文征求一个熟悉会计业务的人时，一向装作"无好、无能"的冯谖毅然自荐，令读者大吃一惊，也令孟尝君深感愧疚："我亏待了他，还不曾接见过他。"继而公开道歉："以前我把先生得罪了。"这一突变情节，展示出冯谖在关键时刻挺身而出，士为知己者效力的气度。孟尝君的深深自责、公开赔罪，并委以重任，又使他仍不失大家风范。下文冯谖署记、矫命焚券、市义复命使冯谖的才华尽露无遗，他在全部核查诸民借据之后，假托奉孟尝君之命，把债款全部赐还百姓。他的不凡举动使文势再生波澜，也表现了他重视民本的远见卓识和临机大胆决断的性格。在复命中他认为孟尝君珍宝珠玉，狗马玩好、美人婢妾都不缺少，只缺仁义爱民，故矫命焚券，买回民心。他不仅为孟尝君的统治奠定了雄厚基础，取得了人民的支持，又抓住了孟尝君的口实把柄："视吾家所寡有者。"冯谖胆大心细，果断而讲策略，但孟尝君"不悦""先生休矣"则暴露了他有些鼠目寸光、狭隘浅见。

　　接下来冯谖"经营三窟"，帮助孟尝君恢复并巩固了相位。一窟是孟尝君罢相到薛，百姓扶老携幼，"先生所为文市义者，乃今日见之"！他终于理解了冯谖市义的行为，并深受其益。二窟是冯谖西游于梁，说服梁王三遣使者以千金百乘聘孟尝君为相，为抬高孟尝君的威信而虚张声势，给齐王以危机感，从而达到了重新用孟尝君的目的。这里又表现了冯谖善于利用齐王和梁王之间的矛盾，足智多谋的性格特征。三窟是梁王重聘求贤，齐王谢罪并重新起用孟尝君，在此，冯谖满意地说："三窟已成，您可以高枕无忧了。"一个深算远谋的谋士形象鲜然立见。此时的孟尝君对冯谖的态度也由"不悦""休矣"的不信任转变为言听计从，并深为冯谖的才能所折服。

　　文章最后一句写孟尝君为相数十年，未遇丝毫灾祸，是靠的冯谖的计策。以对冯谖才能的肯定和孟尝君的受益作结，完整自然。

文学聚焦

《战国策》与国别体史书

《战国策》是一部国别体史学著作,又称《国策》《国事》《短长》《长书》《修书》等,约成书于秦代。书中记载了西周、东周及秦、齐、楚、赵、魏、韩、燕、宋、卫、中山各国之事。记事年代起于战国初年,止于秦灭六国,约有240年的历史。是先秦历史散文成就最高、影响最大的著作之一。《战国策》分为12策,33卷,共497篇,主要记述了战国时期的游说之士的政治主张和言行策略,也可说是游说之士的实战演习手册。该书亦展示了东周战国时代的历史特点和社会风貌,是研究战国历史的重要典籍。

虽然习惯上把《战国策》归为历史著作,但是其与《左传》《国语》等有很大不同。有许多记载,作为史实来看是不可信的。如《魏策》中著名的"唐雎劫秦王",写唐雎在秦廷中挺剑胁逼秦王嬴政(即秦始皇),就是根本不可能发生的事情。这一类内容,与其说是历史,还不如说是故事。

国别体史书是以国家为单位,分别记叙历史事件。《国语》是中国第一部国别体史书,是一部分国记事的历史散文,起自西周穆王,讫于战国初年的鲁悼公,分载周、鲁、齐、晋、郑、楚、吴、越等国约427年的史实。在春秋战国之际由晋国的史官编纂成书。晋陈寿《三国志》也是国别体史书,它记载了魏、蜀、吴三国的历史。

拓展与应用

探究思考

1. 你认为冯谖是怎样的一个人?课文哪些地方体现了他的性格特征,作者通过哪些手法把他的这种品格凸显出来?

2. 孔子作为儒家思想的创始人,教育方面获得极大的成功,在政治上他却是失败的。为什么春秋战国时期儒家思想不被接受,反而法家思想备受推崇?

3. 当今企业为了长远利益和发展,千方百计树立良好的企业形象,"焚券市义"的做法在当今社会可不可行?为什么?

拓展链接

1. 司马迁《史记·孟尝君列传》。

2. 刘向《战国策·苏秦以连横说秦》。

3. "战国四公子"—— 齐国孟尝君(田文)、赵国平原君(赵胜)、魏国信陵君(魏无忌)与楚国春申君(黄歇)。

4. 视频百家讲坛《吴建民评点战国策2从古到今看大势》,网址是:ht-tp://tv.cntv.cn/video/C10302/6a856d46427e4542a89cae0e81c1073a。

孟尝君列传

职业连线

当今世界企业之间的竞争不亚于战国时代。竞争成败唯在人才，但凡大才，定有不为常人所理解的行为和思路，领导者只有放弃自我喜好，建立起以事业发展为中心的思维模式，敬人之是，容人之非，并且能放手用人，不指手画脚，从而给人才以创造发挥的天地，才能使冯谖这一类人才脱颖而出。这是可贵的领导才能，对当今人才的培养都是很好的启示。冯谖为孟尝君营就"三窟"巩固政治地位，展现了他审时度势、权衡利弊、深谋远虑的风采。我们也可以理解为个人借助企业的机会和资源，成功实现自己的职业目标，这些都值得今天职场中的人们借鉴和学习。

思考：

冯谖的所作所为说明在职场上应该具备哪些素质？你从冯谖身上得到了什么启示？

人生颂——年轻人的心对歌者说的话

(美) 朗费罗

作者简介

亨利·沃兹沃斯·朗费罗（Henry Wadsworth Longfellow，1807—1882），美国诗人，19 世纪美国最伟大的浪漫主义诗人之一。1807 年 2 月 27 日出生于缅因州波特兰城一个律师家庭。1822 年进入博多因学院，与霍桑是同班同学。毕业后去过法国、西班牙、意大利和德国等地，研究这些国家的语言和文学。1836 年开始在哈佛大学讲授语言、文学长达十八年，致力于介绍欧洲文化和浪漫主义作家的作品，成为新英格兰文化中心剑桥文学界和社交界的重要人物。1854 年，他辞去哈佛大学的教职，以全心投入写作。朗费罗晚年仍勤奋创作，备受尊崇，牛津大学和剑桥大学曾分别授予他荣誉博士学位。他还受到了维多利亚女王的私人接见。1882 年 3 月 24 日朗费罗在美国剑桥逝世。伦敦威斯敏斯特教堂诗人之角安放了他的胸像，他是获得这种尊荣的第一位美国诗人。主要诗作有《夜吟》《伊凡吉林》《海华沙之歌》《迈尔斯·斯坦狄什的求婚》《奴役篇》《布吕赫钟楼及其他》《歌谣及其他》等。

背景知识

《人生颂》写于 1838 年，1839 年匿名发表在一份名为《内克波克》(Knickbocker Maga-zine)的杂志上。此时正值美国资本主义进入蓬勃发展时期，社会到处充满了拼搏进取的时代精神。1935 年，亨利·沃兹沃斯·朗费罗的爱妻波特因流产而病故，他一度陷入悲痛之中；而当他追求阿普尔顿（五年后成为他第二任妻子）时，又遭遇颇多波折。他百感交集，觉得人生充满挫折，内心不免伤感，于是写下这首诗，以此来勉励人们在人生道路上要不懈努力，完全符合当时的时代精神。

1

不要在哀伤的诗句里告诉我，
"人生不过是一场幻梦！"
灵魂睡着了，就等于死了，①
事物的真相与外表不同。

2

人生是真切的！人生是实在的！
它的归宿并不是荒坟。
"你本是尘土，必归于尘土"，②
这是指躯壳，不是指灵魂。

3

我们命定的目标和道路，
既不是享乐，也不是受苦，
而是行动，在每个明天，
都超越今天，跨出新步。

4

智艺无穷，时光飞逝，③
这颗心，纵然勇敢坚强，
也只如鼙鼓，闷声擂动着，
一下又一下，向坟地送丧。

5

世界是一片辽阔的战场，
人生是到处扎寨安营；
莫学那听人驱策的哑畜，
做一个威武善战的英雄！

6

别指靠将来，不管它多可爱！
把已逝的过去永久掩埋！
行动吧——趁着活生生的现在！
胸中有赤心，头上有真宰！

7

伟人的生平昭示我们：
我们能够生活得高尚，

而当告别人世的时候，
留下脚印在时间的沙上。④

8

也许我们有一个弟兄，
航行在庄严的人生大海，
遇险沉了船，绝望的时刻，
会看到这脚印而振作起来。

9

那么，让我们起来干吧，
对任何命运要敢于担待；
不断地进取，不断地追求，
要善于劳动，善于等待。

（选自徐志摩，等.中国最美的诗歌世界最美的诗歌经典集下［M］.杨德豫，译.南京：江苏美术出版社，2014.）

【注释】

① 睡着：这里是指消沉萎靡，这行诗跟"哀莫大于心死"意思相近。

②"你本是尘土，必归于尘土"，这是耶和华对亚当说的话，见《旧约·创世记》第3章。

③"智艺无穷，时光飞逝"原出于古希腊医学家希波克拉底（约前460—前377）的《格言集》。

④"沙"指古代计时用的沙漏中的沙粒。"时间的沙"指人类的历史。而从下一节诗来看，这里的"沙"又可解释为"人生大海"岸边的沙滩。

▶ 艺术赏析

该诗以一位年轻人的口吻来表达诗人对人生的见解（避免了诗人直接说教之嫌），阐述了用积极向上、健康进取的乐观心态对抗消极的虚无思想的人生哲理。全诗语言庄重严肃而又通俗易懂，诗人从几个角度，层层深入地揭示了人生的积极内涵。全诗共9节，结构严谨，条理清晰，层次分明，说理和论述都很讲究。

全诗可分为四层。第1～3节为第一层，这一层表明了诗人对人生的根本看法，即什么是人生。第二层为第4～6节，以如何度过人生为承接，阐明如何来度过自己的一生。这一层阐释全诗的主题，指出人生的目标和道路在于行动和不断的自我超越。第三层为第6～8节，诠释人生价值，解答了正确度过人生的价值与意义。诗人认为，人生的根本意义在于使自己的人生变得崇高而壮丽，这样生命的印记将永远留存在人类的历史上，供人瞻仰并给人以启迪。第四层为第9节，诗人发出了时代的最强音，这可视为是诗人的强烈呼吁和热情的号召，号召人们振作起来，行动起来，勇敢地面对任何命运的挑战。"不断地进取，不断地追求""要善于劳动，善于等待"是这首说理诗的结论。

◉ 文学聚焦

浪漫主义文学

浪漫主义文学产生于18世纪末，在19世纪上半叶达到繁荣时期，是西方近代文学最重要的思潮之一。

美国浪漫主义文学的基本特征是：

① 强烈的主观色彩，偏爱表现主观思想，注重抒发个人的感受和体验；

② 重主观、轻客观，重自我表现，轻客观模仿；

③ 喜欢描写和歌颂大自然，他们大量描述了美国本土的自然风光：原始的森林、广袤的平原、无际的草原、苍茫的大海等，尤为突出的是作者们喜欢将自己塑造的人物置身于纯朴宁静的大自然中，衬托现实社会的丑恶及自身理解的美好；

④ 重视中世纪民间文学；

⑤ 想象比较丰富，感情真挚，表达自由，语言朴素自然；

⑥ 注重艺术效果。美国浪漫主义文学的代表人物有惠特曼、霍桑、华盛顿·欧文等。

惠特曼的《草叶集》(Leaves of Grass)是美国十九世纪最有影响的诗歌。总的来说，美国浪漫主义文学上接英国文学传统，下开美国文学之风。

⬡ 拓展与应用

探究思考

1. 找出诗中的比喻，思考比喻的作用。

2. 阅读《人生颂》英文版，再次感受本诗的魅力。

拓展链接

1. 惠特曼(美)《草叶集》。

2. 霍桑(美)《红字》。

3. 雨果(法)《巴黎圣母院》。

红字　　　巴黎圣母院

职业连线

我们经常会发现，很多成功人士，都曾经受到了很多的苦难，可是当采访他们的时候，他们都会这样说，之前的经历并不觉着苦，相反，它是人生中一笔巨大的财富，正是因为有了那些经历，才会更加珍惜现在的生活。相信很多人听到这些，总会感到惊奇，可是只有经历过苦难的人，才会懂得其中的艰辛和不易，才会明白生活的美好。

苦难对每一个人来说都是考验，它的价值是一笔看不见的财富。有人说，它对于天才是垫脚石，对能力出众的人来说是看不见的财产，而对于懦弱的人来说那便是无底的深渊。其实很多伟人都是从苦难中走来，苦难可以说是人生的一部分，人生如果太过于一帆风顺，就会丧失了做人的危机感，缺少了对抗暴风雨的勇气，更缺少了那宝贵的人生历练。虽然每个人都不愿意经历，但是不可避免会遇到苦难。但从另一方面来说，苦难可以磨炼人的意志，锻炼人的体魄，使人的思想更加成熟。只有勇敢地面对它，才可以更好地面对自己的人生，闯出属于自己的天空。不要逃避，勇敢地走出去，相信阳光总会在风雨后，最终用积极的态度，乐观的心态，将苦难走过去。这时你会发现，苦难是人生看不见的财富。

（摘自网络文章《苦难是人生看不见的财富》，作者：梦想终会花开）

思考：

人生不可能一帆风顺，我们的人生路上总会经历磨难。面对磨难，我们应该怎样做？

人就这么一辈子

刘 墉

作者简介

　　刘墉，号梦然，1949 年生于台北，祖籍北京，现居美国，画家、作家，纽约哥伦比亚大学博士研究生、圣若望大学东亚研究所硕士，曾任美国丹维尔美术馆驻馆艺术家、纽约圣若望大学专任驻校艺术家、圣文森学院副教授。1991 年成立水云斋文化事业有限公司，现任水云斋文化事业有限公司负责人。1993 年当选中国美术协会理事。他著有有声图书《从跌倒的地方爬起来飞扬》《在灵魂居住的地方》及华文地区最畅销的励志书《萤窗小语》《超越自己》《创造自己》《肯定自己》，文学经典作品《花痴日记》《母亲的伤痕》《杀手正传》等，处世系列《人生的真相》《我不是教你诈》等，以及《刘墉山水写生画法》《白云堂画论画法》等文学、艺术作品 70 余种。

　　刘墉是一个很认真地生活、总希望超越自己的人，创作的原则是"为自己说话，也为时代说话"；处世的原则是"不负我心，不负我生"。据台湾最大连锁书店"金石堂"统计，刘墉为 16 年来台湾畅销书作家之冠，他的作品在中国销售超过千万册。他在绘画、新闻、戏剧、演讲等方面获得多项荣誉和奖项。他坚持不懈地从事公益活动，在台湾义卖画卡、办青少年免费咨询中心，经常为公益举行巡回演讲，以他的版税收入帮助数十个慈善群体，捐助200 多个大中学生就学，并捐建希望小学数十所。

背景知识

　　《人就这么一辈子》是刘墉先生的散文集《萤窗小语》中一篇早期作品。文中没有堆砌华丽辞藻，没有描绘动人情节，就是在三言两语之中把道理清清楚楚地摆了出来："人就这么一辈子，你可以珍惜，也可以淡然，但不管你怎样对待，人的一生都是只有这么一次。人生像一局棋，可一生只能下一盘，只有在这盘棋上能运筹帷幄，才是最终的赢家。"《萤窗小语》是刘墉先生的处女作，也是他的成名作，前后十年共写了七集。《萤窗小语》开启了刘墉文学创作的大门，正

萤窗小语

如他在接受记者访问时拿出一本《萤窗小语》，对记者们说"如果没有这本'小东西'，可能就没有今天作家的我。"这是一本心灵散文合集。作者刘墉用细腻、睿智的笔触，记录日常的点滴感触和心得，用那些蕴含智慧与哲理的小语，教你如何温馨地处世，如何积极地励志。

我常以"人就这么一辈子"这句话来告诫自己并劝说朋友。这七个字说来容易，听来简单，想起来却很深沉；它能使我在懦弱时变得勇敢，骄矜时变得谦虚，颓废时变得积极，痛苦时变得欢愉，对任何事拿得起也放得下，所以我称它为"当头棒喝""七字箴言"。

人不就这么一辈子吗？生不带来、死不带去的一辈子，春发、夏荣、秋收、冬藏，看来像是一年四季般短暂的一辈子。每当我为俗务劳形的时刻，想到那七个字，便忆起李白《春夜宴桃李园记》中"夫天地者，万物之逆旅也；光阴者，百代之过客也。而浮生若梦，为欢几何？"的句子，而在哀时光之须臾，感万物之行休中，把周遭的俗事抛开，将眼前的争逐看淡。我常想，世间的劳苦愁烦、恩恩怨怨，如有不能化解、不能消受的，经过这短短的几十年就烟消云散了吗？若是如此，又有什么好解不开的呢？

人不就这么一辈子吗？短短数十寒暑，刚起跑便到达终点的一辈子；今天过去，明天还不知道属不属于自己的一辈子；此刻过去便再也追不回的一辈子；白了的发便再难黑起来，脱了的智齿便再难生出来，错了的事便已经错了，伤了的心便再难康复的一辈子；一个不容我们从头再活一次，即使再往回过一天、过一分、过一秒的一辈子。想到这儿，我便不得不随着东坡而叹："寄蜉蝣于天地，渺沧海之一粟。"我便不得不随陈子昂而哭："前不见古人，后不见来者，念天地之悠悠，独怆然而涕下。"我便不得不努力抓住眼前的每一刻、每一瞬，以我渺小的生命、有限的时间，多看看这美好的世界，多留些生命的足迹。

人就这么一辈子，你可以积极地把握它，可以淡然地面对它。看不开时想想它，以求释然吧！精神颓废时想想它，以求振作吧！愤怒时想想它，以求平息吧！不满时想想它，以求感恩吧！因为不管怎么样，你总很幸运地拥有这一辈子，你总不能白来这一遭啊！

（选自刘墉.萤窗小语[M].南宁：接力出版社，2012.）

▶ 艺术赏析

《人就这么一辈子》虽语言浅显直白，但却把人生分析得透彻明晰。

文章采用总—分—总的结构。第一段为总，作者提出"人就这么一辈子"的"七字箴言"。第二、三段为分说，第二段用一年四季来形容生命的短暂，形容生活的艰难；第三段引用李白、苏轼、陈子昂的诗句，借古喻今，感叹人生短暂，只有放下过去、把握当下，才会拥有美好明天。第四段，总结全文，发出号召，阐明应当如何看待"人这一辈子"。

本文很直白却很实在，也许我们每个人都明白其中的道理，然而却说不出其中的奥妙。我们生命中有着太多太多的理所应当，有着太多太多的不以为然，其实这就是人生。人生就那么一次，我们虽然无权操控生死，却可以把握精彩与暗淡的尺寸。只有活出生命的价值，才是人生最完美的意义。

 文学聚焦

台湾网络文学

上世纪 90 年代，俗称"超文本文学"(hypertext literature) 或"非平面印刷"的网络文学于台湾开始兴盛普及。不久之后，以网络为媒介、以网络人口为收受者的文学成为台湾文学的主流。一般来说，网络虽然对现有文学具有颠覆性作用，从根本上动摇了现有文学的写作和传播方式的基础，但是在文学观念没有改变的情况下，造就了新一代的文学领域，拓展了个体性、自主性的台湾新文学，更甚至以相当快速的方式，将台湾文学以另外一种形态传送到华人地区。而台湾网络文学代表性人物如蔡智恒(以痞子蔡的笔名写下《第一次的亲密接触》)、藤井树(《我们不结婚好吗？》)、九把刀(《那些年我们一起追过的女孩》)、鲸向海(新诗)不但将网络文学铅字化，并且在某种程度上改变了台湾的文学生态。

与此同时，以阅读轻薄短小、重视传播、创新文体为特征的励志文学或新形态通俗文学，迅速在台湾流传，代表作家有几米、吴淡如、侯文咏、刘墉、吴若权。虽然这些文学作品常因为过于普通化，遭到部分文学评论者的严词批评，但不可否认，多少反映台湾现况的这类文学作品，仍是台湾文学的主要支流。

拓展与应用

探究思考

1. 本文虽然言辞平直朴实，却运用了很多修辞手法，试找出来几例并进行分析。
2. 文章表达了作者怎样的人生观？你又如何理解"人就这么一辈子"？写作读后感。

拓展链接

1. 刘墉《迎向开阔的人生》《把握我们有限的今生》。
2. 路遥《人生》。
3. 吴若权《莫忘爱的初衷》。

职业连线

语文实践活动：演讲比赛

刘墉是一个从平凡走向辉煌的人，他用自己最真实的一面，用各种身份的不同经历像多棱镜一样展示着自己不凡的人生，让我们也在他的文字和作品中成长吧。读了他的作品并不一定会在人生的征途中稳赢，但是至少会多一些胜算，而且不管对手多么强大，我们都会勇敢地走下去！

同刘墉一样，吴若权也是台湾的畅销作家。他的写作领域横跨散文、小说、电脑、企管和歌词。吴若权说人生需要规划，他特别想告诉大学生的是，大学是酝酿能量的时期，一定要提前规划好自己今后的人生。他以"少点一时糊涂的遗憾，就能多些长久幸福的希望"与大家共勉。

活动布置：

大学的学习时光转瞬即逝、弥足珍贵，你觉得应该怎样有意义地度过呢？面对将来的社会压力、职场竞争，你现在应该做哪些努力呢？请结合对本文的感悟，谈谈你的大学生涯规划，并以此为主题进行一次演讲比赛。

活动实施：

1. 以小组为单位，每小组组内评选最优者代表小组参加比赛。

2. 教师指导参赛选手作品，定稿后学生根据演讲内容制作 PPT。

3. 正式比赛，评出一、二、三等奖。

活动评价：

参赛选手台风是否落落大方，时间是否控制在 3～5 分钟，主题是否鲜明、深刻、新颖，演讲能否引起共鸣。

1. 学生自评 _____

2. 选手互评 _____

3. 教师点评 _____

自读课文

秋 声 赋

欧阳修（宋）

欧阳子①方②夜读书，闻有声自西南来者，悚然③而听之，曰："异哉！"初淅沥以萧飒④，忽奔腾而砰湃⑤，如波涛夜惊，风雨骤至。其触于物也，鏦鏦铮铮⑥，金铁皆鸣；又如赴敌之兵，衔枚⑦疾走，不闻号令，但闻人马之行声。余谓童子："此何声也？汝出视之。"童子曰："星月皎洁，明河⑧在天，四无人声，声在树间。"

予曰："噫嘻悲哉！此秋声也。胡为而来哉？盖夫秋之为状⑨也，其色惨淡⑩，烟霏⑪云敛⑫；其容清明，天高日晶⑬；其气栗冽⑭，砭⑮人肌骨；其意萧条，山川寂寥。故其为声也，凄凄切切，呼号愤发。丰草绿缛⑯而争茂，佳木葱茏而可悦。草拂之而色变，木遭之而叶脱。其所以摧败零落者，乃其一气⑰之余烈⑱。

夫秋，刑官⑲也，于时为阴；又兵象也，于行用金。是谓天地之义气，常以肃杀而为心。天之于物，春生秋实，故其在乐也，商声主西方之音，夷则为七月之律。商，伤也，物既老而悲伤；夷，戮也，物过盛而当杀。

"嗟夫！草木无情，有时⑳飘零。人为动物，惟物之灵。百忧感其心，万事劳其形，有动于中，必摇其精。而况思其力之所不及，忧其智之所不能，宜其渥㉑然丹者为槁木，黟然㉒黑者为星星㉓。奈何㉔以非金石之质㉕，欲与草木而争荣？念谁为之戕贼㉖，亦何恨乎秋声！"

童子莫对，垂头而睡。但闻四壁虫声唧唧，如助余之叹息。

（选自吴楚材.古文观止：全 4 册[M].吴调侯编选，惠海涛，译注.北京：线装书局，2016.）

【注释】

① 欧阳子：作者自称。

② 方：正在。

③ 悚（sǒng）然：惊惧的样子。

④ 初淅沥以萧飒：起初是淅淅沥沥的细雨带着萧飒的风声。淅沥，形容轻微的声音如风声、雨声、落叶声等。以，表并列，而。萧飒，形容风吹树木的声音。

⑤ 砰湃：同"澎湃"，波涛汹涌的声音。

⑥ 鏦鏦（cōng）铮铮：金属相击的声音。

⑦ 衔枚：古时行军或袭击敌军时，让士兵衔枚以防出声。枚，形似竹筷，衔于口中，两端有带，系于脖上。

⑧ 明河：天河。

⑨ 秋之为状：秋天所表现出来的意气容貌。状，情状，指下文所说的"其色""其容""其气""其意"。

⑩ 惨淡：黯然无色。

⑪ 烟霏：烟气浓重。霏，飞散。

⑫ 云敛：云雾密聚。敛，收，聚。

⑬ 日晶：日光明亮。晶，明亮。

⑭ 栗冽：寒冷。

⑮ 砭（biān）：古代用来治病的石针，这里引用为刺的意思。

⑯ 绿缛（lù rù）：碧绿繁茂。

⑰ 一气：指构成天地万物的浑然之气。天地万物的变化都是"一气"运行的结果。

⑱ 余烈：余威。

⑲ 刑官：执掌刑狱的官。《周礼》把官职与天、地、春、夏、秋、冬相配，称为六官。秋天肃杀万物，所以司寇为秋官，执掌刑法，称刑官。

⑳ 有时：有固定时限。

㉑ 渥：红润的脸色。

㉒ 黟（yī）然：形容黑的样子。

㉓ 星星：鬓发花白的样子。

㉔ 奈何：为何。

㉕ 非金石之质：指人体不能像金石那样长久。

㉖ 戕（qiāng）贼：残害。

代　沟

梁实秋[①]

代沟是翻译过来的一个比较新的名词，但这个东西是我们古已有之的。自从人有老少之分，老一代与少一代之间就有一道沟，可能是难以飞渡的深沟天堑，也可能是一步迈过的小渎阴沟，总之是其间有个界限。沟这边的人看沟那边的人不顺眼，沟那边的人看沟这边的人不像话，也许吹胡子瞪眼，也许拍桌子卷袖子，也许口出恶声，也许真个的闹出命案，看双方的气质和修养而定。

《尚书·无逸》："相小人，厥父母勤劳稼穑，厥子乃不知稼穑之艰难，乃逸乃谚既诞。否则侮厥父母曰：'昔之人无闻知'。"这几句话很生动，大概是我们最古的代沟之说的一个例证。大意是说：请看一般小民，作父母的辛苦耕稼，年轻一代不知生活艰难，只知享受放荡，再不就是张口顶撞父母说："你们这些落伍的人，根本不懂事！"活画出一条沟的两边的人对峙的心理。小孩子嘛，总是贪玩。好逸恶劳，人之天性。只有饱尝艰苦的人，才知道以无逸为戒。作父母的人当初也是少不更事的孩子，代代相仍，历史重演。一代留下一沟，像树身上的年轮一般。

虽说一代一沟，腌臢的情形难免，然大体上相安无事。这就是因为有所谓传统者，把人的某一些观念胶着在一套固定的范畴里。"不以规矩不能成方圆"，大家都守规矩，尤其是年轻的一代。"鞋大鞋小，别走了样子！"小的一代自然不免要憋一肚皮委屈，但是，别忙，"多年的媳妇熬成婆，多年的道路走成河"，转眼间黄口小儿变成了鲐背耇老，又轮到自己唉声叹气，抱怨一肚皮不合时宜了。

我记得我小的时候，早起要跟着姊姊哥哥排队到上房给祖父母请安，像早朝一样的肃穆而紧张，在大柜前面两张二人凳上并排坐下，腿短不能触地，往往甩腿，这是犯大忌的，虽然我始终不知是犯了什么忌。祖父母的眼睛瞪得圆圆的，手指着我们的前后摆动的小腿说："怎么，一点样子都没有！"吓得我们的小腿立刻停摆，我的母亲觉得很没有面子，回到房里着实的数落了我们一番。祖孙之间隔着两条沟，心理上的隔阂如何得免？当时我心里纳闷，我甩腿，干卿底事。我十岁的时候，进了陶氏学堂，领到一身体操时穿的白帆布制服，有亮晶的铜钮扣，裤边还镶贴两条红带，现在回想起来有点滑稽，好像是卖仁丹游街宣传的乐队，那时却扬扬自得，满心欢喜的回家，没想到赢得的是一头雾水，"好呀！我还没死，就先穿起孝衣来了！"我触了白色的禁忌。出殡的时候，灵前是有两排穿白衣的"孝男儿"，口里模仿嚎丧的哇哇叫。此后每逢体操课后回家，先在门洞脱衣，换上长褂，卷起裤筒。稍后，我进了清华，看见有人穿白帆布橡皮底的网球鞋，心羡不已，于是也从天津邮购了一双，但是始终没敢穿了回家。只求平安少生事，莫在代沟之内起风波。

大家庭制度下，公婆儿媳之间的代沟是最鲜明也最凄惨的。儿子自外归来，不能一头扎进闺房，那样做不但公婆瞪眼，所有的人都要竖起眉毛。他一定要先到上房请安，说说笑笑好一大阵，然后公婆（多半是婆）开恩发话："你回屋里歇歇去吧"，儿子奉旨回到闺闱。媳妇不能随后跟进，还要在公婆面前周旋一下，然后公婆再度开恩，"你也去吧"，媳妇才能走，慢慢的走。如果媳妇正在院里浣洗衣服，儿子过去帮一下忙，到后院井里用柳罐汲取一两桶水，送过去备用，结果也会召致一顿长辈的唾骂："你走开，这不是你做的事。"我记得半个多世纪以前，有一对大家庭中的小夫妻，十分的恩爱，夫暴病死，妻觉得在那样家庭中了无生趣，竟服毒以殉。殡殓后，追悼之日政府颁赠匾额曰："彤管扬芬"，女家致送的白布横披曰："看我门楣！"我们可以听得见代沟的冤魂哭泣，虽然代沟另一边的人还在逞强。

以上说的是六七十年前的事。代沟中有小风波，但没有大泛滥。张公艺九代同居，靠了一百多个忍字。其实九代之间就有八条沟，沟下有沟，一代历一代，那一百多个忍字还不是一面倒，多半由下面一代承当? 古有明训，能忍自安。五四运动实乃一大变局。新一代的人要造反，不再忍了。有人要"整理国故"，管他什么三坟五典八索九丘，都要揪出来重新交付审判。礼教被控吃人，孔家店遭受捣毁的威胁，世世代代留下来的沟要彻底翻腾一下，这下子可把旧一代的人吓坏了。有人提倡读经，有人竭力卫道，但是不是远水不救近火，便是只手难挽狂澜。代沟总崩溃，新一代的人如脱缰之马，一直旁出斜逸奔放驰骤到如今。旧一代的人则按照自然法则一批一批的凋谢，填入时代的沟壑。

代沟虽然永久存在，不过其现象可能随时变化。人生的麻烦事，千端万绪，要言之，不外财色两项。关于钱财，年长的一辈多少有一点吝啬的倾向。吝啬并不一定全是缺点。"称财多寡而节用之，富无金藏，贫不假贷，谓之啬。积多不能分人，而厚自养，谓之吝。不能分人，又不能自养，谓之爱。"这是《晏子春秋》的说法。所谓爱，就是守财奴。是有人好像是把孔方兄一个个的穿挂在他的肋骨上，取下一个都是血丝糊拉的。英文俚语，勉强拿出一块钱，叫做"咳出一块钱"，大概也是表示钱是深藏于肺腑，需要用力咳才能跳出来。年轻一代看了这种情形，老大的不以为然，心里想："这真是'昔之人，无闻知'，有钱不用，害得大家受苦，忘记了'一个钱也带不了棺材里去'。"心里有这样的愤懑蕴积，有时候就要发泄。所以，曾经有一个儿子向父亲要五十元零用，其父靳而不予，由冷言恶语而拖拖拉拉，儿子比较身手矫健，一把揪住父亲的领带，(唉，领带真误事)领带越揪越紧，父亲一口气上不来，一翻白眼，死了。这件案子，按理应剐，基于"心神丧失"的理由，没有剐，在代沟的历史里留下一个悲惨的记录。

人到成年，嘤嘤求偶，这时节不但自己着急，家长更是担心，可是所谓代沟出现了，一方面说这是我的事，你少管，另一方面说传宗接代的大事如何能不过问。一个人究竟是姣好还是寝陋，是端庄还是阴鸷，本来难有定评。"看那样子，长头发、牛仔裤、嬉游浪荡、好吃懒做，大概不是善类。""爬山、露营、打球、跳舞，都是青年的娱乐，难道要我们天天匀出功夫来晨昏定省，膝下承欢?"南辕北辙，越说越远。其实"养儿防老"、"我养你小，你养我老"的观念，现代的人大部分早已不再坚持。羽毛既丰，各奔前程，上下两代能保持朋友一般的关系，可疏可密，岁时存问，相待以礼，岂不甚妙? 谁也无需剑拔弩张，放任自己，而诿过于代沟。沟是死的，人是活的! 代沟需要沟通，不能像希腊神话中的亚力山大以利剑砍难解之绳结那样容易的一刀两断，因为人终归是人。

(选自梁实秋.梁实秋散文精选(名家散文典藏·彩插版)[M].武汉:长江文艺出版社,2017.)

【注释】

① 梁实秋(1903—1987)，原名梁治华，字实秋，笔名子佳、秋郎、程淑等，浙江杭县(今杭州)人，出生于北京，中国著名的现当代散文家、学者、文学批评家、翻译家，国内第一个研究莎士比亚的权威。在国内外享有盛誉，从不骄纵自满。用平淡真挚抒写人生百态，用坚贞人格赢得世人敬仰。一生给中国文坛留下了两千多万字的著作，其散文集创造了中国现代散文著作出版的最高纪录。

尽 头

迟子建

邮局的取款处乱哄哄的，我无精打采地排到了队尾。

前面站着一位又矮又瘦的老人，她苍老的背影在那群人中显得触目惊心。

那头发灰白的老人不停地朝柜台张望。后来有一个民工去她面前夹塞，她才叫了起来："排队排队！"她转过了身，我见那是个面色极其苍白的老人。她手里提着个花布兜，干净利落，气质不俗，看人时努力睁大着眼睛。

"您多大年纪了？"我问她。"83 了。"她说。前前后后的人听到这个数字，都啧啧地望着她，夸她身体硬朗。有人说："83 还能来取钱，您将来肯定能活 100 岁。"她一撇嘴说："我活够了。"于是就有人笑。

她并不在意别人的笑声，只是连连说着："站得我的腿都麻了。"我们便建议办事员先给这位老人办理取款。

办事员瞟了一眼老人，不耐烦地说："把你的单子和证件拿出来。"老人便将花布兜放在水磨石的台子上，她解开兜带，从中取出一个咖啡色手绢包，又打开手绢包，身份证和取款单才显现出来。她把它们递给办事员，口中连连说着："同志，谢谢了，同志，谢谢了。"我注意到，她在做这一系列动作的时候，手指一直颤抖不休，哆哆嗦嗦的。

她回过头看了我一眼，突然说："年纪大了没意思啊，还得靠人给钱吃饭。"我问："你儿子给你寄的钱？"她的脸上有了愠色，说："哪是儿子，是儿媳妇！我儿子去了美国不管我了，去了 8 年，8 年还有个好吗？原先儿媳妇月月给我汇 100 块，这不这回汇少了，是 60 块了。"

戴眼镜的中年男人插话说："你就一个儿子？"老人叹口气说："两个儿子。小儿子现在厂子有半年不开支了，我还得贴补他，一家人都闲着，愁死我了，唉。"

"那你儿子做什么工作的？"我问。"是拉小提琴的。"老人有些沾沾自喜地说，"那小提琴拉得好呢，原来在中央乐团是首席小提琴。"老人竟知道什么是首席小提琴，我有些吃惊。

她又絮絮叨叨地说："我白白养了他，他去了美国就不管我了，扔下他的媳妇管我，真是丢人。我要上美国与他打官司去！"

她的话使一些人发出笑声。这时办事员将她的钱取了出来，她将那 60 元钱数了又数，把身份证和钱放到咖啡色的手绢上包好，然后再把手绢放入那个花布兜中，系牢兜口，用手紧紧地攥住。我再次注意到她在做这些动作的时候手一直哆哆嗦嗦的。

她拱手对办事员谢了又谢，直到将人家谢烦了，不再理她，她才讪讪地出了队伍。

她走路的姿态可不比她站在队伍里显得那么硬朗。她驼着背，一拐一拐地慢慢走着，样子仍是哆哆嗦嗦的。在熙来攘往的人中，她显得那么与众不同。经过她身边的人都望她一眼，但望过也就各行其是了。我们也在注视着她，但当她缓缓出了邮局，被更稠密的人流淹没的时候，我们也就不再注视她。

一个人走到生命尽头时大约就是这副样子，可以跟最陌生的人讲最知己的话，可以毫不避讳地倾诉苦难和不平，没有任何禁忌和障碍，就像儿童一样心灵自由。还有，一个人走到生命尽头时手会不由自主地颤抖，也就是哆哆嗦嗦。

我想我到了那种年龄也会哆哆嗦嗦的。我们都会的。

一滴水可以活多久

迟子建

这滴水诞生于凌晨的一场大雾中。人们称它为露珠，而她只把它当作一滴水来看待，它的的确确就是一滴水。最初发现它的人是这个七八岁的小女孩，她不是在玫瑰园中发现它的，而是为了放一只羊去草地，在一片青草的叶脉上发现的。那时雾已散去，阳光在透明的空气中飞舞。她低头的一瞬发现了那滴水。它饱满充盈，比珠子还要圆润，阳光将它照得通体透亮。

她在敛声屏气地盯着这滴水看的时候，发现了一只黑黑的眼睛，她的眼睛被水珠吸走了，这使她很惊讶。我有三只眼睛，两只在脸上，一只在草叶上，她这样对自己说。然而就在这时，她突然打了一个喷嚏，那柔软的叶脉随之一抖，那滴水骨碌一下便滑落了。她的第三只眼睛也随之消失了。她便蹲下身子寻找那滴水，她太难过了，因为在此之前她从未发现过如此美的事物。然而，那滴水却是难以寻觅了。它去了哪里？它死了吗？

后来她发现那滴水去了泥土里，从此她便对泥土怀着深深的敬意。人们在那片草地上开了荒，种上了稻谷，当沉甸甸的粮食脱去了糠皮，在她的指间矜持地散发出成熟的微笑时，她确信她看见了那滴水。是那滴水滋养了金灿灿的稻谷，她在吃它们时，意识里便不停地闪现出凌晨叶脉上的那滴水，它盈盈欲动，晶莹剔透。她吃着一滴水培育出来的稻谷一天天地长大了，有一个夏日的黄昏，她在蚊蚋的歌唱声中发现自己成了一个女人，她看见体内流出的第一滴血时，便确信那是几年前那滴水在她体内作怪的结果。

她开始长高，发丝变得越来越光泽柔顺，胸脯也越来越丰满。后来，她嫁给了一个种地的男人。她喜欢他的力气，而他则依恋她的柔情。她怎么会有这么浓的柔情呢？她俯在男人的肩头老是有说不尽的话，在夜晚时被男人搂在怀里就总也不想再出来，后来她明白是那滴水给予了她柔情。不久，她生下了一个孩子，她的奶水真旺啊，如果不是吃那滴水孕育出的稻米，她怎么会有这么鲜浓的奶水呢？后来，她又接二连三地生孩子，她渐渐地老了，她在下田时常常眼花，即使阴雨绵绵的天气也觉得眼前阳光飞舞。她的子孙们却像椴树林一样茁壮地成长起来。

她开始抱怨那滴水，你为什么不再给予我青春、力量和柔情了呢？难道你真的死去了吗？她步履蹒跚地走向童年时去过的那片草地，如今那里已经是一片良田，入夜时田边的水洼里蛙声阵阵。再也不见碧绿的叶脉上那滴纯美至极的水滴了，她伤感地落泪了。她的一滴泪水滑落到手上，她又看见了那滴水，莹白圆润，经久不衰。你还活着，活在我的心头！她惊喜地对着那滴水说。

她的牙齿渐渐老化，咀嚼稻米时显得吃力了。儿孙们跟她说话时要贴着她耳朵大声地喊，即使这样，她也只是听个一知半解。她老眼昏花，再也没有激情俯在她男人的肩头咕哝不休了。而她的男人看上去也畏畏缩缩，终日垂头坐在门槛前的太阳底下，漠然而平静地看着脚下的泥土。有一年的秋季，她的老伴死了，她嫌他比自己死得早，把她给丢下了，一滴眼泪也不肯给予他。然而埋葬他之后的一个深秋的月夜，她不知怎的格外想念他，想念他们的青春时光。她一个人拄着拐杖哆哆嗦嗦地来到河边，对着河水哭她的伴侣。泪水落到河里，河水仿佛被激荡得上涨了。她确信那滴水仍然持久地发挥着它的作用，如今那滴水幻化成泪水融入了大河。而她每天又都喝着河水，那滴水在她的周身循环着。

直到她衰老不堪即将辞世的时候，她的意识里只有一滴水的存在。当她处于弥留之际，儿孙们手忙脚乱地为她穿寿衣，用河水为她洗脸时，她的头脑里也只有一滴水。那滴水湿润地滚动在她的脸颊，为她敲响丧钟。她仿佛听到了叮当叮当的声音。后来，她打了一个微弱的喷嚏，安详地合上眼帘。那滴水随之滑落在地，渗透到她辛劳一生的泥土里。她不在了，而那滴水仍然活着。

她在过世后又变成了一个七八岁的小女孩。有一天凌晨大雾消散后，她来到一片草地，在碧绿的青草叶脉上发现了一颗露珠，确切地说是一滴水。她还看见了一只黑亮的眼睛在水滴里闪闪烁烁，她相信她与一生中所感受到的最美的事物相逢了。

（选自迟子建.迟子建散文系列：我的世界下雪了[M].杭州：浙江文艺出版社,2016.）

【注释】

① 迟子建，女，当代著名作家，黑龙江省作家协会主席。著有《树下》《伪满洲国》《群山之巅》《北极村童话》《清水洗尘》《雾月牛栏》《踏着月光的行板》《伤怀之美》《迟子建随笔自选集》《迟子建集》《迟子建作品精华》。出版80多部单行本。荣获"鲁迅文学奖""冰心散文奖""茅盾文学奖"等，部分作品在英、法、日、意等国出版。

第九单元

家国情结

　　一个民族，没有振奋的精神和高尚的品格，不可能自立于世界民族之林。"修身、齐家、治国、平天下"作为儒家文化理念的精髓，能够最好地诠释家与国在中国人心中是密不可分的一个整体。这种无比宏达又无比细腻的情感归纳成为四个字——家国情怀。古有"人生自古谁无死，留取丹心照汗青"的文天祥、"王师北定中原日，家祭无忘告乃翁"的陆游、"我自横刀向天笑，去留肝胆两昆仑"的谭嗣同；今有国难当头誓死救国的吉鸿昌、特级战斗英雄黄继光、抗震救灾中不畏艰险的官兵战士。他们都怀揣着强烈的家国情怀，他们都深知有了强的国，才有富的家。人离不开国家，一个人的胸怀应该要盛放家国情怀。

讲读课文

论 语 五 则

孔 子

作者简介

孔子（前551—前479），名丘，字仲尼。中国历史上伟大的教育家、思想家和政治家，儒家学派的创始人。春秋时期鲁国陬邑（今山东曲阜）人。他创办私学，招收并教育弟子，创立了以"仁"为核心的道德学说。他教学的言论以及与弟子们的对话被汇集编纂成《论语》一书，千古传诵。自汉代以后，孔子学说成为两千余年传统文化的主流，影响极其深远。

背景知识

面对春秋战国那样的乱世，知识分子大都很不满意，于是纷纷思考救国救民、解决社会矛盾的方针路线。各自的想法大不相同，于是形成不同的学说流派。在以孔子为代表的儒家学派之外，先后出现了道家、墨家、法家等不同流派。这些流派之间，相互批评，展开了激动人心的学术争鸣，于是有所谓"百家争鸣"的局面出现。春秋战国之交的"百家争鸣"是一个思想大爆炸的时代，是中国思想史上第一个黄金时期。中国传统中很多光辉的思想主张，都产生于那个时代。以孔子为代表的儒家，即是"百家争鸣"中最重要的一个学术流派。经过历史的淘汰和选择，儒家思想在汉武帝之后成为中国统治阶级意识形态的核心。

其一

子游问孝。子曰："今之孝者，是谓能养。至于犬马，皆能有养；不敬，何以别乎？"（《论语·为政》）

其二

子曰："富与贵，是人之所欲也。不以其道得之，不处也。贫与贱，是人之所恶也。不以其道得之，不去也。君子去仁，恶乎成名？君子无终食之间违仁，造次必于是，颠沛必于是。"（《论语·里仁》）

其三

或曰："以德报怨，何如？"子曰："何以报德？以直报怨，以德报德。"（《论语·宪问》）

其四

颜渊、季路侍。子曰："盍各言尔志？"子路曰："愿车马衣轻裘与朋友共，敝之而无憾。"

颜渊曰:"愿无伐善,无施劳。"子路曰:"愿闻子之志。"子曰:"老者安之,朋友信之,少者怀之。"(《论语·公冶长》)

其五

子曰:"益者三友,损者三友。友直,友谅,友多闻,益矣。友便辟,友善柔,友便佞,损矣。"(《论语·季世》)

(选自李捷.中华传世名著经典丛书第二辑[M].呼和浩特:远方出版社,2009.)

▶ 艺术赏析

第一则:"子游问孝"是子游请教什么是孝的真正含义。孔子认为更重要的是孝要产生于内在的敬意,做到在父母面前和颜悦色才是真正懂得了孝法。

第二则:讲述了孔子不反对追求财富,他认为"欲富恶贫"是人的一种共同的普遍的倾向,他考虑到了"欲富恶贫"的人性前提,任何人都不会甘愿过贫穷困顿、流离失所的生活,承认人们追求财富的必然性和合理性。但这必须通过正当的手段和途径去获取。否则宁守清贫而不去享受富贵。这种观念在今天仍有其不可低估的价值。

第三则:孔子认为别人以德来待你的时候,你才需要以德来回报别人;现在别人怨恨了你,你就应该"以直报怨",以公平正直的态度去对待怨恨你的人。

第四则:孔子问他的学生志向,子路表达的是一种"公有"的思想,同时也表现了他胸襟广阔、仗义疏财的品格。颜渊的志向其实是道德修养的自我完善,既表现了一种高尚的奉献精神,也表现了他为人比较谦虚谨慎的处世方式和生活态度。最后孔子谈到自己的志向是推行"大道之行也,天下为公"的大同思想。孔子讲的是圣者之事,以仁复天下,这种境界是更难得了。

第五则:孔子谈到交朋友的原则。他认为有三种有益的朋友,有三种有害的朋友。同正直的人交朋友,同诚实的人交朋友,同见多识广的人交朋友,这是有益的。同阿谀奉承的人交朋友,同当面恭维、背后诽谤的人交朋友,同花言巧语的人交朋友,这是有害的。

◉ 文学聚焦

《论　语》

《论语》是中国春秋时期一部语录体散文集,由孔子弟子及再传弟子编纂而成。主要记录孔子及其弟子的言行,较为集中地反映了孔子的思想,是儒家学派的经典著作之一。全书共20篇、492章,首创"语录体"。中国现今传扬并学习的古代著作之一。主要由仲弓、子游、子夏首先商量起草,和少数留在鲁国的弟子及再传弟子完成,并由子夏开创了章句的读法。故汉儒曰:章句发明始于子夏。南宋时,朱熹将它与《孟子》《大学》《中庸》合称为"四书"。《论语》,圣人之学,载道之学,君子治天下之学也。

周子曰:"圣学,一为之要。"庄子曰:"道又名一,其号无双。"

月牙山人曰:"诸子之学,无文不一,无一不文。"

拓展与应用

探究思考

1. 读一读孔子的这五则语录，说一说每一则表达的意思。

2. 从论语五则中选择一则，结合实例谈谈你的看法。

3. 全文诵读。

拓展链接

论语

1. 孔子《论语》。

2. 张保文、许庆元《听南怀瑾讲论语》。

职业连线

在人类面临诸多发展危机的今天，儒家思想不但在中国重新勃兴，在世界各地也受到高度重视，成为世界共同珍视的文化财富。诺贝尔物理学奖获得者内斯·阿尔文博士曾经说:"人类要生存下去，就必须回到 25 个世纪以前，去吸收孔子的智慧。"改革开放以来，我国经济发展，国泰民安，中华文化的魅力得到充分展现，对世界各国的吸引力不断提升。具有东方风格和中国内涵的文化样式已经成为世界文化之林中最为艳丽的花朵之一，中华文化自信空前提高。截至 2018 年 12 月，中国已在 154 个国家和地区建立 548 所孔子学院和1193 个中小学孔子课堂，现有注册学员 210 万人，中外专兼职教师 4.6 万人。结合具体事例谈谈孔子的言论观点对你今后的职场发展有什么启示。

垓下之围①

司马迁（汉）

作者简介

司马迁(约公元前 145—90)，字子长，夏阳(今陕西韩城南)人。西汉著名史学家、文学家和思想家。青年时多次出外游历，了解风俗，采集传闻，足迹遍及南北各地。三十岁为郎中，数年后承袭父职任太史令，读到大量政府藏书。他继承父志，于太初元年(前 104)开始着手编写《史记》。天汉二年(前 99)，由于替投降匈奴的李陵辩解，得罪汉武帝，被处宫刑。出狱后任中书令。为了完成《史记》的写作，他含垢忍辱，发愤著书，终于在征和初年(前92)左右基本写成。不久即去世。

背景知识

《史记·项羽本纪》是一个纪录楚霸王项羽生平事迹的本纪。"本纪"是为帝王立传的。项羽未成帝业，但他在秦亡汉兴这一历史时期具有帝王的权威与功业，所以司马迁用"本纪"来为项羽立传。《项羽本纪》通过秦末农民大起义和楚汉之争的宏阔历史场面，生动而又深刻地描述了秦末项羽光辉壮烈的一生。他既是"近古以来未尝有"的英雄，又是一个性情暴戾、优柔寡断，也是一个力拔山兮气盖世，只知用武不谙计谋的匹夫。司马迁巧妙地把项羽性格中矛盾的各个侧面有机地统一于这一篇章之中，虽然不乏深刻的挞伐，但更多的却是由衷的惋惜和同情。全篇主要描写了三大事件：巨鹿之战，勇冠三军，成为天下瞩目的英雄；鸿门宴上，坐失良机，埋下了悲剧的种子；垓下之围，慷慨悲歌，留下末路英雄的悲怆。这三个故事，演绎了项羽由辉煌到失败、由失误到末路的人生三部曲，并在各种矛盾冲突中展现了秦汉之际错综复杂的社会变革。通篇气势磅礴，场面宏阔，情节跌宕脉络明晰，疏密相间，语言生动，成为我国文学史上的一篇不朽佳作。

　　项王军壁垓下②，兵少食尽，汉军及诸侯兵围之数重。夜闻汉军四面皆楚歌③，项王乃大惊曰："汉皆已得楚乎？是何楚人之多也！"项王则夜起，饮帐中。有美人名虞，常幸从④；骏马名骓⑤，常骑之。于是项王乃悲歌慷慨⑥，自为诗曰："力拔山兮气盖世，时不利兮骓不逝⑦。骓不逝兮可奈何，虞兮虞兮奈若何⑧！"歌数阕⑨，美人和之。项王泣数行下，左右皆泣，莫能仰视⑩。

　　于是项王乃上马骑⑪，麾下壮士骑从者八百余人，直夜溃围南出⑫，驰走。平明⑬汉军乃觉之，令骑将灌婴以五千骑追之。项王渡淮，骑能属者，百余人耳⑭。项王至阴陵⑮，迷失道，问一田父，田父绐曰⑯："左。"左，乃陷大泽中。以故汉追及之。项王乃复引兵而东，至东城⑰，乃有二十八骑。汉骑追者数千人。项王自度不得脱⑱，谓其骑曰："吾起兵至今，八岁矣，身七十余战⑲，所当者破⑳，所击者服，未尝败㉑，遂霸有天下。然今卒困于此㉒，此天之亡我，非战之罪也。今日固决死㉓，愿为诸君快战，必三胜之，为诸君溃围，斩将，刈旗㉔。令诸君知天亡我，非战之罪也。"乃分其骑以为四队，四向㉕。汉军围之数重。项王谓其骑曰："吾为公取彼一将。"令四面骑驰下，期山东为三处㉖。于是项王大呼，驰下。汉军皆披靡㉗。遂斩汉一将。是时，赤泉侯为骑将㉘，追项王，项王瞋目而叱之㉙，赤泉侯人马俱惊，辟易数里㉚。与其骑会为三处。汉军不知项王所在，乃分军为三，复围之㉛。项王乃驰，复斩汉一都尉，杀数十百人。复聚骑，亡其两骑耳。乃谓其骑曰："何如！"骑皆伏曰㉜："如大王言！"

　　于是项王乃欲东渡乌江㉝。乌江亭长檥船待㉞，谓项王曰："江东虽小，地方千里，众数十万人，亦足王也，愿大王急渡。今独臣有船，汉军至，无以渡。"项王笑曰："天之亡我，我何渡为！且籍与江东子弟八千人渡江而西，今无一人还，纵江东父兄怜而王我㉟，我何面目见之？纵彼不言，籍独不愧于心乎？"乃谓亭长曰："吾知公长者㊱。吾骑此马五岁，所当无敌，尝一日行千里，不忍杀之，以赐公。"乃令骑皆下马步行，持短兵接战。独籍所杀汉军数百人。项王身亦被十余创㊲。顾见汉骑司马吕马童㊳，曰："若非吾故人乎㊴？"马童面之㊵，指王翳曰㊶："此项王也。"项王乃曰："吾闻汉购我头千金，邑万户，吾为若德㊷。"乃自刎而死。王翳取其头，余骑相蹂践争项王，相杀者数十人。最其后，郎中骑杨喜、骑司马吕马童、郎中吕胜、杨武各得其一体。五人共会其体，皆是。故分其地为五：封吕马童为中水侯，封王翳为杜衍侯，封杨喜为赤泉侯，封杨武为吴防侯，封吕胜为涅阳侯。

　　……

　　太史公曰㊸：吾闻之周生曰㊹，舜目盖重瞳子㊺，又闻项羽亦重瞳子，羽岂其苗裔邪㊻？

何兴之暴也[48]！夫秦失其政，陈涉首难，豪杰蜂起，相与并争，不可胜数。然羽非有尺寸[49]，乘势起陇亩之中[50]，三年，遂将五诸侯灭秦[51]，分裂天下，而封王侯，政由羽出[52]，号为“霸王”，位虽不终[53]，近古以来未尝有也。及羽背关怀楚[54]，放逐义帝而自立[55]，怨王侯叛己，难矣[56]。自矜功伐[57]，奋其私智而不师古[58]，谓霸王之业，欲以力征经营天下[59]，五年卒亡其国，身死东城，尚不觉悟，而不自责，过矣。乃引[60]“天亡我，非用兵之罪也”，岂不谬哉！

（选自司马迁.史记[M].北京：中华书局，2011.）

【注释】

① 本文节选自《史记·项羽本纪》。垓下：地名，故址在今安徽省灵璧东南。

② 壁：营垒，此处用作动词，即在……扎营。

③ 四面皆楚歌：四面八方都响起用楚方言所唱的歌曲，喻指楚人多已降汉。

④ 幸从：得到宠爱，跟随在项羽身边。幸：为帝王所宠爱。

⑤ 骓(zhuī)：黑白杂色的马。

⑥ 忼慨：同“慷慨”，悲愤激昂。

⑦ 逝：奔驰。

⑧ 奈若何：将你怎么办。若：你。

⑨ 阕(què)：乐歌终了一次叫做一阕。

⑩ 莫：没有人。

⑪ 骑(jì)：名词，一人乘一马为一骑。

⑫ 直夜：当夜。溃围：突破重围。

⑬ 平明：天亮时。

⑭ 骑能属者：能跟从而来的骑兵。属：随从。

⑮ 阴陵：秦时地名，故址在今安徽省定远县西北。

⑯ 田父(fǔ)：农夫。绐(dài)：欺骗。

⑰ 东城：秦时地名，故址在今安徽省定远县东南。

⑱ 度(duó)：揣测，估计。脱：脱身。

⑲ 身：亲身参加。

⑳ 所当者：所遇到的敌人。

㉑ 尝：曾。败北：战败，败走。

㉒ 卒：最终。

㉓ 固：必，一定。

㉔ 快战：痛痛快快地打一仗。

㉕ 刈(yì)：割，砍。

㉖ 四向：面朝四个方向。

㉗ 期：约定。山东：山的东面。为三处：意思是分三处集合。

㉘ 披靡：惊溃散乱的样子。

㉙ 赤泉：地名，在今河南淅川西。赤泉侯：汉将杨喜，后封赤泉侯。

㉚ 瞋(chēn)目：瞪大眼睛。叱(chì)：大声呵斥。

㉛ 辟易：辟通“避”，受惊吓而退避。

㉜ 复：又，再。

㉝ 伏：通“服”，心服。

㉞ 乌江：即今安徽省和县东北之吴江浦。

㉟ 亭长：乡官。秦汉时制度，十里一亭，设亭长一人。檥(yǐ)：同“舣”，移船靠岸。

㊱ 纵：即使。王我：让我为王。

㊲ 长者：年高有德之人。

㊳ 创：创伤。

㊴ 顾：回头看。

㊵ 故人：旧日相识的人。

㊶ 面之：面对着项王。

㊷ 指王翳：把项王指给王翳看。王翳：汉将，后封杜衍侯。

㊸ 吾为若德：我就送你个人情吧。

㊹ 太史公：即太史令，司马迁自称。《史记》每篇传记文后均设"太史公曰"一段文字，以抒发对所传主人公一生行事、遭遇的总结性意见。

㊺ 周生：汉时儒者，姓周，名不详。

㊻ 盖：表推测，"或许是"、"可能是"之意。重瞳子：旧说指一只眼睛里有两个眸子。

㊼ 苗裔：这里指后代。

㊽ 暴：骤然，突然。

㊾ 尺寸：指极少的封地、权势等凭借。

㊿ 陇亩：田间，这里指民间。

(51) 将：率领。五诸侯：齐、赵、韩、魏、燕五国。此处泛指楚以外的各路义军。

(52) 政：政令。

(53) 不终：没取得较长远的好结果。

(54) 背关怀楚：放弃关中，怀归楚地。指的是项羽不占据关中而还军建都彭城。

(55) 放逐义帝：项羽之叔项梁起兵时，立楚王后代熊心为怀王。灭秦后项羽尊其为义帝。后项羽自立为西楚霸王，迁义帝往长沙郴县，并令人于途中杀之。

(56) 难矣：意思是说，项羽在这种情况下还想成大事，那就太困难了。

(57) 自矜：自夸，自负。功伐：指武力征伐之功。

(58) 私智：一己之能。师古：以古代成功立业的帝王为师。

(59) 经营：治理，整顿。

(60) 引：援引，以……为理由。

▶ 艺术赏析

　　《项羽本纪》是《史记》中最重要、最精彩的篇章之一，它成功地塑造了项羽这位叱咤风云的悲剧性英雄形象，并在各种矛盾冲突中，展现了秦汉之际错综复杂的社会变革。司马迁不以成败论英雄，既肯定项羽起兵灭秦的重大历史功绩，又批评他缺乏政治远见、专恃武力以经营天下的致命错误。

　　本文抓住生死关口，通过三个场面的描写，塑造了一个个性特点十分鲜明的悲剧英雄形象。在四面楚歌中霸王别姬，悲歌慷慨，表现了英雄末路多情而又无可奈何的心境；在东城"快战"中连斩数将，说到做到，展露了他勇猛无比的英姿；因愧见江东父老而自刎乌江，宁死不辱，揭示了他内心世界中知耻重义的一面。多角度的个性描写和心理刻画，大大增强了人物形象的立体感。

　　司马迁写人物传记，善于在历史事实的关键环节进行合乎情理的艺术加工。"虞兮虞兮"的悲歌，"天之亡我"的反复呼告，瞋目吓退吕马童数里的气势，愧见江东父老的诉说，将宝马赠给乌江亭长的举动,这些有血有肉的细节加工,明显收到了使人物性格突出、情致动人的艺术效果。作品中许多精彩的片段还被改编成了戏曲、影视等多种艺术形式。

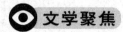
文学聚焦

《史 记》

《史记》记叙了上自传说中的黄帝、下至汉武帝太初年间共三千多年的历史,是我国第一部纪传体通史。全书一百三十篇:"本纪"十二篇,"表"十篇,"书"八篇,"世家"三十篇,"列传"七十篇。《史记》全面而生动地反映了历史的真实,对不合理的社会现实和统治阶级争权夺利、尔虞我诈的面目进行了揭露和批判,对社会中下层被压迫者和反抗者则寄予一定的同情。由于他在记叙历史人物时注入了自己的深厚感情,再加上精炼生动的语言表达,书中的人物往往栩栩如生,具有强烈的艺术感染力量。《史记》是一部伟大的历史著作,也是一部伟大的传记文学作品,在史学和文学两个方面,对后世都产生了深远影响。

拓展与应用

探究思考

1. 本文主要描述了垓下之围中的哪几个场面,这些场面表现了项羽怎样的性格?
2. 项羽将他的失败归于"此天之亡我,非战之罪也",而文章结尾"太史公曰"则给出了不同的看法。结合曾经学过的课文《鸿门宴》,谈谈你对项羽功过得失的看法。

拓展链接

1. 司马迁《史记·项羽本纪》。
2. 项羽《垓下歌》与刘邦《大风歌》。
3. 电影《西楚霸王》。

垓下歌、大风歌

职业连线

马化腾,腾讯科技(深圳)有限公司董事会主席、首席执行官。2018 年 2 月 28 日,胡润研究院发布《2018 胡润全球富豪榜》,马化腾以 2950 亿元正式成为全球华人首富。但是他的创业之路并不是一帆风顺的。2000 年,第一次网络泡沫席卷了整个中国互联网,腾讯进入了最为困难的时期,在面临资金困难时,他曾险些把开发出的 ICQ 软件以 60 万元的价格卖给深圳电信数据局,但终因价格原因告吹。无奈之下,只好咬牙坚持下去。2004 年 6 月 16 日,马化腾带领腾讯在香港交易所主板挂牌上市。阿里巴巴集团的马云、百度公司的李彦宏、三星集团创始人李秉喆等人也有类似的经历。人的一生大多不会一帆风顺,能以良好的心态和顽强的毅力面对挫折,永不言败地继续前进,才能让你成为笑到最后的人。

思考:

如果你进入职场遭遇挫折,你将如何应对?

乡土情结

柯 灵

作者简介

柯灵(1909.2.15—2000.6.12),原名高季琳,笔名朱梵、宋约。原籍浙江绍兴,生于广州。中国电影理论家、剧作家、评论家。1926年在上海商务印书馆出版的《妇女杂志》发表第一篇作品——叙事诗《织布的女人》而步入文坛。1941年与师陀合作,根据高尔基的话剧《底层》改编成话剧剧本《夜店》(后改编成电影),有广泛影响。1948年到香港《文汇报》工作,担任副社长兼副总编辑。1949年回到上海,次年加入中国共产党。曾任《文汇报》副社长兼副总编、上海电影剧本创作所所长、上海电影艺术研究所所长、《大众电影》主编、上海作协书记处书记、上海影协常务副主席等职。1943年7月柯灵编辑《万象》,至1945年6月停刊(1945年仅出这一期),前后共43期,另有号外一期,几乎贯穿了上海沦陷的整个时期。

背景知识

《乡土情结》是柯灵为纪念《香港文学》创刊七周年而作的散文,作品以故园之思作为线索,由"小家"到"大家",由"离家"到"归家",将乡土情结升华为爱国主义的思想感情。

> 君自故乡来,
> 应知故乡事,
> 来日绮窗前,
> 寒梅着花未?
>
> ——王维

每个人的心里,都有一方魂牵梦萦的土地。得意时想到它,失意时想到它。逢年逢节,触景生情,随时随地想到它。海天茫茫,风尘碌碌,酒阑灯灺人散后,良辰美景奈何天,洛阳秋风,巴山夜雨,都会情不自禁地惦念它。离得远了久了,使人愁肠百结:"客舍并州数十霜,归心日夜忆咸阳,无端又渡桑乾水,却望并州是故乡。"好不容易能回家了,偏又忐忑不安:"岭外音书断,经冬复历春。近乡情更怯,不敢问来人。"异乡人这三个字,听起来音色苍凉;"他乡遇故知",则是人生一快。一个怯生生的船家女,偶尔在江上听到乡音,就不觉喜上眉梢,顾不得娇羞,和隔船的陌生男子搭讪:"君家何处住?妾住在横塘。停船暂借问,或恐是同乡。"辽阔的空间,悠邈的时间,都不会使这种感情褪色:这就是乡土情结。

人生旅途崎岖修远,起点站是童年。人第一眼看见的世界——几乎是世界的全部,就是生我育我的乡土。他开始感觉饥饱寒暖,发为悲啼笑乐。他从母亲的怀抱,父亲的眼神,亲族的逗弄中开始体会爱。但懂得爱的另一面——憎和恨,却须在稍稍接触人事以后。乡土的一山一水，一虫一鸟，一草一木，一星一月，一寒一暑，一时一俗，一丝一缕，一饮一啜，都溶化为童年生活的血肉，不可分割。而且可能祖祖辈辈都植根在这片土地上，有一部悲欢离合的家史。在听祖母讲故事的同时，就种在小小的心坎里。邻里乡亲，早晚在街头巷尾、桥上井边、田塍篱角相见，音容笑貌，闭眼塞耳也彼此了然，横竖呼吸着同一的空气，濡染着同一的风习，千丝万缕沾着边。一个人为自己的一生定音定调定向定位，要经过千磨百折的摸索，前途充满未知数，但童年的烙印，却像春蚕作茧，紧紧地包着自己，又像文身的花纹，一辈子附在身上。

"金窝银窝，不如家里的草窝。"但人是不安分的动物，多少人仗着年少气盛，横一横心，咬一咬牙，扬一扬手，向恋恋不舍的家乡告别，万里投荒，去寻找理想，追求荣誉，开创事业，富有浪漫气息。有的只是一首朦胧诗，——为了闯世界。多数却完全是沉重的现实主义格调：许多稚弱的童男童女，为了维持最低限度的生存要求，被父母含着眼泪打发出门，去串演各种悲剧。人一离开乡土，就成了失根的兰花，逐浪的浮萍，飞舞的秋蓬，因风四散的蒲公英，但乡土的梦，却永远追随着他们。"慈母手中线，游子身上衣"，这根线的长度，足够绕地球三匝，随卫星上天。

浪荡乾坤的结果，多数是少年子弟江湖老，黄金、美人、虚名、实惠，都成了竹篮打水一场空。有的侘傺无聊，铩羽而归。有的春花秋月，流连光景，"未老莫还乡，还乡须断肠"。有的倦于奔竞，跳出名利场，远离是非地，"只应守寂寞，还掩故园扉"。有的素性恬淡，误触尘网，不愿为五斗米折腰，归去来兮，种菊东篱，怡然自得。——但要达到这境界，至少得有几亩薄田，三间茅舍作退步，否则就只好寄人篱下，终老他乡。只有少数中的少数、个别中的个别，在亿万分之一的机会里冒险成功，春风得意，衣锦还乡，——"富贵不归故乡，如衣锦夜行，谁知之者！"这句名言的创作者是楚霸王项羽，但他自己功败垂成，并没有做到。他带着江东八千子弟出来造反，结果无一生还，自觉无颜再见江东父老，毅然在乌江慷慨自刎。项羽不愧为盖世英雄，论力量对比，他比他的对手刘邦强得多，但在政治策略上棋输一着：他自恃无敌，所过大肆杀戮，乘胜火烧咸阳；而刘邦虽然酒色财货无所不好，入关以后，却和百姓约法三章，秋毫无犯，终于天下归心，奠定了汉室江山，当了皇上。回到家乡，大摆筵席，宴请故人父老兄弟，狂歌酣舞，足足闹了十几天。"大风起兮云飞扬，威加海内兮归故乡，安得猛士兮守四方！"这就是刘邦当时的得意之作，载在诗史，流传至今。

灾难使成批的人流离失所，尤其是战争，不但造成田园寥落，骨肉分离，还不免导致道德崩坏，人性扭曲。刘邦同项羽交战败北，狼狈逃窜，为了顾自己轻车脱险，三次把未成年的亲生子女狠心从车上推下来。项羽抓了刘邦的父亲当人质，威胁要烹了他，刘邦却说，咱哥儿们，我爹就是你爹，你要是烹了他，别忘记"分我杯羹"。为了争天下，竟可以丧心病狂到这种地步！当然，战争有正义与非正义之分，"国家兴亡，匹夫有责"；"匈奴未灭，何以家为"；"四方丈夫事，平心铁石心"；"男儿何不带吴钩，收取关山五十州"，都是千古美谈。但正义战争的终极目的，正在于以战止战，缔造和平，而不是以战养战、以暴易暴。比灾难、战争更使人难以为怀的，是放逐：有家难归，有国难奔。屈原、贾谊、张俭、韩愈、柳宗元、苏东坡，直至康有为、梁启超，真可以说无代无之。——也许还该特别提一提林则徐，这位揭开中国近代史开宗明义第一章的伟大爱国前贤，为了严禁鸦片，结果获罪革职，遣戍伊犁。他在赴戍登程的悲凉时刻，口占一诗，告别家人："苟利国家生死以，岂因祸福避趋之。谪居正是君恩厚，养拙刚于戍卒宜。"百年后重读此诗，还令人寸心如割，百脉沸涌，两眼发酸，低徊歔欷不已。

安土重迁是中华民族的传统，我们祖先有个根深蒂固的观念，以为一切有生之伦，都有返本归元的倾向：鸟恋旧林，鱼思故渊，胡马依北风，狐死必首丘，树高千丈，落叶归根。有一种聊以慰情的迷信，还以为人在百年之后，阴间有个望乡台，好让死者的幽灵在月明之夜，登台望一望阳世的亲人。但这种缠绵的情致，并不能改变冷酷的现实，百余年来，许多人依然不得不离乡别井，乃至漂洋过海，谋生异域。有清一代，出国的华工不下一千万，足迹遍于世界，新兴资本主义国家的金矿、铁路、种植园里，渗透了他们的血汗。美国南北战争以后，黑奴解放了，我们这些黄皮肤的同胞，恰恰以刻苦、耐劳、廉价的特质，成了奴隶劳动的后续部队，他们当然做梦也没有想到什么叫人权。为了改变祖国的命运，孙中山领导的革命运动发轫于美国檀香山，第一代中国共产党人，很多曾在法国勤工俭学。改革开放后掀起的出国潮，汹涌澎湃，方兴未艾。还有一种颇似难料而其实易解的矛盾现象：鸦片战争期间被清王朝割弃的香港，经过一百五十年的沧桑世变，终于回到了祖国的怀抱，这是何等的盛事！而不少生于斯、食于斯、惨淡经营于斯的香港人，却看作"头上一片云"，宁愿抛弃家业，纷纷作移民计。这一代又一代炎黄子孙浮海远游的潮流，各有其截然不同的背景、色彩和内涵，不可一概而论，却都是时代浮沉的倒影，历史浩荡前进中飞溅的浪花。民族向心力的凝聚，并不取决于地理距离的远近。我们第一代的华侨，含辛茹苦，寄籍外洋，生儿育女，却世代翘首神州，不忘桑梓之情，当祖国需要的时候，他们都作了慷慨的奉献。香港蕞尔一岛，从普通居民到各业之王、绅士爵士、翰苑名流，对大陆踊跃输将，表示休戚相关、风雨同舟的情谊，是近在眼前的动人事例。"美不美，故乡水，亲不亲，故乡人"，此中情味，离故土越远，就体会越深。

科学进步使天涯比邻，东西文化的融会交流使心灵相通，地球会变得越来越小。但乡土之恋不会因此消失。株守乡井，到老没见过轮船火车，或者魂丧域外，飘泊无归的现象，早该化为陈迹。我们应该有鹏举鸿飞的豪情，鱼游濠水的自在，同时拥有温暖安稳的家园，还有足以自豪的祖国，屹立于现代世界文明之林。

（选自柯灵. 柯灵散文选［M］. 北京：人民文学出版社，2009.）

艺术赏析

本文以故园之思作为线索，由"小家"到"大家"，"离家"到"归家"，作者将乡土之情升华到了爱国主义之情。在文章中，作者不仅写出了千百年来人们对故乡的思念，更写出了为了保家卫国而割舍故园之思的高贵品质。文章开头解释乡土情结的由来与涵义，作者以唐代诗人王维的《杂诗》引出一个普通的道理："每个人的心里，都有一方魂牵梦萦的土地。"并且紧接着援引了大量古代诗文中的思乡诗来进一步说明这种情感，点出"乡土情结"。接着，作者叙述人们离家的几种情形，不管是离家创业，还是因灾难与战争，人们在远离故乡的时候，乡土情结大都表现得更为强烈。在叙述了因各种原因而造成的离家之后，作者从历史说到当今，从自然说到人伦，从现实世界说到神话传说，最后归结到一点：安土重迁是中华民族的传统。作者把对乡土的思念与对祖国的思念融为一体，把乡土情结提高到民族凝聚力的高度来认识，这就丰富并深化了乡土情结的内涵。最后，作者从当今世界现代化程度越来越高、文化交融越来越充分的角度对乡土情结作了新的阐释，完成了主题的升华，读来发人深省，回味悠长。

在文章中，作者征引了大量的古代诗文、史料与典故，不仅说明了乡土情结的久远与根深蒂固，而且还通过它们营造了一个个具体的历史场景，使文章更加含蓄蕴藉；比喻与排比句的大量运用，使语言更加生动、形象，增强了文章的艺术感染力。

文学聚焦

美　文

美文是在中国"五四"文学革命初期侧重抒情叙事的白话散文的特定名称。周作人在1921年所写的短论《美文》中首次提出这一文体概念。他说美文是艺术性散文，有叙事、抒情及两者夹杂诸类型，并倡导用白话创作美文。王统照、傅斯年、胡适等曾撰文起而应和，冰心、朱自清、郁达夫、俞平伯、徐志摩和周作人自己等一大批作家富有成效的拓荒，彻底打破了美文不能用白话的迷信。美文作为一种独立文体的地位遂得以在文学上确立。

柯灵从事散文创作是在30年代初期，这正是现代散文从说理文走向美文的成长期。从"五四"时期就为现代散文寻找新路的作家竭力主张表现真情实感的白话美文，在新的历史条件下"创造新的小品文，使得小品文摆脱名士气，成为新时代的工具"。特别在抗日战争时期，经过文艺大众化的讨论，杂文和抒情散文怎样从"身边琐事"到表现时代的"血腥风雨"，已成为多数文艺家追求的目标和创作的中心。

拓展与应用

探究思考

1. 本文的结构线索是怎样的？作者是如何用这一线索来组织材料的？
2. 作者为什么把"乡土"称为情结，同时又为乡土情结赋予了怎样的时代内涵？

拓展链接

1. 钱歌川《故国之恋》。
2. 余光中《乡愁》《乡愁四韵》。

乡愁

职业连线

语文实践活动："我的中国梦"演讲

千秋家国梦，悠悠君子心。天下兴亡，匹夫有责！有一种奋斗叫筑梦之路，有一种君子人格叫家国情怀，君子筑梦，家国满怀！请以"我的中国梦"为主题，举行一次家国情怀的演讲比赛。

活动布置：

中华儿女自古多慷慨悲歌之士，许多文人墨客在面对祖国山河遭受践踏之时，用啼血的情，悲愤的笔写下了无数动人的诗篇。请收集相关资料，准备一份符合主题的演讲稿。

活动实施：

在老师的指导下，以小组为单位，共同收集材料，撰写演讲稿，并选出一名代表上台演讲。

活动评价：

1. 学生自评 _____

2. 同学互评 _____

3. 教师点评 _____

自读课文

北 方

艾 青

一天
那个科尔沁草原上的诗人①
对我说：
"北方是悲哀的。"

不错
北方是悲哀的。
从塞外吹来的
沙漠风，
已卷去北方的生命的绿色
与时日的光辉
——一片暗淡的灰黄
蒙上一层揭不开的沙雾；
那天边疾奔而至的呼啸
带来了恐怖
疯狂地
扫荡过大地；
荒漠的原野
冻结在十二月的寒风里，
村庄呀，山坡呀，河岸呀，
颓垣与荒冢呀
都披上了土色的忧郁……
孤单的行人，

上身俯前
用手遮住了脸颊，
在风沙里
困苦地呼吸
一步一步地
挣扎着前进……
几只驴子
——那有悲哀的眼
和疲乏的耳朵的畜生，
载负了土地的
痛苦的重压，
它们厌倦的脚步
徐缓地踏过
北国的
修长而又寂寞的道路……

那些小河早已枯干了
河底也已画满了车辙，
北方的土地和人民
在渴求着
那滋润生命的流泉啊！
枯死的林木
与低矮的住房
稀疏地，阴郁地
散布在灰暗的天幕下；
天上，
看不见太阳，
只有那结成大队的雁群
惶乱的雁群
击着黑色的翅膀
叫出它们的不安与悲苦，
从这荒凉的地域逃亡
逃亡到
绿荫蔽天的南方去了……

北方是悲哀的
而万里的黄河
汹涌着混浊的波涛
给广大的北方
倾泻着灾难与不幸；

而年代的风霜
刻划着
广大的北方的
贫穷与饥饿啊。

而我
——这来自南方的旅客，
却爱这悲哀的北国啊。
扑面的风沙
与入骨的冷气
决不曾使我咒诅；
我爱这悲哀的国土，
一片无垠的荒漠
也引起了我的崇敬
——我看见
我们的祖先
带领了羊群
吹着笳笛
沉浸在这大漠的黄昏里；
我们踏着的
古老的松软的黄土层里
埋有我们祖先的骸骨啊，
——这土地是他们所开垦。
几千年了
他们曾在这里
和带给他们以打击的自然相搏斗，
他们为保卫土地
从不曾屈辱过一次，
他们死了
把土地遗留给我们——
我爱这悲哀的国土，
它的广大而瘦瘠的土地
带给我们以淳朴的言语
与宽阔的姿态，
我相信这言语与姿态
坚强地生活在大地上
永远不会灭亡；
我爱这悲哀的国土，
古老的国土

——这国土
养育了为我所爱的
世界上最艰苦
与最古老的种族。

一九三八年二月四日　潼关

（选自艾青.艾青诗选[M].北京：人民文学出版社，1997.）

【注释】

①科尔沁草原上的诗人：指端木蕻良（1912—1996），满族，现代作家。1933年创作了长篇小说《科尔沁旗草原》。

当我死时

余光中

当我死时，葬我，在长江与黄河之间，
枕我的头颅，白发盖着黑土。
在中国，最美最母亲的国度，
我便坦然睡去，睡整张大陆，
听两侧，安魂曲起自长江，黄河
两管永生的音乐，滔滔，朝东。
这是最纵容最宽阔的床，
让一颗心满足地睡去，满足地想，
从前，一个中国的青年曾经，
在冰冻的密西根向西瞭望，
想望透黑夜看中国的黎明，
用十七年未餍中国的眼睛，
饕餮地图，从西湖到太湖，
到多鹧鸪的重庆，代替回乡。

（选自余光中.下次你路过，人间已无我[M].南昌：江西人民出版社，2018.）

呼兰河传（节选）

萧　红

七月十五盂兰会，呼兰河上放河灯了。
河灯有白菜灯、西瓜灯、还有莲花灯。
和尚、道士吹着笙、管、笛、箫，穿着拼金大红缎子的褊衫。在河沿上打起场子来在做道场。那乐器的声音离开河沿二里路就听到了。

一到了黄昏，天还没有完全黑下来，奔着去看河灯的人就络绎不绝了。小街大巷，哪怕终年不出门的人，也要随着人群奔到河沿去。先到了河沿的就蹲在那里。沿着河岸蹲满了人，可是从大街小巷往外出发的人仍是不绝，瞎子、瘸子都来看河灯（这里说错了，唯独瞎子是不来看河灯的），把街道跑得冒了烟了。

姑娘、媳妇，三个一群，两个一伙，一出了大门，不用问，到哪里去。就都是看河灯去。

黄昏时候的七月，火烧云刚刚落下去，街道上发着显微的白光，喊喊喳喳，把往日的寂静都冲散了，个个街道都活了起来，好像这城里发生了大火，人们都赶去救火的样子。非常忙迫，踢踢踏踏地向前跑。

先跑到了河沿的就蹲在那里，后跑到的，也就挤上去蹲在那里。

大家一齐等候着，等候着月亮高起来，河灯就要从水上放下来了。

七月十五日是个鬼节，死了的冤魂怨鬼，不得脱生，缠绵在地狱里边是非常苦的，想脱生，又找不着路。这一天若是每个鬼托着一个河灯，就可得以脱生。大概从阴间到阳间的这一条路，非常之黑，若没有灯是看不见路的。所以放河灯这件事情是件善举。可见活着的正人君子们，对着那些已死的冤魂怨鬼还没有忘记。

但是这其间也有一个矛盾，就是七月十五这夜生的孩子，怕是都不大好，多半都是野鬼托着个莲花灯投生而来的。这个孩子长大了将不被父母所喜欢，长到结婚的年龄，男女两家必要先对过生日时辰，才能够结亲。若是女家生在七月十五，这女子就很难出嫁，必须改了生日，欺骗男家。若是男家七月十五的生日，也不大好，不过若是财产丰富的，也就没有多大关系，嫁是可以嫁过去的，虽然就是一个恶鬼，有了钱大概怕也不怎样恶了。但在女子这方面可就万万不可，绝对的不可以；若是有钱的寡妇的独养女，又当别论，因为娶了这姑娘可以有一份财产在那里晃来晃去，就是娶了而带不过财产来，先说那一份妆奁也是少不了的。假说女子就是一个恶鬼的化身，但那也不要紧。

平常的人说："有钱能使鬼推磨。"似乎人们相信鬼是假的，有点不十分真。

但是当河灯一放下来的时候，和尚为着庆祝鬼们更生，打着鼓，叮噹地响；念着经，好像紧急符咒似的，表示着，这一工夫可是千金一刻，且莫匆匆地让过，诸位男女鬼，赶快托着灯去投生吧。

念完了经，就吹笙管笛箫，那声音实在好听，远近皆闻。

同时那河灯从上流拥拥挤挤，往下浮来了。浮得很慢，又镇静、又稳当，绝对的看不出来水里边会有鬼们来捉了它们去。

这灯一下来的时候，金呼呼的，亮通通的，又加上有千万人的观众，这举动实在是不小的。河灯之多，有数不过来的数目，大概是几千百只。两岸上的孩子们，拍手叫绝，跳脚欢迎。大人则都看出了神了，一声不响，陶醉在灯光河色之中。灯光照得河水幽幽地发亮。水上跳跃着天空的月亮。真是人生何世，会有这样好的景况。

一直闹到月亮来到了中天，大昴星，二昴星，三昴星都出齐了的时候，才算渐渐地从繁华的景况，走向了冷静的路去。

河灯从几里路长的上流，流了很久很久才流过来了。再流了很久很久才流过去了。在这过程中，有的流到半路就灭了。有的被冲到了岸边，在岸边生了野草的地方就被挂住了。

　　还有每当河灯一流到了下流，就有些孩子拿着竿子去抓它，有些渔船也顺手取了一两只。到后来河灯越来越稀疏了。

　　到往下流去，就显出荒凉孤寂的样子来了。因为越流越少了。

　　流到极远处去的，似乎那里的河水也发了黑。而且是流着流着地就少了一个。

　　河灯从上流过来的时候，虽然路上也有许多落伍的，也有许多淹灭了的，但始终没有觉得河灯是被鬼们托着走了的感觉。

　　可是当这河灯，从上流的远处流来，人们是满心欢喜的，等流过了自己，也还没有什么，唯独到了最后，那河灯流到了极远的下流去的时候，使看河灯的人们，内心里无由地来了空虚。

　　"那河灯，到底是要漂到哪里去呢?"

　　多半的人们，看到了这样的景况，就抬起身来离开了河沿回家去了。于是不但河里冷落，岸上也冷落了起来。

　　这时再往远处的下流看去，看着，看着，那灯就灭了一个。再看着看着，又灭了一个还有两个一块灭的。于是就真像被鬼一个一个地托着走了。

　　打过了三更，河沿上一个人也没有了，河里边一个灯也没有了。

　　河水是寂静如常的，小风把河水皱着极细的波浪。月光在河水上边并不像在海水上边闪一片一片的金光，而是月亮落到河底里去了。似乎那渔船上的人，伸手可以把月亮拿到船上来似的。

　　河的南岸，尽是柳条丛，河的北岸就是呼兰河城。

　　那看河灯回去的人们，也许都睡着了。不过月亮还是在河上照着。

　　野台子戏也是在河边上唱的。也是秋天，比方这一年秋收好，就要唱一台子戏，感谢天地。若是夏天大旱，人们戴起柳条圈来求雨，在街上几十人，跑了几天，唱着，打着鼓。

　　求雨的人不准穿鞋，龙王爷可怜他们在太阳下边把脚烫得很痛，就因此下了雨了。一下了雨，到秋天就得唱戏的，因为求雨的时候许下了愿。许愿就得还愿，若是还愿的戏就更非唱不可了。

　　一唱就是三天。

　　在河岸的沙滩上搭起了台子来。这台子是用杆子绑起来的，上边搭上了席棚，下了一点小雨也不要紧，太阳则完全可以遮住的。

　　戏台搭好了之后，两边就搭看台。看台还有楼座。坐在那楼座上是很好的，又风凉，又可以远眺。不过，楼座是不大容易坐得到的，除非当地的官、绅，别人是不大坐得到的。

　　既不卖票，哪怕你就有钱，也没有办法。

　　只搭戏台，就搭三五天。

　　台子的架一竖起来，城里的人就说:

　　"戏台竖起架子来了。"

　　一上了棚，人就说:

　　"戏台上棚了。"

　　戏台搭完了就搭看台，看台是顺着戏台的左边搭一排，右边搭一排，所以是两排平行而相对的。一搭要搭出十几丈远去。

　　眼看台子就要搭好了，这时候，接亲戚的接亲戚，唤朋友的唤朋友。

　　比方嫁了的女儿，回来住娘家，临走（回婆家）的时候，做母亲的送到大门外，摆着手还说："秋天唱戏的时候，再接你来看戏。"

　　坐着女儿的车子远了，母亲含着眼泪还说：

　　"看戏的时候接你回来。"

　　所以一到了唱戏的时候，可并不是简单地看戏，而是接姑娘唤女婿，热闹得很。

　　东家的女儿长大了，西家的男孩子也该成亲了，说媒的这个时候，就走上门来。约定两家的父母在戏台底下，第一天或是第二天，彼此相看。也有只通知男家而不通知女家的，这叫做"偷看"，这样的看法，成与不成，没有关系，比较的自由，反正那家的姑娘也不知道。

　　所以看戏去的姑娘，个个都打扮得漂亮。都穿了新衣裳，擦了胭脂涂了粉，刘海剪得并排齐。头辫得一丝不乱，扎了红辫根，绿辫梢。也有扎了水红的，也有扎了蛋青。走起路来像客人，吃起瓜子来，头不歪眼不斜的，温文尔雅，都变成了大家闺秀。有的着蛋青市布长衫，有的穿了藕荷色的，有的银灰的。有的还把衣服的边上压了条，有的蛋青色的衣裳压了黑条，有的水红洋纱的衣裳压了蓝条，脚上穿了蓝缎鞋，或是黑缎绣花鞋。

　　鞋上有的绣着蝴蝶，有的绣着蜻蜓，有的绣着莲花，绣着牡丹的，各样的都有。

（选自萧红.呼兰河传［M］.北京：人民文学出版社，2017.）

第十单元

汉语基础知识

讲读课文

第一节 汉 字

误读词语与易错字

汉字是人类文明的载体，是汉语书写的符号系统。它是表意文字，是音、形、义的结合体。汉字是世界上起源很早的文字之一。殷商的甲骨文，距现在已有 3000 多年的历史，从形体和造字法来看，甲骨文已经是相当成熟的文字。汉字在漫长的历史长河中不断地充实、演绎，具备了优美的形体和精神的内涵，成为世界文字宝库中最优美的文字之一。

一、汉字形体的演变

从甲骨文开始，汉字经由甲骨文、金文、篆书、隶书、草书、行书、楷书的演变而发展至今。

甲骨文指通行于殷商时代刻写在龟甲兽骨上的文字。金文主要指通行于西周的青铜器上的文字。篆书有大篆、小篆的区别。大篆指春秋战国时代秦国的文字，小篆是秦始皇统一六国后整理、推行的标准字体。隶书有秦隶和汉隶两种。秦隶是产生于秦代的隶书，基本上摆脱了古文字象形的特点。汉隶是在秦隶的基础上演变来的，是汉代通行的文字。楷书兴于汉末，盛行于魏晋，一直沿用至今，字形方正，书写方便。草书和行书是辅助性字体。

二、汉字的造字法

汉字的造字法指汉字的构造方式。一般地说，有象形、指事、会意、形声四种造字法。

1. 象形

象形就是描绘事物形状的造字法。如：羊、月、雨、田、井、牛、瓜等。

2. 指事

指事就是用象征性符号或在象形字上加提示符号来表示某个词的造字法。如：休、刃、上、下、本、末。

3. 会意

用两个或几个部件合成一个字，把这些部件的意义合成新字的意义，这就是会意。如：森、明、笔（竹毛为笔）、尘（小土为尘）、甭（不用为甭）等。

4. 形声

由表示字义类属的部件和表示字音的部件组成新字，这种造字法就是形声。如：娶、注、住、蛙等。

形声字的构字方式主要有八种：

左形右声：梅、姑、河

右形左声：战、清、期

上形下声：箱、窍、荡

下形上声：想、袋、梨

内形外声：问、闻、闷

外形内声：阁、裹、病

形占一角：载、疆

声占一角：旗、徒

三、正确规范使用汉字

正确规范使用汉字就是准确地使用规范汉字。规范汉字指符合新中国成立后国家有关部门发布的汉字整理方面的字表和权威辞书中规定的汉字，它包括两方面的内容：一是使用标准简化字，二是正确书写标准简化字。正确使用规范汉字，必须掌握国家发布的汉字整理的有关字表，并能切实纠正错别字。

（一）使用标准简化字

（二）纠正错别字

错别字现象包括三种情况：写错字、写别字、读错字。读错字指念错或说错字音，这不属于书面表达的范畴，这里不做过多讨论。写错字指写得不成字，即规范字典中查不到的汉字。别字也叫"白字"，写别字指把甲字写成乙字，如欣尝（欣赏）、克苦（刻苦）、家俱（家具）等。写别字，实际上也是写错字，因此通常书面表达所说的"错字"是上述两种情况的统称。

目前看来，写别字应该是值得高度重视的问题，电子计算机在现代社会已得到普遍应用，各种输入法所收的汉字中只有标准字形，不存在词典中查不到的错误字形，但会产生由于录入性错误而出现的别字现象，因此主要是注意别字问题。

对个人来说，错别字现象一不小心就会出现。一方面，汉字是表意文字，语音和字形之间不存在必然的联系（形声字声旁尽管表音，但声旁本身与字音也无必然联系），再加上汉字结构复杂，一字一形、一音多字，难认、难写、难读、难记，容易出错。另一方面，使用者主观上的粗心、草率、随意、轻视也极易造成客观上出错率的上升。而且，现代社会由于计算机的普遍应用，传统的手写字使用得越来越少，人们总是用计算机"写"字，因此，手写字时常会提笔忘字。

四、练习

1. 下列词语中书写有误的一项是（　　　）。

A. 摇曳　不容置疑　符合　随声附和

B. 逼真　珠联璧合　大意　微言大义

C. 留恋　流连忘返　厉害　一鳞半爪

D. 变换　变幻莫测　旁证　虚实相生

2. 下列词语中有两个错别字的一组是（　　　）。

A. 察言观色　穷途末路　声名雀起　锦秀河山

B. 瑕不掩瑜　飘泼大雨　风雨如晦　成人之美

C. 毋庸置疑　溯流而上　悬梁刺股　风姿绰约

D. 备尝艰辛　掩耳盗铃　触目惊心　唇枪舌剑

3. 下列加点字读音完全不同的一组是（　　　）。

A. 和泥　和面　搅和　和稀泥

B. 匀称　称职　对称　称心如意

C. 处暑　处境　处于　处世为人

D. 昭示　召唤　着慌　千里迢迢

4. 下列词语中加横线的字，读音完全相同的一组是（　　）。

A. 挫折　错落　不知所措　厝火积薪

B. 和谐　搲油　白头偕老　万世楷模

C. 渎职　赎罪　买椟还珠　案牍劳形

D. 富饶　妖娆　绕场一周　钹儿铙儿

5. 下列各组词语中，没有错别字的一组是（　　）。

A. 以逸待劳　分庭抗理　信口雌黄　哄堂大笑

B. 漫不经心　和颜悦色　见微知著　推心至腹

C. 突如其来　接踵而至　精妙绝伦　浑然一体

D. 张灯结彩　休戚与共　不知所终　估名钓誉

6. 下列成语中加点字解释有误的一组是（　　）。

A. 无人问津（渡口）　集腋成裘（毛皮的衣服）

B. 不假（假装）思索　生（活）杀予夺

C. 索然寡（少）味　含辛茹（吃）苦

D. 沸反盈（满）天　绿草如茵（垫子或褥子）

7. 下列加点字注音全都正确的一组是（　　）。

A. 寒暄（xuān）　静谧（mǐn）　游说（shuì）　言简意赅（gāi）

B. 提防（dī）　处置（chǔ）　隽永（juàn）　含情脉脉（mài）

C. 休假（jià）　弹劾（hé）　模样（mó）　不省人事（xǐng）

D. 咀嚼（jué）　赡养（shàn）　强劲（jìng）　不屑置辩（xiè）

8. 下列错别字最多的一组是（　　）。

A. 面面具到　因地治宜　直接了当　相形见绌

B. 目不遐接　循规蹈矩　琳琅满目　明察秋毫

C. 天壤之别　熙熙攘攘　民生凋敝　不记其数

D. 曲径通幽　金壁辉煌　言简义赅　酒肆茶楼

9. 下列词语中，没有错别字的一组是（　　）。

A. 逸事　绿草如荫　涸泽而渔　一叶障目，不见泰山

B. 辐射　未雨绸缪　怙恶不悛　千里之堤，溃于蚁穴

C. 真缔　佳作迭出　毁家纾难　城门失火，殃及池鱼

D. 跳槽　老骥伏枥　名门旺族　万事俱备，只欠东风

10. 下列加点字注音全部正确的一组是（　　）。

A. 寒暄（xuān）　呛人（qiàng）　荸荠（bí qí）　譬如（bǐ）

B. 盔甲（kuī）　监生（jiān）　废渣（zhā）　蹙缩（cù）

C. 嫉妒（jí）　刹那（shà）　潸然（shān）　形骸（hé）

D. 谬种（miù）　歆享（xīn）　栖身（qī）　笨坯（pī）

11. 下列词语中有错别字的一组是（　　）。
   A. 谴责　费用　脉络　惹是生非
   B. 沉浸　就绪　诙谐　老太龙钟
   C. 重叠　凌厉　愕然　有案可稽
   D. 豁达　寥廓　抉择　破釜沉舟

12. 下列词语中有错别字的一组是（　　）。
   A. 山清水秀　磨拳擦掌　大声疾呼　苦心孤诣
   B. 出类拨萃　防微杜渐　再接再厉　天网恢恢
   C. 言简意赅　因地制宜　强弩之末　萍水相逢
   D. 永葆青春　变幻莫测　孤注一掷　余勇可贾

13. 下列成语没有错别字的一组是（　　）。
   A. 和盘托出　惊心动魄　不理不踩
   B. 不求甚解　价值连城　截然不同
   C. 肆无忌惮　眼花瞭乱　索然无味
   D. 刻勤克俭　疲倦不堪　酷热难耐

14. 下列加点字的注音全对的一组是（　　）。
   A. 皱褶(zhě)　寒伧(cāng)　摇曳(yè)　残羹冷炙(zhì)
   B. 阡陌(xiān)　厌恶(wù)　晌午(xiǎng)　载歌载舞(zài)
   C. 龟裂(jūn)　墓冢(zhǒng)　贮藏(zhù)　垂涎三尺(yán)
   D. 协调(tiáo)　萌蘖(niè)　针灸(jiǔ)　提纲挈领(qiè)

15. 加点字与所给注音全部相同的一组是（　　）。
   A. 解(jiě)　解决　押解　浑身解数　不求甚解
   B. 塞(sè)　堵塞　边塞　闭目塞听　敷衍塞责
   C. 提(tí)　提炼　提防　提纲挈领　耳提面命
   D. 差(chā)　差错　误差　差可告慰　差强人意

16. 下列词语中划横线的字的读音完全相同的一组是（　　）。
   A. 真谛　孝悌　有的放矢
   B. 包庇　媲美　刚愎自用
   C. 后裔　臆断　自怨自艾
   D. 对峙　吞噬　舐犊情深

17. 下列句子中，没有错别字的一句是（　　）。
   A. 在中国现代文学史上，冰心作为倡导母爱的著名女作家而受到人们崇敬
   B. 浓郁的情韵和深刻的哲理水乳交溶，增强了文章魅力，感染着亿万读者
   C. 广州因承诺将这次全国采购会办成非赢利的会议而获得了最多的选票
   D. 这部传记，以朴实淳厚的语言为世人展示了将军们鲜为人知的人生境遇

18. 依次填入下面句子横线处的字，正确的一组是（　　）。
   ① 这部书人物形＿＿＿鲜明，情节曲折生动。
   ② 晚会演出高潮＿＿＿起，令人目不暇接。
   ③ 对子女切莫＿＿＿生惯养。

④ 他为人正派,工作出色,深_____众望。

A. 象 迭 娇 孚   B. 象 叠 娇 负

C. 像 迭 骄 孚   D. 像 叠 骄 负

19. 下列句子中没有错别字的一组是( )。

A. 三年前那动人的情景,至今记忆尤新。

B. 教育事业是无尚光荣的事业。

C. 同学之间和睦相处,感情融恰。

D. 谁言寸草心,报得三春晖。

20. 每段文字被分为4个部分,其中只有1个部分中有1个错别字,请你找出这个错别字并改正。

① (A)人们利用电能不过一百年,(B)利用原子能则仅是最近几十年的事;(C)而新石器时代以前的发展阶段,(D)却动则数十万年到千百万年。

② (A)这里就像一片世外桃源。(B)虽然没有百灵鸟的歌声,(C)但是有许多喧闹而美丽的鸟儿飞过这里,(D)在树上栖息和休憩。

③ (A)从未在美洲大陆发现1.2万年以前的人类遗迹。(B)到底谁是第一个美洲人,仍然令人感到扑朔谜离,(C)一切还有待于更多更严谨的科学发现,(D)而不能单凭个人的猜测和苦思冥想。

④ (A)很久没有听到一种与众不同的声音了,(B)不知经过了漫漫的冬季,那声音是否也有些憔瘁,(C)所以在眺望春风的时候,我希望它经过某一风景、某一身影的时候,(D)多一会徘徊,并能唤醒再一次澎湃的复苏。

⑤ (A)一个人没有了跳动的脉膊,就无法生存下去。(B)一个民族没有了强大的文化支撑,就不能挺起自己的脊梁骨,(C)就不能生生不息,百折不挠,众志成城,(D)更不会迸发出巨大的创造活力。

⑥ (A)从谦逊、勤恳、梦想到信仰,(B)它讥讽着一切我们以为圣洁的东西,(C)我们心里也这么想,但它挺身而出,减轻了大家的罪恶感,(D)它悍卫的是我们放纵自己欲望的权利。

第二节 词 语

词语

词是由语素构成的,是语言中最基本的造句单位。一个词可能由一个语素构成,如"花、雨";也可能由两个语素或几个语素构成,如"桃花、雨滴"。

从词的结构看,词可以分为单纯词和合成词。由一个语素组成的词,自由的单音节语素和所有的双音节、多音节语素都可以组成单纯词。如:山、仿佛、麦克风。由两个或两个以上语素构成的词叫合成词。如:老师、树木、救灾。

词汇,是一种语言里所有词和固定短语的总汇。固定短语包括成语、谚语、歇后语、俗语等。固定短语结构固定,表义完整且有一定的抽象性,功能上相当于词,而且具有特殊的表达效果,是词汇系统中不可或缺的重要组成部分。

练习

1. 依次填入括号处的词语最恰当的一项是（　　）。

（1）头脑里（　　）。就在这原始状态的空白中，一个古怪的念头跳了出来。

（2）面对这奇景，语言中的一切华丽辞藻都（　　）。

（3）巨浪狂扑，船舷敲侧，生死在毫发之间的情景，至今想来还感到（　　）。

A. 一片空白　无济于事　惊心动魄

B. 一无所有　无济于事　胆战心惊

C. 一无所有　黯然失色　惊心动魄

D. 一片空白　黯然失色　胆战心惊

2. 下列成语使用正确的一项是（　　）。

A. 在辽阔的东北大草原上，几百座油井星罗棋布，这就是著名的大庆油田。

B. 他们疼爱自己的孩子，孩子也爱他们，一家三口相濡以沫，过得美满幸福。

C. 中学生最容易犯的毛病就是文不加点，有的一篇作文一个标点也没有。

D. 新的班主任对我们的关心无所不至，从学习到生活，到娱乐，处处关怀着我们。

3. 依次填入下列各句横线处的词语，最恰当的一项是（　　）。

（1）他把_____家里受苦的情况都讲了出来。

（2）这片昔日沉寂的原野上，现在_____有了一群牦牛，怎不叫人高兴呢！

（3）_____是否应聘，我还没有做出最后决定。

A. 从 居然 至于　　　　　　　　B. 在 果然 关于

C. 从 果然 关于　　　　　　　　D. 在 居然 至于

4. 下列各句中加横线的成语使用不正确的一项是（　　）。

A. 新设备十分复杂，了解其结构原理有助于在维修保养中有的放矢，避免盲目

B. 这家刚开业的公司的业绩连续十个月保持增长，真可谓江河日下、一日千里

C. 一些食品加工小作坊不顾有关食品安全法的规定，仍然我行我素，违规生产

D. 主管部门应该一视同仁，让民营剧团享受到国有剧团的政策补贴和优惠待遇

5. 填入下面横线处的词语，与上下文衔接最恰当的一项是（　　）。

有一个精灵，漂泊如_____，清冷似_____；有一个精灵，惆怅如_____，幽怨如_____；有一个精灵，它注定了永远都在流浪——二胡，阿炳。

① 三春之水　　② 初夏梅雨　　③ 深秋落叶　　④ 冬夜之月

A. ①②③④　　　　　　　　　　B. ①④②③

C. ②①④③　　　　　　　　　　D. ③②①④

6. 依次填入下列横线处词语，恰当的一项是（　　）。

（1）相关条例提示：银行向异地信用卡用户支付大额现金，需要得到发卡地所在银行_____。

（2）为了改变被动局面，尽快恢复生产，工厂决定_____部分刚刚退休的工程技术人员。

（3）对生活在经济条件较差地区的烈士遗属，当地政府应该履行_____的义务，以告慰烈士的英灵。

A. 受权 启用 扶养　　　　　　B. 授权 起用 扶养

C. 受权 起用 抚养　　　　　　D. 授权 启用 抚养

7. 下列各句中加横线的成语使用正确的一项是(　　)。

A. 他当了两年的局长，却没干过一件实事，这次被免职，实在是众望所归。

B. 由于患有帕金森症，他两只手经常会情不自禁的抖动，这对他来说真是痛苦的事。

C. 她走起路来故意让皮鞋踩出"卡卡"的响声，一副旁若无人的样子。

D. 张教授抛砖引玉的一番话，顿时使大家的发言积极起来。

8. 下列加横线的成语使用有误的一项是(　　)。

A. 听着老外那一大堆英语，他们面面相觑，不知该怎么办。

B. 这种车，巴黎只有在夜间看的见；白天，它们好像自惭形秽，不出来。

C. 山路崎岖得很，他磕磕巴巴地走着。

D. 正是因为他好高骛远，不切实际地更改计划，才导致比赛的失败。

9. 填入下面一段文字中横线处的虚词，最恰当的一组是(　　)。

文言实词数量很大，词义＿＿＿＿丰富，用法也比较复杂；文言虚词＿＿＿＿数量有限，但在句子中所起的作用＿＿＿＿是多方面的。＿＿＿＿，正确理解词义和判断使用功能，＿＿＿＿成了读文言文的基础。

A. 相当 则 却 因此 就

B. 相当 虽然 却 因此 就

C. 不但 则 仍 当然 必然

D. 不但 虽然 仍 当然 必然

10. 下列各句中加横线的成语使用不正确的一项是(　　)。

A. 这几幅画是他早期的习作，自然不能和他现在的创作同日而语。

B. 这一套百科全书，内容涉及各个领域，各门学科，可谓洋洋大观，丰富多彩。

C. 这次县人大举行法律知识考试，有人竟对什么是"法人"，什么是"行政处罚"都不了了之。

D. 他的草书挥洒自如，遒劲有力，可以说达到了炉火纯青的境界。

11. 下列成语使用有误的一项是(　　)。

A. 教室里有些许的骚动，有的互递眼色，有的窃窃私语，还有的左顾右盼。

B. 你们用这么美丽的玫瑰花来装点这节语文课，我真是有点受宠若惊。

C. 我停了一下，看到同学们听得全神贯注，何不将有关的文化传递给他们呢？

D. 他听得树梢上小鸟的欢叫声心悦诚服，不愿离开这个地方了。

12. 下列句子中，加横线的成语使用正确的一项是(　　)。

A. 某高校作出"三本的分数线拿一本的毕业证"的承诺，对许多学生来说可能是一枕黄粱。

B. 这项新规定颁布一年多，已经露出危险的苗头，如不及时关注，恐怕亡羊补牢，为时太晚。

C. 黄山的怪石、云海、奇松堪称大自然的造化，无不巧夺天工，令人赞叹不已。

D. 从高处眺望，辽阔的草原一片碧绿，几座白色的蒙古包星罗棋布，煞是好看。

13. 依次填入下列各句横线处的词语，恰当的一项是(　　)。

（1）外交部长李肇星专门指示邓清波总领事要尽一切力量，尽快_____中国遇难者身份。

（2）深圳市鼓励有条件的企业对_____员工实行内部退休。

（3）美国白宫 10 日反驳了民主党领导人_____布什在越南战争时期曾"擅离职守"的指责。

A．核实　富余　有关　　　　　　　B．核定　富余　关于

C．核实　富裕　关于　　　　　　　D．核定　富裕　有关

14．依次填入下列各句横线处的词语，恰当的一项是（　　）。

（1）虽然他尽了最大的努力，还是没能_____住对方凌厉的攻势，而痛失奖杯。

（2）为了了解对手的情况，球队专门派了一名助理教练去对方训练场地_____情况。

（3）因为他对业务的_____，而给人留下了深刻的印象。

A．遏制　侦查　熟悉　　　　　　　B．遏制　侦察　熟习

C．遏止　侦察　熟悉　　　　　　　D．遏止　侦查　熟习

15．下列加横线的成语使用不当的一项是（　　）。

A．希腊国家考古博物馆是<u>举世闻名</u>的。

B．教室内静悄悄的，同学们正<u>炯炯有神</u>地听老师讲课。

C．他天庭饱满，<u>气宇轩昂</u>，一看就不是平凡之辈。

D．他把家乡描绘得真是太好了，读起来<u>令人神往</u>。

16．依次填入下面句子中横线处的词语，最恰当的一项是（　　）。

（1）地球生物圈是自然界经过长期_____形成的，它是人类生命活动的基础。

（2）终身教育改变了学校教育的功能，毕业证的获得并不意味着学习的_____。

（3）舟曲地区多处山洪_____，空前的泥石流灾害使人民生命财产蒙受巨大损失。

A．演化　终止　暴发　　　　　　　B．演化　中止　爆发

C．变化　终止　爆发　　　　　　　D．变化　中止　暴发

17．依次填入下列横线处的词语，恰当的一项是（　　）。

几万年前，撒哈拉地区曾经植物丰盛茂密，河流_____东西南北，湖泊_____，洪水经常泛滥。公元前 2000 年以后，气候干燥程度加剧，湖泊干涸消失，植被_____退化，这里变成了世界上最大的沙漠。

A．横贯　漫山遍野　枯竭　　　　　B．纵横　漫山遍野　枯竭

C．横贯　星罗棋布　枯萎　　　　　D．纵横　星罗棋布　枯萎

18．依次填入下列横线处的词语，恰当的一项是（　　）。

这个群岛位于地中海西部一个_____的自然环境之中，虽然岛屿之间自然风景相似，但都_____着各自独特的文化传统。自十九世纪以来，众多的作家、画家和音乐家来这里_____灵感，他们的艺术创作也给群岛带来了国际声誉。

A．巧夺天工　流行　捕捉　　　　　B．巧夺天工　保留　发现

C．得天独厚　流行　发现　　　　　D．得天独厚　保留　捕捉

19．下列各句中画横线的成语的使用，不正确的一项是（　　）。

A．水稻栽培、劳动保障、小额贷款是农民最感兴趣的问题，咨询台被围得<u>水泄不通</u>。

B．这里的葡萄因皮薄、色艳、肉厚闻名<u>遐迩</u>，既可生吃又能酿酒，深受消费者青睐。

C. 在网络空间里，<u>众星捧月</u>式的文化不一定是美的，<u>曲高和寡</u>式的文化不一定是丑的。

D. 近来，移动电源突然冒烟爆炸的事件<u>屡试不爽</u>，一些劣质充电宝俨然成了"小炸弹"。

20. 下列成语使用恰当的一项是（　　　）。

A. 昆剧被联合国教科文组织列入首批"代表作"，是实至名归，当之无愧。

B. 破坏公共设施的犯罪行为，使广大干警荡气回肠，下决心打击这伙罪犯。

C. 登上黄山光明顶，放眼眺望，起伏的群山座座相连，鳞次栉比，延伸到远方，消失在迷茫的天际。

D.《水浒传》英译本名为《发生在河边的故事》，《西游记》西方通行本名为《猴》，《红楼梦》的俄译本名为《红色阁楼的故事》，中国读者对此简直不可理喻。

21. 现在不少一次性塑料餐具上都打着"降解餐具"的字样，这完全是＿＿＿＿＿＿。首先目前国内的一次性塑料餐具都达不到降解要求。其次，降解只是一个环保概念，与产品的安全使用性能完全挂不上钩，但打上这样的招牌让消费者降低了戒心，劣质产品容易出手。

A. 张冠李戴　　　　B. 自相矛盾　　　　C. 滥竽充数　　　　D. 混淆视听

22. "港币和人民币是唇亡齿寒的关系，人民币一旦升值，港币必然波动，香港经济也难免受到打击。"加点成语可用以下哪个成语替换？（　　　）

A. 同舟共济　　　　B. 生死与共　　　　C. 生死攸关　　　　D. 休戚相关

23. 依次填入横线处的词语，恰当的一项是（　　　）。

作者多年＿＿＿＿＿＿下来的质朴纯美的情和爱，汩汩地从笔端＿＿＿＿＿＿出来，与崇高宽阔的胸怀相＿＿＿＿＿＿，充满了纯朴的人情美。

A.积淀　流淌　契合　　　　　　　　B.积聚　流淌　吻合

C.积淀　流露　吻合　　　　　　　　D.积聚　流露　契合

24. 在具体的语境中选用最恰当的词语替换或填空，本题主要测查词语的应用能力。

（1）对儿女的婚姻，我一直都很关心，但是从来不<u>干预</u>。

A. 参与　　　　B. 过问　　　　C. 干涉　　　　D. 干扰

（2）培养人才应该打破<u>常规</u>，使有突出才能的学生能跳班早毕业或多学几门课。

A. 规定　　　　B. 习惯　　　　C. 惯例　　　　D. 通例

（3）通过正面教育的积极作用，一定要让年轻棋手明白一个道理，作为一名职业棋手始终要牢记一条<u>准则</u>——棋品棋德与棋艺同样重要。

A. 规则　　　　B. 准绳　　　　C. 条件　　　　D. 原则

（4）戴高乐机场附近的居民每天都在<u>提心吊胆</u>地过日子，担心不知什么时候就会祸从天降。

A. 担惊受怕　　　　　　　　　　B. 心有余悸

C. 诚惶诚恐　　　　　　　　　　D. 忐忑不安

（5）上海楼市走向尚不明朗，无论是买方还是卖方，都开始变得<u>举棋不定</u>。

A. 犹豫不决　　　　　　　　　　B. 左右为难

C. 进退维谷　　　　　　　　　　D. 优柔寡断

（6）每当我看到美丽的孩子，我都会对自己说：忍住你对他们容貌的夸赞。从他们成长的角度来说，这件事要处之淡然。孩子不是一件可供欣赏的瓷器，或是可供抚摸的羽毛。他们的心灵像很软的透明皂，每一次夸奖都会留下（　　　　　　）。

　　A. 划痕　　　　　　B. 印迹　　　　　　C. 烙印　　　　　　D. 伤痕

　　（7）作为广告载体，广播的最大优势就是太（　　　　　　）了；从你家中放着的收音机，到公园里手拿收音机的老人；从大学生宿舍里飘出的流行歌曲，到出租车里百听不厌的评书……在生活场景中，有许许多多的生动镜头与广播连在一起。

　　A. 普及　　　　　　B. 平凡　　　　　　C. 方便　　　　　　D. 廉价

　　（8）如果幸运还没有（　　）你，不要怨天尤人，问问你自己，你付出的够多了吗？

　　A. 眷恋　　　　　　B. 看中　　　　　　C. 看望　　　　　　D. 眷顾

　　（9）仲裁委做出令朱某所在公司撤销（　　　　　　）其劳动合同决定的仲裁裁定。

　　A. 取缔　　　　　　B. 解除　　　　　　C. 消除　　　　　　D. 去除

　　（10）展览会工作人员表示任何参加博览会的公司只有做到有备而来，各取所需，才能做到（　　　　　　）。

　　A. 载誉归来　　　　　　　　　　　B. 有备无患

　　C. 有所作为　　　　　　　　　　　D. 满载而归

第三节　句　子

一、常见语病

在书面语中，影响表达流畅的关键因素就是语法错误。常见的语法错误有以下几种：

1. 搭配不当

搭配不当，指句子成分搭配不当。具体包括：主谓搭配不当，动宾搭配不当，主宾搭配不当，定语、状语、补语和中心语搭配不当及关联词搭配不当。

2. 残缺和冗余

（1）残缺就是结构不完整，缺少主要成分，最常见的就是缺主语、缺谓语、缺宾语和关联词残缺。

① 滥用介词造成主语残缺。

② 暗中更换主语而造成主语残缺。

③ 定语过长，丢掉了中心词，造成主语残缺。

④ 句首陈述对象缺乏相应的谓语，却另起一头造成谓语残缺。

⑤ 缺少与宾语呼应的谓语中心词。

⑥ 缺谓语动词的宾语，误把宾语的修饰语当成宾语。

（2）成分冗余包括主语冗余、谓语冗余、宾语冗余和修饰成分冗余。

① 堆砌词语。

② 语义重复。

③ 虚词多余。

3. 语序不当

语序不当指句子成分的顺序颠倒，把句子成分放错位置。具体包括定语和中心词位置颠倒，定语、状语错位，多项定语、状语排列不当，并列成分先后颠倒等。

4. 前后牵连

句子中一句话的结构已经完整，却把它的最后一部分用作另一句的开头，生硬地把前后两句连成一句所造成的前后牵连。

5. 句式杂糅

句式杂糅是指有两种或两种以上类型的句式杂糅在一起，从而造成语句结构的混乱。

6. 语义自相矛盾

自相矛盾指违背逻辑规律，语句中常出现前后说法不一的现象。

7. 分类不一

分类不一是指并列结构中词语在所指代的概念上不能归属为同一个上位概念，或是其中一个或几个词语所指代的概念是其他的词语所指代的概念的上位概念。

8. 关联词误用

关联词是起关联作用的词语，一般成对出现，连接前后两个分句。表达中逻辑错误的出现与关联词语密切相关。关联词语搭配不当、位置不正确自然违背逻辑规律，关联词语误用会使表达违背意愿或语义混乱。

二、练习

1. 下列各句中，没有语病的一句是（   ）。

A. 这起因工作人员疏忽而造成的重大的中学生中毒案件，自始至终牵动着无数大江南北的学生和家长的心。

B. 作为主要农产品技术法规、标准的集大成者，该数据库填补了国内空白，对扭转我国农产品出口所面临的不利局面具有重要意义。

C. 阅读优秀的古典文学作品可以帮助我们了解古代人民的生活，但它们是用文言文写成的，所以比起白话文来要深刻得多。

D. 奉劝那些利欲熏心者，莫要为了蝇头小利而弄虚作假，借助虚假广告蒙骗消费者，其结果是很可怕的。

2. 下列句子中，没有语病、句意明确的一句是（   ）。

A. 古今中外的无数事实都证明诚实守信是决定一个企业成功和失败的关键。

B. 虽已离休多年，但他总忘不了哥哥参军时对自己的评价：一个人道主义者。

C. 规范农贸市场，需要采取建立责任制和加强法制双管齐下，否则难有大的成效。

D. 广东省人大在战胜"非典"后，就不吃野生动物等热点问题举行了立法听证会。

3. 下列各句中的关联词，使用正确的一项是（   ）。

A. 如果要是有人来买，他将咬牙将价格下调25%，否则，他的生意就没有赚头了。

B. 为何伪劣产品如此之多，且屡禁不止？一方面，少数人利欲熏心，置法律道德于不顾，地方保护主义对其姑息纵容。此外，广大消费者没能运用法律来保护自己也使得这些坑骗者肆无忌惮。

C. 母亲下班后尽管身体疲倦，还是做了儿子爱吃的两个菜，并煮了香喷喷的小米粥。

D. 走进一座柏树林，阴森森的，好像黄昏提前来到了人间，汗不但下去了，还觉得身子发凉。

4. 下列句子没有语病的一项是( )。

A. 有关人士指出,近几年石油价格上涨的主要原因是中东等主要产油区形势不稳造成的。

B. 日本首相安倍晋三表示,此次访华无论能否达成共同声明或宣言,能与中国高层领导认真会谈,就是成功的。

C. 搜集史料不容易,鉴别和运用史料更不容易,中国过去的大部分史学家却把主要精力放在这一方面。

D. 某些西方国家不断地把中国经济的崛起归咎于不公平的竞争,并且越来越频繁地采取贸易保护主义。

5. 下列句子没有语病的一项是( )。

A. 日本经济产业大臣日前提交的 2003 版贸易白皮书指出,亚洲经济的盛衰取决于中国经济的增长。

B. 多媒体电子门票,这种过去从未听说过的东西,今天正在走进我们的日常生活。

C. 这种抗病毒口服液的主要成分是板蓝根、生地黄、广藿香、连翘等配制而成的。

D. 鲍威尔将要参加第 28 届奥运会闭幕式的消息传来,希腊 2000 多名抗议者高呼反美口号,并在雅典大学的围墙上刷写批评小布什的涂鸦。

6. 下列句子没有语病的一句是( )。

A. 目前的中国足球人才短缺,竞争机制难以完善,个别队员恃才无恐,出现了职业道德与收入没有同步增长的怪现象。

B. 那崖壁上、沟壑边、大树上,到处可见的常春藤,可视为外婆人格分裂的象征。

C. 创刊一年来,该报针对行业特点,遵循"指导性强、信息量大"的办报方针,取得了很大成绩,被中宣部、国家广电新闻出版局誉为"导向好、品位高"。

D. 屋里陈列着各种各样的焦裕禄同志过去使用过的东西和书籍。

7. 填入文中横线上的句子,与文段衔接恰当的一项是( )。

娇生惯养是低能儿的摇篮,高山上寒土使苍松翠柏更加挺拔。司马迁身受宫刑,文章字字珠玑。李后主被禁,词境为之一变。清兵入关,八旗子弟养尊处优,终成一群废物。刘青山进城后生活腐化,蜕变为人民的死敌。_____。

A. 成功和失败就这么简单

B. "生于忧患,死于安乐"真是至理名言

C. 失败是成功之母

D. 逆境出人才

8. 下列句子有语病的一项是( )。

A. 收入的增速放缓没有影响财政支出,这是上半年数据统计中呈现出的一大特点。

B. 与老式手机和个人电脑相比,新一代智能手机操作使用的难易程度介于两者之间。

C. 根据隧道视野效应,一个人如果身处隧道之中,他所能看到的就只是非常狭窄。

D. 声明称,这种细菌并不依靠砷存活,而是"能在高砷环境中生存的极端微生物"。

9. 下列句子中,有语病的一句是( )。

A. 十岁那年,在一次作文比赛中得了第一。

B. 我相信,国人终归会愈来愈善良而不是相反。

C. 一个人做事，可能只是顺着他的本能或其他社会的风俗习惯。

D. 我不敢碰父亲的手提箱，更没有勇气打开它，但是里面有些本子我是知道的。

10. 下列各句中，没有语病的一句是（   ）。

A. 我们要下大决心，花大力气，争取使我国的教育事业达到世界先进水平。

B. 这个文化站已成为教育和帮助后进青年，挽救和培养失足青年的场所，多次受到上级领导的表彰。

C. 他马上召集常委会进行研究，统一安排了现场会的议题、时间和出席人员，以及会议中应注意的问题。

D. 有关部门对极少数不尊重环卫部门劳动，无理取闹，甚至殴打侮辱环卫工人的事件，及时进行了批评教育和严肃处理。

11. 下列各句中，有语病的一项是（   ）。

A. 有什么样的童年，就有什么样的作家。作家就是其成长衍生的情感、观察和思考。

B. 团队的组织者能否正确地指引方向，是一个团队能否成为优秀团队的决定性因素。

C. 只有建立起国家监督制度，对历史文化名城的保护才能做到有法可依、有法必依。

D. 消费者一旦被认定在消费中蒙受精神损害，经营者将支付至少五万元的精神赔偿费。

12. 依次填入下列横线处的词语，恰当的一项是（   ）。

从巴丹吉林沙漠西端的戈壁向北张望，_____的戈壁一色铁青，稀疏的骆驼草棵棵憔悴，一棵和另一棵之间距离很远，像是_____的战士，伫立在广漠的戈壁当中，看日月轮转，大风奔流，饱受严寒和烈日侵袭，这仿佛是它们_____的宿命。

A. 一望无边 独树一帜 根深蒂固   B. 阔大无疆 孤立无援 与生俱来

C. 阔大无疆 独树一帜 与生俱来   D. 一望无边 孤立无援 根深蒂固

13. 下列句子有语病的一项是（   ）。

A. 由于在交通路口设置了"非机动车禁驶区"，机动车就可以免受非机动车干扰，从而加快行驶速度。

B. 国际社会普遍认为，海洋资源的开发利用将成为人类走出人口剧增、资源枯竭、环境恶化困境的重要选择。

C. 如果美术工作者看不到儿童自身发展的主动性，过早地让他们接受专业绘画知识，那么就会变成束缚儿童发展的枷锁。

D. 为能够吸引更多的高科技人才进驻本市高科技园区企业，市政府相关部门将为此类人才提供专门的资金支持政策。

14. 下列句子没有语病的一项是（   ）。

A. 能否有效地遏制房价过快增长，从而做到"居者有其屋"，是评价政府作为的重要方面。

B. 刚刚上市的这种玉米，是经过改良而制成的、吃起来有水果味的、被称为"水果玉米"。

C. 鸟巢、水立方等一座座现代化的体育场馆进行几年的艰苦奋战，矗立在首都人民的面前。

D. 如何避免生猪收购价格不再上涨，稳定猪肉市场供应，是需要相关部门着力考虑的问题。

15. 依次填入下面横线处的语句，与上下文衔接最恰当的一项是(　　)。

我常常认为，大地与人之间有一种奇妙的契合。山是_____，海是_____，沙漠是_____，河流是一种寻求，一种机智，一种被辖制的自由。

A. 沉重的责任与名节的矜持　希望与失望交织的等待　渺茫的遐思与变易的丰富
B. 希望与失望交织的等待　渺茫的遐思与变易的丰富　沉重的责任与名节的矜持
C. 渺茫的遐思与变易的丰富　希望与失望交织的等待　沉重的责任与各节的矜持
D. 沉重的责任与名节的矜持　渺茫的遐思与变易的丰富　希望与失望交织的等待

16. 下列各句没有语病的一项是(　　)。

A. 在万恶的旧社会，逼得我们穷人逃荒要饭，卖儿卖女，家破人亡。
B. 我们访问了北山国营农场，慰问了烈士家属，并到烈士陵园举行了献花。
C. 参加修建红星渠的劳动大军，响应上级的号召，又快又好地进行了施工任务，争取提前建成这项工程。
D. 外电认为：根据英美前不久发表的研究报告，如果保持现在的经济增长速度，到2015 至 2020 年时，中国将成为世界主要强国之一和亚太地区的"霸主"。

17. 下列各句中句意明确，没有语病的一句是(　　)。

A. 国家保护公民的合法收入，储蓄、房屋和其他合法财产的所有权。
B. 我还差一年没有毕业。
C. 电子工业能否迅速发展，并广泛渗透到各行各业中去，关键在于能否加速训练并造就一批专门技术人才。
D. 大家对护林员揭发的林业局带头偷运木料的问题，普遍感到非常气愤。

18. 下列句子中没有语病的一项是(　　)。

A. 今年春节期间，这个市的 210 辆消防车、3000 多名消防官兵，放弃休假，始终坚守在各自执勤的岗位上。
B.《消费者权益保护法》深受广大消费者所欢迎，因为它强化了人们的自我保护意识，使消费者的权益得到最大限度的保护。
C. 她把积攒起来的 400 元零花钱，资助给贫困地区的失学儿童赵长波，确保他能够支付读完小学的学费。
D. 3 月 17 日，6 名委员。因受贿丑闻被驱逐出国际奥委会。第二天，世界各大报纸关于这起震惊体坛的事件都做了详细报道。

19. 下列句子中有语病的一项是(　　)。

A. 适逢年终，各参展出版社为了回笼资金，年终盘货，图书的价格定会让购书者满意。
B. 先生生于江南，长于江南，年长后也曾辗转各地，但一口地道的吴越乡音始终未改。
C. 脊椎对人的重要性不言而喻，但究竟有多重要，脊椎弯曲如何影响身体健康，目前中国大众还不是很了解。
D. 历史是一面镜子。在历史上，我们曾经有过丧失机遇陷入衰落的惨痛教训，也有过抓住机遇实现跨越的辉煌历程。

20. 下列句子中有语病的一项是(　　)。

A. 我国向太平洋预定海域发射的首枚运载火箭圆满成功。

B. 据介绍，该书在美国已经再版 25 次，并被翻译成 8 种文字。

C. 我先要给这些朋友打气，请他们不要灰心，不要害怕没有办法。

D. 目前，我国各方面人才的数量和质量还不能满足经济和社会发展的需要。

第四节 修 辞

修辞是艺术地运用语言，表达思想情感的语言表达手段，它研究语言的规范性和艺术性，使语言得体、鲜明、生动、形象，具有提升语言交际的功能。

一、常见修辞

1. 比喻

比喻就是"打比方"。它是用某一具体、浅显、熟悉的事物或情境来说明另一种抽象、深奥、生疏的事物或情境的一种修辞手法。比喻可分为明喻、暗喻、借喻、博喻四种形式。

2. 比拟

比拟是把一个事物当作另外一个事物来描绘、说明。根据想象可以将人比作物，也可以将物比作人，或将甲物化为乙物的一种修辞方法。比拟可分为拟人和拟物。

3. 夸张

夸张，是为了达到某种表达效果的需要，故意言过其实，对事物的形象、特征、作用、程度等方面着意夸大或缩小的一种修辞手法。夸张可分为扩大夸张、缩小夸张、超前夸张三种。

4. 对偶

对偶，是字数相等，结构形式相同或基本相同，意义密切关联的两个短语或句子，表达两个相对或相近的意思的一种修辞手法。

5. 排比

排比，把三个或三个以上内容相关、轻重相当、意义相关或相近、结构相同或相近、语气相同的词组或句子并排在一起的一种修辞手法。

6. 设问

先提出问题，然后紧跟着把自己的看法说出来，自问自答的一种修辞手法。

7. 反问

反问是指以问句形式阐明自己的观点，是无疑而问，是明知故问，答案就含在问句中，既不需要别人回答，也不需要自己回答的一种修辞手法。

8. 借代

借代，不直接把人或事物说出来，而是借用与这个人或事物有密切关系的东西来代替的一种修辞手法。主要有以下几种：特征代本体，专名代本体，具体代抽象，局部代整体，整体代部分。

9. 双关

双关就是在一定的语言环境中，巧妙地利用语音和语义的条件，有意地使某一个词句同时表达双重的意思——表面上说一个意思，内里隐含着另一个意思的一种修辞手法。有谐音双关和语义双关两种。

10. 反语

反语就是说反话，即使用同本来意思恰好相反的词句来表达原本的意思的一种修辞手法。一般用于讽刺，也可用来表示幽默。

11. 反复

为了表达某种强烈感情的需要，有意地反复使用某个词语、句子或词组的一种修辞手法。反复有两种：一是连续反复，二是间接反复。

12. 对比

把两个相对或相反的事物，或者一个事物的两个不同方面并举出来，相互比较的一种修辞手法。

13. 通感

通感，就是把人们的各种感觉（视觉、听觉、嗅觉、触觉、味觉等）通过比喻或形容沟通起来，以一种感觉来描述表现另一种感觉的修辞方式。

14. 顶真

顶真又叫顶针或联珠，是指用上一句句末的词语做下一句的开头词语，使前后的句子首尾蝉联，上传下接的一种修辞手法。用符号表示就是"ABC，CDE"。

二、练习

1. 下列句子中使用修辞手法的一句是（　　　）。

A. 小溪宽约二十丈，河床为大片石头作成。

B. 小溪如弓背，山路如弓弦，故远近有了小小差异。

C. 管理这渡船的，就是住在塔下的那个老人。

D. 这种船只比起来渡船来大得多，有趣味得多，翠翠也不容易忘记。

2. 下列句子中使用修辞手法与其他三项不同的一项是（　　　）。

A. 只有山长久地存在着，从而能客观地聆听狼嗥叫。

B. 火车停了，发出一阵沉重的叹息，像是在抱怨着台儿沟的寒冷。

C. 那颗最小的白菜从篓里跳了出来，滚到路边结着白冰的水沟里。

D. 塘中的月色并不均匀，但光与影有着和谐的旋律，如梵婀玲上奏着的名曲。

3. 下列各句中，不是运用借代手法的一项是（　　　）。

A. 华老栓按一按衣袋，硬硬的还在。

B. 且看这里遍地青松，个个雷锋！

C. 几千双眼睛都在盯着你。

D. 我们的原则是党指挥枪，而决不容许枪指挥党。

4. 对下列各句修辞手法判断正确的一项是（　　　）。

① 胆怯而贪婪的人选择腐烂，勇敢而胸怀博大的人选择燃烧。

② 矮小而年高的垂柳，用苍绿的叶子抚摸着快熟的庄稼。

③ 远处村舍闪闪发亮，犹如姑娘送出的秋波，使人心潮激荡。

④ 白发三千丈，缘愁似个长。

A. 对偶　比喻　拟人　夸张　　　　　　B. 对偶　借代　拟人　反语
C. 对比　比喻　借喻　借代　　　　　　D. 对比　拟人　比喻　夸张

5. 下列各句中所运用的修辞手法与其他三项不同的一项是(　　)。

A. 红眼睛原知道他家里只有一个老娘，可是没有料到他竟会那么穷。

B. 在这儿还可以看见清清楚楚的春天的背影。

C. 他们谨小慎微，无非是怕说错了话丢了乌纱帽。

D. 看看诗人是怎样用笔墨给我们描绘春天的景色的。

6. 依次对下列句子所使用的修辞手法判断完全正确的一组是(　　)。

① 虽不养鸟，每天早晨有鸟语盈耳。无须挂画，门外有幅巨画——名叫自然。

② 座中泣下谁最多? 江州司马青衫湿。

③ 山峦爽朗，湖水清静，日里披满阳光，夜里缀满星辰。

④ 从这时起，山涧又从左侧转到右侧，水声淙淙，跟我们跟到南天门。

A. ①比喻　②设问　③对偶　④拟人

B. ①拟人　②设问　③对比　④比喻

C. ①拟人　②反问　③对偶　④夸张

D. ①比喻　②反问　③对比　④通感

7. 下列比喻句用得不恰当的一句是(　　)。

A. 纸灰在雾中飘浮着，它们是唐山孩子眼中一只只神奇的黑色蝴蝶，飞得很高，又缓
缓飘落。

B. "熊猫宫"前站着一群游园的孩子，伸长脖子观看，仿佛许多鸭被无形的手捏住了，
向上提着。

C. 注入式的教学迫使学生呆读死记，学生的积极性被扼杀，主动性被泯灭，教师成了
"播放机"，学生成了"留声机"。

D. 黄河是一条宽而黄的长带子，小清河是一条绿的头绳，大明湖正是仙女放下来的一
面亮晶晶的镜台。

8. 对下列各句所使用的修辞手法判断正确的一组是(　　)。

① 从外面看，一只睡醒了的船隐藏在一堆黑影里

② 乌云像移动的山，似起伏的海，奔涌聚合

③ 赶明儿打个喷嚏也得向领导请示请示

④ 无耻啊! 无耻啊! 这是某集团的无耻，恰是李先生的光荣

A. ①拟人②明喻③夸张④反复

B. ①比喻②排比③借代④排比

C. ①拟人②排比③夸张④排比

D. ①暗喻②借喻③借代④反复

9. 对下列各句所用的修辞手法，依次判断正确的一项是(　　)。

① 迷迷濛濛的雨，使得雨巷宛如一位蒙上面纱的少女。

② 白发三千丈，缘愁似个长。

③ 苏比站定了不动，两手插在口袋里，对着铜纽扣直笑。

④ 月光如流水一般，静静地泻在这一片叶子和花上。

A. 比喻　夸张　借代　比喻　　　　B. 比喻　比喻　借代　比喻

C. 拟人　夸张　拟人　借喻　　　　D. 比喻　拟人　借喻　拟人

10. 对下列各句所用的修辞手法，依次判断正确的一项是（　　）。

① 树林是一片绿色的海洋，轻风是海的呼吸。

② 两岸青山相对出，孤帆一片日边来。

③ 李医生给人看病，药方没开，病就好了三分。

④ 秋天是美丽的，在曼妙的韵律中舞着她的裙摆。

A. 拟人　比喻　夸张　借代　　　　B. 比喻　夸张　拟人　借代

C. 比喻　借代　夸张　拟人　　　　D. 拟人　借喻　借代　比喻

第五节　阅读理解

一、知识

现代文阅读能力要求表现为理解、分析综合、鉴赏评价三个能力层次。

1. 正确理解词语和句子。

根据词语在上下文中显示的词义，确认词语输出的信息；结合句子在语段中和上下文的联系，对句子的主干及修饰语进行信息筛选和确认。

2. 分析综合文段、篇章的内容。

分析是对文章的各个语段、各个语段中的各层次、各层次中各语句的内容提炼概括。综合则是将这些提炼概括的信息整合起来。分析和综合是不可分割的。

二、练习

1. 就多数人而言，他们并不相信年幼时读的一本书或几本书会对自己的人生轨迹有决定性的影响。但细想起来，有些影响可能是不自觉的。

这句话主要想说明：（　　）。

A. 年幼时多读书会使人终身受益

B. 读书对人生的影响有时是潜移默化的

C. 好的阅读习惯多是在年幼时培养出来的

D. 许多人并不知道读书对自己会有哪些影响

2. 许多时候，我们总是把最喜欢做的事情留在最后。可惜，死亡在来临之前并不通知我们。结果，大多数人把留在最后、最喜欢做的事情，都一起带进坟墓里去了。

这段文字强调的是：（　　）。

A. 做任何事都应该争分夺秒　　　　B. 现代人的时间往往不够用

C. 有了想法就应该付诸行动　　　　D. 想做的事情拖久了也就不想做了

3. 如今，一个计算机专业的人精通软件，但不一定精通硬件；精通数据库编程，不一定懂反病毒软件。从事计算机专业的人，谁敢自称是计算机的全才？其他专业同样如此，袁隆平是农业专家，他的专长是杂交水稻，但在水果领域他就不一定是专家了。

这段文字强调的是：（　　）。

A．事事皆精通的人才越来越少

B．各行各业的分工正越来越细致

C．专业人才的重要性正不断降低

D．"人尽其才"的重要性越来越突出

4．孙武呕心沥血，著成《孙子兵法》，然而每次作战却都要脱离兵书，注意权变。赵括用兵，依葫芦画瓢，死守兵法规则，不知融会贯通，20 万大军战败被活埋，是在所难免的。

与这段文字含义最接近的是：（　　　）。

A．尽信书则不如无书

B．智者千虑，必有一失

C．知己知彼，百战不殆

D．学而不思则罔，思而不学则殆

5．《公务员法》第 102 条规定，担任领导成员的公务员辞职或退休三年内，其他公务员在离职两年内，不得到原工作业务直接相关的企业或者其他营利性组织任职，不得从事与原工作业务直接相关的营利性活动，否则将受到处理。

与这段文字内容一致的是：（　　　）。

A．一般公务员在离职两年内不得从事营利性活动

B．公务员辞职，退休或离职后从事营利性活动将受到处理

C．任领导成员的公务员辞职或退休后不得在营利性组织中任职

D．公务员离职两年内不得在与原工作业务直接相关的营利性组织中任职

6．教育部决定从明年初开始对采用实验新课程标准的教师进行不低于 40 学时的新课程标准岗前培训，凡未经新课程标准岗前培训的教师不能实施新课程，经培训没有修满学分者还可能面临"下岗"命运。

对这段文字较全面的概括是：（　　　）。

A．参加岗前培训的教师如果没有修满学分就要下岗

B．只要教师参加了规定的岗前培训，就可以实施新课程

C．参加规定的岗前培训且修满学分的教师才能实施新课程

D．所有实施新课程的教师必须参加不低于 40 学时的岗前培训

7．"濒死体验"是一种令人相当费解的神秘现象，亲历者会感觉他们是被从死亡边缘拉了回来。长期以来，有关这种现象的解释有很多，但人们都对此半信半疑。有科学家日前宣称，"濒死体验"很有可能与睡眠障碍有关。

"但人们都对此半信半疑"中的"此"指的是：（　　　）。

A．很多有关"濒死体验"现象的解释

B．"濒死体验"很有可能与睡眠障碍有关

C．亲历者会感觉他们是被从死亡边缘拉了回来

D．"濒死体验"是一种令人相当费解的神秘现象

8．理论界一直有人担心中国的社会保障会出现"保障过度"，拖垮国家财政。他们援引西方社会保障过度引起的"英国病""瑞典病"，强调不能重蹈西方福利国家的覆辙，强调减轻我国政府责任，要求加强自我保障的个人责任。

这段文字旨在说明：（　　　）。

A. 理论界有人担心"保障过度"会拖垮国家财政

B. "英国病""瑞典病"主要由西方社会保障过度引起

C. 理论界有人强调中国的社会保障不能重蹈西方福利国家的覆辙

D. 理论界有人强调要减轻我国政府责任，加强自我保障的个人责任

9. 站在民意的土地上，我们向那些身居庙堂深处却不忘民意的人鼓掌。这个句子要表达的意思是，我们向：（　　）。

A. 宗教界人士表示感谢

B. 国家领导人表示尊敬

C. 体察民情的官员致敬

D. 体察民情的宗教界人士致敬

10. 一只蝎子掉进水里，一人将其捞起时反被蜇。但这个人还是想救它，于是又被蜇。旁边有人对他说："它老这么蜇你，你还救它干什么？"这个人说："蜇人是蝎子的天性，而爱是我的天性，我怎能因蝎子蜇人的天性而放弃我爱的天性呢？"这段文字的主要意思是：（　　）。

A. 做人应该执着

B. 世间万物都有自己的天性

C. 不要因外界而改变自己爱的天性

D. 保持自己的天性是要付出代价的

11. 一个成功的经营者说："如果你能真正制好一枚别针，应该比你制造出粗陋的蒸汽机赚到的钱更多。"该经营者的主要意思是：（　　）。

A. 把事情做好是最重要的

B. 东西的价值不在于大小

C. 质量是购买者最看中的

D. 想获得成功要从小做起

12. 上个世纪 90 年代，一部叫做《熊的故事》的电影曾感动过许多人。影片从动物的视角，表现了北美落基山地区的灰熊与猎人之间的斗争，让许多人认识到灰熊这种濒危动物的生存危机。令人欣慰的是，2005 年 11 月 15 号，美国政府宣布，经过 30 年努力之后，黄石公园的重要象征灰熊的数量已经得到了有效恢复，可以把灰熊的名字从"濒危动物"的名单上去掉了。

这段文字主要介绍：（　　）。

A. 保护野生动物的重要性

B. 美国动物保护工作的成就

C. 经过努力灰熊不再面临生存危机

D. 《熊的故事》对保护灰熊起了作用

13. 友情是人生最大的财富。有一位理解你、珍惜你的朋友与你喜忧共享、风雨同舟，真是莫大的福气！然而，别把友情看得太天真，以为此途永远风平浪静。我们会时不时听到一些不合拍的音符。法国大作家加缪，为友情的长盛不衰，曾有如下一番忠告："别走在我前面——我不愿跟着谁；别走在我后面——我不愿领着谁；就与我肩并肩——当我的好朋友。"

对这段文字的恰当概括是：（   ）。

A．勿友不如己者

B．友情珍贵，而经营友情需要技巧

C．接受加缪忠告的人才能拥有长盛不衰的友情

D．友情之花不会长盛不衰，要珍惜眼前的友谊

14．地摊交易源远流长。从远古时代发生在"边界"的以物易物到现在最发达的市场经济体系，地摊交易绵延了数千年。时至今日，现代百货、大型超市、电子商务、各种形式的中小店铺尽管发达无比，但没有任何一个国家和地区能使地摊交易销声匿迹。

这段文字意在强调：地摊交易（   ）。

A．存在价值

B．存在的合理性

C．具有顽强的生命力

D．消亡的根本之策在于发展经济

15．南极洲曾经被低温雨林覆盖，但大约 3000 万年前澳洲大陆与南极洲分离，使得冷气流环绕南极洲，阻断了热带气流，南极洲因此被冰雪覆盖，雨林也就不再存在了。

这段文字主要谈论了南极洲：（   ）。

A．气流发生变化的原因

B．低温雨林消失的原因

C．与澳洲大陆分离的原因

D．早期被冰雪覆盖的原因

16．中国有机食品有着巨大的国际市场和潜在的国内市场。国际上对中国有机产品的需求逐年增加，越来越多的外商想要进口中国的有机大豆、稻米、花生、蔬菜、茶叶、药材、蜂蜜等；国内有机食品的消费也呈上升趋势。专家们说，经过几年努力，中国的有机食品在国际市场所占的份额达到 1‰～2‰是完全可能的，这就意味着每年可出口创汇 10 多亿美元。

根据这段文字，下面哪项是正确的？（   ）。

A．中国有机食品在市场上供不应求

B．中国有机食品的市场会越来越广阔

C．食用有机食品是未来饮食的发展趋势

D．中国有机食品每年出口创汇 10 多亿美元

17．在农村，生产方式的落后是一个现实问题，大部分农民要一生和土地打交道，而我们的教育是以城市为本位的、以工业化为依据的现代城市教育——教育没真正为他们准备必要的东西。

根据此段文字可推出：（   ）。

A．教育要为农民的现实着想

B．现代城市教育要考虑为农村服务

C．教育要更多地为农村居民的生活着想

D．教育须对农村生产方式落后的问题负责

18．每天，大约有 200 万个身体细胞衰竭，身体会自动地更换它们；但是有些细胞，你

的身体将永远不会更换它们：1000 亿个活跃的神经细胞或神经原，它组成了你的大脑的皮层。

通过这段文字可以推出的结论是：（　　　）。

A. 组成大脑的所有细胞都是不可更新或再生的

B. 脑细胞的发育与出生后的饮食状况没有直接关系

C. 良好的饮食状况有助于大脑皮层神经细胞的新陈代谢

D. 在有生之年，人永远不可能获得新的大脑皮层神经细胞

19. 阅读短文，根据每题要求，在四个备选项中选出最恰当的答案。

做一个读者，就是加入到人类精神文明的传统中去，做一个文明人。相反，对于不是读者的人来说，凝聚在书籍中的人类精神财富等于不存在，他们不去享用和占有这笔宝贵的财富，一个人唯有在成了读者以后才会知道，这是多么巨大的损失。历史上有许多伟大的人物，在他们众所周知的声誉背后，往往有一个人所不知的身份，便是终身读者，即一辈子爱读书的人。

在我看来，一个真正的读者应该具备以下特征：

第一，养成了读书的癖好。也就是说，读书成了生活的必需，真正感到不可缺少，几天不读书就寝食不安。如果你必须强迫自己才能读几页书，你就还不能算是一个真正的读者。当然，这种情形绝非刻意为之，而是自然而然的，是品尝到了阅读的快乐之后的必然结果。事实上，每个人天性中都蕴涵着好奇心和求知欲，因而都有可能依靠自己去发现和领略阅读的快乐。遗憾的是，当今功利至上的教育体制正在无情地扼杀人性中这种最宝贵的特质。

第二，形成了自己的读书趣味。世上书籍如汪洋大海，再热衷的书迷也不可能穷尽，只能尝其一瓢，区别在于尝哪一瓢。读书是一件非常私人的事情，喜欢读什么书，不论范围是宽是窄，都应该有自己的选择，体现自己的个性和兴趣。其实，形成个人趣味与养成读书癖好是不可分的，正因为找到了和预感到了书中知己，才会锲而不舍，欲罢不能。没有自己的趣味，仅凭道听途说东瞧瞧，西翻翻，连兴趣也谈不上，遑论癖好。

第三，有较高的读书品位。一个真正的读者具备基本的判断力和鉴赏力，仿佛拥有一种内在的嗅觉，能够嗅出一本书的优劣，本能地拒斥劣书，倾心好书。这种能力部分地来自阅读的经验，但更多地源自一个人灵魂的品质。当然，灵魂的品质是可以不断提高的，读好书也是提高的途径，二者之间有一种良性循环的关系。重要的是一开始就给自己确立一个标准，每读一本书，一定要在精神上有收获，能够进一步开启你的心智。只要坚持这个标准，灵魂的品质和对书的判断力就自然会同步得到提高。

① 第一段中"巨大的损失"具体指：（　　　）。

A. 未能成为伟大人物

B. 未能接受传统的精神文明

C. 未能享用书籍中的人类精神财富

D. 未能占有人类过去创造的精神文明

② 根据上文可以知道：（　　　）。

A. 强迫自己读书也可养成读书的癖好

B. 功利至上的教育体制迫使学生养成读书癖好

C. 真正的读者依靠自己去发现和领略阅读的快乐

D. 读书的癖好是天性中蕴涵的好奇心和求知欲的必然结果

③ 第四段中画线句子意指：（　　）。

A. 先有读书癖好，才有读书趣味

B. 先有读书趣味，才有读书癖好

C. 没有读书癖好谈不上读书趣味

D. 没有读书趣味谈不上读书癖好

④ 关于第五段，下列选项中与上文一致的是：（　　）。

A. 灵魂品质的提高靠读好书实现

B. 多读好书有利于提高一个人的读书品位

C. 对书的判断力和鉴赏力要靠阅读经验来提高

D. 读书品位源于阅读经验，二者相辅相成、互相促进

⑤ 对上文最恰当的概括是：（　　）。

A. 怎样做一名真正的读者

B. 怎样才能领略读书的快乐

C. 真正的读者如何提高灵魂品质

D. 如何享用书籍中的人类精神财富

20. 阅读短文，根据每题要求，在四个备选项中选出最恰当的答案。

楼兰古城大约在公元 4 世纪期间废弃。今天所见到的古城遗址，是一片残破而凄凉的景象。在方圆数百平方公里，几乎没有什么植物，到处都是一片光秃秃的死寂景观。这么大的范围内，地面没有一点平坦的地方，到处都被风吹蚀而凹凸不平。被风吹蚀的部分形成长条形凹沟，未被风吹蚀残留下来的土质则形成长条形垄岗，诸多的凹沟和垄岗相间排列，好像凝固的大海波涛，上下起伏。这种地形被称为"雅尔丹"地形。根据残存的痕迹，经测量，古城大致为每边 300 米长的不规则的四边形城。城内有佛塔的残迹和屋宇的断墙残壁。

楼兰古城的废弃，可能有多种原因。就自然原因而言，楼兰地处内陆荒漠地区，降雨极少，气候极为干旱，自然条件极为残酷，生态环境极为脆弱。塔里木河水的滋润灌溉，是古楼兰绿洲和古楼兰城生存的必不可少的条件。但塔里木河流量极不稳定，它既有洪水年份，也有枯水年份，造成这里的水资源极不稳定。因此，这里经济与社会发展潜伏着诸多不利因素。随着经济与社会的发展，上中游地区对水资源需求不断增加，水资源的空间分配发生变化。公元 4 世纪期间，全球气候出现变冷的波动，导致塔里木河来水的波动和河道的变化。这些因素给古楼兰带来生态灾难。由于当时社会生产力低下，缺少抵御自然界不利变化的能力，缺少强有力措施保证水资源的稳定来源，在楼兰古城出土的汉代木简中，已有记载表明出现灌溉用水的不足。在这种情况下，需要塔里木河水滋润的天然植被，受到水资源匮乏的影响逐渐死去，而楼兰绿洲和楼兰古城缺少天然植被的保护，土地逐渐沙漠化，最后人们不得已舍此而去。

近年来，由于塔里木河来水逐渐减少，下游大片天然胡杨林植被在枯死，土地在沙漠化，严重威胁了从库尔勒到青海的公路以及一些农场的生存。楼兰古城的废弃告诉我们，虽然其所在区位很优越，但在生态环境极为残酷的自然条件下，对水资源缺乏强有力的管理，对生态环境缺少有力的保护，经济和社会将不会有持续的发展，人类创造的物质文明，有可能毁于一旦。因此，在西北地区今后的发展中，加强对水资源的管理，合理进行水资源

的空间分配，保护生态环境，是经济和社会可持续发展的基本保障。

① 第一段主要说明：（　　）。

A. 楼兰古城雅尔丹地形的特征

B. 楼兰古城被废弃的历史变迁

C. 楼兰古城遗址呈现的衰落景象

D. 雅尔丹地形是楼兰古城特有地貌

② 第二段中的"诸多不利因素"主要指：（　　）。

A. 社会生产力低下，缺少抵御自然界不利变化的能力

B. 自然条件极为严酷、生态环境极为脆弱、水资源极不稳定

C. 全球气候出现变冷的波动导致塔里木河来水波动，河道改变

D. 上中游地区对水资源需求不断增加，水资源的空间分配发生变化

③ 全球气候变冷给楼兰带来的生态灾难指：（　　）。

A. 灌溉用水不足

B. 土地逐渐沙漠化

C. 塔里木河河道改变

D. 塔里木何来水不稳定

④ 第三段旨在说明：（　　）。

A. 当地生态环境近年来日益恶化的严重局面

B. 水资源和生态环境对西北地区发展的重要性

C. 严酷的生态环境会阻碍经济和社会的持续发展

D. 西北地区管理水资源不力，缺少保护生态环境的措施

参 考 文 献

[1] 梁启超. 为学与做人[M]. 苏州：古吴轩出版社，2016.

[2] 韩寒. 我所理解的生活[M]. 杭州：浙江文艺出版社，2013.

[3] 纳兰性德. 纳兰词：中华经典藏书[M]. 张浴兮，译注. 长春：吉林美术出版社，2015.

[4] 刘周堂. 中国古代文学作品选注[M]. 北京：中国人民大学出版社，2011.

[5] 中央电视台《开学第一课》编写组. 爱的诠释（青春版）[M]. 长春：时代文艺出版社，2012.

[6] 徐志摩. 再别康桥：徐志摩诗歌全集[M]. 北京：线装书局，2003.

[7] 李卫东. 文学鉴赏[M]. 重庆：重庆大学出版社，2014.

[8] 李捷. 中华传世名著经典丛书第二辑[M]. 呼和浩特：远方出版社，2009.

[9] 司马迁. 史记[M]. 北京：中华书局，2011.

[10] 柯灵. 柯灵散文选[M]. 北京：人民文学出版社，2009.

[11] 艾青. 艾青诗选[M]. 北京：人民文学出版社，1997.

[12] 余光中. 下次你路过，人间已无我[M]. 南昌：江西人民出版社，2018.

[13] 王安石. 临川先生文集[M]. 上海：复旦大学出版社，2016.

[14] 萧红. 呼兰河传[M]. 北京：人民文学出版社，2017.

[15] 朱熹. 诗经集传. 上海：上海古籍出版社，1987.

[16] 鲁迅. 鲁迅全集：第二卷[M]. 北京：人民文学出版社，1981.

[17] 王季思. 全元戏曲[M]. 北京：人民文学出版社，1990.

[18] 三毛. 稻草人手记[M]. 北京：北京十月文艺出版社，2011.

[19] 张爱玲. 张爱玲散文精选[M]. 来凤仪，选编. 杭州：浙江文艺出版社，2000.

[20] 白居易. 白居易诗选[M]. 孙明君，选注. 北京：人民文学出版社，2016.

[21] 蒲松龄. 聊斋志异[M]. 于天池，孙通海，译注. 北京：中华书局，2015.

[22] 归有光. 震川先生集（全二册）（精）（中国古典文学丛书）[M]. 上海：上海古籍出版社，2007.

[23] 史铁生. 我与地坛：纪念版[M]. 北京：人民文学出版社，2011.

[24] 傅敏. 傅雷家书：增补本[M]. 北京：生活·读书·新知三联书店，1984.

[25] 吴楚材. 古文观止：全4册[M]. 吴调侯编选，惠海涛，译注. 北京：线装书局，2016.

[26] 毕淑敏. 风不能把阳光打败[M]. 北京：中国青年出版社，2003.

[27] 林清玄. 常想一二，不思八九[M]. 北京：北京联合出版有限公司，2017.

[28] 张玮. 中国当代作家选集丛书：宗璞[M]. 北京：人民文学出版社，1991.

[29] [美]亨利·戴维·梭罗. 瓦尔登湖[M]. 田伟华，译. 北京：中国三峡出版社，2010.

[30] 东山魁夷. 东山魁夷散文选[M]. 陈德文，译. 天津：百花文艺出版社，1989.

[31] 成涛. 宋词三百首注释[M]. 北京：大众文艺文艺出版社，1998.

[32] 林语堂. 林语堂散文精读[M]. 上海：东方出版中心，2007.

[33] 海明威. 海明威文集：上卷[M]. 王秀珍，译. 长春：时代文艺出版社，1998.

[34] 沈从文. 边城[M]. 太原：北岳文艺出版社，2005.

[35] 汪曾祺. 汪曾祺短篇小说选[M]. 北京：北京出版社，1982.

[36] 贾平凹. 贾平凹散文自选集[M]. 桂林：漓江出版社，1993.

[37] 霍达. 穆斯林的葬礼[M]. 北京：人民文学出版社，2005.

[38] 余华. 活着[M]. 北京：作家出版社，2012.

[39] 阿来. 尘埃落定[M]. 北京：人民文学出版社，1998.

[40] 曹雪芹. 红楼梦[M]. 北京：人民文学出版社，2013.

[41] 钱钟书. 写在人生边上[M]. 北京：中国社会科学出版社，1990.

[42] [美]欧·亨利. 欧亨利短篇小说集[M]. 王晋华，译. 北京：作家出版社，2018.

[43] 林语堂. 秋天的况味：林语堂散文集精读[M]. 马玉文，孙彧，编注. 上海：东方出版中心，2007.

[44] 舒济，舒乙. 老舍小说全集：10卷[M]. 武汉：长江文艺出版社，1993.

[45] 王小波. 沉默的大多数[M]. 长沙：湖南文艺出版社，2015.

[46] 钱理群. 中国现当代文学名著导读[M]. 北京：北京大学出版社，2002.

[47] 刘绍棠. 蒲柳人家[M]. 武汉：长江文艺出版社，2018.

[48] 徐志摩，等. 中国最美的诗歌世界最美的诗歌经典集下[M]. 杨德豫，译. 南京：江苏美术出版社，2014.

[49] 《中国历代文学名篇》编委会. 《中国历代散文名篇》[M]. 呼和浩特：内蒙古人民出版社，2009.

[50] 周成华. 先秦文学观止[M]. 长春：吉林大学出版社，2010.

[51] 刘墉. 萤窗小语[M]. 南宁：接力出版社，2012.

[52] 李白. 李白全集注评：卷第十五[M]. 郁贤皓，注评. 南京：凤凰出版社，2018.

[53] 梁实秋. 梁实秋散文精选（名家散文典藏·彩插版）[M]. 武汉：长江文艺出版社，2017.

[54] 陈迩冬. 苏轼诗词选（中国古典文学读本丛书典藏）[M]. 北京：人民文学出版社，2018.

[55] [阿尔巴尼亚]特雷莎修女. 活着就是爱[M]. 王丽萍，译. 成都：四川人民出版社，2000.

[56] 梁衡. 追寻遥远的美丽[M]. 深圳：海天出版社，2002.

[57] 臧东. 民国教授[M]. 北京：中国妇女出版社，2008.

[58] 胡适. 容忍与自由[M]. 北京：人民文学出版社，2018.

[59] 徐中玉，其森华，谭帆编. 大学语文[M]. 上海：华东师范大学出版社，2018.

[60] 陈洪. 大学语文[M]. 北京：高等教育出版社，2005.

[61] 教育部高教司组. 大学语文[M]. 上海：华东师范大学出版社，2001.

[62] 于保全，刘晓伟. 大学语文[M]. 青岛：中国石油大学出版社，2015.

[63] 柳福萍, 叶柳. 大学语文[M]. 长春: 吉林大学出版社, 2016.

[64] 周加胜, 刘燕, 吴涛. 大学语文教程[M]. 北京: 科学出版社, 2018.

[65] 葛晓音. 唐诗宋词十五讲[M]. 北京: 北京大学出版社, 2013.

[66] 郭兴良, 周建忠. 中国古代文学作品[M]. 北京: 高等教育出版社, 2009.

[67] 彭定求. 全唐诗[M]. 北京: 中华书局, 1979.

[68] 施旭升. 中国戏曲审美文化论[M]. 北京: 北京广播学院出版社, 2002.

[69] 王水照. 宋代散文选注[M]. 上海: 上海古籍出版社, 2010.

[70] 王兆鹏, 宋克夫. 中国古代文学作品选[M]. 武汉: 武汉出版社, 2014.

[71] 钱理群, 温儒敏, 吴福辉. 中国现代文学三十年[M]. 北京: 北京大学出版社, 2018.

[72] 王晖, 唐健雄. 河北省普通话培训测试教程[M]. 石家庄: 河北教育出版社, 2004.

[73] 张玉书. 外国抒情诗赏析辞典[M]. 北京: 北京师范大学出版社, 1991.

[74] 叶嘉莹. 唐宋名家词赏析[M]. 天津: 南开大学出版社, 2006.

[75] 黄伯荣, 廖学东. 现代汉语(上册)[M]. 北京: 高等教育出版社, 1991.

[76] 袁行霈. 中国文学史(全四卷)[M]. 北京: 高等教育出版社, 2014.

[77] 童庆炳. 文学理论教程[M]. 北京: 高等教育出版社, 1992.